Kann Frankreich so bleiben, wie es ist? Natürlich nicht – es muß sich modernisieren, wie Deutschland sich modernisiert hat. Aber dabei versucht es, wie Götze schreibt, »auf bisweilen kuriose Weise eine kulturelle Identität zu bewahren«.
Karl Heinz Götzes Buch ist eine Mischung aus Essay, Denkbild und Reportage – eine sehr gelungene, denn der Text ist bei allem Scharfsinn immer unterhaltend, bei aller Kenntnis immer elegant.

Karl Heinz Götze lebt in Frankfurt, arbeitet jedoch seit zehn Jahren in Frankreich – zunächst als Lektor in Nizza, jetzt als Professor in Aix-en-Provence. Er schreibt für das *FAZ-Magazin*, für *Merian* und auch schon mal für den *Feinschmecker*, und er bereitet eine Fernsehserie über Frankreich vor.

Karl Heinz Götze

Französische Affairen

Ansichten von Frankreich

Fischer Taschenbuch Verlag

Veröffentlicht im Fischer Taschenbuch Verlag GmbH,
Frankfurt am Main, Juni 1995

Lizenzausgabe mit freundlicher Genehmigung
des S. Fischer Verlags GmbH, Frankfurt am Main

Druck und Bindung: Clausen & Bosse, Leck
Printed in Germany
ISBN 3-596-12475-1

Gedruckt auf chlor- und säurefreiem Papier

INHALT

VORWORT

Damit das von Anfang an klargestellt wäre: In Frankreich wird der 2 CV nicht mehr gebaut, die Baskenmütze ist aus der Mode gekommen, die Zahl der Bistros geht drastisch zurück, während die Zahl der McDonald-Niederlassungen steigt, die Gauloises sind jetzt blond, und Irma la Douce arbeitet nicht mehr auf der Straße.

Eine Träne für Irma la Douce, für die romantischen Clochards unter den Seine-Brücken, für die Angler in ihrer Nachbarschaft, für die Arbeiter von Billancourt. Eine Träne, damit etwas Verlorenes gebührend betrauert sei und der Blick frei wird, um Neues wahrzunehmen. Um neu wahrzunehmen.

Auf dem Abschied vom alten Frankreich muß hier sogleich bestanden werden, weil er uns Deutschen besonders schwerfällt. Nehmen wir den 2 CV. Der Wagen, dessen Erfolg der ehemalige Citroën-Direktor Jacques Wolgensinger aus den Attributen erklärte, »die ihm fehlen: Leistung, Schnelligkeit, Status, Luxus, Aggressivität«, wurde zuletzt in Deutschland besser verkauft als in Frankreich. Daß die Franzosen ihn nicht mehr kauften, hatte vielleicht mit entwickeltem Stilempfinden zu tun. Zum Deux-chevaux passen einfach keine weißen Scheinwerfer und kein TÜV, die beide nun auch in Frankreich obligatorisch sind.

Anderes Beispiel: Hierzulande wirbt seit Jahren ein schnurrbärtiger Baskenmützenbauer mit »Isch«-Akzent kräuterhackend für eine Frischkäsesorte, dem in Frankreich niemand seinen Käse abnehmen würde. »Der Käsefreund mit Baskenmütze wirkt in Frankreich lächerlich«, überschrieb jüngst die *Frankfurter Rundschau* einen Bericht über Euro-Werbung.

Abschied von liebgewonnenen Frankreichbildern haben auch und gerade die Intellektuellen zu nehmen. Heinrich Bölls hübsche »Anekdote zur Senkung der Arbeitsmoral« aus dem Jahre 1963, in der ein deutscher Tourist einem phlegmatischen, seinen Bedürfnissen lebenden Atlantikfischer zu erklären versucht, wie man durch viel Arbeit, moderne Technik und Kapitalbildung zu einem glücklichen Leben kommen könne, hat zwar Aufnahme in französische Schulbücher gefunden, ist aber zugleich anachronistisch geworden, denn der Sohn jenes Fischers hat längst den Fang gesteigert und Tiefgefrieranlagen installiert, derweil ihm die deutschen Touristen im Hafen erklären, daß er Frieden mit der Natur halten solle.

Keiner hat das Frankreichbild der Deutschen – gerade auch der frankophilen Deutschen – so griffig auf einen bis heute fortwirkenden Begriff gebracht wie Friedrich Sieburg mit seinem Buch *Gott in Frankreich?* Sieburgs Buch ist eine Hommage – an die Zurückgebliebenheit. Das Leitmotiv: Sieburg schätzt Frankreich, »weil ich schwach genug bin, mich in einem altmodischen und unordentlichen Paradies lieber aufzuhalten als in einer blitzblanken und trostlosen Musterwelt«. Frankreich ist »statisch«, Deutschland »dynamisch«; Frankreich ist »eigensinnig und überholt«, ist die »schöne Vergangenheit«; in Frankreich hat ein jeder Mensch eine handgearbeitete Seele, während die bei uns »in Serie hergestellt« werden. Sieburg schrieb sein Buch 1927, in der Zeit, als Frankreich zwischen den Kriegen eine lange Stagnationsperiode durchlief. Seine Thesen konnten aber auch nach 1945 fortwirken, denn Westdeutschland modernisierte sich weiter, orientierte sich am technischen Fortschritt, am Konsum, wurde zu einer »blitzblanken Musterwelt«, während Frankreich das »unordentliche Paradies« bleiben sollte – schon unseren Ferien zuliebe.

Sieburgs Denkmuster wirkt weiter auch in zeitgenössischen Büchern über Frankreich. Frankreich ist wunderbar, aber eben auch hoffnungslos altmodisch. Wunderbar hoffnungslos altmodisch, während unser Land, hoffnungsvoll neumodisch, der Wunder bar wäre, gäbe es nicht das Wirtschaftswunder. In diesem (unserem) Bild vermag sich Frankreich weniger denn je wiederzuerkennen, zumal die Hauptfiguren des Tableaus Bauern, Kleinhändler oder Boutiquiers sind, also die Teile der alten Mittelschichten, die gerade ihre soziale Basis verlieren, nicht aber die »Cadres« der neuen angestellten Mittelschichten aus Wirtschaft, Medien und Staatsbürokratie, an denen sich Frankreich heute viel eher orientiert.

Frankreich ist kein Paradies, aber auch keine Illusion. Frankreich ist ein Land im Umbruch, das es schwer damit hat, seine neue innere Verfassung und seine neue Rolle in der Welt zu finden. Die Rolle einer Weltmacht wird es nicht mehr sein, aber die Rolle eines europäischen Museums charmanter Rückständigkeit oder eines europäischen Freizeitparks kann es auch nicht sein. Die Vorstellungen vom Paradies müssen wir vielleicht ebenso wie die großen politischen Utopien, mit denen Frankreich die Welt so reich versorgt hat, für eine Weile woanders suchen.

Gerade deshalb, weil auch Frankreich am Ende eines Sonderwegs angekommen ist und die Konvergenzen der EG-Staaten sich im Zuge ihrer wirtschaftlichen Verschmelzung immer deutlicher abzeichnen, stellt sich die Frage nach der Bewahrung der Identität des Landes um so nachhaltiger. Die leidenschaftlichen öffentlichen Auseinandersetzungen um die Volksabstimmung über »Maastricht« haben das gezeigt. Jede Identität bildet sich aber als Bewußtsein der Differenz im Spiegel des anderen. So sind wir es den französischen Nachbarn, aber vor allem auch uns selbst schuldig, liebgewonnene Illusionen über Frankreich zu verabschieden, ein von der Wirklichkeit überholtes Frankreichbild ins Museum zu stellen und Platz zu schaffen für Skizzen des Gegenwärtigen und des Künftigen – nicht nur Frankreichs, sondern darin auch Deutschlands.

Dazu will das vorliegende Buch beitragen. Es ist aus den Erfahrungen eines Berufslebens in zwei Ländern zugleich entstanden, aus immer neuen Anläufen, ein nahes, fremdes Land zu verstehen. Am einfachsten ist es am Anfang. Diese Erfahrung hat schon der Frankreichkorrespondent Kurt Tucholsky gemacht: »Nach zwei Monaten verstand ich alles – hätte mich jemand gebeten, ihm eine Monographie über Frankreich zu schreiben, ich hätte angenommen; aber zum Glück hat mich damals keiner gebeten. Nach einem halben Jahr begann das Bild sich langsam zu verdunkeln, die Fäden liefen wirr, da waren Widersprüche, die ich nicht zu lösen vermochte … Nach drei Jahren verstand ich gar nichts mehr. Wie ist der Franzose?«

Ja, wie ist er, der Franzose? Wie ist sie, die Französin? *Die* richtige

Antwort auf diese Frage hat Tucholsky auch später nicht gehabt. Die Frage ist so unausrottbar wie unbeantwortbar. Aber es können Annäherungen versucht werden. Dies freilich nur dann mit Aussicht auf Einsicht, wenn man sie nicht als Frage nach einem unverlierbaren, unwandelbaren französischen Wesen begreift, sondern als Frage nach dem Vorgang, wie sich aus Tradition und Gesellschaft Identitäten formen.

Ausgangspunkt sind hier Erfahrungen, langjährige, zufällige, persönliche Erfahrungen, Erfahrungen, die über weite Strecken überhaupt nicht in der Perspektive gemacht wurden, sie zu einem Buch zu verarbeiten. Der zufällige, schweifende Blick nimmt anders wahr als derjenige, der schon genau weiß, wofür sich der Verleger interessiert. Das macht aber auch Grenzen aus. Über viele wichtige Bereiche der französischen Gesellschaft, etwa über die Armee und die Kirche, wird sich nichts finden, weil ich sie nicht erlebt habe. Meine Erfahrungen sind zuallererst die Erfahrungen eines deutschen Lehrers an französischen Hochschulen. Das unterscheidet dieses Buch von vergleichbaren, die zumeist von Journalisten geschrieben sind und berufsbedingt überwiegend mit der Sphäre der Pariser Berufspolitiker zu tun haben. Die »politique politicienne«, die »Politik der Politiker« kommt hier kaum vor. Freilich bilden die Erfahrungen an den Hochschulen nur den Ausgangspunkt. Sie sind erweitert durch Reisen im ganzen Land, durch Interviews, durch Reportagen aus Lebensbereichen, die dem Ausländer normalerweise verschlossen bleiben – von den Vierteln der Reichen und Mächtigen über die Elitehochschulen bis zu den Ghettos der Vorstädte. Zu den Erfahrungen und den »Ansichten« kommen also Reportagen. Dazu kommt schließlich auch die Lektüre. Die Lektüre der Presse zuerst, die Lektüre der französischen Gegenwartsliteratur, die mehr Aufmerksamkeit verdient, als die seit einem Dutzend Jahren eher auf französische Philosophie fixierte deutsche Öffentlichkeit wahrhaben möchte, die Lektüre französischer Geschichtswissenschaft und Gesellschaftstheorie. Es ist die neugierige Lektüre des Dilettanten, ein Ausdruck, der um die Jahrhundertwende gerade in Frankreich als Wort für die Haltung weitausgreifender Skepsis in

Ehren stand und erst in unserer Fachleutegesellschaft in Verruf geriet. Der Dilettant, wie ihn Bourget, Anatole France, Hofmannsthal oder der junge Heinrich Mann verstanden, setzt sich über die Grenzziehungen der Denkschulen und Wissenschaftsdisziplinen hinweg, ohne freilich auf deren Erkenntnisse verzichten zu wollen.

Jedenfalls: Erfahrungen und Denken sind die beiden Grundelemente dieses Buches. Dabei ist der Radius des Gedankens natürlich weiter als der der Erfahrung, aber nirgends wird die Bindung des Denkens an die Erfahrung aufgelöst. Das garantiert nicht die Richtigkeit des Dargestellten, aber es mag doch seiner Authentizität zugute kommen.

Die folgenden Texte sind Essays in dem Sinne, wie Musil den Essay bestimmt, als Verfahren, das »in der Folge seiner Abschnitte ein Ding von vielen Seiten nimmt, ohne es ganz zu erfassen – denn ein ganz erfaßtes Ding verliert mit einem Male seinen Umfang und schmilzt zu einem Begriff ein ...«. In einen einzigen Begriff, in eine einzige These läßt sich die gegenwärtige Wirklichkeit Frankreichs nur mit Gewalt pressen. Louis Dumonts viel diskutiertes Buch über »L'idéologie allemande«, in dem er den Unterschied zwischen Deutschland und Frankreich als Unterschied zwischen einer an westlichen Traditionen orientierten »Staatsnation« (Frankreich) und einer östlich orientierten »Kulturnation« (Deutschland) bestimmt, bestätigt dies noch einmal unfreiwillig. Im Gegensatz von französischem Individualismus und deutschem »Holismus«, in dem jeder die Gemeinschaft über die Summe der Einzelinteressen setze, läßt sich die deutsch-französische Gegenwart nicht mehr abbilden – und so endet Dumonts historische Beweisführung denn auch 1945. Die Tendenz, den Nachbarn nur auf alten Scherenschnitten wiedererkennen zu wollen, ist auf beiden Seiten des Rheins verbreitet. Diese Scherenschnittechnik ähnelt aber im Effekt fast immer derjenigen Charly Chaplins, der bekanntlich sein sperriges Gepäck auf die Weise im Koffer unterbrachte, daß er die Teile, die über den Kofferrand ragten, einfach abschnitt.

Keine fertige Theorie also, sondern vier Anläufe. Jeweils stand am

Anfang ein Erstaunen: das Erstaunen über Blicke aus dem Fenster, Erstaunen angesichts eines Erziehungssystems, das so gar nichts vom Laissez-faire hat, das wir französischen Verhältnissen gerne zuschreiben; Erstaunen darüber, daß keineswegs immer und überall in Frankreich so gegessen wird, wie unser positives Vorurteil erwartet; Erstaunen über die geschlossene Welt der Eliten und über das Dickicht der Pariser Vorstädte. Daraus wurden Essays über Geist, Körper und Raum des gegenwärtigen Frankreich. Die werden freilich nicht als autonom begriffen, sondern als Effekte von Institutionen, als durchzogen von Ordnungen, als Kampffelder von widerstreitenden Bewegungen.

Den Anfang macht ein Versuch, sich den Unterschieden zwischen Deutschland und Frankreich vom Augenschein her zu nähern. Was sieht man bei der Zugfahrt über die Grenze? Darauf ein Beitrag über die Schulordnung(en) vom Kindergarten bis zu den Elitehochschulen. Wie bilden sie welche Mentalitäten aus? Was lernt man? Wie wird ausgesiebt? Wer kommt warum ganz nach oben? Was passiert, wenn man das Prinzip der Gleichheit und des Wettbewerbs zum Erfolgskriterium macht? Wie verarbeitet ein republikanisches Schulsystem die Leere im Herzen der Werteordnung? Was macht es mit den »neuen« Schülern?

Nach der Schulordnung die »Tischordnung«, ein Versuch, die Erfahrungen mit dem Essen im gegenwärtigen Frankreich auf den Tisch zu packen und sich den Dingen vom Küchentrakt her zu nähern.

Schließlich die »Raumordnung«, in deren Zentrum natürlich Paris steht, aber weniger das Paris der Touristen als das versteckte Paris der Machteliten einerseits und der ebenso verrufenen wie unbekannten Vorstädte andererseits. Raumordnung also als Ordnung von oben und unten, von Zentrum und Peripherie, von Abgrenzung und Ausgrenzung, von Erster Welt und Dritter Welt, von weiß und farbig. In Paris besichtigen wir nicht nur Europas Vergangenheit, sondern auch und vor allem die verwirrenden Spuren von Europas Zukunft, die offener ist als je zuvor in diesem Jahrhundert.

Unsere Weise der Annäherung an die französische Gegenwart ist also nicht zwingend, aber auch gewiß nicht beliebig, denn im französischen Bildungssystem zeigen sich die Bruchlinien zwischen Tradition und Modernisierung besonders deutlich, Essen und Trinken sind eine klassische Domäne französischer Lebensart, und die Pariser »Banlieue« ist heute *der* Brennpunkt, an dem die gesellschaftlichen Probleme des gegenwärtigen Frankreich immer wieder eruptiv entflammen.

Es geht also um französische Affairen, aber nicht im engen deutschen Sinne des Wortes. »Affaire«, das bedeutet auf französisch eine »jemanden betreffende, zu erledigende Angelegenheit oder Sache«. Um französische Angelegenheiten geht es, die uns alle betreffen, um Angelegenheiten, die nicht erledigt sind, sondern sich im Fluß befinden und bewältigt werden müssen. Der »Affairen« in diesem Sinne gibt es viele. Sie reichen, wie uns das Wörterbuch belehrt, von den auswärtigen Angelegenheiten über die Staatsdinge, die persönlichen Beziehungen, die Geschäfte bis hin zu den Herzensangelegenheiten. Nur die Wortbedeutung »Gefecht, Treffen, Schlacht« ist zum Glück veraltet. Frankreich als Herzensangelegenheit – das wäre zwar nicht der Begriff, auf den sich die folgenden Versuche bringen ließen, aber doch ein zutreffendes Wort für die Intention, mit der sie geschrieben wurden.

AUGENSCHEINLICH

*Versuch,
Unterschiede zwischen
Deutschland und Frankreich
auf dem Wege einer Bahnfahrt
von Frankfurt
nach Besançon zu erfahren*

Nehmen wir an, Sie sind auf der Fahrt von – sagen wir – München nach Paris im Zug tief eingeschlafen. Sie wachen auf und wollen wissen, ob Sie schon in Frankreich sind. Sie schauen aus dem Fenster. Wahrscheinlich bedarf es nur eines Blicks und Sie sind sich sicher, ob Sie sich noch auf dem rechten oder schon auf dem linken Ufer des Rheins befinden. Daran werden Sie nichts Erstaunliches finden. »Natürlich kann man sehen, ob man in Deutschland oder Frankreich ist.« Nur: Woran sieht man es, welche sind die Zeichen, die es uns verraten? Welches System ihrer Decodierung führen wir in unserem Gepäck?

Manche Zeichen sind untrüglich. Sprachliche zum Beispiel. »Sortie« ist eben ein französisches Wort und »Ausgang« ein deutsches. Aber auch da ist die Sache komplex. Unvermittelt vor eine Tür mit der Aufschrift »Toilette« gestellt, würde man sich kaum in der nationalen Zuordnung täuschen, selbst wenn der Klebebuchstabe mit dem »s«, das an das französische Wort gehört, einfach nur abgefallen wäre. Ist es die verwendete Schriftart? Das begleitende Piktogramm? Die Beschläge? Die Schlösser? Oder ist es der Geruch von »Eau de Javel«, von Chlorwasser also, der in Frankreich unvermeidlich dort in die Nase steigt, wo eben gründlich gesäubert worden ist, während es in Deutschland anders riecht, wenn es sauber riechen soll? Wie, ist schwer zu sagen. Anders jedenfalls, weniger scharf und klar als Chlor, synthetisch nach Tannenwald vielleicht. Chlor dagegen bedeutet der Nase in Deutschland eher »Hallenbad«, neuerdings auch »Umweltsünder«. Kurz: Auch wenn die Sprache als Indikator ausfällt, gibt es Zeichen, an denen wir unsere Orientierung national verorten. Sehr viele, sehr subtile. Es braucht keineswegs einen drehbaren, ovalen weißen Porzellanknopf als Türklinke, eine alte Toilette ohne Sitzschüssel und das berüchtigte braune, dünne, glatte Toilettenpapier, um zu wissen, daß unser »Örtchen« in Frankreich ist.

Freilich fixiert sich unsere Wahrnehmung auf individuell sehr unterschiedliche Zeichen. Frankreich, das war für mich lange Zeit das Dach aus runden, braunen, provenzalischen Tonziegeln, das ich bei meiner ersten Frankreichreise nach Toulon morgens mit dem ersten Blick aus dem Liegewagenfenster in der Sonne liegen sah. Alle anderen Eindrücke von dieser Reise sind vergessen, nur dieser eine Anblick nicht – ich weiß nicht, warum.

Später wurden es die Straßenschilder, die mir das Gefühl vermittelten, in Frankreich zu sein. Nicht die Schilder der Autobahnen, sondern diese knapp schulterhohen, in einem Stück aus Beton gegossenen Hinweisschilder, die blau auf hellgelbem Grund den Benutzern der National- und Departementalstraßen den Weg weisen, vorn eine angedeutete Pfeilspitze, obendrauf ein kleiner quadratischer Höcker mit der jeweiligen Straßennummer. Nicht daß die plumpen Dinger schön wären. Oder sonst irgend bedeutend. Aber mir waren sie offenbar, was für berühmte Reisende das Straßburger Münster, die Überquerung des Rheins oder die Trikolore waren: »Frankreich«, »Freiheit«. Wo diese Schilder auftauchten, begann bei mir die Freiheit.

Die Vielfalt der Zeichen, an denen wir erkennen, ob wir in einem fremden Land sind, und die Subjektivität, mit der unsere Erinnerungen und Phantasien manche dieser Zeichen zu Symbolen stilisieren, in denen sich das Allgemeine auf unbegriffene Weise verkörpert, setzen eingestandenermaßen der Repräsentativität des folgenden kleinen Experiments enge Grenzen: Ich möchte durch einfaches, aufmerksames Hinaussehen aus dem Zugfenster bei einer grenzüberschreitenden Reise herausbekommen, ob, wie und woran man sieht/zu sehen glaubt, daß dieses »deutsch« und jenes »französisch« ist.

Wir reisen mit der Bahn von Frankfurt nach Besançon. An einem schönen Tag im Mai 1991, 16.41 ab Frankfurt, umsteigen in Offenburg und Straßburg. Dort haben wir eine gute halbe Stunde Aufenthalt, bevor wir 20.24 in den Nachtzug nach Nizza/Ventimiglia steigen. Ankunft in Besançon-Viotte 23.27. Schließlich mit leichtem Gepäck ein kurzer Fußmarsch zum Hotel. Zum Hôtel du Nord, das liegt günstig im Zentrum. Aber da können Sie natürlich auch ein anderes wählen.

Die Fahrt dauert beinahe sieben Stunden, aber wir nehmen den Zug, obwohl die 500 Kilometer mit dem Auto unter günstigen Bedingungen auch in vier Stunden zu schaffen wären. Schließlich müssen wir damit rechnen, um diese Zeit schon am Frankfurter Kreuz in den ersten Stau zu geraten. Und das würde nicht der letzte sein. *Deutschland Land der freien Fahrt.* In Frankreich hingegen hätten wir dann später gewiß die Autobahn für uns. Die französischen Autobahnen sind abends immer frei, außer im Großraum Paris und im Stau am Tunnel von Lyon, wenn alle Pariser am Ferienbeginn zugleich in den Süden aufbrechen. Das liegt nicht nur daran, daß sie kostenpflichtig sind. Aber warum sollte man ohne (berufliche) Not einen Abend auf der Autobahn zwischen Mulhouse und Besançon verbringen? Was sollte man sich davon erwarten? Provinz ist Provinz – warum dann nicht in der eigenen bleiben? *Frankreich Land das sich wenig von der Mobilität erwartet?*

Wir reisen im Mai, weil das Klima dann angenehm ist und die Tage schon lang sind. Den Zug um 16.41 nehmen wir, weil er recht günstig ist. Es gibt eben nur drei ordentliche Verbindungen am Tag. Strenggenommen gibt es überhaupt keine ordentliche Verbindung. Von Frankfurt rechtsrheinisch in Richtung Basel bis Offenburg, das geht ganz gut mit dem IC. Stündlich und so weiter. Vielmehr: nicht so weiter. Denn ab Offenburg muß man »übersetzen« über den Rhein nach Straßburg mit einem Zug, der sich hochtrabend »Métro-Rhin« nennt, in Wirklichkeit aber ein ordinärer Bummelzug ist. Viel zu alt, um den Eindruck zu zerstreuen, daß diese quasi landesverräterische Verbindung höheren Orts niemandem am Herzen liegt; zu wenig alt, um mit verblichenem Charme zu locken. Ein Zug für Pendler und Rucksacktouristen.

Auf der französischen Seite fängt dann alles neu an. Auf eine Abstimmung über verspätete Züge zwischen der Bundesbahn und der SNCF dürfen wir nicht hoffen. Probleme bei Grenzüberschreitungen gehen allemal zu Lasten der Wagemutigen, auch heute noch. Der Zug wird von Straßburg pünktlich abfahren. *Frankreich Land der pünktlichen Züge.* Natürlich ist es kein TGV, keiner der französischen

Hochgeschwindigkeitszüge. Deren Streckenführung ist sternförmig auf Paris ausgerichtet. Die Strecke von Straßburg nach Besançon ist eine Verbindung zwischen zwei Provinzmetropolen und wird entsprechend vernachlässigt, Europaparlament hin, Europaparlament her.

Und warum fahren wir denn ausgerechnet nach Besançon? Schließlich führt die Strecke teilweise durch das Elsaß, und das Elsaß, so sagen alle meine französischen Freunde – gleich ob elsässische Lokalpatrioten oder zentralistische Spötter –, sei nicht »richtig« französisch. Sie meinen das übrigens nicht politisch. Kein Mensch, der in Frankreich ernst genommen werden will, stellt die Grenzen des Hexagons in Frage. *Frankreich Land der festen Grenzen*. Sie meinen es vag kulturell. Sie meinen irgend etwas wie den alemannischen Akzent, die Geranien, die Fachwerkgiebel, die »Winstub«, die Störche und das Sauerkraut. Aber ist das ein Argument dafür, die Reiseroute zu ändern? Nahe den Grenzen vermischen sich die Phänomene immer leicht, es sei denn, man baut Mauern. Das gilt für Länder und gilt für Begriffe. Würden wir mit dem Zug über Saarbrücken-Forbach-Metz nach Paris fahren, so würden wir auch eine Region durchqueren, die »nicht richtig« französisch genannt werden könnte. Also warum nicht nach Besançon? Besançon ist schließlich unzweifelhaft französisch. Jüngst wurde sie von Warenkorb-Statistikern zur französischen Stadt mit der höchsten Lebensqualität hochgerechnet.

*

Eigentlich müßte alles mit dem Frankfurter Hauptbahnhof anfangen. Aber den kennt ja jeder. Außerdem würde uns seine gründliche Besichtigung einige Tage lang aufhalten. Nehmen wir nur die 68 öffentlichen Toiletten im Bahnhofsbereich. Ob man noch über »deutsche« und »französische« Örtchen reden würde, wenn man die alle gesehen hätte? Lösen sich nicht gerade im Bahnhofsbereich einer Großstadt die Muster und Traditionen des Nationalen auf, weil er ein Un-Ort ist, international und in heftiger Bewegung? So gibt es zwar zum Beispiel die für Einkaufsverhalten und Städtekultur in beiden Ländern nach wie vor enorm folgenreichen unterschiedlichen Ladenschlußzeiten, auch wenn nun ein paar deutsche Geschäfte am Donnerstagabend geöffnet halten. In großen Teilen Frankreichs sind die Läden, zumindest die Lebensmittelläden, nur am Sonntagnachmittag geschlossen. Bei uns veröden die Innenstädte ab Samstag mittag. *Deutschland Land der Ladenschlußzeiten.* Am Bahnhof (und am Flughafen) hingegen dürfen auch bei uns die Geschäfte außerhalb der gesetzlichen Öffnungszeiten geöffnet bleiben. Am Bahnhof fransen die nationalen Besonderheiten aus.

Ich durchquere die Bahnhofshalle rasch, kümmere mich weder um Atlas noch um die Unterwelt, sondern kaufe schnell noch ein paar Laugenbrezeln und zwei Tütchen Lakritzkatzen für deutsche Freundinnen, die es nach Frankreich verschlagen hat. Nicht, daß ich Laugenbrezeln und Lakritzkatzen für ideale Mitbringsel hielte. Aber sie sind so ziemlich als letzte übriggeblieben von der früher langen Liste deutscher Lebensmittel, die es in Frankreich nicht gibt.

Zweite Klasse, Großraumwagen. Der Gewohnheit entgegen ein Platz am Tisch in der Mitte. Da kann man besser Notizen machen, war meine Überlegung. Der Nachteil ist, daß man gegenüber Gesichter hat. Großraumwagen werden ja gerade deshalb immer beliebter, weil man da kein Gegenüber hat. *Deutschland Großraumwagenland.*

Ich entscheide mich, nur noch nach links zu blicken. Unablässig den Kopf wendend, sähe man bei dieser Geschwindigkeit überhaupt nichts irgend Zusammenhängendes mehr. Und ich sitze nun mal auf der linken Wagenseite. Außerdem kommt um diese Zeit das Licht von rechts, aus dem Westen. *Deutschland um diese Zeit Licht aus dem Westen.* Kurz bevor der Zug den Main erreicht, durchqueren wir ein Lagergelände. Halden, ein hoher postmodernisierender Speicher der Firma Degussa. Oder der Firma Raiffeisen? Der Zug ist zu schnell, um die Eigentumsfrage befriedigend zu klären. Industriegelände sind häufig ästhetisch überaus reizvolle Landschaften. Industriegelände sind ehrlich und nicht durch Kunstwillen beschädigt. Hier einmal ist das Prinzip wahr: Form follows function. Aber die Funktion verschwindet eben. Frankfurt ist die erste deutsche Großstadt, in der die industrielle Produktion, auch die moderne, keine dominierende Rolle mehr spielt. Frankfurt ist eine postindustrielle Stadt. 18% Arbeiter, 55% Angestellte. Der quartäre Sektor, Dienstleister der Dienstleister, hat die stärksten Zuwachsraten. Die Pläne, die Lagergelände am Westhafen in Wohnanlagen zu verwandeln, sind schon fertig. Aber zugegeben: Das sieht man vom Zug aus nicht. Das Klinikgelände hingegen sieht man, dann ein paar Wohnsiedlungen im Neue-Heimat-Stil, und dann fängt schon der Stadtwald an. In den Stadtwald eingelassen ein Minigolfplatz, ein Bogenschützenplatz, ein Schwimmbad, das Stadion. *Deutschland Freizeitpark*. Die Waldwege sind geteert für die geländegängigen Trimmräder der Gesundheitsbewußten. Die Straßen werden mit Hilfe von Wällen in sanfter Steigung auf Betonstelzen über die Bahnlinien geleitet. Kaum ein beschrankter Bahnübergang. *Deutschland Land der Überführungen*. Störend wirken in diesem Zusammenhang ab und zu ein paar verlassene Kabelrollen, die daran erinnern, daß diese Natur voll verkabelt ist.

Störend wirken auch die Bäume. Nicht die kranken, gehegten, gepflegten, registrierten, verkalkten Bäume, die in voller Maienpracht aufrecht stehen, sondern die Baumleichen auf den Windschneisen, die vor vielen Monaten ein Wirbelsturm geschlagen hat. Keiner hat die hochragenden Wurzeln oder die geknickten Äste entfernt, keiner hat sie geschält, zugeschnitten, zu Holzstapeln geschichtet, auf den Abtransport vorbereitet. Holzdiebstahl gehörte jahrhundertelang neben der Wilderei zu den verbreitetsten Delikten. Ich bin sicher: Kämen Leute aus den umliegenden Dörfern, um hier das Holz für ihren häuslichen Bedarf zu schlagen, würde niemand sie hindern. Aber sie kommen nicht. Sie haben keine Öfen mehr, die sich mit Holz zufrieden geben würden, keine Äxte, keine Sägen, keine Hauklötze, keine Hornhaut an den Händen und keine Handwagen.

Französische Besucher wären höchst erstaunt, wenn sie wahrnähmen, wieviel Holz in den deutschen Wäldern ungenutzt verdirbt. Aber sie könnten es nicht wahrnehmen, weil dem gleich drei unausrottbare Überzeugungen im Wege stehen. Der Deutsche ist erstens sauber, zweitens schnell, und er liebt drittens den Wald. Daß er den Wald liebt, kommt in jedem französischen Robot-Portrait »des Deutschen« vor. Diese Überzeugung bildet den Angelpunkt französischer Interpretationen Heideggers, der Grünen und der deutschen Literatur gleichermaßen. »Grün des Lebens goldener Baum.« So etwas hätte doch kein Franzose dichten mögen.

Den Flugplatz sieht man nicht. Schade, ich sehe gerne Flugzeuge im langsamen Landeanflug direkt über Bahn oder Autobahn. Statt dessen sieht man Walldorf, Eigenheimtraum aus kleinen, einstöckigen, spitzgiebligen, braun oder schwarz gedeckten Häuschen mit Satellitenschüssel.

Dann kommt freies Feld. Freies Feld wie die Ortsangabe über der vierten Szene des zweiten Akts von »Dantons Tod«, des Stücks, das der Hochverräter Büchner, argwöhnisch beäugt von den Behörden Anfang 1835 wenige Kilometer von hier entfernt schrieb. Hochverräter, weil er auf ein Flugblatt gesetzt hatte: »Der Bauer geht hinter dem Pflug, der Reiche aber geht hinter ihm und dem Pflug und treibt ihn mit den Ochsen am Pflug, er nimmt ihm das Korn und läßt ihm die Stoppeln. Das Leben des Bauern ist ein langer Werktag; Fremde verzehren seine Äcker vor seinen Augen, sein Leib ist eine Schwiele, sein Schweiß ist Salz auf dem Tische des Reichen.«

Auf diesen freien Feldern hier geht kein Ochse, kein Bauer und längst kein Reicher. Keine Hütten sieht man mehr und keine Paläste, gegen die sich Krieg anzetteln ließe. Die sorgfältig bestellten Felder sind menschenleer, kaum einmal ein Traktor. Sie liegen satt braun und grün in der Sonne. Ein Frühjahrsgemälde mit Weißdornhecken. Darüber in langsamem Steigflug silbern eine DC9. Eine Parklandschaft schon, bevor die Politik sie auch offiziell dazu ernennen wird. *Deutschland Land ohne Hütten*. Parklandschaft oder Parkplatz. Am Rande der nächsten Stadt sieht man ein bedeutendes Areal mit Tausenden von Autos derselben Marke. Hier muß irgendwo das Opelwerk sein.

In Goddelau, wo der Zug wegen einer Baustelle langsam fährt, wurde Büchner geboren. Hier war sein Vater Distriktarzt. Das große Irrenhaus, das zu seinem Wirkungskreis gehörte, gibt es noch, aber man hat einen großen Teil der Internierten entlassen. *Deutschland*

Irre in Freiheit entlassen. Natürlich sieht man durch das Zugfenster nichts von Büchner. Nur weil auch er von hier aus nach Straßburg fuhr, dürfen wir ihn vielleicht erwähnen. Aber er flüchtete, wir reisen. Nimmt man trotzdem das Vaterland an den Füßen mit?

Ein Hofgut; Silos; ein Klärwerk; ein eingezäuntes Gelände mit sorgfältig auf einer Rampe geordneten US-Panzern; viele Hochspannungsleitungen. Kaum eine Landschaft ohne Hochspannungsleitungen. *Deutschland Hochspannungsland.* Im Hintergrund liegt im Dunst der Odenwald, wo Siegfried starb.

Die Hochspannungsleitungen führen vielleicht nach Biblis. Aber man sieht auch Biblis nicht. Genauer, man sieht das Atomkraftwerk nicht. Man sieht ein Dorf, Wälder, ein Flüßchen, das brav reguliert zwischen künstlichen Ufern fließt, aber kein Atomkraftwerk. *Deutschland Aufbruch mit künstlichen Ufern.* Wir sind hier nicht im unteren Rhônetal, wo stolz die grauen Kühltürme in den Himmel ragen.

Wir fahren (immer noch leicht verspätet) in die Vororte von Mannheim ein. Ganz nah und zugleich weit ausgedehnt eine Fabrik (Mercedes?) aus rotem Backstein im Stile des ausgehenden 19. Jahrhunderts, also Zwingburg und Kathedrale zugleich. Daneben eine Kirche aus derselben Zeit. Dieser Stil ist schon historisch geworden, wir empfinden solche Anlagen heute schon fast wie Kunstwerke, also herausragend aus dem Alltag, so viele Menschen ihren Alltag auch noch darin verbringen mögen. Dann sieht man nichts mehr, fährt ein in eine lange Schlucht aus Schallschutzmauern. Es gibt viele Modelle. Grüngetünchte natürlich, bepflanzte, es gibt solche aus Aluminium, aus Beton. Es gibt künstlerisch ambitionierte, und es gibt welche, die genauso aussehen wie die Berliner Mauer. *Deutschland Land der Mauern.*

Die Berliner Mauer ist weg. Sie konnte dem Sog nicht mehr widerstehen, der von den unterschiedlichen Geschwindigkeiten in Ost und West erzeugt wurde. Hier erzwingt die Geschwindigkeit neue Wälle. Der antifaschistische Schutzwall hat seine Zeit gehabt, er wird vom Lärmschutzwall abgelöst. Aber natürlich ist das etwas ganz anderes, ist zum Schutz aller, aller Anwohner, aller Reisenden. Aber man neigt nun einmal sehr dazu, sich an oberflächlichen Ähnlichkeiten zu orientieren.

Die Lärmschutzwände sind ideale Skizzenblöcke für Tagger. Überall Tags, Tausende. Nur kann man sie nicht erkennen, nicht unterscheiden, weil der Zug zu schnell fährt. Die Kunst, auch die junge Kunst des Alltags, kommt mit der Geschwindigkeit noch nicht nach, bezieht sie nicht ein. Die Tags sind noch Gemälde, für Betrachter/Fußgänger konzipiert, die hier gar keinen Zutritt haben. Hinter den Lärmschutzmauern ist die Welt verschwunden, aber die künstliche, künstlerische Ersatzwelt funktioniert noch nicht.

Als der Blick wieder frei wird, öffnet er sich auf ein stilles Lagergelände am Mannheimer Rheinhafen. Kinder versuchen, eine riesige dunkle Halde aus feinem Sand zu besteigen. Dann unvermittelt das Schloß, eine Fahne davor. Sie kommen nicht an gegen die Banalität der Umgebung, gegen die Bürohäuser aus den sechziger Jahren, gegen den gesichtslosen Bahnhof. Auf dem Park&Ride-Stellplatz stehen fast nur Mercedes-Limousinen. *Deutschland Land der großen Autos*. Nicht nur, daß es hierzulande mehr davon gibt als in Frankreich. Sie bedeuten auch etwas anderes. Ein französischer Arbeiter, der einen Mercedes des neuesten Modells fährt – wenn es denn einen geben sollte –, gilt als anmaßend, größenwahnsinnig, verschwendungssüchtig. Ein deutscher Arbeiter mit einem »kleinen« Mercedes gilt als sparsam, solide, seriös. Die großen Autos durchziehen auf breiter Spur die Erlebnisaufsätze aller französischen Schüler nach dem ersten Deutschlandaufenthalt.

Auf der anderen Seite des Bahnhofs fährt man in umgekehrter Reihenfolge durch die konzentrischen Sozialkreise, die sich in offenbar stereotyper Anordnung um die Zentren der Großstädte lagern. Erst wieder Containerberge, Versorgungsrohre, sogar ein alter Wasserturm. Dann größere, einfache Wohnanlagen im Neue-Heimat-Stil, darauf der Ring gepflegter Einfamilienhäuser, schließlich frisch aufgetürmte Freizeitlandschaften.

Wo die Stadt aufhört, beginnt wieder Landschaft. Landschaft, das heißt vor allem: Autobahnen auf Dämmen, Leitplanken, gelb-schwarze oder weiß-auf-blaue Schilder, Tunnel, Überführungen, darüber Hochspannungsleitungen. Ich fixiere in der Ferne Autos, vergleiche die Geschwindigkeit, beobachte die Linien, auf denen sich der Weg des Autos und der Weg meines Zugs annähern, bis es zum Zusammenstoß kommt. Aber es kommt nie zum Zusammenstoß: Das Auto schießt mit unverminderter Geschwindigkeit vermittels einer Brücke über uns hinweg. *Deutschland Land in dem es nie zum Zusammenstoß kommt.* Solche Landschaften nähren die Gier nach unvorhergesehenen Begegnungen und seien es Zusammenstöße oder Unfälle.

Abwechslung bietet sich dem Blick wenig. Einmal sind Menschen auf den Feldern, mehrere Menschen erstaunlicherweise. Sie stechen Spargel, eines der wenigen landwirtschaftlichen Produkte, die noch von Hand geerntet werden müssen. Aber zu Johanni ist alles vorbei. Dann kommen die Spargel wieder aus Südafrika.

Es gibt wenige Orte des Widerstands gegen die Stromlinien der Landschaft. Auf die Tennishallen kann man natürlich nicht rechnen. Erstaunlicherweise aber auf eine Institution, die für mich immer der Hort angepaßter Kleinbürgerlichkeit war: die Kleingärten. Die Kleingärten leisten Widerstand. Sie bestreiten die Sachlogik, sie zeugen von der Lust der Menschen, Individuen zu sein, von Eigensinn. Daß es, genauer besehen, meist schiefgeht mit dem Eigensinn, sieht man vom Zug aus nicht. *Deutschland Land wo die Gartenzwerge die Hoffnung tragen können.*

Irgendwo zwischen Karlsruhe und Baden-Baden ändert sich die Landschaft grundlegend. Der Schwarzwald gibt dem Landschaftsbild von Ferne einen Rahmen. Das wirkt versichernd. Dem schlimmen Verdacht, die Logik der Tunnel-Überführung-Damm-Kabel-Leitplanken-Hochspannungsleitungslandschaft sei grenzenlos, stellen sich aus der Ferne dunkel, aber wirkungsvoll kranke Tannen entgegen. So gegen ihre Zukunft geschützt, erholt sich die Landschaft zusehends. Sie bietet gefällig Berge, Burgen, Hügel, Weingärten, Obstgärten auf. Die Leitplanken verlieren an Bedeutung, der Zug ist auf einmal schneller als die Autos. Die Dörfer liegen festumrissen an ihren natürlichen Plätzen in den Falten der Landschaft. Endlich: *das romantische Deutschland.*

Darauf bestehen die Franzosen: Deutschland ist ein romantisches Land. Nur wo Deutschland romantisch ist, ist es richtig deutsch. Romantik, das heißt Lorelei, der Zwiebelturm einer Barockkirche vor dem Hintergrund der Alpen oder ein Winzerdorf in Baden. Alle französischen Austauschschüler wollen nach München, keiner nach Hannover. Warum man in Frankreich so darauf besteht, daß Deutschland romantisch sein müsse, ist ebenso schwer zu erklären wie die Vorstellung, alle Deutschen liebten ihren Wald. Schwerer noch, denn im Falle des Waldes könnte man ja noch auf Tacitus und das Fortwirken der lateinischen Tradition in Frankreich als Erklärung zurückgreifen, eine Erklärung, die fast immer gut klingt. Aber wer wäre für die Vorstellung haftbar zu machen, daß wir Deutschen romantisch seien? Die naheliegende soziologische Erklärung, daß sich hier projektiv die konservative Sehnsucht nach vergangenen, überschaubaren, feudalen Ordnungen manifestiere, entspricht nicht der Wirklichkeit. Ein großer Teil der Franzosen, darunter die meisten Intellektuellen und Politiker, wären sehr froh, wenn ihr eigenes Land die alten bäuerlich bestimmten Traditionen endlich überwunden hätte. Aber vielleicht muß man in Rechnung stellen, daß sich das Bild vom Nachbarn weniger an den gegenwärtigen Zuständen orientiert als an tradierten historischen Erfahrungen. Und Deutschland ist ja erst seit dem Ende des 19. Jahrhunderts ein industrialisiertes, seit den zwanziger Jahren ein modernes Land. Vorher war es eine Postkutschenregion und Frankreich schon ein moderner Staat. Frankreich sieht sich in einer geschichtlichen Tradition und die anderen auch. Wir hingegen wollen von dieser Tradition nichts wissen und wollen so beurteilt werden, wie wir uns im Moment selbst sehen. *Frankreich Land das uns an unsere Vergangenheit erinnert.*

Aber da wäre noch etwas anderes zu erwägen. Deutsche Romantik entwickelte sich aus dem Ungenügen der Normalität. Sie poetisiert die Prosa des modernen Lebens oder wendet ihr den Rücken zu. Was als französische Romantik gilt, war hingegen eminent und direkt auf die öffentlichen Dinge bezogen, keineswegs einfach das Gegenteil von Realismus. Deutsche Romantik ist aus französischer Sicht also etwas Fremdes, Unverständliches. Und vom Fremden erwartet man, daß es fremd sei. Hier also: romantisch. *Deutschland fremdes Land.*

Aber das alles sieht man natürlich nicht. Man sieht nur Dörfer in Weinbergen. Ob diese Dörfer noch welche sind, ob man vom Weinbau, vom Ackerbau oder schon überwiegend vom Tourismus lebt, das sieht man aus dem Schnellzug nicht. Man sieht nicht einmal, ob sie eine Fußgängerzone haben. Man sieht entweder ein Detail oder das große Ganze.

»Kehl ist ein Städtchen am Rhein, das durch Desaix und Gouvion Saint-Cyr unsterblichen Ruhm erlangt hat«, schrieb Stendhal im Jahre 1830. Kennen Sie Desaix, Saint-Cyr, wissen Sie etwas über die Belagerung von 1776? So ist es mit der Unsterblichkeit des Ruhms. Kehl ist immer noch ein Städtchen am Rhein und besteht hauptsächlich aus vielen Tankstellen, wo sich wohl die Straßburger mit billigem Benzin versorgen, aus ein paar Europafahnen sowie aus Zoll- und Grenzschutzgebäuden, in denen Beamte gegen das aufsteigende Gefühl ihrer Nutzlosigkeit und gegen die Befürchtung kämpfen, daß man sie bald an die polnische Grenze versetzen wird. Letzteres vermute ich nur, aber eigentlich kann es nicht anders sein. »Kehl, hier Kehl, die Grenzkontrolle findet im Zuge statt«. »Kehl, ici Kehl. Le contrôle des passeports aura lieu dans le train.« So die Frauenstimme aus dem Lautsprecher. Stimmt aber nicht. In meinem Abteil jedenfalls findet keine Grenzkontrolle statt. Aber der Zug hält ein paar Minuten, wie zum Eingedenken der Tatsache, daß hier einmal eine Grenze war.

Der Bahnhof unterscheidet sich von normalen Provinzbahnhöfen durch ein paar Container, in der die Grenzkontrolleure untergebracht sind. Vor manchen ihrer Fenster sind Gitter, vor anderen Gardinen. *Deutschland gemütliches Land.* Es hängen die seit 15 Jahren gleich aussehenden Fahndungsplakate nach Terroristen aus. Man kann nicht erkennen, ob noch Fotos von denjenigen darunter sind, die man in der DDR aufgestöbert hat, um die Resozialisierten erst lange

es größere Menschen oder größere Zeiten? Oder beides? Oder ist das alles noch zu haben, aber nicht mehr hier?

Die sorgfältige Beobachtung aus dem Fenster jedenfalls bietet keine Stimulantien für große Gefühle. Das erste Haus auf französischer Seite ist eine Art Lager. Hafengelände empfängt den Reisenden aus Deutschland, keine Prunkfront. Die beiden Länder wenden sich den Rücken zu. Dann kommen wenig einladende, große Mehrfamilienhäuser, ein Hotel, ein kleiner Flugplatz, eine Rennbahn, Kleingärten, ein Stadion, Kleingärten, die Autobahn. Nein, man kann nicht sagen, daß diese Abfolge prinzipiell anders wäre als die Sozialgeographie Frankfurts, durch die wir am Anfang der Reise fuhren.

Und dennoch habe ich das Gefühl, in Frankreich zu sein. Nicht daß ein »ganzer, großer Eindruck« meine Seele gefüllt hätte. Wenn ich einen Moment lang den Ausdruck Seele benutzen darf. Die Einzelheiten, die ich wahrnehme, sind gewiß nicht wie die Teile des Münsters »harmonierend«. Ich kann sie »genießen, keinesfalls jedoch erkennen und erklären.« Jedenfalls nicht gut.

Beim erneuten Versuch genaueren Hinsehens verschwindet der Eindruck, alles sei so wie bei uns, um dem gegenteiligen, wahrscheinlich ebenso falschen Eindruck Platz zu machen, alles sei anders: Die bullige grüne Lokomotive, die uns entgegenkommt, ist anders, die Waggons mit den Corail-Streifen über den Türen, selbst die Oberleitungen sind anders gebogen, ein wenig runder am Ende der Peitsche. Die Autobahnüberführungen sind bunter als bei uns, versuchen eine Art Betonkunst, die Schilder sind anders. Die Kabelrollen, die hier ebenfalls reichlich zu sehen sind, kommen mir auch anders vor. Aber das einzelne wird auf die Schnelle so wenig greifbar. Außer dem Münster, das sieht man die ganze Zeit. Der Zug scheint eine Art großen Bogen um das Münster zu schlagen. Es überragt alles, bildet den Hintergrund von allem. *Frankreich Land wo die Kirche im Dorf geblieben ist?*

Klar, manche Elemente, die den Eindruck der Differenz hervorrufen, kann man mit schnellem Blick dingfest machen. Zum Beispiel gibt es einen Parkplatz voller großer Caravans, wo offenbar Sinti und

Roma leben. Es gibt grasbewachsene Bunkerreste, Reste von Befestigungsanlagen. Auf deutscher Seite war nichts zu sehen von Bunkern. Es gibt Fassaden alter Häuser, die noch Einschußlöcher aus dem Zweiten Weltkrieg aufweisen. Wie in der DDR, der ehemaligen. Eine Freundin aus der DDR berichtete mir von ihrer ersten Reise durch die Bundesrepublik nach Paris, daß sie in der Bundesrepublik alles fremd fand, aber dann hinter der französischen Grenze den Eindruck bekam, jetzt sei es wieder ein bißchen so wie in der DDR. *Frankreich Land wo die Narben noch sichtbar sind.*

Bevor wir in den Straßburger Bahnhof einlaufen, müssen wir noch auf einen prekären Punkt zu sprechen kommen, auf Ordnung und Sauberkeit. Die französischen Besucher Deutschlands bestehen regelmäßig darauf, unser Land sei sauber und ordentlich. Wir kennen die Gegenbeispiele. Man muß sie nicht suchen. Auf dem Flur des Zuges, in dem ich reise, kullern die leeren Bierdosen und füllen den Flur mit klebrigem Gestank. Vor allem aber ist uns dieses Lob peinlich. Man weiß ja unterdes, was es mit der Sauberkeit auf sich hat. Stichwort Analcharakter, Ordnungszwang. Wir mögen nicht mehr zwanghaft ordentlich sein. Das hatten unsere Eltern nötig, wir nicht mehr. Und schließlich haben wir als Weltmeister im Reisen gelernt, höflich zu sein und zu akzeptieren, daß es auch anders geht.

Ich komme also sehr ungern auf Ordnung und Sauberkeit zu sprechen, würde das Gebiet lieber der Vorurteilsforschung überlassen. Die Wahrhaftigkeit gebietet aber zu annotieren, daß ich, kaum in Frankreich, wiederholt zerbrochene Fensterscheiben sehen mußte. Die meisten gehören zu einer Fabrik, die offenbar stillgelegt wurde, teilweise ausgebrannt ist – wie die breiten schwarzen Rußstreifen beweisen, die aus leeren Fenstern die Wände hinaufziehen. Keinerlei Anzeichen baldiger Wiederaufnahme der Produktion oder der Umwandlung in ein Kulturzentrum. Oder nehmen wir die an den Balkons zum Trocknen aufgehängte Wäsche. Das macht einen unordentlichen Eindruck. Nicht nur auf ein deutsches Gemüt. Da kann ich mich zum Beispiel auf den dynamischen Bürgermeister von Montpellier berufen. Der hat seinen Bürgern vom Stararchitekten Bofill eine gigantische neue Stadt namens »Antigone« bauen lassen. Bürgermeister Frèche ist Sozialist, und deshalb dürfen auch die einfachen Leute postmodern und mittelmeermythologisch in den Antigone-Anlagen wohnen. Aber es ist ihnen bei Strafe streng untersagt, Wäsche aus den Fenstern zu hängen, wie es ihre Gewohnheit war, wohl, weil es dem Mittelmeermythos abträglich wäre.

Wie war das eigentlich in Deutschland mit den kaputten Fensterscheiben, den ausgebrannten Fabriken, mit der trocknenden Wäsche? Ich kann mich nicht erinnern, dergleichen gesehen zu haben. Unordnung schon, aber selten. Ich erinnere mich an die sturmverwüsteten Waldschneisen, an einen V-förmigen Platz zwischen zwei Bahndämmen, wo Gerümpel lag, erinnere mich an eine Wellblechhütte auf den Feldern vor Mannheim, davor eine alte Badewanne als Tränke für einige Schafe. Aber sonst? *Deutschland Heilland.*

Der Bahnhof von Straßburg dürfte wilhelminisch sein. Fast alle schönen Bahnhöfe sind aus wilhelminischer Zeit. Wilhelminische Zeit war hier Besatzungszeit. *Frankreich Erzfeind.* Der Bau besteht aus einer hohen Haupthalle, flankiert von zwei weiten flachen Flügeln, an die sich weitere Gebäude anschließen. Die Haupthalle hat oben bleiverglaste Kirchenfenster. Göttinnen aus Sandstein winden Reben. Viel Respekt haben ihnen die Modernisierer der französischen Eisenbahn nicht gezollt. Hier ein paar vertrocknete Pflanzen, dort ein goldeloxiertes Innendach, hohe automatische Edelstahltüren. Die neue Zeit ist hier eingezogen, ohne sich um die alte zu scheren. *Frankreich Land ohne Respekt vor dem Alten?*

Jedenfalls wirbt die SNCF in eigener Sache mit einem Plakat, auf dem unter einem kurzberockten Mädchen der Spruch zu lesen ist: »Place aux jeunes-SNCF«. Ein hübsches Mädchen und ein Wortwitz sind unverzichtbare Bestandteile französischer Werbung. »Platz für die junge Generation-SNCF.« *Frankreich Land mit Platz für die junge Generation?* Aber zielt die Werbung nicht immer auf ein unbefriedigtes Begehren? *Frankreich Land ohne Platz für die junge Generation?* Daneben ein Werbeplakat für einen Badeanzug von C&A, der knappe 160 Francs kostet. Man sieht darauf sehr nah eine junge Frau, sehr braun, schwarze, lange, leicht gekrauste Haare, dunkelbraune Augen, volle, leicht geöffnete Lippen. Durch die seitliche Perspektive und den hohen Beinausschnitt erscheint sie nackt bis zu den Hüften, abgesehen von dem Streifchen Stoff über dem Schambein. Abgesehen ist vielleicht das falsche Wort. Eine umwerfende Mischlingslolita jedenfalls. United Colors of C&A. Ich muß mich zwingen, im Strom der Reisenden nicht vor dem Plakat stehenzubleiben. Das tut man nicht. Da wird dem Unterschied zwischen dem Lebendigen und der Simulation noch ein Schamtribut gezollt. Oberhalb der Hüften folgt über einer schmalen Taille und kleinen Brüsten ein weiteres enges Stück Stoff mit Tigermuster und vielen Bändern. »Weil die Männer sich nicht nach einem Preis umdrehen«, heißt der Werbeslogan. *Frankreich Oh là Land der schönen Frauen?* Aber ob diese Frau überhaupt französischer Nationalität ist? Vielleicht wartet sie auf ihre Einbürgerung? Bei dem Aussehen müßte sie es schon schaffen. Da wäre auch die »Front National« nicht dagegen. *Frankreich Land wo der Sexismus stärker ist als der Rassismus?*

Aber was heißt hier Sexismus? Ist es nicht das Natürlichste von der Welt, daß Frauen sich begehrlich machen und die Männer sich nach ihnen umdrehen, sie »anmachen«? Unsere französischen Au-pair-Mädchen hatten regelmäßig am Anfang ihres Aufenthalts eine Identitätskrise, weil ihnen die Blicke und Pfiffe der Männer fehlten, von denen sie sich natürlich zugleich belästigt fühlten. Als sie merkten, daß sie nach wie vor begehrt wurden, aber auf andere Weise, kam die erleichterte Klage: »Sie sind kompliziert, diese deutschen Männer.«

Frau Cresson, damals Premierminister der Französischen Republik, hat mit der ganzen Autorität ihrer hochgestellten Persönlichkeit festgestellt, daß es geradezu die Pflicht eines Mannes ist, sich nach einer attraktiven Frau umzudrehen, koste es, was es wolle, sei sie schwarz, weiß oder braun. Die englischen Männer, so sagte sie befremdet in einem Interview mit einer englischen Zeitung, seien in diesem Punkte nicht ganz normal. Aber es gäbe ja in England auch viel mehr Homosexuelle als in Frankreich ... *Frankreich Land der natürlichen Geschlechterverhältnisse.*

Neben der braunen C&A-Lolita wirbt ein Plakat mit einem kantigen Männergesicht und weißem Käppi schwarz-weiß für die Fremdenlegion. Um die Männlichkeit dieses Mannes müßte sich Frau Cresson keine Sorgen machen. Was eigentlich tun die Fremdenlegionäre heute? Welche Arbeit läßt die Grande Armée auch heute noch lieber von Gastarbeitern erledigen? Ist es saubere Arbeit? Was heißt bei einem Legionär saubere Arbeit? Und wer meldet sich noch zur Fremdenlegion? Kann man sich im Vereinten Europa durch den Eintritt in die Fremdenlegion noch der Strafverfolgung oder der Zahlung von Alimenten entziehen? *Frankreich Land wo die Fremden Legion sind.*

Jedenfalls interessiert sich von meinen Mitreisenden offenbar niemand für den Eintritt in die Fremdenlegion. Und ich würde mich ja auch nicht dafür interessieren, wenn ich mir nicht das Beobachten verordnet hätte. Ich würde einfach vom Bahnsteig durch den Tunnel in die Haupthalle gehen, mich um Abfahrtszeiten, um eine Fahrkarte und um eine Zeitung kümmern. Das mit den Abfahrtszeiten wäre leicht geklärt, denn es gibt eine große Anzeigetafel mit rotierenden weißen Buchstaben auf schwarzem Grund. Außerdem sieht man zahlreiche Monitore, die elektronisch die Abfahrtszeiten und Reiseziele anzeigen. Noch ist keine Werbung dazwischen geschnitten wie in der Pariser Métro, aber das kommt gewiß bald. *Frankreich Land der Monitore.* Was die Fahrkarte angeht, kann man sich entweder in eine lange Schlange einreihen oder sie an einem Automaten kaufen. Man unterhält sich mit ihm per Knopfdruck auf die sensible Oberfläche des Monitors, bekommt den Fahrschein nach Maß ausgestellt und zahlt mit Kreditkarte. Zu meiner Verwunderung akzeptiert das Gerät meine Kreditkarte anstandslos. Das Verfahren ist schnell und praktisch, zudem braucht man sich nicht über die provozierende Langsamkeit bedienender Bahnbeamter zu ärgern. (Beamter? Aber natürlich gibt es Beamte in Frankreich!) Kreditkarten sind offenbar verbreiteter als in Deutschland. Bankomaten auch. Die Telefone sind fast alle auf Telefonkarten umgestellt. *Frankreich modernes Land.*

Das mit der Zeitung ist schnell erledigt. Ich könnte in den Wartesaal gehen. Lieber gehe ich ins Bahnhofsrestaurant. Nicht eigentlich ins Restaurant. Das ist teuer, hat weiße Tischdecken, schwarzgekleidete Kellner und braucht Zeit. Ich gehe in den Snack. Selbst der hat zwei Abteilungen, eine für diejenigen, die etwas essen wollen, eine andere für diejenigen, die nur einen Kaffee oder einen Tee brauchen. Es hat alles seine Ordnung mit der Restauration in Frankreich. Es sind die Ausländer, die ins Restaurant gehen und dann nur ein Sandwich haben wollen. »Nein danke, sonst nichts.« *Frankreich Land wo alles seine Ordnung hat.*

Ich brauche nur einen Kaffee. Das Essen würde ohnehin enttäuschend und teuer sein. Besonders teuer sind im Verhältnis die einfachen Gerichte, Salat, Spaghetti, Würstchen. Der kleine Kaffee ist aber auch schlecht, bitter, zuviel Robusta in der Mischung, zuwenig Arabica. Arabica schätzt man in Frankreich. Im Kaffee. Ich bin ein klein wenig stolz darauf, daß der Kellner mich nicht auf deutsch angesprochen hat wie meine Nachbarn. *Frankreich Land der Deutschen die nicht deutsch sein wollen.*

Der Kellner hat mit einer tausendfach geübten Bewegung meinen Tisch um eine Handbreite vom Nachbartisch abgezogen. Das ändert nichts daran, daß direkt neben mir ein anderer Gast sitzt. Aber jetzt ist der Tisch *mein* Tisch und der des Nachbarn *sein* Tisch. Hier hat jeder Gast seinen Tisch. Kommt nach uns eine kleine Gruppe oder eine Familie, werden die Plastikquadrate wieder zusammengeschoben. *Frankreich jeder für sich.* Reicht eine Handbreit Leere, ein Eigenes zu begründen? Kann es nicht auch reizvoll sein, unversehens fremden Menschen am eigenen Tisch zu begegnen? Ich erinnere mich daran, daß im Restaurationswesen der ehemaligen DDR die Sitte herrschte, Tische erst vollständig zu besetzen, ehe ein neuer zur Besetzung freigegeben wurde, wenn überhaupt. Zwangsvergesellschaftung ist peinlich. Der Streifen Nichts um meinen Tisch schützt wenig, aber bedeutet doch, daß mindestens prinzipiell hier das Recht anerkannt wird, für sich zu sein.

Gemütlich ist es hier nicht. Keine Gardinen wie bei den deutschen Zöllnern in Kehl. »Gemütlich« gehört zu den Worten, die man nicht ins Französische übersetzen kann. Die französische Sprache hat keinen Bedarf nach diesem Wort. Neonbeleuchtung. Große Glasfronten statt Außenmauern. Man sitzt auf der Straße, auch wenn man »drinnen« Platz genommen hat. Dies ist ein öffentlicher Ort, kein Ersatzwohnzimmer. Man sieht auf den Bahnhofsvorplatz, ein Halbrund von Gründerzeithäusern wie in Frankfurt. Der Platz wird durchschnitten von einer mehrspurigen Straße. Gepflasterte, halb mannshohe Dämme sollen verhindern, daß sie jemand überquert, statt den vorgeschriebenen Tunnel zu nehmen. Auf den Gründerzeithäusern große Werbeleuchtschriften, die Hotels anzeigen, eine Bank – und die vor allem für verschiedene Biersorten werben: Mutzig, Adelscott, Heinecken, Météor. *Frankreich Bierland ohne Reinheitsgebot.*

Der lange Nachtzug nach Nizza/Ventimiglia steht auf Gleis drei. Bevor ich einsteige, muß ich Ihnen gestehen, daß ich ab Straßburg eine Karte erster Klasse gekauft habe. Mich haben Zusammenrottungen kurzhaariger Jugendlicher geschreckt, die, offenbar auch auf den Zug 20.24 wartend, die Kirchenakustik des Bahnhofs trunken dazu ausnutzten, ihrem kollektiv gebrüllten »Zéro, Zéro« ein schmerzhaft lautes Echo zu verschaffen, in der Hand Bierdosen und hölzerne Fetische, die in Frankreich das Ende des Militärdienstes anzeigen. Da es jeweils nur einen Sitzwagen der ersten und zweiten Klasse im Nachtzug gibt, werden Sie für meine Flucht vor den Reservisten der Grande Armée Verständnis haben.

Im Großraumwagen erster Klasse nehme ich diesmal rechtsseitig Platz. Ich rechne auf den Sonnenuntergang hinter den rechts gelegenen Vogesen. Der Teppichboden und die Decke in meinem Waggon sind blau, die Schalen der Sitze weiß, die Stoffpolster rot. Bleu-blanc-rouge, die Farben der Trikolore. Nicht daß ich vor Rührung in Tränen ausbrechen würde wie Börne. Aber es ist auch nicht unangenehm. Ein deutscher Eisenbahnwaggon mit schwarzem Boden, roten Sitzschalen und goldfarbenen Polstern erschiene mir wie der Gipfel der Geschmacklosigkeit. Fragen Sie mich nicht, warum. Ich weiß es nicht. Aber Sie würden es wohl ebenso empfinden. Damit ist die Frage nach dem »warum« natürlich nicht beantwortet.

Während ich auf die Abfahrt warte, erinnere ich mich an den

10. Mai 1981, an dem ich genau zur gleichen Minute wie heute im gleichen Zug saß. Damals war gerade in den Acht-Uhr-Nachrichten der Kopf von Mitterrand eingeblendet worden, des eben gewählten neuen Präsidenten der Republik. Plötzlich hallte der Bahnhof von Jubelrufen wider, in der Stadt begann ein Hupkonzert. Die Matrosen in meinem Abteil, die das Wochenende zu einem Heimaturlaub genutzt hatten und nun nach Toulon zurückkehrten, lagen sich in den Armen. Alle glaubten, nun werde alles besser. Ich fühlte mich seltsam traurig.

Der Zug ist abgefahren. Er setzt sich langsam in Bewegung, wohl, weil er so lang ist. Er durchquert die südliche Stadt. Ein alter Wasserturm gefällt mir, der Buntsandstein der alten Häuser, die regelmäßigen Eschenreihen am Kanal, der die Bahnlinie ein Stück begleitet. Die Autobahn, die wir überqueren, ist wenig befahren, wie erwartet. Die Autos sind gesichtslos. Keine Citroën DS mehr, über die Roland Barthes schreiben könnte. Doch, der Artikel ist richtig. Autos sind hier in Frankreich weiblich. Glauben Sie nur nicht, es sei nicht von Belang, ob man *einen* oder *eine* Mercedes fährt. Oder eben eine DS. Zum Beispiel ginge maskulin das Wortspiel mit »Déesse« nicht mehr. Déesse heißt Göttin. Aber es gibt eben kaum mehr welche. Die wenigen, die noch laufen, sind alt, unzuverlässig und reparaturanfällig. Jedenfalls konnte man sie erkennen. Ob das, was ich da an Mittelklasse sehe, von Citroën, Peugeot, Renault oder gar aus Japan ist, kann ich nicht entscheiden. Aber ich verstehe auch sehr wenig von Autos.

In der Ferne tauchen die Vogesen auf, schwarz wegen der untergehenden Sonne in ihrem Rücken. Burgen zeichnen sich ab, am Fuße des Gebirges Dörfer. In manchen Weinbergen wird noch gearbeitet. Die Landschaft ist ruhig, übersichtlich, klar. Vielleicht kommt es vom Abendlicht, vielleicht von der Unbeweglichkeit der Vogesen. Oder daher, daß der Zug unbeirrt geradeaus fährt. Keine Kurven, keine Lärmschutzmauern. Die Dörfer halten sich von der Bahnlinie entfernt. Die Neubauten in ihrer Nähe könnten so auch in Baden entstehen. Die neuen Industriegebiete suchen die Nähe der Verkehrslinien. Sie sind anders als die deutschen. Sie kommen mir schriller vor, bunter. Sie stellen demonstrativ Modernität aus, fühlen sich mit dem Auge an, als seien sie aus Plastik. Die Leuchtreklamen bevorzugen die kalten Videofarben.

Dann wieder eine Elsaß-Landschaft wie aus dem Fotobuch. Das Morgen- und das Abendlicht stehen dieser Landschaft am besten. Weit entfernt, aber deutlich sichtbar leuchtet ein Feuer, ein offenes Feuer. Warum kommt mir auf einmal dieses Feuer so wichtig vor? Wohl weil ich bisher auf dieser Reise keines gesehen habe. Ich glaube, es ist in Deutschland unterdes verboten, einfach so ein Feuer zu machen, Reisig oder Abfall zu verbrennen. Es gibt ja Müllkippen. Und es gibt Grillplätze. Ein Erfolg ökologischen Denkens, das Verbot offenen Feuers. *Deutschland Land ohne Feuer/Frankreich Feuerland?*

Bizarre, kahle, weiße Abraumhalden aus der Kaliproduktion kündigen Mulhouse an. Das Elsaß geht allmählich zu Ende. In den Gärten am Stadtrand rosten alte Autos vor sich hin. Stehen sie zum Ausschlachten da? Aus Pietät? Um die Kosten für den Autofriedhof zu sparen? Aufgeschnittene Blechtonnen dienen als Regentonnen oder Blumenkübel. Das Alte, Ausrangierte wird privat weiter verwendet, nicht schamvoll versteckt oder industriell recycelt. Abfall habe ich auch auf dem deutschen Teil der Reise gesehen, aber nicht so, sondern als Palettenstapel oder Kläranlage.

In Mulhouse sieht man wieder traurige, arme, manchmal auch blinde Fenster direkt an der Bahnlinie, dahinter einmal eine Küche, beleuchtet von einer nackten Birne. Auch das Abendlicht kann dieses Elend nicht vergolden. Natürlich hängt Wäsche vor den Fenstern. Aber es gibt auch schöne alte Häuser mit Friesen, Stukkaturen, herrschaftlichen Portalen, manchmal von Gärten mit hohen Bäumen eingerahmt. Mir fällt erst jetzt auf, daß ich auf der anderen Seite des Rheins keine Villen gesehen habe. Die reichen Leute halten sich dort fern von der Bahnlinie.

Überhaupt gibt es hier alte Häuser. Überwiegend alte Häuser. Wo habe ich an der deutschen Strecke alte Häuser gesehen? Ein paar alte Industrieanlagen bei Mannheim ... das Mannheimer Schloß ... die badischen Dörfer. Aber sonst? Es gibt wenig Altes, und das wenige

Alte ist restauriert, also neu. Die Baugeschichte Deutschlands, so wie sie sich von der Bahnlinie aus präsentiert, beginnt nach dem Zweiten Weltkrieg. Was älter ist, hat tendenziell Museumscharakter. Das Alte steht hoch im Kurs, denn es gibt nur noch wenig davon. Das Alte adelt. *Deutschland Neuland.* Hier gibt es hingegen so viele alte Häuser, daß sie gar nicht alle restauriert sein können. Das Alte gilt wenig. Altes haben alle. *Frankreich behaust in der Geschichte.*

Der schweifende Blick beim Halt in Mulhouse kann noch einmal in Ruhe (und beruhigt) notieren, daß da noch unendlich viele Differenzen zwischen einem ordinären Bahnsteig in Deutschland und Frankreich sind, Differenzen, die über Jahrzehnte nicht zu nivellieren sein werden. Die Lautsprecheransage ist anders, die Bank ist anders und der Papierkorb, die Fliesen auf dem Bahnsteig sind anders, die Uhr ist anders, die Uniform des Bahnbeamten ist anders und seine Kelle ist es auch. Wie anders, kann ich auf die Schnelle nicht sagen. Nur die groben Differenzen fallen rasch auf, wie die, daß die Uhr eckig statt rund ist, daß auf der Uniform des Schaffners Sterne glänzen.

In Belfort angekommen, sollte ich etwas über Peugeot notieren. Dies ist Peugeot-Land, wie die Gegend um Rüsselsheim Opel-Land ist. Aber ich sehe nichts von Peugeot. Ich sehe hingegen kurz vor der Einfahrt in den Bahnhof, als der Zug schon sehr langsam fährt, auf dem Gelände einer offenbar aufgegebenen Ziegelei ein schwarz-weißes Liebespaar in einer Umarmung so schön wie auf einem Foto.

Jedenfalls ist der Anteil der Menschen aus Schwarzafrika und vor allem aus Nordafrika auf diesem Bahnsteig viel größer als auf dem in Frankfurt, in Mannheim, in Karlsruhe. Frankreich ist nicht nur in Paris und in den nördlichen Vororten von Lyon und Marseille ein multikulturelles Land, viel mehr als Deutschland. Auf den ersten Blick sind fast überall in Deutschland die Menschen weiß, christlichen Glaubens und wohlhabend. Das gilt sogar für Hoyerswerda. In Frankreich gilt es an viel weniger Stellen. Das hängt wohl mit der kolonialen Vergangenheit Frankreichs zusammen, die nicht wie die deutsche 1918 endete, sondern noch bis in die sechziger Jahre reichte, ja heute noch nicht ganz zu Ende ist. Die Frankophonie in einigen afrikanischen

Ländern, auf die man so stolz ist, erleichtert den Sprung ins Mutterland. Hier sieht es so aus, als habe man sich mit den Einwanderern arrangiert. Kein Araber, kein Schwarzafrikaner wird heimlich bestaunt oder interessiert angestarrt. Aber die Wahlergebnisse sprechen eine andere Sprache. *Frankreich farbiges Land.*

Auf dem Land zwischen Belfort und Montbéliard treibt eine schwarzgekleidete Bäuerin weiße Kühe in den Stall. Trauert sie? Oder tragen hier auf dem Lande die älteren Frauen noch alle schwarz?

Montbéliard besteht, vom Bahnhof aus gesehen, aus einem viel zu großen Schloß, einem Kriegerdenkmal und einigen Häusern, die sich schon auf die Nacht vorbereiten. Da ich nicht den Eindruck habe, hier viel zu verpassen, sehe ich im Reiseführer nach. Montbéliard hieß einmal Mömpelgard, das Schloß wurde im 16. Jahrhundert nach Plänen von Schickhardt für den Prinzen von Württemberg errichtet. Jedenfalls ist es zu groß, schwer, drohend. Offenbar kann es immer noch die Macht ausstrahlen, die ihm ursprünglich absichtsvoll eingebaut war. Wer wohnt darin? Gibt es noch einen Schloßherrn? Oder dient es nur der Besichtigung? Aber kommen denn wirklich Touristen nach Montbéliard? Frankreich ist voller Schlösser, nicht nur in Versailles oder an der Loire. *Frankreich nobles Land der Revolution.*

Das Kriegerdenkmal ist eigentlich nichts Besonderes. Überall in Frankreich gibt es ein Kriegerdenkmal und sei der Ort noch so klein. Das Kriegerdenkmal steht immer an einem prominenten Ort, ist immer häßlich, verzeichnet immer zu viele Namen. *Frankreich Heldenplatz.* Mindestens einmal im Jahr, am 11. November zumeist, steigt der jeweilige Bürgermeister, angetan mit einer rot-weiß-blauen Schärpe, auf die unterste Stufe des Kriegerdenkmals und erinnert an die Gefallenen sowie an die Größe Frankreichs.

Für deutsche Beobachter, für die die Zeremonie nicht bestimmt ist, wirkt die Angelegenheit peinlich, ohne daß man sich so recht zu Spott ermächtigt fühlte. Irgendwie ist das alles wie *Stahlhelm*, so, als hätten Helmut und François vor Verdun ganz vergeblich Händchen gehalten. Und warum wird der Sieg im Ersten Weltkrieg gefeiert, obgleich doch die Kriegsschuldfrage in diesem Falle ohne Zweifel komplizierter ist als im Falle des Zweiten Weltkriegs? Der 11. November ist in Frankreich Feiertag. Wo verläuft die Grenze zwischen lächerlichem Anachronismus und geglücktem Traditionsbezug?

Hinter Montbéliard folgt der Zug dem unbegradigt mäandernden Doubs und dem Kanal an dessen westlichem Ufer. Das Tal wird von deutlichen Kalksteinwänden beidseitig eng begrenzt. Zwischen Eisenbahntrasse und Fluß schlängelt sich eine Straße minderer Ordnung, gut allenfalls für niedere Durchschnittsgeschwindigkeiten. Es fehlt ihr an Leitplanken. Straßen sehen seltsam aus ohne Leitplanken. Das letzte Licht beleuchtet Kähne, die am Ufer des Doubs liegen, hölzern und halb ertränkt vom Wasser. Die Angler mit ihren langen Bambusruten sind schon gegangen. *Frankreich Abendland.*

Die Friedhöfe, mauerumfriedet und eher steinern als grün, passen gut ins Bild. Versuchen Sie einmal, zwischen Frankfurt und Kehl einen Friedhof zu sehen. Linksseitig der Bahntrasse gibt es keinen einzigen. Ich gebe zu, daß es mir bis jetzt nicht aufgefallen war. Die Toten fürchten hier offenbar den Lärm der Eisenbahn weniger als bei uns. Ist es, weil der Zug langsamer fährt?

Daß es keine Marienstatuen gibt zwischen Frankfurt und Kehl, das versteht sich von selbst. Hier gibt es welche, auf den Friedhöfen, aber auch freistehend, einfach so in der Landschaft. Sie ähneln von ferne ein wenig den Kriegerdenkmälern. *Frankreich katholisches Land.* Aber bei uns treibt der Staat für die Kirchen die Steuern ein. Das ließe sich im katholischen Frankreich niemals durchsetzen. *Frankreich atheistisches Land der Marienstatuen.*

Die kleinen Orte, die der Zug berührt, dämmern schon. Es gibt neuere Einfamilienhäuser, aber der Dorfkern zeigt Bruchsteine, ist bedeckt mit Biberschwänzen. Den prominentesten Platz aber haben unbestritten die Kirchtürme mit den Dächern »à l'impériale«. Wo sie sind, ist die Franche-Comté. Die Türme sind tailliert, aber nicht rund wie Zwiebeltürme, sondern laufen von vier Seiten oben in einem kleinen Podest zusammen. Darauf ist eine Kugel und ein Kreuz. Das schönste daran sind die in warmen Farben gelackten Ziegel, die immer neue Sparren und Rauten bilden, sich zu immer neuen Bändern fügen. Diese Farben sind genau die, die in den schrillen Videofarborgien der Industrievororte nie vorkommen.

An den Kirchtürmen orientieren sich auch die vielen einsamen, außerhalb der Dörfer gelegenen Häuser, vermutlich häufig kleine Bauernhöfe. Sie haben immer Anbauten, die manchmal als Garage dienen, manchmal als Schuppen, manchmal als Scheune. Jedenfalls ist hier wenig Geld und viel Platz. Immer ist eine große Seitenfront mannshoch bedeckt mit sorgfältig auf Ofengröße zerkleinertem Holz, das durch ein Vordach gegen Nässe geschützt wird. Hier heizt man mit Holz. Die Franche-Comté ist reich an Wald. *Frankreich Waldland.* Vielleicht haben die Bürger noch Recht auf ein Holzdeputat aus dem Gemeindewald.

Ankunft in Besançon-Viotte. »Besançon la verte«, also »Besançon, die Grüne« wirbt die Stadt auf einem Plakat für sich selbst. Vor zwanzig Jahren dominierten eher die roten Töne. Was ist eigentlich aus LIP geworden?

Ich komme ans Ufer des Doubs, der die alte Stadt in einem beinahe geschlossenen Kreis umfließt. Die offene Seite des Kreises wird von einer mächtigen Zitadelle geschützt. Vor mir liegt eine schöne, geschlossene alte Stadt. Würde man die Straßenschilder abmontieren, ein paar Werbeplakate und ein paar kleine Leuchtschriften, würde man die Straßen pflastern, dann könnte man hier leicht einen Film drehen, der im 17. Jahrhundert spielt, zu Zeiten Ludwigs XIV. und seines Festungsbaumeisters Vauban. Das Mädchen, das hinter der Brücke auf Kunden wartet, müßte natürlich ein anderes Kostüm bekommen. Die Rolle könnte bleiben. *Frankreich Land des Kleingewerbes.*

Das Innere der Stadt dementiert den Eindruck nicht, den sie vom Fluß her macht: enge, hohe Häuserzeilen ohne Lücken; die Häuser unverputzt aus edlem, grauem, leicht marmoriertem Stein, der sich zumeist von der Zeit geschwärzt präsentiert; vor den Fenstern im Parterre kunstvolle Eisengitter, die unten ausbauchen. Oben auf den Dächern ein Meer aus hochragenden Schornsteinen, auslaufend in schmale Röhren, die ein kleines Blechdach gegen Regen und Schnee schützt. Das alles sieht so aus, als wäre das schon immer so gewesen und als würde es immer so bleiben. Kein Ort für neue Zeitrechnung. Natürlich gibt es moderne Geschäfte. Die großen internationalen Schuh- und Bekleidungskonzerne sind alle da. Aber alle sind sie in den alten Häusern untergekommen. Selbst der Supermarkt hat in ihnen Platz gefunden. Der Eindruck eines großen, schönen, starren, geographisch und geschichtlich geschlossenen Raumes, in dem unsere kleine Zeit zur Untermiete wohnt, wird nirgendwo gebrochen in dieser Altstadt.

SCHULORDNUNG

Wie Franzosen
zu Franzosen gemacht werden
und wie es kommt,
daß die Besten
auf die besten Plätze gelangen

Solange man Nationalitäten nicht auf Chromosomen dingfest machen kann, muß man davon ausgehen, daß wir nicht als Franzose, Deutscher, Engländer oder Russe geboren, sondern in einem langen, unübersichtlichen Prozeß, den man »Erziehung« nennt, dazu gemacht werden. Da die Frage, was »französisch« sei, weder durch den Hinweis auf eine wie auch immer geartete französische »Essenz« beantwortet, noch als ganz unnütz abgewiesen werden kann, empfiehlt es sich vielleicht, sie zu verwandeln in die Frage, wie man zu einem Franzosen wird – also den Blick auf das Erziehungssystem, seine Strukturen, aber vor allem auch auf die darin erzeugten Haltungen, Überzeugungen, Mentalitäten zu richten. Im Bildungssystem bildet sich jede Gesellschaft immer wieder aufs Neue, versucht sie, ihre Zukunft zu modellieren. Dort kann man studieren, wie sie es tut, mit welchen Absichten, mit welchen Effekten. Dieses Verfahren liegt im Falle Frankreichs deshalb besonders nahe, weil der Einfluß des Erziehungssystems, des staatlichen Erziehungssystems, auf die Kinder und Jugendlichen hier größer ist als in jedem anderen europäischen Land.

Die Fakten sind bekannt: 39 % der zweijährigen, 92 % der dreijährigen und 100 % der vier- und fünfjährigen Franzosen erhalten eine Vorschulerziehung. Eben den Windeln entwachsen (das ist die Eintrittsbedingung), verbringen sie den größten Teil des Tages in öffentlicher Obhut, häufig von 8.30 bis 16.30 Uhr. Die Schulen sind generell Ganztagsschulen, die Mahlzeiten werden in der Regel in der Schulkantine eingenommen. Dazu kommen die Hausaufgaben – der Alltag der Schüler ist fest in Pädagogenhand, das direkte Einwirken der Familien auf die Randstunden des Tages und die Wochenenden beschränkt. Die wartenden Mütter und Au-Pair-Mädchen vor den ihnen meist verschlossenen Toren der Vorschulen, die man in ganz Frankreich gegen 16.30 beobachten kann, zeigen deutlich an, daß da traditionell auch eine scharfe Grenze zwischen Schulerziehung und häuslicher Erziehung gezogen wird. Internate für die auswärtigen

Schüler, im ländlichen Frankreich stärker verbreitet als in Deutschland, weiten in den letzten drei Schuljahren den Einfluß der schulischen Instanzen noch weiter aus. Vater Staat sorgt dafür, daß die Kinder nach seinem Bilde geraten. Aber schon hier heißt es vorsichtig sein mit den Urteilen. Sicher ist nur, daß Vater Staat sich Zeit dafür reserviert, seine jungen Bürger zu bilden. Ob es so anschlägt, wie geplant, steht einstweilen dahin.

Das System, in das der eben trocken gewordene Mensch eintritt, um zu einem Franzosen zu werden, heißt »éducation nationale«, das größte Unternehmen Frankreichs mit über einer Million Entlohnten. Das Wort »éducation« erklärt der »Petit Robert« in drei Bedeutungsrichtungen: »éducation« sind die Mittel zur Ausbildung (»formation«) und Entwicklung (»développement«) eines menschlichen Wesens. »Education« meint zweitens »methodische« Entwicklung und drittens »praktische Kenntnis der gesellschaftlichen Usancen«. Hören wir auf die Sprache: Erziehung wird in Frankreich spontan verstanden als Prozeß der Formierung von etwas Ungeformtem, als Fortentwicklung von etwas Unentwickeltem, die in methodischer Form zu geschehen hat und zur Eingliederung in die Gesellschaft führen soll. Im gesamten Artikel und seinen zahlreichen Beispielen aus der Literatur kommen die Eltern einmal vor, und zwar im Zusammenhang der elterlichen »Erziehungspflicht«. Sie kommen damit ebenso häufig vor wie der Begriff »Erziehungsheim«, aber weniger häufig als der Begriff »Erziehungsministerium«.

Der Artikel »Schüler« weist in die gleiche Richtung: Ein »élève« ist entweder 1. der Schüler eines Meisters, 2. der Schüler einer Erziehungsanstalt, worunter die französische Sprache laut der Exempel des »Petit Robert« auch die Armee zu rechnen pflegt. Schüler heißt drittens aber auch ein Tier, das von einem Züchter aufgezogen wurde bzw. eine Pflanze bzw. ein Baum, deren Wachsen systematisch beeinflußt wird. Geschult werden soll also der Mangel an Fertigkeit, der Mangel an Sozialfähigkeit, geschult die Tiernatur, die »erhoben« (so die Grundbedeutung des Verbs »élever«) werden muß zur Menschlichkeit. Rousseau wurde in der Schweiz geboren, nicht in Frankreich.

Die französische Sprache jedenfalls hat seine Lehren nicht willig angenommen.

Nun sollte man sich freilich hüten, aus der Tatsache, daß man ein französisches Zuchtkalb mit dem Begriff »élève« bezeichnen kann, aber ein deutsches nicht mit dem Wort »Schüler«, allzu weitreichende Schlüsse zu ziehen. Schließlich spricht man im Deutschen auch von »Erziehung«. Der Prozeß der Zivilisation schließt auch in Deutschland die Vorstellung ein, daß das ungeformte Wesen als Wachs in Pädagogenhand geformt werden kann durch allmähliche Affektregulierung, durch Bildung des Verstandes, durch Verwandlung von Natur in Kultur. Das Fremde, das Wilde des Kindes muß allemal in Gesellschaft eingepaßt werden. Freilich gibt es in Deutschland auch eine Tradition, die Erziehung als »Bildung« ausspricht und damit ein Zu-sich-selbst-Kommen eines im Kinde angelegten Wesens meint, das zur »Reife« zu bringen sei. Und es gibt die Projektion, die in der Kindheit das Ursprüngliche, Reine, Heile sehen will. Es ist eine Projektion, die bekanntlich vor allem die Romantiker fasziniert hat.

So wären wir denn wieder beim Klischee: Die französische Erziehungskonzeption aufklärerisch, fortschrittsgläubig und gesellschaftsbezogen, die deutsche romantisch-organologisch. Mit dem gewiß zutreffenden Einwand, daß Novalis oder Humboldt die Patenschaft für das gegenwärtige deutsche Erziehungswesen ablehnen würden, ist das Klischee so lange nicht erledigt, wie es fortgesetzt die Handlungen der Menschen prägt. Es mache einmal jemand eine Repräsentativumfrage unter Frauen, die in Deutschland aufgewachsen sind, aber in Frankreich leben und dort ihre Kinder »aufziehen« ...

Da es die nicht gibt, biete ich ersatzweise – natürlich ohne Gewähr der Repräsentativität – eine Bilanz der vielen leidenschaftlichen Gespräche mit, sagen wir, etwa zwanzig mir gut bekannten deutsch-französischen Elternpaaren, die über das Schulschicksal ihrer in Frankreich geborenen Kinder zu entscheiden hatten.

Das Szenario ähnelt sich: Zumeist ist der männliche Partner Franzose, der weibliche deutsch. Die Liebe hat nach Frankreich gezogen oder doch zumindest dort gehalten. Mobilität in Liebesdingen ist meiner Privatstatistik zufolge offenbar Frauensache, zumindest wenn sie in Nestbau mündet. Geht es aber um die Kinder, hört die Liebe auf. Nicht unbedingt die zum Partner, aber die zu Frankreich. Und ist die beinahe kostenlose staatliche Vorschule auch noch so praktisch und eröffnet dies der Berufstätigkeit und der Frauenemanzipation ein noch so weites Feld: wie Wölfinnen verteidigen die deutschen Mütter ihre Kinder gegen den erziehenden Zugriff der französischen Institutionen. Die französischen Männer wollen der Kritik an »ihrem« System keineswegs widersprechen, aber sitzen doch entweder gelassen lächelnd oder fassungslos neben den Gefühlsausbrüchen ihrer Frauen und versuchen zu verschleiern, daß sie solche Affekte für letztlich unbegreifliche Züge germanischen Wesens ansehen, das sie zwar in ihrer Frau herzlich lieben, aber doch für gänzlich irrational halten. »Unsere Schulen sind ja schließlich keine Gefängnisse, nicht wahr?«

Ein paar Beispiele zur Verständigung darüber, was gemeint ist: A., Psychologin, unsentimental und Anhängerin der öffentlichen Erziehung, meldet ihre Kinder in der Modellvorschule einer südfranzösischen Großstadt an. Nach Besichtigung der Örtlichkeiten und des Unterrichts beginnt sie im Zimmer der irritierten Direktorin zu weinen bei der Vorstellung, ihre Kinder würden hier aufgezogen. Sie wählt schließlich für ihre Kinder einen teuren privaten Kindergarten, der auf die Betreuung ausländischer Kinder gehobener Schichten spezialisiert ist. Ch., Gymnasiallehrerin in Frankreich, zieht um mit Mann und Kind, um diesem eine Alternative zur »Maternelle« zu eröffnen. B., die als beurlaubte deutsche Lehrerin mit zwei schulpflichtigen Kindern ein Jahr in Frankreich verbringt, schult die Kinder auf einer Ecole Freinet ein, die in etwa mit den deutschen Waldorfschulen vergleichbar sind. Eine Gruppe junger Frauen deutscher Herkunft im Umkreis einer südfranzösischen Universitätsstadt organisiert mit bescheidenen, unter erheblichen Opfern aufgebrachten Mitteln auf privater Basis eine Tagesstätte im Geist deutscher antiautoritärer Kindergärten, der durch lange Anfahrtszeiten und kurze Öffnungszeiten die Arbeitsbelastung der Eltern erhöht. K., in Paris in der Werbung tätig, trennt sich über Jahre von ihrer Tochter, damit diese einen Teil der Schulausbildung in Deutschland bekommt. B., noch kinderlos, langjährig mit einem Franzosen befreundet, Assistentin an einem nordfranzösischen Gymnasium, antwortet auf die Frage, ob sie dauerhaft in Frankreich bleiben wolle: »Im Moment gefällt es mir ganz gut. Aber langfristig ist es schwierig. Ich will doch Kinder kriegen, und die sollen nicht auf eine französische Schule gehen.«

Es ist überaus merkwürdig: Frauen, Männern von Herzen zugetan, die durch das französische Unterrichtswesen geprägt wurden, sind zu allen Opfern bereit, um ihre Kinder eben diesem Unterrichtswesen zu entziehen, das ihre geliebten Männer geprägt hat, ihre geliebten Kinder aber keinesfalls prägen soll. Sie verhalten sich so, als gäbe es in diesen Kindern etwas Empfindliches zu schützen, was keinesfalls französischem Gesellschaftssinn ausgesetzt werden dürfe. Natürlich gibt es auch gegenteilige Beispiele, aber in fast allen, die mir bekannt sind, hat die Mutter selbst einen dauerhaften und gehobenen Platz als Lehrende an französischen Universitäten.

Jedenfalls bestehe ich auf der Ansicht, daß sich in meinen beiläufig gewonnenen, unrepräsentativen Beispielen ein tiefgreifender Unterschied zwischen Deutschland und Frankreich verbirgt, der von beiden Seiten – Europa zum Trotz – hartnäckig verteidigt wird. Meine Beispiele vertragen die Gegenprobe: Wenn zum Beispiel französische Austauschschüler nach Deutschland reisen, dann spukt in ihren Köpfen fast immer das Bild vom ordnungsliebenden, disziplinierten Deutschen. Solcher Ordnungsliebe, Disziplin und Achtung der Autorität werden die deutschen Wunder zugeschrieben, von Bismarcks Sieg bei Sedan über Erhards Wirtschaftswunder bis zum neuesten BMW. Soweit stimmt das Weltbild: Die Deutschen rufen ihre Begierden fleißig zur Ordnung oder machen die Ordnung und den Fleiß zur Begierde und sind deshalb erfolgreich. Das kennt man von den Musterschülern des eigenen Gymnasiums, man kennt den Preis und weiß, warum man ihn nicht zahlen will. Die deutschen Gymnasien aber, die die französischen Besucher sehen, entsprechen weder der Erwartung noch der Theorie. Es ist zu laut, es geht zu locker zu, das Verhältnis zwischen Lehrern und Schülern ist zu kumpelhaft, es wird nicht genügend gearbeitet. Die Ent-Täuschung der eigenen Erwartung korrigiert zwar ein Vorurteil, bewirkt aber ebensowenig wie umgekehrt bei den zitierten deutschen Müttern in Frankreich, daß die fremden Unterrichtsgepflogenheiten als Alternativen erwogen bzw. auf Vorzüge geprüft würden. »Ce n'est pas sérieux.« Die Sache ist insgesamt nicht seriös. »Die deutschen Schüler haben keine Disziplin.«

Die französischen Assistenten, die in fortgeschrittenen Phasen ihres Germanistik-Studiums ein Jahr als Lehrer an deutschen Schulen verbringen, erfahren die Differenzen zwischen dem französischen und dem deutschen Schulsystem im allgemeinen als Bruch, als persönliche Identitätskrise. Die Krise kann auf zwei entgegengesetzten Wegen bewältigt werden. Entweder durch rigorose Ablehnung der deutschen Unterrichtsverhältnisse, die ihnen einige der traditionellen französischen Mittel zur Befestigung ihrer Autorität vorenthält, oder durch Idealisierung des deutschen Modells, die ihnen die Integration im deutschen Gymnasium ermöglicht, sie aber zugleich der französischen »éducation nationale« entfremdet, die ihnen doch allein eine dauerhafte Berufsperspektive verspricht.

Alles spricht jedenfalls für die Annahme, daß auf dem Gebiet der öffentlichen Erziehung erhebliche Differenzen zwischen Deutschland und Frankreich bestehen, die eng verknüpft sind mit nationaler Identität und sich nicht zu eignen scheinen für die Haltung des Voneinander-Lernens oder das gelassene »Anything goes«.

Was also ist das Schreckliche am französischen Unterrichtswesen, vor dem die landeskundigen Mütter ihre Kinder unbedingt bewahren möchten?

I.
Mit fremden Augen gesehen. Erfahrungen an französischen Universitäten

1. »Oh là là« – Studium in Frankreich

Erste Auskunft darüber kann ein Artikel in der für deutsche Studenten berechneten Zeitschrift »Semestertip« geben. Sein Thema ist »Studieren in Frankreich«. Sein gereimter Titel lautet: »Schlucken statt mucken.« Er formuliert das, was man im allgemeinen von den deutschen Studenten erfährt, die ein Semester oder ein Jahr in Frankreich verbringen. Ich fand ihn als Ausriß am Schwarzen Brett der germanistischen Abteilung einer französischen Universität. Vermutlich war diese Form seiner Veröffentlichung als Aggression gegenüber den französischen Studenten gedacht. Ich habe ihn für meine Zwecke gestohlen, weil ich sicher war, niemanden zu schädigen, denn die französischen Studenten wollten ihn natürlich nicht lesen, da er nicht zum Unterrichtsprogramm gehörte.

»Schlucken statt mucken« wird im Inhaltsverzeichnis von »Semestertip« folgendermaßen angekündigt: »Studium in Frankreich? Oh là là, wer denkt da nicht an Lebenslust und Ausgelassenheit. Doch hält die Realität, was die Vorstellung verspricht? ›Semestertip‹-Autor Ch. S. berichtet, wie autoritär die Grande Nation mit ihren StudentInnen in Wirklichkeit umgeht.«

Vom Standpunkt des Journalistenhandwerks her gesehen ist das eine gelungene Ankündigung. Das Thema wird genannt, dann die Vorstellung angesprochen, die beim Durchschnittsleser vorausgesetzt werden kann, um dann eine vom »Reporter« authentisch gewonnene, überraschende Neuigkeit anzukündigen.

Was stellen sich die Leser unter einem Studium in Frankreich vor? Was sie sich unter Frankreich immer vorstellen: »Oh là là«, »Lebenslust« und »Ausgelassenheit«. Und was ist die überraschende »Realität«: Die Universität ist »autoritär«. Das Wort »autoritär« wird mit dem der »Grande Nation« in ironische Beziehung gesetzt. Frankreichs Größe (was immer das sein mag) erscheint so nebenbei als etwas Altmodisches, auf überholte Prinzipien begründet.

Der Artikel selbst beginnt mit den Worten »bleierne Stille«. Beschrieben wird eine Situation in einem germanistischen Seminar an der Universität Metz, wo die Studenten auf eine Frage des Hochschullehrers nach einem Uhland-Gedicht nicht antworten. Es folgt ein gezielter Aufruf. Wieder Schweigen. Darauf eine »Schimpftirade« des Professors – auf den »Schulbänken kein Mucks der Verteidigung«.

Der Autor generalisiert die beschriebene Szene: »In Frankreichs Hörsälen scheint die Zeit stehengeblieben zu sein. Hier regiert der Professor noch mit ungebrochener Autorität ex cathedra. Eigeninitiative, Kreativität und Beteiligung der Studenten bleiben auf der Strecke. Das Prinzip ›Survival of the fittest‹ erstickt jeden Ansatz zum Diskurs, Hochschuldarwinismus die Humboldtschen Bildungsideale.« Hier werden dem Universitätsunterricht Lernziele gesetzt (Eigeninitiative, Kreativität, Beteiligung der Studenten) und mit Hinweis auf Humboldt historisch legitimiert. Daran gemessen fällt der französische Unterricht glatt durch. Ungenügend. Als Gründe erscheinen die Autorität der französischen Professoren und vor allem das Selektionsprinzip.

Der nächste Absatz zieht ausdrücklich den Vergleich zu Deutschland: Die französische Universität sieht sich durch den gemeinsamen Binnenmarkt in direkter Konkurrenz zur deutschen, kann aber in dieser Konkurrenz wegen »mittelalterlicher Pädagogik« nur verlieren. Sie besteht in Frontalunterricht (»ex cathedra«) des Professors und dem »Mitschreiben« der Studenten, »um den Originalton des Professors später bei der Prüfung richtig reproduzieren zu können«. Wort für Wort. Der »Selektionsdruck« und die Tradition des französischen Erziehungswesens erscheinen als Ursachen dafür, daß die Studenten nicht »aufmucken«. Schon in der Vorschule werde auf diskriminierende Art nach Leistungen differenziert, an der Universität würden die Klausuren in absteigender Linie nach Leistungsrang zurückgegeben: »Tradition der Gängelung und Unterdrückung«. Dazu komme eine Überbewertung der Form, die genau zwischen Aufsatz, freiem und fragengeleitetem Textkommentar unterscheide, und ein »Schubladendenken«, das den Lernstoff schematisiere.

Ein französischer Professor könnte gegen das Bild des französischen Hochschulunterrichts, wie es hier entworfen wird, manches einwenden. Er könnte zum Beispiel sagen, daß die »Eselsmütze« für schlechte Leistungen in den Vorschulen keineswegs mehr üblich ist. Er würde sich wohl auch nicht die Gelegenheit entgehen lassen, mit feinem Lächeln beiläufig darauf hinzuweisen, daß in dem Artikel des »Semestertip« das Modewort »Diskurs« falsch verwendet und französische Bezeichnungen der schriftlichen Übungsformen falsch geschrieben wurden. Diese Aspekte sollen uns hier aber nicht interessieren, obgleich darin auch Allgemeines erscheint: Die überkommene Vorliebe der deutschen Universitätssprache für Fremdwörter wird in Frankreich häufig als häßlich empfunden (und ein entsprechender Ausdruck in den Arbeiten als fehlerhaft korrigiert), die korrekte Orthographie spielt bei der Bewertung eines Textes eine wichtige Rolle. Der Kritiker der französischen Verhältnisse würde solche Einwände natürlich nur als Bestätigung seiner Kritik sehen.

Entscheidend ist der Kern der Kritik: Einem Anspruch an universitäre Ausbildung, der auf Persönlichkeitsbildung und Partizipation zielt (Initiative, Kreativität, Beteiligung), wird eine französische Praxis gegenübergestellt, die sich durch Selektion, durch Hierarchisierung nach Leistung, Scheidung der Disziplinen, durch autoritäre Unterrichtsformen, durch Formalismus und methodische Reduktion auszeichnet. Dabei fallen verschiedene Aspekte auf. Zunächst, daß die Vorwürfe des Formalismus und Schematismus zu den traditionellen deutschen Urteilen über Frankreich gehören, wie sie nicht erst seit Lessings Kritik am französischen Theater gängig sind. Es fällt auch auf, daß die Schärfe der Kritik des »Semestertip«-Autors offenbar aus einer Enttäuschung gespeist wird, die derjenigen entspricht, die französische Schüler beim Austausch mit deutschen Gymnasien erfahren: Das Erziehungssystem entspricht nicht der allgemeinen Vorstellung vom jeweiligen Nachbarland. Die deutschen Schüler sind nicht so arbeitsam und diszipliniert, wie die Deutschen zu sein haben; die französischen Studenten sind weder Revolutionäre noch Muster an »Lebenslust« und »Ausgelassenheit«. Ferner fällt auf, was vielen französischen Lesern auffällt, wenn sie die Frankreich-Berichterstattung der deutschen Presse lesen. Der Artikel ist aus dem sicheren Gefühl der Überlegenheit des deutschen Systems (wenn man den Flickenteppich von wenig koordinierten und zumeist überlasteten deutschen Bildungseinrichtungen so nennen will) geschrieben. »Wir« sind effektiver. Schließlich erscheint indirekt das geforderte Ideal der Persönlichkeitsbildung in den deutschen Schulen und Universitäten realisiert, obgleich das gewiß nicht der Fall, sondern allenfalls Intention ist, ebenso wie übersehen wird, daß auch die deutschen Universitäten selektieren.

Überhaupt wirft in unserem Zusammenhang der »Semestertip«-Erfahrungsbericht mehr Fragen auf, als er beantwortet. Wie kann ein autoritäres, Passivität erzeugendes Unterrichtssystem Eloquenz und Lebenslust erzeugen, die man doch auch gern den Franzosen zuschreibt? Wie erklärt sich die unbestrittene Kreativität französischer Dichter und Denker, die doch im allgemeinen eine Schule besucht haben dürften?

Wir wollen uns diesen Fragen, den Fragen nach dem Zustand des französischen Unterrichtswesens und den Effekten, die es produziert, nicht über den systematischen Vergleich von Erziehungssystemen nähern, sondern über Erfahrungen, über meine Erfahrungen in zehnjähriger Unterrichtstätigkeit an französischen Universitäten. Ausgangspunkt soll das Erstaunen sein, die Erfahrung des Unterschieds. Sie werden gelegentlich zu Mutmaßungen verallgemeinert, bisweilen auf Theorien bezogen. Polemik ist nicht beabsichtigt, ebensowenig wie Studienreformvorschläge. Ohne einige Sachinformationen, die dem Frankreichkundigen nicht neu sein werden, geht es freilich nicht ab.

2. Lehren lernen anders

Es fing mit dem an, was die Franzosen Concours nennen, mit einem Wettbewerb um Plätze und Stellen. Natürlich hieß es nicht so, sondern »Auswahlverfahren«, denn es fand in Bonn statt. Natürlich lief es auch anders ab, als es in Frankreich abgelaufen wäre, aber es handelte sich auch um die Feststellung einer Rangfolge, kurz um Selektion. Die gibt es nicht nur in Frankreich.

Die auswählende Institution war der DAAD, der Deutsche Akademische Austauschdienst, der deutsche Lektoren in alle Welt vermittelt und auf diese Weise dezent wie effektiv dazu beiträgt, das Bild des reichen, häßlichen Deutschen, das die Ministerien in seiner Nachbarschaft bisweilen kräftig nähren, durch ein etwas bunteres Bild deutscher Gegenwartskultur zu korrigieren. Der DAAD zahlt den Lektoren einen Zuschuß zum Gehalt und nimmt sich dafür das Recht, die Eignung der Vermittelten zu prüfen, was auch immer das sei.

Ich wollte nach Frankreich vermittelt werden. Nach Paris möglichst, wie fast alle anderen Bewerber. Ich wollte Frankreich, wollte die französische Universität, wollte französische Philosophen, Historiker, Literaturwissenschaftler, die mein Studium bestimmt hatten, aus der Nähe kennenlernen. Außerdem ging es mir wie vielen Nachwuchswissenschaftlern meiner Generation, die die Plätze an den deutschen Hochschulen besetzt fanden. Da kam Frankreich doppelt recht. Kurzum: Ich dachte daran, aus der Not die Tugenden wissenschaftlicher Wanderjahre zu machen. Ich hatte Germanistik und Politische Wissenschaft studiert, konnte kaum Französisch und hatte kaum Kenntnisse, die mich dafür prädestinierten, Ausländern die deutsche Sprache beizubringen.

Entsprechend ängstlich – und skeptisch, was die Aussichten anbetraf – sah ich dem Auswahlgespräch vor einer Kommission aus deutschen Romanisten, französischen Germanisten und DAAD-Vertretern entgegen. Ich wartete gemeinsam mit einem anderen Kandidaten, der das Spiel schon kannte. »Ach, weißt Du, Französisch können die selbst, das spielt keine große Rolle. Und Spezialisten für das Fach Deutsch als Fremdsprache sind auch keineswegs immer gern gesehen, denn die passen nicht gut ins System der französischen Germanisten. Auch solltest Du Dich hüten, allzu deutlich Dein Interesse an französischer Theorie durchscheinen zu lassen. Foucault, Barthes oder Kristeva kennen die französischen Germanisten meist selbst nicht, halten ihre Theorien für komplizierte Spekulation und haben gewiß keine Lust, die nun ausgerechnet über die deutschen Lektoren zu reimportieren. Außerdem: Bewirb Dich nur nicht nach Paris. Die Arbeitsbedingungen sind an den Provinzuniversitäten meist besser.« Meine vermeintlichen Schwächen sollten keine sein, meine vermeintlichen Stärken keine Stärken? Mir begann zu dämmern, daß die französische Universität etwas anderes ist, als das Café Flore, wo man Gauloises rauchend unter dem bewundernden Kopfnicken umsitzender schöner Frauen darüber diskutiert, wie die Welt beschaffen ist und auf welche Weise sie am besten zu verbessern wäre. Mir dämmerte auch, was ich später so häufig erfahren sollte: daß Texte und Theorien bisweilen in ihrem Herkunftsland wenig gelten, im Ausland aber sehr geschätzt werden – und umgekehrt. Mir dämmerte, daß es, aus der Nähe besehen, im Ausland nicht nur anders ist, sondern auf andere Weise anders, als man sich träumen läßt.

Das Auswahlgespräch war ein sehr deutsches Auswahlgespräch. Der Selektionscharakter wurde durch Freundlichkeit verhüllt, sichtbar wurden nicht spezifische Kenntnisse geprüft, sondern ein Persönlichkeitsbild des Bewerbers erhoben. Jedenfalls werde ich nichts gegen die Prüfungsverfahren sagen, denn ich wurde akzeptiert.

Der DAAD pflegt seine Lektoren auf ihre Tätigkeit vorzubereiten. Da ich nicht wußte, was mich erwartete, wußte ich auch nichts mit der Vorbereitung anzufangen. Ich wußte eben nicht, was ich brauchen würde. Ich erinnere mich nur daran, zum ersten Male mit zwei Phänomenen konfrontiert worden zu sein, die mir später regelmäßig wiederbegegneten: Ich hörte zum ersten Male von den Concours, und ich lernte zum ersten Male die Unerbittlichkeit der Richtig-Falsch-Logik kennen.

Von den Concours verstand ich zunächst nur, daß sie heftige Leidenschaften hervorrufen können: Die französischen Gäste des Vorbereitungsseminars verteidigten sie, die deutschen Lektoren, die Frankreich schon kannten, waren zumeist lebhaft dagegen. Ich begriff, daß es sich um eine Art zentrales Staatsexamen für künftige Lehrer handelt – in unserem Falle also für künftige Deutschlehrer: Die Kandidaten konkurrieren unter gleichen Bedingungen um eine der ca. 150 freien Deutschlehrerstellen, die es jährlich in Frankreich gibt. Die Prüfung bestehen nur so viele Kandidaten, wie freie Stellen vorhanden. Es gibt zwei solcher Concours, C.A.P.E.S und Agrégation genannt, wovon die zweitere als schwerer gilt und dem »Agrégé« eine Stelle an der Universität oder eine Vorzugsstelle im Gymnasialbereich garantiert. Die einzelnen Universitäten bereiten auf das »Programm« vor, auf die jährlich wechselnden Prüfungsschwerpunkte. Eine nationale Jury beurteilt die anonymen schriftlichen Arbeiten, führt mündliche Prüfungen durch und reiht schließlich die Kandidaten in eine Rangfolge. Mir kam die Sache a priori gar nicht so schlecht vor, denn diejenigen, die durchkommen, haben eine Stelle sicher, während ich wußte, daß bei uns in manchen Bundesländern auch Lehramtsbewerber mit den besten Staatsexamina auf Jahre hinaus keine Chance auf Einstellung haben würden. Andererseits konnte ich mir kein Verfahren vorstellen, mit dessen Hilfe man den »besten« deutschen Germanisten eines Jahrgangs feststellen könnte, kein Instrument, mit dem man trennscharf und gerecht den Hundertfünfzigsten eines Wettbewerbs vom Hunderteinundfünfzigsten zu scheiden vermöchte. Da deutete sich ein weites Feld an, dessen Umrisse ich erst zu ahnen begann.

Die schriftliche Prüfung bei den Wettbewerben, so lernte ich, bestand im Falle der Deutschlehreraspiranten aus einem Aufsatz in der Fremdsprache, einem weiteren Aufsatz bzw. einem Textkommentar in der Muttersprache, einer Übersetzung aus der Fremdsprache und einer Übersetzung in die Fremdsprache. Nun wußte ich wenig vom Übersetzen, aber soviel doch, daß man textnäher und textferner übersetzen kann, daß man häufig zwischen wortgetreu oder sinngetreu wählen muß, daß man durchaus darüber streiten kann, was eine gute Übersetzung ist. Nach welchen Kriterien also wird beurteilt? Eine als Gast des Einführungsseminars geladene französische Germanistin sah darin kein Problem für die Arbeit der Jury: »Wir haben in der Jury (die zentrale Prüfungskommission heißt Jury) ausgezeichnete Grammatiker, die sagen, was richtig oder falsch ist.«

Zu sagen, was richtig oder falsch ist, das ist eine Erwartung, der sich Hochschullehrer in Frankreich immer wieder ausgesetzt sehen. Ich erinnere mich an eine Unterrichtsstunde, in der es um die Übersetzung einer Passage aus Marguerite Duras' »Der Liebhaber« ins Deutsche ging. Ich erklärte, daß mir für eine bestimmte Stelle drei Übersetzungen möglich zu sein schienen, erläuterte die jeweiligen Vorzüge, die unvermeidlichen Verluste etc. Die Erklärungen wurden mit Geduld, sogar mit Interesse angehört. Als nach erschöpfender Erklärung eine fleißige Studentin die Frage stellte: »Und welche der Übersetzungsmöglichkeiten ist nun die richtige?«, lachte niemand. Nur ich. Aber ich wußte nicht genau, ob ich über die Studentin lachte oder über die Vergeblichkeit meines Versuchs, den Unterricht der Richtig-Falsch-Logik zu entziehen.

Da wären wir denn wieder bei den Augenscheinlichkeiten, die den »Semestertip«-Autor »aus dem Staunen nicht mehr herauskommen« ließen: Französische Professoren sind normativ und autoritär, französische Studenten unselbständig und aufs Reproduzieren konditioniert. Abgesehen davon, daß sich solche Sätze weder auf alle Studenten aller Hochschultypen und aller Fachrichtungen übertragen lassen noch auf jeden einzelnen zutreffen – sie lassen unerklärt, *warum* das so ist, wo es so ist. So erscheint es als mit dem Nationalcharakter verknüpft, eben als »französisch«, vielleicht auch als irgendwie mit der Selektion zusammenhängend, die gleichfalls als französischer Tick gilt.

Dabei läßt sich die Haltung des professoralen Jury-Mitglieds gegenüber der Sprache leicht als Concours-Effekt deuten: An einem komplexen Phänomen wird wahrgenommen, was sich der Logik des Concours beugt. Was in der gängigen Grammatik vorkommen kann, was sich im Duden findet, rückt in den Mittelpunkt, weil sich auf diese Weise eben Rangfolgen herstellen lassen, und das ist der Sinn des Concours. Der Rest sind Ballaststoffe. Um andere Aspekte, wenn es sie denn gibt, sollen sich diejenigen kümmern, die es angeht: Sollen sich doch die Verlagshäuser um literarische Übersetzungen kümmern und die Philosophen selbst sehen, wie sie an Texte von Hegel oder Heidegger kommen.

Und meine Studentin, die nichts begriffen zu haben schien, war so dumm nicht. Sie wußte vermutlich, daß sie nie als Übersetzerin, vielleicht nicht einmal als Germanistin arbeiten würde. Sie wollte keine Einsichten in Feinheiten, in Mehrdeutigkeiten der deutschen Sprache, sondern sie wollte ein Examen und sonst nichts. Zum Examen gehört die Übersetzung. Mit Lehrerusancen vertraut, fürchtete sie, die ausführlich im Unterricht behandelte Frage könne im Übersetzungsexamen wieder auftauchen und wollte dafür gewappnet sein. Richtig oder falsch?

Verkehrt jedenfalls. Die Prüfungsform präformiert den Gegenstand, während das universitäre Selbstverständnis doch will, daß zunächst eine angemessene Sicht auf den Gegenstand vermittelt und diese dann überprüft wird, wenn es überhaupt sein muß. Während des Vorbereitungsseminars erfuhren wir übrigens auch, daß rechtlich gesehen der Status des Lektors nicht zur selbständigen Durchführung von Prüfungen berechtige, obgleich die Hochschulwirklichkeit anders sei. Mir war es eine überaus angenehme Vorstellung, lehren zu dürfen, ohne prüfen zu müssen. Mein frankreichkundiger Kollege, der mir schon vor dem Auswahlverfahren ein paar Lichter aufgesteckt hatte, riet dringend davon ab, sich vor dem Prüfen zu drücken: »Die Kollegen sind sauer, weil sie Deine Arbeit machen müssen. Die Studenten verachten Dich, weil man Dir offenbar keine Macht anvertrauen darf. Wenn Du nicht prüfen willst, dann solltest Du Dich besser gleich um eine Hausmeisterstelle bewerben.«

Die Universität, an der ich zuerst unterrichtete, lag an einem der schönsten Flecken, an denen in Europa eine Universität liegen kann: auf den Hügeln von Nizza mit weitem Blick auf die Stadt und auf die

Engelsbucht. Die Universität selbst ist relativ neu, ihre Gebäude stammen aus den sechziger Jahren. Vager Modernismus mit Kunst am Bau, auf wenig greifbare Weise mediterran beeinflußt. Kaum Spuren studentischer »Einschreibung«, keine »Tags«, keine Wandzeitungen. Hier versucht keiner, es sich wohnlich zu machen, die Universität ist niemandes sichtbarer Lebensmittelpunkt, wie man das etwa auf dem amerikanischen Campus beobachten kann. Das umgebende Stadtviertel ist, von zwei Cafés abgesehen, nicht studentisch geprägt. Man kommt hierher, um zu arbeiten, für den Zustand des Arbeitsplatzes selbst fühlt sich augenscheinlich niemand so recht verantwortlich. Nicht daß den Studenten offensichtliche Mängel der Anlage entgangen wären, Mängel wie zum Beispiel die große Freitreppe, die zum Haupteingang führt. Die mit Regenwetter wenig vertrauten Arbeiter, die sie herstellten, gaben den Stufen Gefälle nach hinten, statt nach vorn, so daß die Studenten an Regentagen durch ebenso viele Pfützen laufen müssen, wie die Treppe Stufen hat. Oder der schön gelegene, aber steile und schwer zu mähende Hang unter der Mensa, der einfach mit grauem Beton überzogen wurde, um ihn pflegeleichter zu machen. Oder – gravierender – die eisigen Temperaturen in den nordseitig gelegenen Unterrichtsräumen während der kalten Wintertage. Die Studenten, die sich ihre Lehrveranstaltungen und Unterrichtszeiten nicht aussuchen dürfen, sitzen zitternd in dicken Wintermänteln im Unterricht, weil die Heizung niedrigen Temperaturen nicht gewachsen ist.

Das alles bleibt keineswegs unbemerkt, aber es erregt auch die Gemüter nicht wirklich. Zustände, die im privaten Bereich als unerträglich empfunden würden, akzeptiert man im öffentlichen Raum der Universität achselzuckend. Die Gründe dafür sind vielfältig. Es hat zunächst wohl damit zu tun, daß man an mangelhafte Ausstattung des Erziehungsbereichs früh gewöhnt wird. Der Erziehungssektor war zumindest in den letzten fünfzehn Jahren ein relativ vernachlässigter Sektor der staatlichen französischen Haushaltspolitik. Dann spielt auch die stark ausgeprägte Trennung zwischen Privatbereich und öffentlicher Sphäre selbst eine Rolle. Frankreich ist nicht Schweden.

Mir scheint aber, daß darüber hinaus ein Faktor von Bedeutung ist, der in der lebhaften französischen Diskussion zum allseits als unzureichend empfundenen Unterrichtswesen kaum Erwähnung findet: Askese gilt in Frankreich als selbstverständlichste Voraussetzung erfolgreicher Erziehung zu außergewöhnlichen Leistungen im intellektuellen Bereich. Man kann das historisch als untergründiges Fortwirken der Prinzipien des Jesuitenkollegs verstehen, das dem Unterrichtswesen der französischen Republik in mehr als einer Hinsicht Modell stand. Man kann es auch im Rahmen des psychoanalytischen Musters interpretieren, das Lustaufschub und Lustumwandlung als Quelle intellektueller Anstrengungen ausmachen will. So gesehen wäre im morgendlichen Zähneklappern wohlgeborener monegassischer Studenten auf der Nordseite der Nizzaer Universität noch eine Spur des mönchischen Morgengebets in eisigen Klosterräumen zu spüren, ertragen im Bewußtsein, daß dem momentanen Verzicht später reicher Lohn winkt, wobei heute zumeist eher an irdischen als an himmlischen Lohn gedacht wird. So gesehen gehörte das Wassertreten auf ungeschickt angelegten Treppenstufen in Kneipps Sinn zu den unabdingbaren Exerzitien für leibliche und geistige Gesundheit. So gesehen wäre die exemplarische Naturunterdrückung des betonierten Hangs nicht in erster Linie als ökologischer Skandal zu sehen, sondern als ein getreues Symbol dessen, was den Studenten für ein erfolgreiches Examen abverlangt wird. Was Wunder, daß sich niemand für Begrünung des Hangs einsetzen mag. Warum soll es ausgerechnet dem besser gehen als allen anderen?

In alledem steckt ein tiefes Mißtrauen gegen die Vorstellung, daß das Lernen selbst eine Lust sein kann. Und das ist just die Vorstellung, die besonders die deutschen Lektoren den französischen Studenten hartnäckig zu vermitteln suchen. Die sind aber skeptisch, sehen im Lernen eine Pflicht, einen Lustverzicht, der sich allenfalls später in Lust auszahlt. Oder einen »Ersatz«, wie sie mit dem deutschen Wort sagen.

Das Äußere der Schulen und Universitäten entspricht dieser Lernkonzeption, gerade das der traditionellen, der renommiertesten. In

Frankreich verbindet sich die Vorstellung von einer »guten« Unterrichtsanstalt mit dem Bild eines alten Gebäudes, halb Kloster, halb Kaserne, jedenfalls einer Lernburg, die sich nach außen abschließt. Graue Mauern, sichtbar gezeichnet vom Lauf der Zeit, Gitter, Büsten großer Männer. In Deutschland hingegen wurden die traditionellen Schulgebäude häufig aufgegeben oder abgerissen. Licht sollte es sein statt der engen, hohen Fenster der wilhelminischen Untertanenfabriken; die Einrichtung sollte möglichst wenig nach »Schule« aussehen, sondern eher nach privatem Kinderzimmer oder Jugendclub. Die steinernen Büsten der großen Vorgänger sollte das Lernen der Nachgeborenen nicht mehr beschweren. Das Fremde, Furchteinflößende der öffentlichen Erziehungsanstalten sollte mindestens optisch verschwinden, so wie der Schupo mit dem schreckeinflößenden Helm dem beruhigend grüngewandeten Freund und Helfer weichen mußte. Frankreich hingegen versteckt seine Ordnungsmächte nicht, sowenig wie die Schul- und Universitätsgebäude die Pädagogik verbergen, für die sie konzipiert sind. Übrigens sind die älteren unter ihnen nicht nur meist die angeseheneren, sondern trotz allen Verfalls auch die ansehnlicheren: Die modernen Schulgebäude in den neuen Vorstädten können nicht würdig altern, sie springen praktisch direkt in die Verwahrlosung.

Die Einrichtung der Unterrichtsräume ist allerdings überall dieselbe: eine Tafel. Davor das Lehrerpult auf einem kleinen Podest, das mindestens die Breite der Tafel hat, manchmal aber auch den vorderen Teil des Raums in seiner ganzen Breite einnimmt. In Front dazu regelmäßig gereihte Bänke. Vielmehr: einfache flache Tische aus Stahlrohrrahmen und Holzplatten. Lehrer und Schüler sind einander direkt konfrontiert, der Lehrer aufrecht und erhöht, die Schüler aufblickend oder gebeugt, jedenfalls aber gereiht.

Für eine Vorlesung ist die Anordnung günstig. Für Seminare nicht, für keine der Übungsformen, in der die Studenten miteinander reden sollen. Wer diskutiert schon mit jemandem, von dem er nur den Rükken sehen kann? Ich ließ also nach ausführlichen Erklärungen über den hochschuldidaktischen Sinn der Sache fortan bei Beginn meiner

Seminare und Übungen die Tische in Hufeisenform umstellen. Das erzeugt Chaos, macht einen Riesenlärm, braucht Unterrichtszeit, erregt den Zorn der Nachfolgenden, die sich zum unfreiwilligen Tischerükken verpflichtet sehen. Diskussionsfreude bewirkt es leider auch nicht. Den Lehrer zwingt es aber dazu, zum Anschreiben auf das Podest zu steigen (denn die Tafel ist ja nur so zu erreichen), hinunterzuhüpfen, abermals hinaufzusteigen. Und so weiter. Als ich nach einiger Zeit einen mir persönlich bekannten Studenten vorsichtig fragte, was seine Kommilitonen von meinem Unterricht dächten, erhielt ich lächelnd zur Antwort, der Unterricht wäre schon ganz in Ordnung, nur der Tick mit dem Tischerücken sei ungeheuer lästig. Aber jeder Unilehrer habe eben seinen Tick und meiner sei wenigstens nicht gefährlich. Das erste Semester hielt ich trotzig durch. Danach bequemte ich mich der französischen Tischordnung an. Die Studenten waren sichtlich zufrieden, mir etwas beigebracht zu haben.

Die Studenten haben keine Wahl. Für die drei Studienjahre, die der Großteil von ihnen an der Universität verbringt, gibt es ein recht festes Programm. Literatur, Landeskunde, Sprache, das heißt Grammatik, Übersetzung hin, Übersetzung her, am Rande ein paar Wahlpflichtstunden in anderen Fächern. Die Lehrenden rangeln untereinander aus, wer welchen Kurs abhält. Die Studenten müssen akzeptieren, was angeboten wird und sich mit demjenigen arrangieren, der zum Unterricht bestellt ist. Keine Wahl der Methode, keine Wahl der Studienschwerpunkte, keine Wahl der Texte. Über Klausuren und mündliche Prüfungen wird entschieden, wer ins nächste Studienjahr versetzt wird. Längere schriftliche Hausarbeiten spielen in den ersten drei Jahren kaum eine Rolle.

Kurz: Es ist so wie in der Schule. Es bilden sich Klassenverbände, stabiler als in den Oberstufen der deutschen Gymnasien. Wer Prüfungen nicht schafft, »verliert ein Jahr«, ist sitzengeblieben. Wer »versetzt« ist, wird keinesfalls nochmals ein Seminar einer früheren Jahrgangsstufe besuchen, nur weil ihn der Hochschullehrer fasziniert oder der behandelte Text interessiert. In zehn Jahren an französischen Universitäten habe ich einen solchen Fall nie erlebt. Den deutschen

»ewigen Studenten«, den die Bildungsplaner nicht mögen, die Studenten in den Fächern der philosophischen Fakultät aber akzeptieren, bisweilen sogar beneiden, kann es so nicht geben. Er ist ein Versager und muß spätestens nach der dritten Wiederholung die Universität verlassen.

Zur Unterrichtsorganisation kommen weitere Faktoren, die bewirken, daß die Universität als bruchlose Fortsetzung der Schule erscheint und nicht als Befreiung von ihren Zwängen. Man ist im Normalfall gehalten, an der nächstgelegenen Universität zu studieren, und man wohnt im allgemeinen bei den Eltern. Immerhin 85 % der männlichen französischen Jugendlichen zwischen 20 und 24 Jahren wohnen noch bei ihren Eltern. Bei den Frauen sind es 66 %. Aber mit zwanzig kann man, wenn man fleißig war, das Studium schon fast abgeschlossen haben, denn die Franzosen gehen, wenn man von der Vorschule absieht, nur zwölf Jahre zur Schule.

Das Studium ist also keine selbständige Lebensphase zwischen der Adoleszenz und dem definitiven Eintritt in die Erwachsenenwelt. Keine lange »Postadoleszenz«, wie die Bildungssoziologen sagen, in der eigene Lebensentwürfe erprobt werden können, sondern eine verlängerte Schulzeit, in der mit maximaler Geschwindigkeit Programme zu bewältigen sind, die vage versprechen, über das Examen zur Selbständigkeit zu führen. Da der private Lebensmittelpunkt über das Abitur hinaus gleich bleibt, wird das Studium zum unbezahlten Job, zu dem man geht, wie der Vater ins Büro, während das eigentliche Leben woanders stattfindet. Es gibt keine Notwendigkeit, selbst ein Netz eigenständig bestimmter Sozialformen um das Studium herum zu knüpfen. Es gibt wenig Feste, wenig gemeinsame Arbeit. Die Studenten sind nicht als Studenten den Lehrenden konfrontiert, sondern als einzelne anderen einzelnen neben ihnen wie ihnen gegenüber, was natürlich auch die Angst erhöht, sich im Unterricht zu Wort zu melden.

Selbstverständlich gibt es Ausnahmen. Ausnahmen sind vor allem die Studenten, deren Eltern weit entfernt wohnen. In Nizza waren das häufig Studenten aus Korsika oder Kinder von Eltern, die in den ehemaligen Kolonien oder überseeischen Gebieten Frankreichs tätig waren. Aber das sind eben Ausnahmen. Wenn hingegen Kinder aus Familien, die in relativer Universitätsnähe wohnen, zu Hause ausziehen, so gilt das als Zeichen dafür, »daß in der Familie etwas nicht stimmt«. Wohngemeinschaften gibt es kaum. Die Lebenssituation der französischen Studenten erklärt zum Teil, weshalb deutsche Gaststudenten ihre französischen Kommilitonen im allgemeinen als unzugänglich und distanziert empfinden. »Kontakt bekommt man am leichtesten zu anderen Ausländern. So kann man doch die Sprache nicht lernen.« Die Gaststudenten sind angewiesen auf das Studentenleben, ein großer Teil der französischen Studenten kaum. Und die Probleme unterscheiden sich: Die französischen Studenten müssen sich die Freiräume gegen die Eltern erkämpfen, ohne deren Unterstützung zu verlieren, die Ausländer müssen die gewonnenen Freiräume selbstbestimmt füllen. Die Überbrückung solcher Unterschiede gelingt im allgemeinen nur der Liebe. Die Klagen der Gaststudentinnen klingen an diesem Punkt immer ziemlich ähnlich: »Entweder es läuft nichts, oder es ist Anmache. Das ist ja wunderbar, wenn es der Richtige ist. Aber ansonsten bedeutet es Streß.« Das ist nicht nur ein Problem von Studentinnen. Studenten, die Arbeitsgruppen anregen, sehen irritiert, daß ihre Anregung als (ungeschickter) Vorwand für Kooperation ganz anderer Natur begriffen werden ... Entweder fremdbestimmte Arbeitsbeziehungen oder selbstbestimmte Privatbeziehungen. Dazwischen ist wenig Platz für anderes.

Das Verhalten der Studenten im Unterricht ist aus all dem leicht zu erschließen. Aber man kann es sich darum doch nicht leicht vorstellen. Schweigen kann man sich so schwer vorstellen wie alle Aktivitäten, die Nicht-Aktivitäten sind. Ich war darauf vorbereitet, aber dennoch hilflos: Auf ein Podest gestellt, mit besten pädagogischen Absichten, mit bestem Blick über die Côte d'Azur – und vor mir, während die weiße Fähre nach Korsika langsam ablegte, schweigende Studenten, deren schnellzüngige Lebhaftigkeit sich in dem Moment in stille Teilnahmslosigkeit verwandelt, da der Unterricht beginnt. Schweigen lastet schwer.

Ist es die fremde Sprache? Also: langsamer sprechen. Es nützt nichts. Ein paar Sätze auf französisch. Es nützt wenig. Ein Witzchen? Wird nicht gelacht, weil nicht verstanden wurde oder weil man nicht sicher ist, ob gelacht werden sollte? Man kann das Schweigen thematisieren. Aber was nützt das, wenn zum Schweigen geschwiegen wird? Es gibt wirkungsvollere Mittel. Zum Beispiel kann der Lehrer das Schweigen mit seinen Worten stopfen. Dann schreiben alle eifrig und erleichtert mit. Der Unterricht läuft. Was läuft da eigentlich? Eine wöchentliche Informationsstunde darüber, was in der Prüfung verlangt werden wird. Der Lehrer kann auch regelmäßig Hausaufgaben stellen (etwa eine Übersetzung) und dann nach Anwesenheitsliste aufrufen. Dann erhält er eine Antwort. So wollen es offenbar die Spielregeln. Ein Aufruf ist eine Prüfung im Kleinen. Einer Prüfung darf man sich nicht verweigern. Allerdings kann man versuchen, ihre Bedingungen zu antizipieren, also zu berechnen, nach welchem System wohl aufgerufen werden wird. Alphabetisch? Nach Sympathie? Nach Antipathie? Nach Sitzordnung? Nach Aufmerksamkeit?

Die Bilanz meiner ersten Unterrichtswochen war so, wie mein Vorgänger vorausgesagt hatte. Er hatte mir auch berichtet, wie es ihm gelungen war, allmählich kleine Löcher in die Schweigemauern zu brechen: Er hatte Picknicks und Feste mit Studenten organisiert, mit ihnen eine Zeitung gemacht, Ausflüge und Fahrten nach Deutschland organisiert. Ich fand das großartig, hatte aber nicht die Absicht, es ihm nachzutun. Ich eigne mich wenig als Animateur.

Ich lernte also, Vorlesungen zu halten, viele Vorlesungen. Ich füllte die Aktenordner der Studenten mit Notizen. Ich begann, die Papierberge zu erhöhen, die diese Studenten seit der Vorschule schon aufgehäuft hatten. Ich begann, im Unterricht aufzurufen. Ich hatte natürlich dabei auch meine Vorlieben, die die Studenten schneller entdeckten als ich selbst. Ich rief lieber die besseren Studenten auf. Das war wohl, weil ich mit der Angst der Schlechteren schlecht umgehen konnte. Meine Zuhörer waren überzeugt, das sei so, weil ich eben die besseren Studenten vorzöge. Vielleicht ist das gar kein Widerspruch.

Ich lernte, ein Spiel zu spielen, dessen Regeln mir nicht gefielen.

Das wirkte entspannend. Auf mich, auf die Studenten, auf die Lernatmosphäre. Das störrische Schweigen wurde zum normalen Schweigen, unterbrochen gelegentlich von Fragen, manchmal sogar von Einwänden oder Hinweisen auf Widersprüche, manchmal von Lachen. Ich war auf dem besten Wege, ein normaler, offenbar geschätzter Hochschullehrer nach französischem Modell zu werden. Wie versichernd das auf die Studenten wirkte, hat mir viel später eine Studentin gesagt: »Wissen Sie, Ihr deutscher Vorgänger, der war in gewisser Hinsicht phantastisch. Immer für die Studenten da, immer Anregungen gebend, immer ein paar Studenten motivierend. Er konnte gut Französisch, war immer vorbereitet. Aber irgendwie war er auch schwierig.« Inwiefern schwierig? Lange Pause vor der Antwort: »Na ja, er war eben in mancher Hinsicht kein richtiger ›Prof‹. (›Prof‹ heißen im Studentenjargon alle Lehrenden). Er verkehrte von gleich zu gleich mit uns und entschied andererseits über unser Studium. Da weiß man nicht, wie man sich verhalten soll. Am Anfang dachten wir, es sei, weil er unverheiratet war und die Nähe hübscher Studentinnen suchte. Als wir merkten, daß es das nicht war, wurde die Angelegenheit nicht leichter.«

Nur zwei Lehrveranstaltungen verliefen anders. Die erste war eine Stunde, in der die Studenten lernen sollten, Alltagstexte zu verstehen, Thema, Sinn und Absicht herauszufiltern und darüber zu diskutieren. Es ging also weniger um die systematische Erarbeitung eines Themas als darum, das Verstehen und den mündlichen Ausdruck zu üben. Natürlich führte das wiederum zunächst dazu, daß *mein* mündlicher Ausdruck geübt wurde, auf deutsch vor allem, was nicht unbedingt vordringlich war. Aber hier blieb ich nach Vokabelerklärungen, Sacherklärungen, Strukturanalyse hartnäckig in der Auffassung, nun möge geredet werden über das Gehörte und Gesehene. Der übliche Effekt: Schweigen. Als klar wurde, daß es auch mir ernst war mit dem Schweigen, daß ich keinesfalls bereit sein würde, jemandem mit Hilfe der Anwesenheitsliste eine Meinung zu entlocken, aber auch nicht gewillt, selbst das Schweigen zu stopfen, kamen Diskussionsbeiträge – von deutschsprachigen Studenten, deren mündliches Ausdrucksvermögen zu verbessern nicht Ziel des Kurses war. Oder von Engländern und Amerikanern, die als Gasthörer kamen, um ohne langwierige Vorbereitung ein bißchen Deutsch zu reden. Ihr Deutsch machte aus bescheidenen Mitteln ein großes Kommunikationsangebot, was allerdings wegen des Akzents den Franzosen kaum verständlich wurde, aber sie meinten und sagten, fragten und behaupteten, dachten und teilten mit, letzteres manchmal gleichzeitig. Die Franzosen hingegen blieben still bis auf zwei Studentinnen, die schon längere Zeit in Deutschland gewesen waren.

Das wenig ermutigende Ergebnis meines Versuchs, Diskussion auszulösen, nährte pädagogische Selbstzweifel und pädagogische Phantasie. War das Thema zu komplex gewesen? Kaum, schließlich handelte es sich um Germanisten, die zudem Deutsch als einziges Fach studierten. Die meisten hatten während ihrer Schulzeit sieben Jahre Deutsch gehabt. Also schob ich die Unlust an der Diskussion darauf, daß ich offenbar nicht verstanden hatte, an vorhandene Kenntnisse und vorhandene Interessen anzuknüpfen.

In der nächsten Woche knüpfte ich Biermann-Lieder mit didaktischer Raffinesse an französisches Vorwissen – von Villon bis zur Commune. Das Ergebnis war verheerend. Alle zarten Ansätze von Diskussionsmut waren gänzlich verschwunden. Absurde Mißverständnisse, bis ich zum Beispiel kapierte, daß die französischen Studenten nicht verstanden hatten, was mit »Commune« gemeint und was diese gewesen war. »Aber das haben wir noch nicht gehabt.«

Noch viel später erst verstand ich, warum mein gutgemeinter Versuch, an französisches Vorwissen anzuknüpfen, so radikal gescheitert war. Das lag nicht nur daran, daß das Vorwissen, auf das ich rechnete, nicht vorhanden gewesen wäre. Es ging vielmehr darum, die Gegenstände der Übung (und demzufolge der Prüfungen) möglichst auf germanistischem Gebiet zu halten und mich nicht dazu einzuladen, zusätzlich Kenntnisse in französischer Literatur oder Geschichte abzufragen. Denn das war ja der greifbarste Vorzug des Studentendaseins gegenüber der Schülerexistenz vor dem Abitur: Man mußte nicht mehr gewärtig sein, in allen Fächern über alles geprüft zu werden.

Außerdem hätten Diskussionsbeiträge zu Villon, Biermann oder der Commune auf ein hochsensibles Gebiet geführt, das der politischen Meinungen. Die meisten Studenten, mit denen ich in Frankreich darüber diskutierte, waren fest davon überzeugt, daß die Hochschullehrer ihnen genehme politische Meinungen mit Pluspunkten bewerten, konträre hingegen bestrafen. Ich konnte noch so ausführlich erklären, es gehe mir darum, daß man lerne, seine Meinung argumentativ zu vertreten und sprachlich korrekt auszudrücken – verstanden wurde immer nur, es gehe mir um den sprachlich korrekten Ausdruck *meiner* Meinung. Und die wollte erst erraten bzw. aus vagen Anzeichen erschlossen und hochgerechnet sein. Bei Ausländern weiß man nie, gerade am Anfang ...

Nicht auf vage Ahnungen angewiesen waren die Studenten bei einem Kollegen, der einem ganzen Studentenjahrgang (mit einer Ausnahme) das Examen verweigerte, indem er alle Arbeiten als mangelhaft oder ungenügend bewertete. Die schlechten Ergebnisse erklärte er mephistophelisch lächelnd (er war Goethe-Spezialist) damit, daß die Studenten wohl nicht genügend Unterrichtsstunden gehabt hätten, eine feinsinnige Anspielung auf einen mehrwöchigen Studentenstreik, dem der Kollege lebhaft entgegengetreten war, u. a. dadurch, daß er wütend sein Pult durch das geschlossene Fenster des Seminarraums im 4. Stock des Universitätsgebäudes auf den Campus warf, als sein Unterricht von streikenden Studenten gestört zu werden drohte. Jeder wußte, daß die schlechten Noten ein Racheakt waren. Die Angelegenheit wurde auch auf Institutssitzungen thematisiert, aber es änderte sich letztlich nichts, da die Hochschullehrer in ihrer Notengebung autonom sind. Und dem Verlangen nach doppelter Korrektur mögen die Lehrenden nicht gern willfahren, denn das bedeutet endlose Diskussion, und die ungeliebte Korrekturarbeit vervielfacht sich. Die aufmüpfigen Studenten fielen also schließlich durch. Da derselbe Hochschullehrer denselben, obligatorischen Kurs auch im darauffolgenden Jahr durchführte, fielen manche von ihnen auch im folgenden Jahr durch, so daß ihnen jahrelang ein »Schein« zum Abschlußexamen fehlte.

Das geschilderte Beispiel »politischer« Benotung ist gewiß eine Ausnahme. Nichts berechtigt mich zu der Vermutung, solche Ausnahmen seien in Frankreich häufiger als in Deutschland. Ein Unterschied ist aber, daß die Schüler und Studenten in Frankreich »politische« bzw. »Sympathienoten« für den Regelfall zu halten scheinen. Vater Staat teilt seinerseits offenbar diese Annahme: Das Abitur und alle wichtigen Concours werden anonym korrigiert und von nationalen Jurys durchgeführt. Ob es ein realistischeres Bild der Natur des Menschen allgemein und des Pädagogen insonderheit ist, das solchen Skeptizismus nährt, ob es schlechte Erfahrungen sind oder vor allem die Tatsache, daß man im französischen System (im Gegensatz zum deutschen) ungeliebte Prüfer nicht durch Wahl eines anderen vermeiden kann – die Angst, durch freimütige Meinungsäußerungen in Schwierigkeiten zu geraten, ist überaus verbreitet.

Wie weit, mag die folgende Erfahrung illustrieren: Der Lektor aus der DDR (es gab am Institut einen Lektor aus Österreich, einen aus der Bundesrepublik und einen aus der ehemaligen DDR) hatte im Examen ein landeskundliches Thema gestellt. Es ging, soweit ich mich erinnere, um die Kollektivierung der Landwirtschaft, um LPGs und so weiter. Eine an solchen Fragen begreiflicherweise gänzlich desinteressierte Studentin aus dem keineswegs von Kollektivierungsproblemen bedrängten Monaco, Tochter einer wohlhabenden Reedersfamilie, hatte sich auf die Prüfung in der Weise vorbereitet, daß sie das Inhaltsverzeichnis der Hochglanzbroschüre »Die DDR stellt sich vor« aus dem DDR-Propagandaministerium studiert sowie hernach an geeigneter Stelle zum illegalen Gebrauch während der Prüfung verborgen hatte. Die Broschüre gehörte nicht zum natürlichen Inventar der reederlichen Bibliothek, sondern war vom DDR-Lektor an Interessenten verteilt worden mit dem ausdrücklichen Hinweis, es sei nicht für wissenschaftliche Zwecke gemacht, könne aber bei vorsichtigem Gebrauch zur Informationsbeschaffung von Nutzen sein. Die monegassische Reederstochter dankte in der Einleitung ihres Prüfungsaufsatzes dem Genossen Erich Honecker, schloß auch Walter Ulbricht in ihren Dank mit ein, erwähnte die Weisheit der Beschlüsse mehrerer

Parteitage der SED, tat dann ihre Überzeugung kund, daß es vorwärts gehe mit dem sozialistischen Weltsystem, dessen Grundstock mit der Großen Sowjetischen Oktoberrevolution gelegt worden sei, daß hingegen der Imperialismus in den letzten Zügen läge; dies eben wegen der Macht des Sozialismus, der Ausstrahlungskraft seiner Ideen, die sich im übrigen als Garanten des Friedens erwiesen hätten. Es fehlte im Hauptteil auch nicht an allgemeinen Hinweisen auf die Existenz der demokratischen Bodenreform als wichtigstes Element der antifaschistisch-demokratischen Phase der DDR-Geschichte, die mit der segensreichen Errichtung des antifaschistischen Schutzwalls ihre Vollendung gefunden habe.

Es ist leicht zu erraten, daß der Text wortwörtlich unter Hinzufügung von mehreren Dutzend Fehlern aus der Propagandabroschüre des DDR-Ministeriums abgeschrieben worden war. Der Reedervater, der mit seinem Anwalt erschien, um die Universität von der Vorzüglichkeit der Prüfungsarbeit seiner Tochter zu überzeugen, bekam die Arbeit vorgelegt, brach angesichts der kopierten Elogen seiner Tochter auf den Kommunismus aber nicht in Lachen aus, weder in verlegenes noch in amüsiertes, sondern ereiferte sich: »Erst lassen sie hier Kommunisten dummes Zeugs unterrichten, und wenn meine Tochter dann, um ihr Examen zu bekommen, das kommunistische Zeugs wiederkäut, ist es auch nicht richtig. Das ist Willkür. Das ist Kommunismus.« Jedenfalls ging er wie selbstverständlich davon aus, daß den Studenten aufgegeben sei, die Meinung des Lehrers zu übernehmen.

Ich gab es rasch auf, direkt an das Vorwissen der französischen Studenten über ihr eigenes Land anknüpfen zu wollen. Statt dessen hatte ich die unglückliche Idee, Themen anzureißen, die den studentischen Interessen und Erfahrungen nahe waren: das Verhältnis zum Elternhaus, die Liebe, Drogen und so weiter. Je betroffener die Studenten waren, desto undurchdringlicher das Schweigen. Allenfalls mal ein leidenschaftslos-pflichtschuldiger Beitrag über die Schädlichkeit des Drogenkonsums im allgemeinen oder darüber, daß man Vater und Mutter ehren solle. Stereotypen, müde Reproduktion vorfabrizierter Diskurse. Als ich insistierte, kam schließlich eine ernste Ermahnung, unsichtbare Grenzen gefälligst zu respektieren: »Glauben Sie wirklich, die Universität sei der geeignete Ort, über solche Fragen zu reden?«

Jedenfalls vermochte ich am Anfang meiner Tätigkeit in Frankreich nicht zu sehen, daß es sich bei den Unterrichtsschwierigkeiten keineswegs um Fragen von Intelligenz, von Motivation oder meiner Fähigkeit handelte, solche Motivation zu wecken. Ich sah nicht, daß meine aus Deutschland mitgebrachte Logik auf eine andere stieß, die ebenso logisch war, aber von anderen Voraussetzungen ausging: Ich wollte den Universitätsunterricht als einen Moment von möglichst weitgehender Gleichheit, die den Studenten aber diffus erschien – die Studenten wollten Reihung, Stufung, Ordnung, die ihnen erlaubte, sich auf die Verhältnisse einzustellen; ich versprach Lust, sie gaben das Pflichtschuldige; ich wollte sie mit der Gesamtheit ihrer Kenntnisse, Meinungen und Ideen engagieren, sie befürchteten davon das Schlimmste und versuchten zu ermitteln, was denn das unbedingt Notwendige wäre. Ich erwartete die möglichst weitgehende Partizipation der Individuen und versprach dafür Vergnügen und Lernfortschritte, zugleich suggerierend, die Partizipation garantiere auch den Erfolg im Bereich der Selektion. Die Studenten hingegen sahen mich als (ungewöhnlichen) Staatsagenten, waren bereit, dem Staat das unabdingbar Geforderte zu geben (Präsenz, Antworten auf direkte Aufrufe, Verfertigung von Prüfungsarbeiten), richteten ihren Ehrgeiz aber darauf, möglichst wenig von sich selbst zu geben (Meinungen, Gefühle) und dafür möglichst viel zu erhalten an staatlich diplomierter Anerkennung. Wenn man will, kann man das erstere ein kulturelles Modell nennen, das zweitere als Anordnung sehen, in dem sich Individuum und Staat wie im politischen Raum gegenüberstehen, das Individuum also bemüht sein muß, seine Privatsphäre durch vertragliche Regelungen gegen Übergriffe des Staates zu sichern – oder auch wie im privatrechtlichen Raum, wo es darum geht, einen möglichst hohen Erlös für möglichst begrenzte Leistungen zu erhalten. Die beiden Logiken schließen einander aus. Was der einen als Unfähigkeit erscheint, sich in den Unterricht einzubringen, erscheint der anderen als eine Art Datenschutz.

Eine Unterrichtsstunde jedoch entschädigte mich für alle Irritationen, denen ich in den anderen ausgesetzt war: das Seminar für die Studenten, die die Concours (C.A.P.E.S. und Agrégation) vorbereiteten, den Wettbewerb um die im entsprechenden Studienjahr zu vergebenden ca. 150 Deutschlehrerstellen für ganz Frankreich. Es waren wenige Studenten, acht etwa. Sie waren motiviert, vorbereitet, hatten die notwendigen Texte gelesen, konnten gut Deutsch. Sie hatten es nach den üblichen drei Jahren »schulischem« Germanistikstudium bis zur »Licence« irgendwo in Deutschland gelernt und dabei in einem vierten, auswärtig verbrachten Studienjahr mit einer ersten großen Hausarbeit die »Maîtrise« erworben. Sie waren nicht nur qualifiziert, sondern auch erwachsen – das schiere Vergnügen für einen Hochschullehrer, der seinen Gegenstand und den Unterricht darüber liebt. Die Studenten hatten sich auf das »Programm« vorzubereiten. Das »Programm« wird von einer nationalen Jury von Hochschullehrern beschlossen, die sich über Kooptation fortpflanzt und der auch die Prüfung der Kandidaten obliegt. Es besteht aus sechs (Agrégation) bzw. fünf (C.A.P.E.S.) literarischen Werken und einer landeskundlichen Frage, die zu studieren sind. 1991 waren das zum Beispiel »Das Nibelungenlied«, »Die Reflexion über das Ideal des Schönen in Deutschland im 18.Jahrhundert« (anhand von Lessings »Laokoon« und Winckelmanns »Gedanken über die Nachahmung der griechischen Werke in der Malerei und Bildhauerkunst«), Goethes »Werther«, das Wiener Volkstheater des 19. Jahrhunderts anhand ausgewählter Werke Nestroys, das lyrische und dramatische Frühwerk Brechts (»Hauspostille«, »Baal« unter anderem) sowie die deutsch-deutschen Beziehungen 1961–1974, insbesondere die »Ostpolitik« der Bundesrepublik. Man sieht leicht, daß das Programm in vieler Hinsicht sorgfältig ausbalanciert wurde. Kein Programm für Spezialisten. Kein Programm für Forscher, sondern für Prüflinge, die zeigen müssen, daß sie sich im gesamten Bereich der deutschen Sprache, Geschichte und Literatur von den Anfängen bis zur Gegenwart zu bewegen verstehen. Die beiden Aufsätze (Agrégation) bzw. der Aufsatz und der Textkommentar (C.A.P.E.S.), die neben zwei Übersetzungen über das Bestehen der schriftlichen Prüfung entscheiden, kommen aus dem Bereich von zwei der sechs Werke/Themen.

Man kann sich die Effekte dieses Prüfungsmodus auf die französische Unterrichtsorganisation nicht eingreifend genug vorstellen. Sie wirken von verschiedenen Seiten ein und bestärken sich gegenseitig: Im allgemeinen sind es die qualifiziertesten Studenten, die an den Wettbewerben teilnehmen. Das Lehramt am Gymnasium oder an der Universität ist die traditionelle Berufsperspektive des Germanisten, wenn auch nur wenige dieses Ziel direkt erreichen. Jede Universität versucht nach Kräften, diese qualifizierten Studenten zu halten, ihre Abwanderung nach Paris oder Straßburg zu verhindern, wo sich eine größere Zahl von Kandidaten vorbereitet. Diese Studenten sind für die Hochschullehrer so wichtig, weil es im Prinzip diejenigen sind, die als Adressaten der Vermittlung dessen in Frage kommen, was die Professoren über die Fremdsprache hinaus gelernt haben: deutsche Literatur, deutsche Geschichte, deutsche Kultur.

Die Professoren eignen sich im allgemeinen von ihrer eigenen Ausbildung wie ihrer persönlichen Vita her viel besser für den Unterricht über den »Werther«, als für den Unterricht vor Menschen, die als Prüfungsarbeit unzureichend kopierte Honecker-Texte zur Kollektivierung der Landwirtschaft in der ehemaligen DDR abliefern. Der Masse der Studenten in den Fremdsprachen fehlt es an dem kulturellen Kapital, das ihre Lehrer als selbstverständlich voraussetzen. So verfehlen sich Lehrer und die Mehrheit der Studenten. Diese Mehrheit will, wenn sie überhaupt etwas will, alltagsnahes Deutsch lernen als Vorbereitung für eine Tätigkeit in der Wirtschaft oder im Tourismus, will darüber hinaus vielleicht noch Grundkenntnisse erwerben über die rechtliche und ökonomische Verfassung der deutschsprachigen Länder. Das zu lehren haben ihre Lehrer aber nicht von Grund auf gelernt, sondern sie haben eine »literarische« Ausbildung, für die es nur relativ wenige qualifizierte Interessenten gibt. Gelernt haben sie, sich auf die Concours vorzubereiten. Insofern sehen sie in den Studenten, die sich auf die Concours vorbereiten, ihre legitimen Kinder, in den Honecker-Kopisten ungeliebte Stiefkinder, die man aber nicht verstoßen darf, da sonst mangels Studenten vom Ministerium Stellen gestrichen würden.

Natürlich muß das Lehrangebot des jeweiligen germanistischen Seminars das »Programm« vollständig abdecken, sonst wird der gewünschte Effekt nicht erreicht. Ein quantitativ überaus bedeutender Teil der Lehrkapazität wird also auf wenige, herausragende Studenten verwandt. Konkret sieht das so aus, daß die formell qualifiziertesten Hochschullehrer aufwendige Vorlesungen vor zwei oder drei Studenten halten (ich habe später ein ganzes Studienjahr lang vor nur einer Studentin gelesen – mit Vergnügen und hundertprozentigem Erfolg, der freilich nicht mir zuzuschreiben ist), während Assistenten oder Lektoren vor hundertfünfzig sprachlich zumeist unzureichend vorbereiteten Studenten des ersten Semesters über die Segnungen des westdeutschen Föderalismus und die Zahl der Abgeordneten im Bundestag reden.

Da die Vorbereitung des Concours-Programms ohnehin mehr Kräfte bindet, als die übergroße Zahl der Institute für spezialisierte Literatur- oder Landeskundevorlesungen eigentlich hat, bleibt für »freie« Vorlesungen kein Platz, also für Vorlesungen, deren Gegenstand der Hochschullehrer wie in Deutschland selbst wählt, häufig in Anlehnung an seine eigenen Forschungsinteressen. Es gibt dafür keine freie Lehrkapazität, aber es gäbe auch keine Studenten, denn die Studenten, die die Concours vorbereiten, ächzen ohnehin unter dem Lernstoff des Programms. De facto wird also den fortgeschrittenen Studenten landauf, landab das geboten, was »auf dem Programm« steht. Nicht mehr, aber auch nicht weniger.

Die nationalen Wettbewerbe haben einen Zentralisierungs- und Angleichungseffekt, der unwiderstehlich ist und sich vielfach multipliziert, wenn man daran denkt, daß es die intensiv studierten Werke »ihres« Programms sind, aus denen die erfolgreichen Absolventen der Concours in ihrem künftigen Lehrerleben schöpfen, manchmal ein Leben lang fast ausschließlich.

Die zentralen Jurys legen also mit ihrer Programmwahl quasi fest, was die französischen Germanisten von deutscher Literatur wissen.

Daß dies die Tendenz zur Auswahl herausragender, »klassischer« Werke nach sich zieht, ist nur logisch. Ohnehin vertragen es nur herausragende Werke, über ein Jahr wöchentlich Gegenstand literaturwissenschaftlicher Analyse zu sein.

Die problematischen Effekte der nationalen Concours auf das französische Universitätswesen sind natürlich seit längerer Zeit bekannt und Gegenstand der Diskussion. Als am Ende der sechziger Jahre in Paris Reformuniversitäten gegründet wurden, entschlossen sich zwei der in diesem Rahmen neugegründeten germanistischen Institute, nicht auf die nationalen Wettbewerbe vorzubereiten, weil man sah, daß nur so Freiheit für die Neugestaltung des Unterrichts zu gewinnen war. An beiden Universitäten wurde die Entscheidung später rückgängig gemacht, weil sie zum Verlust der fortgeschrittensten und qualifiziertesten Studenten führte und auf diese Weise auch die ursprünglich avisierte, eher auf Forschung orientierte Ausrichtung verhinderte.

Der Angleichungseffekt der Concours ist deshalb so groß, weil durch ihre Logik nicht nur festgelegt wird, *was* unterrichtet wird, sondern auch *wie*. Das freilich wußte ich noch nicht, als ich mein erstes Seminar mit den Concours-Kandidaten durchführte, eben jenes, das ich so liebte und das mir so vorzüglich abzulaufen schien. Vorzüglich vor allem deshalb, weil die wichtigsten Ergebnisse von den Studenten selbst erarbeitet wurden. Ich gab Themen vor, gab Forschungsliteratur an, präparierte die Kommentierung zentraler Textpassagen, aber die Arbeit wurde nach der Art eines wirklichen Seminars von den Studenten selbst getan. Die Arbeitsatmosphäre war locker, entspannt, ohne Hast.

Am Ende des Studienjahres, lange nach Abschluß der Vorlesung, machten mir einige Teilnehmer des Seminars deutlich, daß sie die Veranstaltung zwar auch als interessant und anregend empfunden hätten, aber daß sie nicht effektiv gewesen sei: »Wir haben alle in Deutschland studiert. Wir kennen solche Seminare von der deutschen Uni her. Es macht auch Spaß, sich zu beteiligen. Aber wir sind nicht zum Spaß hier oder deshalb, weil wir uns brennend für Grass' ›Katz und Maus‹ interessieren, sondern weil wir einen Concours bestehen wollen. Dazu brauchen wir keinen Lehrer, der uns am Unterricht beteiligt, sondern jemanden, der uns die Arbeit erleichtert, jemand, der den Text und die Forschungsliteratur so aufbereitet, daß wir möglichst wenig selbst arbeiten müssen und dennoch gut vorbereitet sind, wenn das Aufsatzthema bei der schriftlichen Prüfung über ›Katz und Maus‹ geht. Wir arbeiten im Vorbereitungsjahr jeden Tag zehn Stunden. Mehr geht nicht. Da heißt es, die Arbeit zu effektivieren. Sie hätten am Anfang eine richtige Vorlesung halten sollen. In einer Vorlesung kann man mehr Wissen auf systematische Weise unterbringen als in einem Seminar. Und am Ende hätten sie mit uns Aufsätze üben sollen. Das heißt: Themen stellen, wie sie im Concours kommen könnten. Das heißt, uns mit Druck zwingen, die Probeaufsätze auch zu schreiben. Das heißt, sie hart korrigieren, damit man weiß, wo man steht. Wir brauchen Vorarbeiter, und wir brauchen die Peitsche. Die deutschen Professoren verstehen nicht richtig, was ein Concours ist.«

Das war der Moment, in dem ich mir vornahm, im nächsten Studienjahr eine nach ortsüblichen Maßstäben »richtige« Vorlesung zu halten. Vorlesungen zu halten ist einfacher, als Seminare zu gestalten. Es ist berechenbarer. Man hat nur mit den Schwierigkeiten des Materials zu tun, nicht mit unerwarteten Reaktionen der Studenten. Man muß nicht motivieren und nicht moderieren. Man muß sich nur gut vorbereiten und klar vortragen.

Im nächsten Studienjahr ergab die Studentenplankonferenz, daß ich meine Concours-Vorlesung am Mittwochmorgen um 8.00 Uhr zu halten hatte. Der Raum war kalt, im Winter ging die Sonne gerade über dem Meer auf, während ich begann, über Kellers »Der Grüne Heinrich« zu lesen. Die Concours-Studenten waren da, verstärkt um die Studenten des dritten Studienjahres, etwa dreißig Menschen. Ich stellte mich auf das Podest, entwickelte einen Vorlesungsplan für das ganze Jahre, setzte Themenschwerpunkte, gab Literaturhinweise. Und dann jede Stunde ein Themenschwerpunkt: Der »Grüne Heinrich« und die Ökonomie, der »Grüne Heinrich« und die Kunst, der

»Grüne Heinrich« und die Frauen und so weiter. Jeweils eine Einleitung, ein Vorlesungsplan, eine klare Darstellung mit Textbeispielen, eine Zusammenfassung, eine Einordnung des Ganzen in größere Zusammenhänge. Da ich tendenziell immer zuviel Stoff hatte, wurde er nach Kräften verdichtet, der Vortrag konzentriert ohne Rücksicht darauf, daß Deutsch nicht die Muttersprache meiner Zuhörer war. Aber kein Protest. Im Gegenteil, sichtliche Zufriedenheit. Die äußerte sich in angestrengtem Mitschreiben, in gespannter Aufmerksamkeit. Die Zeichen der Zufriedenheit mehrten sich im Verlauf der Vorlesung, zum Beispiel in Form kleiner Kassettenrecorder auf dem Pult. Auf daß nur kein Wort verloren gehe. Ich habe keinen Zweifel daran gelassen, daß ich das für einen albernen Exzeß des ohnehin exzessiv betriebenen Mitschreibewesens hielte. Ich habe begründet, weshalb ich in wörtlichen Mitschnitten dieser Art auch keine effektive Vorbereitung sehen könne. Verstanden wurde ich schon, aber der Glaube fehlte gänzlich. Auf den freundlich lachenden Gesichtern stand zu lesen: »Das ist ja alles ganz interessant, aber es raubt wichtige Vorbereitungszeit. Kommen wir doch zum Thema. Und wie man sich in Frankreich vorbereiten muß, das wissen wir schon aus Erfahrung.« Am Ende des Jahres sagte mir eine Studentin stolz, es sei ihr gelungen, alles mitzuschreiben, wirklich alles. Ob ich die Mitschrift sehen wolle. Obgleich ich auf das Gegenteil gewettet hätte: Die Studentin hat bestanden.

Natürlich war »meine« Vorlesungsstunde nur eine von sechs Vorlesungen dieser Art, die die Studenten an diesem Tag zu besuchen hatten. Trotz der Anstrengung war die Atmosphäre entspannt, denn jeder hatte, reibungslos ausgerichtet vom System des Concours, seine angestammte Rolle. Der Lehrer durfte lehren, ohne sich um die Begründung seines Gegenstands und seiner Methode, ohne sich um die Motivation der Studenten, um Lücken im Vorwissen, um sprachliche Mängel oder gar um Disziplin kümmern zu müssen, ja ohne das schlechte Gewissen zu haben, das die deutsche Hochschuldidaktik denen gern macht, die an der altmodischen Vorlesungsform festhalten. Die besseren der Studenten hatten das Gefühl, viel unbestreitbar wichtiges und durchschaubar geordnetes Wissen in kurzer Zeit aufnehmen zu können. Die schlechteren Studenten, denen es zu schnell ging, hatten das Gefühl, daß sie aus eigener Schuld schlechte Studenten sind und sich nichts anmerken lassen sollten. Allseitige Zufriedenheit.

3. Das Kulturmodell. Zum Beispiel: Was ein guter Aufsatz ist

Ein Element zur definitiven Zufriedenheit fehlte noch: die schließliche Zurichtung des vermittelten Wissens auf einen Aufsatz hin, auf den Aufsatz, den die Studenten beim Wettbewerb in sechs Stunden zu verfassen haben. Um diesen Aufsatz (C.A.P.E.S.) bzw. um zwei Aufsätze (Agrégation) dreht sich alles, er ist der Fluchtpunkt der gesamten Vorlesung. Dieser Aufsatz heißt auf französisch »Dissertation«, ist aber streng zu unterscheiden von der deutschen schriftlichen Doktorarbeit. Die deutsche Doktorarbeit ist eine Forschungsarbeit von mehreren hundert Seiten, die Dissertation eine Art Schulaufsatz, wie ihn deutsche Leser von ihrer Abiturprüfung her ungenau erinnern werden. Nur eine Gemeinsamkeit gibt es: In beiden Fällen ist eine herausragende Dissertation notwendige Voraussetzung des Zugangs zu einer Universitätskarriere. Mehr noch. Da eine Dissertation zu jedem französischen Concours in den Geistes- und Sozialwissenschaften gehört und da ohne Concours keine wichtige Stellung unter der französischen Elite vergeben wird, kann man sagen, daß die Beherrschung der richtigen Aufsatztechnik in Frankreich eine unabdingbare Karrierevoraussetzung ist. Natürlich wird erwartet, daß diejenigen, die die Agrégation bestanden haben und eine Universitätskarriere anstreben, später noch eine Doktorarbeit machen, aber das war bisher ein Projekt von mindestens einem Jahrzehnt. Die unkündbare Dauerstellung aber hing – und hängt weitgehend immer noch – von der Agrégation, also vom Aufsatz ab. Die Dissertation ist mithin eine ungemein wichtige Übung. Und sie ist eine ungemein französische

Übung. Demzufolge werden mit der Vermittlung ihrer Prinzipien ungern Lehrer betraut, die das französische System nicht durchlaufen haben. »Die Deutschen«, das habe ich an verschiedenen Universitäten in höflichen Formulierungen immer wieder gehört, »wissen einfach nicht, was ein französischer Aufsatz ist. Sie nehmen ihn als Form nicht ernst. Wenn ein Aufsatz Sachkenntnis zeigt, wenn er interessant ist, dann reicht ihnen das.« Da die Dissertation in einem selektiven System wichtiges Selektionskriterium ist, verspricht der Versuch, hinter die Geheimnisse dieser seltsamen Form zu kommen, wichtigen Aufschluß über die Ziele des französischen Ausbildungswesens überhaupt.

Alles beginnt mit dem Thema. Das Thema ist für alle gleich. Gestellt wird es von der nationalen Prüfungskommission. Deren Mitglieder machen unter strengster Geheimhaltung verschiedene Themenvorschläge für alle Werke bzw. Fragen »auf dem Programm«. Der Vorsitzende der Kommission sucht das Werk aus, über das der Aufsatz verfaßt werden soll, und wählt dazu unter noch strengerer Geheimhaltung unter den vorliegenden Vorschlägen ein Thema. Dies gelangt unter erheblichen Sicherheitsvorkehrungen in einem versiegelten Umschlag an eigens bestellte Beamte, die diese Umschläge am gleichen Tag, zur gleichen Stunde, zur gleichen Minute in mehreren Dutzend Universitätsstädten öffnen und den Kandidaten ihr Thema geben.

Dieses Szenario wird überaus ernstgenommen. 1982 verschlief an einer Universität ein Prüfer seine Aufgabe, so daß dort die Prüfung eine Stunde später begann. Es gab Protest. Schließlich wurde in ganz Frankreich die gesamte Prüfung für alle Germanisten wiederholt, weil gegen das Prinzip der Gleichheit verstoßen worden war. Man kann sich vorstellen, was das bei mehreren hundert Kandidaten an Aufwand bedeutet.

Die Themen, die sich für diese Form von Prüfung eignen, sind notwendigerweise allgemeinerer Natur. Es würde ganz entschieden gegen das Gleichheitsprinzip verstoßen, eine Spezialfrage, für die sich nur eine begrenzte Forschungsrichtung, beheimatet an einer bestimmten Universität, bisher interessiert hat, zum Thema für alle zu machen. In der Philosophie, die immer noch als »Königsdisziplin« der Dissertation gilt, läuft das auf Fragestellungen wie »Struktur und Geschichte«, »Individuum und Gesellschaft«, »Freiheit und Notwendigkeit« und so weiter hinaus. Konkret heißt das dann vielleicht: »Menschenrechte, Selbstverständlichkeit oder Problem?«, »Was lehrt uns die Schönheit der Natur über die Natur der Schönheit?«, »Kann das Interesse ein moralischer Wert sein?«, »Kann es eine Wissenschaft des Unbewußten geben?« (Philosophische Abiturthemen 1991).

In den literarischen Disziplinen wird das Thema konkretisiert und auf eines der Werke des »Programms« bezogen. Gern wählt man ein resümierendes Diktum eines berühmten Autors oder Kritikers über das in Frage stehende Werk als Thema. Also etwa folgendermaßen: »XY schreibt über Kellers Roman ›Der Grüne Heinrich‹: ... Nehmen Sie Stellung zu dieser Auffassung.«

Niemand hat das Thema in seiner genauen Formulierung vorher gekannt, aber wer sich gut vorbereitet hat, ist auch nicht überrascht. Die Zahl möglicher Themenbereiche ist begrenzt, wenn man davon ausgeht, daß zentrale Aspekte des in Frage stehenden Werkes berührt werden sollen. Wer nun aber einen starr vorbereiteten, vielleicht auswendig gelernten Text hinschreibt, ist schon durchgefallen. Die Leistung, die verlangt wird, ist gerade die handgewirkte Zuspitzung des Wissens auf das gestellte Thema hin. Fleiß allein reicht nicht. Durchgefallen ist auch derjenige, der einfach eine persönliche Meinung äußert (»der ›Grüne Heinrich‹ hat mir gut gefallen und das, was XY darüber schrieb, ist genau richtig«). Durchgefallen ist auch, wer das Thema mißversteht oder sich nur Teilaspekte herauslöst. Nichts in der Themenstellung ist als zufällig oder beiläufig anzusehen. Alles will behandelt werden. Ein Thema ist keine Wühlkiste, aus dem man sich das Passende herausklaubt. Das wäre das Schlimmste, was passieren kann: Thema verfehlt. Alles ist gebührend zu behandeln, das heißt auch: in der richtigen Proportion. Nicht etwa zehn Seiten über die Freiheit schreiben und dann noch hastig drei Seiten über die Notwendigkeit anfügen. Es gilt einen Plan zu entwickeln, mit dessen Hilfe die Fragestellung des Themas beantwortet werden kann.

Es deutet sich ein Grundprinzip der Dissertation an. Eine populäre französische Aufsatzlehre formuliert sie so: Die »Gesetze« der Dissertation »zielen im Kern darauf ab, das strenge Denken zu begünstigen, konzentriert um ein Thema oder eine Idee, deren sämtliche Seiten, Zusammenhänge und Schlußfolgerungen untersucht werden, ohne ihren Rahmen zu überschreiten.« (A. Chassang und Ch. Senninger: La dissertation littéraire générale. Paris 1972) Es geht darum, die Fähigkeit zu strengem logischem Denken und überzeugender schriftlicher Darstellung auszuweisen.

Sehen wir im einzelnen, was das bedeuten kann. Da ist zunächst die Einleitung. In der wiederholt man das Thema, wenn es kurz ist, faßt es zusammen, wenn es länger ist. Die Proportionen sind immer zu wahren. Dann legt man sich das Thema möglichst knapp zurecht, zeigt, daß man die darin enthaltene Frage oder Feststellung verstanden hat, definiert eventuell unklare Begriffe. Dann gilt es, das Thema zu würdigen, seine Bedeutung und Reichweite anzudeuten. Dabei ist ein gewisses Geschick verlangt. Die häufig zu lesende Formulierung: »Dieses schöne Thema, das uns unser Lehrer freundlicherweise gegeben hat ...« ist weniger angebracht als zum Beispiel ein Hinweis darauf, daß die entsprechende Problemstellung schon in der Poetik des Aristoteles und bei Lessing vorkomme. Diese »Rechtfertigung des Themas« hat natürlich nichts, aber auch gar nichts damit zu tun, ob man dessen Fragestellung wirklich interessant findet. Es handelt sich um eine Übung, die zeigen soll, ob der Schüler die Hintergedanken des Lehrers verstanden hat. Wenn ein Zitat das Thema bildet, ist es günstig, wenn man etwas über den Verfasser des Zitats sagen kann, die Periode oder eventuell das Jahr nennen kann, in dem es entstand, vielleicht sogar Linien zum in Frage stehenden Werk andeutet.

Das »putzt«, ist aber nicht unabdingbar. Unabdingbar ist hingegen die Ankündigung, wie man die thematische Frage der Diskussion und der schließlichen Lösung zuführen will. Dazu muß man einen Plan entwickeln und schicklich vor den Augen des Lesers ausbreiten.

Der Plan darf im Folgenden nicht geändert, nicht modifiziert werden, er muß jederzeit als Leitfaden sichtbar sein. Was keinen sichtbaren Bezug zum Plan hat, gehört nicht in den Aufsatz, überhaupt nicht: »... es handelt sich darum, ein Problem zu stellen, es zu diskutieren und es zu lösen. Man kann nichts beschreiben, nichts erzählen, alles muß Argument sein, alles muß beweisen, zurückweisen, ausweiten, nuancieren ... Jede Ausführung, von der wir nicht wissen, ob sie etwas beweist, zurückweist, ausweitet, nuanciert, ist ein autonomes Element und zerbricht die Einheit des Aufsatzes.« Kein »Apropos«, kein »übrigens«, nur »deshalb«, »da«, »weil« und »hingegen«. Keine allmähliche Verfertigung von Gedanken beim Schreiben. Alles steht vorher fest, weshalb auch häufig geraten wird, Einleitung und abschließende Zusammenfassung vorab zu formulieren, denn das schützt gegen Abschweifungen. Der Plan wird drei Teile haben. Es könnten auch vier sein. Mehr ist nicht ratsam, würde in den Verdacht geraten, Ausdruck konfusen Denkens zu sein. Die Dreifaltigkeit des Aufsatzplans ist in Frankreich eine – von den Eingeweihten belächelte, aber dennoch auch von ihnen tradierte – natürliche Lebenstatsache. Die schon zitierte Aufsatzschule sieht darin keine Tradition, keine Konvention, längst keinen Zwang, sondern einen Ausdruck der »natürlichen Bewegungen des Geistes«. Wieso natürlich? »Weil jede Meinung möglich ist unter der Voraussetzung, daß diese Meinung am Ende einer Denkbewegung steht, die das Ungenügende der anderen Meinungen bewiesen hat ...«

Es könnte also sein, daß zunächst die Argumente für die These darzustellen wären, die das Concours-Thema bildet, diese dann mit den entgegengesetzten Argumenten bestritten werden müßten, um schließlich eine dritte Sicht vorzuschlagen, die die Fehler der beiden anderen vermeidet. Es wäre auch eine umgekehrte Reihenfolge denkbar. Oder anders nuancierte Varianten. Die Form ist streng, aber nicht schematisch.

Ausgeschlossen ist aber etwa eine Gewichtung, die in zwei Punkten auf drei Seiten darstellt, was allenfalls für die sofort als unhaltbar bezeichnete These des Themas sprechen könnte, um dann in fünf Punkten auf zehn Seiten darzulegen, weshalb das Gegenteil richtig ist. Die drei Teile müssen etwa die gleiche Menge von Unterpunkten haben.

Diesen Unterpunkten müssen entsprechende Abschnitte entsprechen. Jeder Abschnitt muß ein Argument sein, jedes Argument ein Abschnitt. Daraus ergibt sich, daß die Abschnitte auch ungefähr die gleiche Länge haben. Die Argumente/Abschnitte innerhalb der einzelnen Teile sind logisch zu ordnen vom Einfachen zum Komplexen. Natürlich muß es Überleitungssätze geben. Nicht als überflüssige rhetorische Übungen, sondern um sich in diesen Überleitungen des Gangs der Beweisführung zu versichern und den Ort zu lokalisieren, an dem man sich eben befindet. »Quid refert?« Welche Bedeutung hat das in bezug auf das Thema?

Alles muß Argument sein, aber zugleich ist in den literarischen Fächern auch Textnähe verlangt. Man muß Beispiele für seine Auffassung zur Hand haben. Ein paar auswendig gelernte Zitate können nicht schaden, sind aber auch nicht unabdingbar. Besser keine Zitate, als falsch plazierte. Freilich wäre es völlig unzureichend, Beispiele einfach zu häufen oder zu reihen. Nicht Masse überzeugt, sondern die Qualität des Arguments. Also gilt es, die Beispiele sinnvoll anzuordnen, das stärkste Argument mit dem schlagendsten Beispiel zu belegen.

Am Schluß wird die Fragestellung des Themas einer Lösung zugeführt. Alles ist sorgsam erwogen, jetzt will das Resultat klar und knapp formuliert sein. Die Welt dieses Aufsatzes schließt sich, um nach getaner Arbeit ganz am Ende einen kurzen Blick (nicht mehr – der Schluß sollte nicht länger sein als die Einleitung) über die Grenzen des Themas hinaus in das weite Universum zu wagen, wo viele weitere Probleme warten, die sich als Dissertationsthema eignen.

Selbstverständlich sind Banalitäten ebenso zu vermeiden wie Wiederholungen. Die Sprache darf nicht vulgär sein und nicht »familière«, nicht trivial und nicht pathetisch, es muß die Sprache der Gebildeten sein, nicht die des Volkes oder die der intimen Privatheit. Sie darf nicht gegen die Regeln verstoßen: »Nur die großen Schriftsteller dürfen sich erlauben, der Sprache Gewalt anzutun.«

Es ist nicht schwer, die scholastische Methode als Grundmuster der französischen Dissertation zu identifizieren. Die ging von einem Problem aus. Dann wurden die Meinungen der Autoritäten (Bibel, Lehren der Kirchenväter und so weiter) zusammengetragen. Darauf folgten Einwände, begründet durch andere, entgegengesetzte Meinungen oder Textstellen. Dann wog man das Für und Wider gegeneinander ab, um schließlich zu einer eigenen, zugleich aber von der Kirche gebilligten Meinung zu kommen, zur *solutio*. Die ganze Methode zur Versöhnung der Widersprüche hieß *concordantia catholica*. Ihr Zweck war, das ganze Wissen in ein logisches, hierarchisch gegliedertes System einzufügen.

Natürlich führt kein direkter Weg von der scholastischen Methode zur heutigen Dissertation. Aber es gibt eine gemeinsame Grundbewegung, ein analoges Ausbildungsziel, auch wenn die theologische Begründung entfiel. Zudem ist das Schema flexibel genug, um sich andere Begründungen borgen zu können, etwa das Schema der Hegelschen Dialektik oder dialogische Konzeptionen. Natürlich wird die Dissertation in Frankreich seit je angegriffen und ihrer schematischen Seiten wegen belächelt. Claude Lévi-Strauss analysiert sie in diesem Sinne in den »Traurigen Tropen«, nicht zufällig übrigens im Zusammenhang mit dem Bericht über seine eigene Vorbereitung auf die Agrégation: »Da habe ich zu verstehen begonnen, daß jedes Problem, sei es schwerwiegend oder belanglos, durch die Anwendung einer immergleichen Methode zum Verschwinden gebracht werden kann, die darin besteht, zwei überkommene Sichtweisen auf das Problem einander gegenüberzustellen, die erste einzuführen mit den Begründungen des gesunden Menschenverstandes, sie mit den Mitteln der zweiten zu zerstören, um dann beide gemeinsam zu verwerfen dank einer dritten, die deren beschränkten Charakter enthüllt und mit Hilfe eines sprachlichen Feuerwerks zurückführt auf zwei komplementäre Seiten einer gleichen Realität: Form und Grund, Gestalt und Gehalt, Sein und Schein, Essenz und Existenz etc. Diese Übungen werden schnell leere Angelegenheiten, gegründet auf eine Kunst des Wortspiels, die an die Stelle des Denkens tritt ...« Jedenfalls habe die Methode nichts mit wissenschaftlichem Denken zu tun und sei zur Unterscheidung von Richtigem und Falschem unbrauchbar.

Das ist wohl wahr. Ich habe gelegentlich hochtrainierte Exegeten erlebt, die ein Problem, einen Text nur anzuschauen brauchten und schon zerfielen sie auf ebenso wundersame wie überzeugende Weise in drei Teile. Die wurden zu einem Plan geordnet, mit Material angereichert und schon lief die Aufsatzmaschine, ohne sich allzu lange mit dem Widerstand des Materials aufzuhalten, der *solutio* entgegen. Das hat etwas Beeindruckendes, wenn es gelingt, aber schnell auch etwas Lächerliches, wenn das schematische Fachwerk unter dem Putz sichtbar wird.

Jedenfalls will berücksichtigt sein, daß Lévi-Strauss die Agrégation früh bestanden hat, also die Kunst des Aufsatzes durchschaute und beherrschte. Und so ist es bei vielen modernen Klassikern des antiinstitutionellen Denkens: Sartre war erster bei der Agrégation, Simone de Beauvoir zweite; Foucault fiel im gleichen Jahr durch wie Michel Tournier und Michel Butor, während Jean-François Lyotard und Jean Laplanche bestanden. Im nächsten Jahr trainierte Foucault die Prüfungsformen noch intensiver und bestand auch. Glänzend. Deleuze ist ebenso ein »Agrégé« wie Derrida. Althusser war eine Art Repetitor, der im Ruf stand, besonders gut auf Dissertationen und Texterklärungen vorzubereiten. Die bestandene Prüfung ist die Beglaubigung der Kritik an den Prüfungsformen (nur ein Agrégé kann glaubhaft die Agrégation kritisieren) – und zugleich wird die Kritik eingeholt vom Schema der Dissertation, denn man könnte die oben zitierten Sätze von Lévi-Strauss, gekürzt und zugespitzt, durchaus als Dissertationsthema stellen. Vielleicht ist es schon geschehen. Der Gegenstand eignet sich gut.

Bleibt die Frage, warum eine Prüfungsform eine Schlüsselrolle im Prüfungssystem einnimmt, die weder die Fähigkeit zur Forschung unter Beweis stellt noch eigentlich Wissen abfragt, noch Individualität, Originalität, Kreativität des Kandidaten zum Vorschein zwingen will. Mit dem Hinweis auf die Tradition ist die Frage nicht beantwortet, warum man in Frankreich auf die Dissertation zurückgreift, »wenn man die Leistungsfähigkeit und die analytische Kraft eines Verstandes« prüfen will, wie es in dem schon zitierten Aufsatzführer heißt. Die französische Dissertation prüft eben, ob man ein Problem erkennen und nach den Regeln einer strengen Logik unter Beachtung der Tradition harmonisch und elegant vor den Augen des Publikums einer argumentativ befriedigenden Lösung zuführen kann. Sie prüft ferner, ob der Kandidat das unter enormem Zeitdruck schafft, ohne sich deshalb Nachlässigkeiten zu erlauben. Natürlich hat die ganze Angelegenheit etwas Beliebiges, ist ein leeres Spiel, löst nicht wirklich wirkliche Probleme, sondern dient als Hürde auf dem Weg in Spitzenstellungen in Wirtschaft und Gesellschaft. Aber könnte man nicht mit gleichem Recht sagen, daß die ungeschriebene Regel, Spitzenstellungen in vielen Bereichen der deutschen Gesellschaft nur an Doktoren zu vergeben, eine seltsame Angelegenheit ist? Warum soll die über mehrere Jahre bewiesene Geduld, in halbwegs systematischer Form aus vorhandenen Büchern ein neues zu machen, eine angemessenere Prüfungsform für Schuldirektoren oder Politiker sein, als eine Dissertation bei einem wichtigen Concours?

Sind, so gesehen, die deutsche wie die so anders geartete französische Dissertation beliebige Prüfungsformen, stehen sie doch andererseits in einem engen Zusammenhang mit ihrer jeweiligen Gesellschaft. »Zusammenfassend gesagt, ist die Grundidee der Dissertation, daß man niemals für sich allein recht oder unrecht hat, daß nichts damit gewonnen ist, sich einzuschließen in das ›Ich meine‹, daß man häufig zu seiner eigenen Position findet, indem man die Ansichten eines wirklichen oder vorgestellten Zuhörers zu ihren extremen Konsequenzen treibt, was in einer Art intellektuellem Umschlag auf natürliche Weise zu einem anderen Standpunkt führt.« Die Dissertation lehrt, was das französische Schulsystem schon seit der Vorschule das Individuum zu lehren versucht hat: daß seine Wünsche und Meinungen nicht an sich ein Recht auf Respekt haben, sondern in einem zivilisatorischen Prozeß nach festen Regeln geformt werden müssen, um gesellschaftliche Geltung beanspruchen zu können. Ein letztes Mal sei unser Aufsatzführer zitiert. »Eine persönliche Meinung bekommt ihren Wert nicht durch ihre schiere Intensität, sondern nur durch ihre Überzeugungskraft, durch die Feinheit ihrer Nuancen, den Reichtum der Anspielungen, die man hinter ihr errät.«

Schließlich wäre noch auf einen ganz anderen gesellschaftlichen Aspekt aufmerksam zu machen, der durch die seltsame Form der französischen Dissertation durchschimmert: Sie hat sich trotz ihrer scholastischen Herkunft und jesuitischen Überformung in der republikanischen Schule gehalten, weil ihr Grundschema ja auf der Überzeugung der Lösbarkeit aller Fragestellungen hin angelegt ist. Wenn man das gestellte Problem nur richtig begreift, sich richtig zurechtlegt, wenn man den Kanon der bisherigen Lösungen bzw. das Material kennt, mit dessen Hilfe die Lösung herbeigeführt werden kann, wenn man das Material zu ordnen, konsequent weiterzudenken und schließlich zu synthetisieren versteht, dann findet sich auch eine legitime, intellektuell befriedigende und gesellschaftlich anerkannte Lösung – das ist die überaus optimistische Logik. Sie korrespondiert mit dem Projekt der republikanischen Schule, deren Mythos in der gegenwärtigen französischen Schuldiskussion eine so große Rolle spielt. Sie war wirklich ein großes politisch-kulturelles Projekt, das im 19. und beginnenden 20. Jahrhundert gründet, aber bis heute die Geister zu scheiden vermag, obgleich die Diskussion darum mit den wirklichen Schulsorgen des gegenwärtigen Frankreich ungefähr soviel zu tun hat, wie die Auseinandersetzungen zwischen Don Camillo und Peppone mit den gegenwärtigen Problemen Italiens. Sie richtete sich gegen den Einfluß der konservativ-monarchistischen Geistlichkeit auf den Unterricht und erzwang 1905 die völlige Trennung von Kirche und Staat, so daß es zum Beispiel an den staatlichen Schulen keinen Religionsunterricht gibt. Ihre sozialen Träger waren vor allem die Volksschullehrer. Zum republikanischen Projekt der Volksbildung gehört die Anknüpfung an den Optimismus des aufklärerischen Zeitalters, an die Wissenschaftsgläubigkeit des Positivismus, an die Erkenntnis- und Fortschrittsgewißheit des 18. und 19. Jahrhunderts, während sich andererseits die pädagogischen Vorstellungen der Republikaner wenig von denen ihrer klerikalen Gegner unterschieden.

Die Nähe der Dissertationsform zu klassischen, historisch tradierten kulturellen Projekten Frankreichs macht jedoch zugleich ihre heutige Problematik aus. Niemand, der heute eine Dissertation zu schreiben hat, denkt noch an einen imaginären Dialog mit großen Geistern, niemand glaubt mehr an die Lösbarkeit aller Probleme. Die Form ist degradiert zu einem Schema. Das war schon der Fall, als Lévi-Strauss die Agrégation machte. Heute fehlt aber einem großen Teil der Studenten auch die Gemeinsamkeit des Bezugs zu einem relativ geschlossenen Kanon von Werken, Argumenten und Haltungen, die als Material und Modell für Problemlösungen traditionell bereitstanden. Dieses Material war Spielmaterial in einem zugleich todernsten (wer verliert, scheidet aus) und völlig unernsten Spiel (es geht ja nicht um die wirkliche Lösung wirklicher Probleme).

4. Prüfung als gesellschaftliche Platzanweisung

Der Angelpunkt aber des französischen Universitätssystems und der Haltungen, die es produziert, ist offensichtlicher als bei uns die Selektion. Das gilt keineswegs nur für die nationalen Concours. Geprüft wird unablässig. Die Hausaufgaben werden benotet. Jedes Seminar und jede Vorlesung werden mit einer Klausur abgeschlossen. Damit die Differenzierung auch fein genug vorgenommen werden kann, gibt es zwanzig Noten, wobei Zwanzig die beste, aber kaum je vergebene Note ist, Null die schlechteste. Zwischennoten sind möglich. Nullkommafünf wird zum Beispiel für schlechte Arbeiten gern gegeben. Ein paar grobe Grammatikfehler in einer Concours-Prüfung – und schon steht in schönstem Rot höhnisch die kaum ausgleichbare 0,5 unter der Prüfungsarbeit. Die Zehn entspricht der Vier, ist also die schlechteste Note, mit der man bestehen kann. Entsprechend dem Gewicht der einzelnen Prüfungen innerhalb einer Unterrichtsveranstaltung (Hausarbeiten, Klausuren, Referate) und zwischen den Unterrichtsveranstaltungen (Grammatik, Übersetzung und so weiter) werden diese Noten mit unterschiedlichen Koeffizienten multipliziert, anschließend von den entsprechenden Lehrern in großformatige Notenblätter eingetragen – und in der Summe ergibt sich durch eine mittelschwere Rechenoperation, ob der Student bestanden hat.

Häufig hat er nicht. Gerade im ersten Jahr fallen sehr viele durch, weil sie schlecht orientiert sind oder den Schock des Übergangs zur Universität nicht verkraften. Schätzungsweise ist das ein Drittel. Die Schlüsselstellung der Prüfung im Unterrichtswesen wird auch darin deutlich, daß den Lehrenden hier ausnahmsweise auf die Finger gesehen wird – von den Kollegen und von der Verwaltung. Was sie im Unterricht machen, interessiert hingegen niemanden, ist ganz selten Gegenstand der Diskussion. Ein Hochschullehrer kann so schlecht unterrichten, wie er will, so faul sein, wie es ihm bequemt, kann häufiger krank sein, als er es sein müßte – niemand mischt sich ein. Aber wenn am Ende des Jahres nicht die verlangten Noten vorliegen, dann hört der Spaß auf. Das ist ein Verstoß gegen die Dienstpflicht, das verletzt die Rechte der Studenten und wird bestraft.

Und warum stehen die Selektionspraktiken so sehr im Mittelpunkt des französischen Universitätswesens, mehr als in allen vergleichbaren europäischen Ländern? Die Frage läßt sich gewiß nicht knapp beantworten, sondern bietet Stoff für viele bildungssoziologische und erziehungsgeschichtliche Doktorarbeiten. Der Laie aber, der diese weder abwarten noch lesen mag, muß sich einstweilen an den Verdacht halten, daß es auch in diesem Falle wieder einmal so ist, wie häufig mit den Übeln der Weltgeschichte: Sie sind das Ergebnis der besten Absichten. Die können namhaft gemacht werden. Dazu gehört die wunderbare Idee der Gleichheit und Gerechtigkeit, die, bildungspolitisch konkretisiert, bedeutet, daß jeder die gleichen Chancen hat, im Ausbildungswesen seine Fähigkeiten zu entwickeln, schließlich gerecht geprüft wird und nach Maßgabe des Prüfungsergebnisses einen Platz in der Gesellschaft bekommt. Dazu gehört die Idee der einheitlichen Nation, die bedeutet, daß regionale Borniertheiten oder gar lokaler Nepotismus keine Rolle spielen, sondern im Erziehungssystem die Besten der Nation ermittelt werden, um an deren Spitze zu treten. Dazu gehört schließlich die Vorstellung, eine möglichst große Zahl von Schülern zum Abitur zu führen, um ihnen Berufsperspektiven zu eröffnen, die unteren Schichten früher verschlossen waren.

Die Erkenntnis, daß es bisher keine Revolution der Weltgeschichte geschafft hat, allen die gleichen Bedingungen zur Entfaltung ihrer natürlichen Fähigkeiten einzuräumen, ist eine Banalität, die natürlich auch auf das Egalitätspostulat der Französischen Revolution zutrifft. Aber die gleichen Prüfungsbedingungen kann man wenigstens garantieren – um den Preis, die Concours mit allen ihren Begleiterscheinungen zu institutionalisieren. Verknüpft man die Idee des Wettbewerbs der Gleichen mit der nationalen Idee, so bedeutet das dann: nationale Concours. Nationale Concours heißt nicht nur nationale Vereinheitlichung des Wissens, nationale Vereinheitlichung der Prüfungsformen, sondern auch: nationale Klassifikation des Rangs der Prüflinge. Genau das passiert bei den Concours. Sie stehen zueinander in hierarchischer Anordnung. Agrégation gilt mehr als das C.A.P.E.S. Und sie bilden beide eine Reihenfolge der Kandidaten, eine Art jährliche Hitparade oder Bundesligatabelle der französischen Intelligenz des jeweiligen Fachgebiets. Man besteht also nicht einfach und ist damit einer der – sagen wir – fünfzig besten französischen Germanisten des entsprechenden Jahrgangs. Nein, man besteht als Fünfzehnter, als Neunundvierzigster – oder vielleicht sogar als Erster. Davon hört ganz Frankreich, denn die Ergebnisse werden in der überregionalen Presse veröffentlicht bzw. können neuerdings über das Minitel-System elektronisch erfragt werden. Der Platz ist ein Platz fürs Leben. Erster bei der Agrégation gewesen zu sein, schafft dem Glücklichen eine unzerstörbare Aura. »Mein Mann ist jetzt auch Erster seines Agrégationjahrgangs«, sagte mir einmal allen Ernstes die Gattin eines längst pensionierten Hochschullehrers, »die beiden, die damals vor ihm plaziert waren, sind unterdes gestorben.« Man merkte deutlich, daß jahrzehntelang die Kränkung an ihr genagt haben mußte, nur drittrangige Gattin gewesen zu sein.

Das Beispiel ist nicht nur kurios, sondern es zeigt in extremer Zuspitzung einen höchst ernsthaften gesellschaftlichen Effekt der nationalen Wettbewerbe. Sie weisen Plätze in der Gesellschaft an, in einem fein nuancierten hierarchischen System, das in sich wenig beweglich, dafür aber stabil und versichernd ist. Denkt man daran, daß die verschiedenen Disziplinen zueinander auch in implizit hierarchischer Anordnung stehen (zum Beispiel: der Erste in Physik zu sein gilt mehr, als der Erste in Germanistik zu sein und so weiter), so bekommt man eine Ahnung davon, wie eingreifend die gesellschaftliche Platzanweisung durch das Wettbewerbssystem ist. Die Ergebnisse werden im Prinzip von keiner relevanten politischen oder kulturellen Richtung bestritten, zuallerletzt von der traditionellen Linken, die da immerhin ein erstes Stück realisierte, vom Gelde augenscheinlich unabhängige Egalität sieht.

Nichts aber hat die Selektivität des französischen Erziehungssystems so verstärkt wie die Tatsache, daß in den letzten zwei Jahrzehnten breitere nicht-bürgerliche Schichten Zugang zum höheren Bildungswesen erlangten, eine im Sinne realer Demokratie zweifellos wünschenswerte Tatsache. Es gibt häufig zitierte Absichtserklärungen des früheren sozialistischen Bildungsministers Jospin, demnächst sollten 80 % der Schüler eines Jahrgangs bis zum Abitur geführt werden. Die Konservativen trauen sich nicht, etwas dagegen einzuwenden. Da der Zugang zum Gymnasium und zur Universität der Masse der jungen Leute nicht mehr durch die soziale Klasse, den gesellschaftlichen Rang der Familie, durch das (weibliche) Geschlecht, durch Mentalitäten, Traditionen und Gewohnheiten prinzipiell verlegt ist, verlagert sich der Teil der Selektion, der früher außerhalb des Erziehungssystems stattfand, in die Institution hinein. Schon rein quantitativ bedeutet das eine enorme Ausweitung der Prüfungstätigkeit, qualitativ einen verschärften Wettbewerb um begehrte Positionen, deren Zahl sich nicht in der gleichen Proportion erhöhte wie die der Abiturienten.

Vielleicht ist das der Moment, einen Schritt zurückzutreten und etwas klarer zu machen, weshalb mir das Thema der Selektion im französischen Erziehungswesen so wichtig zu sein scheint. Mit der Entdeckung der subtilen Nuancierungen, der Verzweigungen wie des inneren Zusammenhangs der Selektionspraxen, mit dem allmählich wachsenden Überblick darüber aber wuchs das Gefühl, Einblick zu nehmen in ein unheimliches, ein geschlossenes System sozialer Platzanweisung, das von außen kaum durchschaubar ist, aber mir doch von eminenter Bedeutung für das Verständnis des gegenwärtigen Frankreich zu sein scheint. Um es ein wenig seriöser zu sagen: Das französische Erziehungssystem produziert über Verfahren der Auswahl, der Separation, der Bestätigung, des Einschlusses und Ausschlusses, der Institution, Ordination und Weihe, wie das Marc Bloch für die mittelalterliche Gesellschaft beschrieben hat, ein Feld sozialer Grenzen, eine Geographie des sozialen Raums, ein Regelsystem sozialer Beziehungen. Das macht es in zivilisierten Gesellschaften immer, aber in Frankreich mehr, viel weiterreichend und viel tiefergehend als anderswo. Dadurch erhalten die schulisch beglaubigten sozialen Grenzen eine Festigkeit, eine Strenge und Legitimität, die sie anderswo nicht haben. Die billigen hinteren Ränge sind nicht numeriert, die besseren schon. Diese zentralisierte Platzvergabe führt auch dazu, daß sich große Teile der Nation als Schulversager fühlen müssen, denn irgendwann hat man eine Prüfung nicht bestanden. Und selbst wenn man die »höchste« bestanden hat – es gibt (fast) immer noch jemanden, der »besser« war.

Natürlich wird auch bei uns verglichen und natürlich werden auch bei uns Hierarchien gebildet. Natürlich weiß man auch bei uns, daß man auf der Hauptschule keine Karrieren vorbereitet, daß man in den Gymnasien der »besseren« Stadtviertel mehr Schulverwertbares lernt als in den Pseudogesamtschulen der Vorstädte. Aber die Schüler eines »guten« Berliner Gymnasiums fühlen sich nicht besser als die Schüler eines »guten« Münchner Gymnasiums. Die Universitäten sind nicht grundsätzlich dadurch entwertet, daß neben ihnen noch Schulen für Staatseliten bestehen. Es gibt Konkurrenz, aber nur innerhalb der jeweiligen Universität, innerhalb des jeweiligen Fachs. Es gibt Selektion in Deutschland, aber sie ist weit diffuser.

Das alles ist in Frankreich anders. Wie anders, kann man von den Erfahrungen als ausländischer Germanist an der Universität allein kaum überblicken. Man sieht – von außen kommend – zunächst nicht einmal das, was jeder Schüler weiß: daß die Universität (von wenigen Fächern wie Medizin und Jura abgesehen, wo sie keine Konkurrenz hat) selbst ein relativ schlecht beleumdeter Ort im Erziehungssystem ist. Zumindest gilt das für die Philosophische Fakultät, für die Sozialwissenschaften, die Geschichtswissenschaften, die Sprachen. »Il faut éviter la fac, la fac c'est le bordel«, sagen die Lehrer der »guten« Gymnasien ihren Schülern: »Vermeidet die Uni, da geht es chaotisch zu.« Die Universität steht weithin im Ruf, schlecht ausgestattet und schlecht organisiert zu sein, dem Studenten nicht bei der Orientierung zu helfen, nicht genügend zum Lernen anzuhalten. Tatsächlich hat eine neuere Untersuchung unter Studenten ergeben, daß nur 10 % der Studenten mit ihrem gewählten Studium zufrieden waren und es auch gewählt hätten, wenn ihnen alle Möglichkeiten offengestanden hätten. Ein Germanistisches Seminar an einer französischen Universität ist also kein neutraler Aussichtspunkt, von dem aus sich das Selektionswesen weithin überblicken ließe, sondern ein seinerseits bereits in vielen Koordinatensystemen klassifizierter Ort: Die Universität ist als Institution schon zweite Wahl. Innerhalb der Universität sind die Sprachen wiederum zweitrangig gegenüber den Medizinern, den Naturwissenschaftlern oder den Juristen. Unter den Sprachen hingegen gilt Deutsch als schwierige Sprache, schwieriger als Spanisch oder Englisch. Die Germanisten haben also einen besseren Ruf als die Hispanisten oder Anglisten, was wiederum darauf gründet, daß in der Schule bei der Wahl der Fremdsprachen eher die besseren Schüler Deutsch gewählt haben. Die Germanisten freuen sich teilweise über die Reputation, als »schwierig« zu gelten, leiden aber auch darunter, weil das Studenten von der Einschreibung abhält, damit Hochschullehrerstellen gefährdet und das Gewicht des Faches beeinträchtigt.

Um die Gesamtheit der schulisch beglaubigten sozialen Grenzlinien wenigstens umrißhaft in Augenschein zu nehmen, empfiehlt sich der Einfachheit halber vielleicht die Orientierung an der Chronologie eines französischen Schülerlebens, das nacheinander die Stufen des Erziehungswesens durchläuft und seine Weihen erhält.

II.
Schulkarrieren. Karriereschulen

1. Frühreif. Was Jeannot nicht lernt, lernt Jean nimmermehr

Mit der Ecole Maternelle fängt alles an. Deren Vorzüge sind unbestreitbar. Mindestens die Vorzüge für berufstätige Eltern. 73,4 % aller Französinnen zwischen 25 und 50 Jahren sind berufstätig, aber nur 56,1 Prozent aller westdeutschen Frauen zwischen 25 und 55 Jahren. Ob die »Maternelle« auch für die Kinder von Vorzug ist, darüber kann – siehe oben – ausufernd gestritten werden. Die meisten dieser Diskussionen, wenn sie nicht von kompakten Ideologien oder ebenso kompakten Mütterängsten überlagert sind, laufen auf ein »kommt darauf an« hinaus. Meine Kinder haben zwei Jahre lang eine französische Vorschule besucht. Das einzig Negative, woran sie sich erinnern, ist die Tatsache, daß sie zum Mittagsschlaf verpflichtet waren, auch wenn ihnen der Sinn überhaupt nicht danach stand. Mir sind die Kittel der engagierten Erzieherinnen als Kuriosität in Erinnerung, ansonsten aber fand ich den pädagogischen Unterschied zu vergleichbaren deutschen Kindergärten nicht überwältigend. Keine Eselsmützen, keine drakonischen Strafen, keine autoritäre Atmosphäre. Von Selektion im engeren Sinne kann noch keine Rede sein, wenngleich es natürlich für die spätere Schulkarriere alles andere als unerheblich ist, auf welche Ziele die Vorschule orientiert, welche Verhaltensweisen sie einprägt. Das wiederum hängt von der sozialen Zusammensetzung des Einzugsgebiets mehr ab als von den Absichten der Erzieher. Auffällig war, daß die Kinder als Kinder weniger ernst genommen werden, als ich es von Deutschland gewohnt war. Das entspricht der Konzeption der erzieherischen Formung, ist aber deshalb nicht unbedingt lieblos.

Groß war auch das Interesse daran, die Kinder möglichst früh an kognitive Leistungen zu gewöhnen. Den Spielen, den Zeichnungen, den Malübungen sah man häufig deutlich an, daß sie als Vorübungen zu Rechenaufgaben gedacht waren oder die Hand an die Bögen gewöhnen sollte, die man zum Schreiben braucht. Aufs saubere Ausmalen von Arbeitsblättern wurde mehr geachtet als auf den freien Ausdruck. Den Erzieherinnen erschien das selbstverständlich: »In dem Alter sind die Kinder spontan, enorm bewegungshungrig und kreativ. Zur Bewegung muß man ebensowenig anhalten wie zum Gestalten. Aber die Gewöhnung an die Kopfarbeit kommt nicht von allein.« Mag schon sein. Aber hier bereitet sich die enorme Kopflastigkeit des späteren Unterrichts vor, dem nichts einfällt, wenn Bewegungshunger und gegenständliche Ausdrucksfähigkeit keine spontan gegebenen Fähigkeiten mehr sind, der dies sogar als ebenso naturgegeben wie letztlich vorteilhaft fürs Lernen hinnimmt.

Vor allem aber gewöhnt die Vorschule daran, daß es als Zeichen von Brillanz gilt, seinem Alter geistig an Kenntnissen voraus zu sein. Alles möglichst früh zu lehren, ist ein durchgehendes Erziehungsziel französischer Anstalten. Früh wird gekrümmt, was einmal ein Haken werden soll. Nur ein paar Kilometer von der Ecole Maternelle entfernt, die meine Kinder besuchten, gibt es auf den Hügeln von Nizza seit Mitte der achtziger Jahre eine Grundschule für Hochbegabte, die Kinder zwischen vier und acht Jahren aufnimmt. Eintrittsbedingung ist ein IQ von mindestens 140. Die Schule ist staatlich. Der zuständige Schulrat heißt – so etwas kann man nicht erfinden – »Großkopf«. Die Kinder kommen aus ganz Frankreich. Manche der Eltern sind aus Rom, aus Paris und aus Korsika eigens umgezogen, damit ihre Kinder einen aussichtsreichen Startplatz im Langstreckenrennen um den Schulerfolg bekommen. Nun gibt es Kinder, deren intellektuelle Entwicklung ihrer sonstigen weit voraus ist, es gibt Kinder mit höherem und niedrigerem IQ. Es ist auch gewiß nicht schädlich, wenn solche vielleicht noch am Daumen lutschenden Kinder schon vor der Zeit erklären können, wer Cyrano de Bergerac war und warum beim Dreieck das Quadrat über der Hypotenuse denen über den beiden Katheten entspricht. Problematisch ist nur, wenn solche Verschiebungen Normen für Exzellenz werden und eigene Schulformen stiften.

Aber die Grundschule für junge Genies ist natürlich eine Ausnahme. Auch die private Ecole Maternelle »La Ficelle« im noblen Pariser Vorort Neuilly ist nicht eben durchschnittlich. »La Ficelle« heißt »die Schnur«. Die Schule trägt diesen Namen, weil die Schüler, die von zu Hause abgeholt und zurückgebracht werden, sich an einer Schnur festhalten, deren Anfang die vornweg schreitende Erzieherin in der Hand hält. In »La Ficelle« beginnt man vom dritten Lebensjahr an, den Kindern das Lesen und Schreiben beizubringen. Eine Erzieherin berichtet, das wünschten die Eltern. Die Eltern wollten, daß »die Kinder sehr früh lesen und schreiben lernen, damit sie sehr schnell überall die Ersten sind. Und übrigens gibt die Direktorin jeden Morgen bei den Großen (die vier Jahre alt sind) Ethikunterricht. Es ist schrecklich; von Zeit zu Zeit, wenn ich über den Flur gehe, höre ich: ›Ihr werdet einmal Chefs sein, da heißt es arbeiten, da heißt es, nicht faul sein. Man muß mutig sein, um Chef zu werden.‹ Das hämmert sie ihnen jeden Morgen ein.«

Man erkennt an dieser Äußerung leicht, daß von Anfang an das Lernen nicht als Lust vermittelt werden soll. Es geht nicht darum, durch frühzeitiges Lesen und Schreiben die Welt besser erkennen oder seine Bedürfnisse besser ausdrücken zu lernen. Es geht nicht um den Gebrauchswert des Lernens, sondern um die Einübung einer Haltung: immer besser sein zu wollen als die anderen. Man lernt, um einen Platz in einer sozialen Rangordnung zu besetzen.

Auch »La Ficelle« ist natürlich die Ausnahme – aber eine normbildende. Da entstehen früh die Seilschaften, die später in Frankreich Wirtschaft und Politik bestimmen. Die Ausnahmen darf man sich freilich nicht zu selten vorstellen. Immerhin eines von fünf Lehrerkindern beginnt die Grundschule ein Jahr früher als gesetzlich vorgesehen. Gilles, einer der Betroffenen: »Der Vorteil ist, daß das eine Sicherheitszone schafft. Der Nachteil ist, daß man weniger reif ist als die anderen, was uns in einen Teufelskreis schließt: man darf weniger ausgehen als die Freunde, man arbeitet mehr, also reift man nicht und so weiter.«

Vor der Zeit eingeschult zu werden gilt den Eltern in jedem Falle als etwas Erstrebenswertes. Gebräuchlich ist die Formulierung: »perdre un an« – ein Jahr verlieren. Man verliert ein Jahr, wenn man eine Klasse wiederholen muß. Nun gut. Bei uns spricht man ja auch immer noch vom »Sitzenbleiben«. Aber man kann in Frankreich auch ein Jahr an der Universität verlieren. Ebenso kann man ein Jahr verlieren, wenn man zu spät eingeschult wird. Unser Sohn, dessen Geburtsdatum so liegt, daß wir die Wahl hatten, ihn entweder sehr jung oder im nächsten Jahr recht spät einzuschulen, verlor ein Jahr. »Schade, er ist doch ein intelligenter Kerl«, sagte dazu ein französischer Kollege. Der Kollege war übrigens keineswegs besonders glücklich mit seiner Berufstätigkeit, nicht besonders glücklich in seiner Ehe, nicht besonders glücklich mit seinem Erwachsenenleben. Wie viele Erwachsene eben. Es fiel ihm schwer, das so früh Gewonnene lustvoll zu nutzen. Meinem Sohn fiel es hingegen überhaupt nicht schwer, Lustgewinn aus dem »verlorenen« Jahr zu ziehen. Auch das ist bei Kindern häufig so. Aber es führt in Frankreich nicht dazu, die Gewinn- und Verlustrechnung zu überprüfen, die als Gewinn nur »zusätzliche« Erwachsenenjahre gelten läßt.

Man muß nicht nur aufpassen, kein Jahr zu verlieren, sondern versuchen, eines zu gewinnen. Wer es im Kopf aushält, überspringt eine Klasse. Das gilt als sicheres Zeichen von schulischer Exzellenz. Da die Schulzeit um ein Jahr kürzer ist als in Deutschland, kann man so mit 16 Jahren Abitur machen und mit zwanzig die Agrégation bestehen. Sartre schrieb gegen solche intellektuelle Treibhausreifung, er habe mit zwanzig die philosophischen Texte, die ihm für die Prüfung aufgegeben waren, ganz klar verstanden und zugleich habe er absolut nichts von ihnen begriffen. Das ist hübsch gesagt, und jeder würde Sartre zustimmen. Kein Wunder, daß er so richtige Sachen so gut auszudrücken verstand. Schließlich hat er die Agrégation früh bestanden und dann noch als Erstplazierter. So gesehen ist diese Äußerung eine glänzende Bestätigung für die Auffassung, daß die intellektuell Frühreifen eben doch die Besten sind, eine Bestätigung für die Gerechtigkeit und Angemessenheit des französischen Selektionssystems überhaupt.

Nun sind der Selektion und Separation während der fünfjährigen Grundschulzeit Grenzen gesetzt, weil die Grundschule eine Einheitsschule ist. Seit 1977 sind auch die folgenden vier Schuljahre auf dem Collège gemeinsame Jahre. Es ist eine Art obligatorische Gesamtschule ohne gymnasiale Konkurrenz, denn man kann von der Grundschule nicht mehr direkt auf ein Gymnasium wechseln, das »Lycée« ist auf die letzten drei Schuljahre beschränkt.

Subtile Schulstrategien von der Wahl der Sprachen und der Schwerpunktfächer bis hin zum Umzug in den Einzugsbereich gewünschter Schulen wirken natürlich auch schon in die Grundschulen und Collèges hinein. Eltern, die unbedingt verhindern möchten, daß ihre Nachkommen die gleiche Schulbank drücken wie die ihrer portugiesischen Putzfrau, können auf eine bequeme Separationsmöglichkeit zurückgreifen, die Privatschule. 17 % aller Schüler und sogar fast 30 % aller Schüler der Mittel- bzw. Oberstufe besuchen eine »Ecole privée«, die von ihren Befürwortern gern »Ecole libre« genannt wird. Weil 90 % von ihnen katholisch sind, erscheint in Frankreich der Streit um die Privatschulen als Streit um Religionsfreiheit, während er tatsächlich im allgemeinen ein Streit um das Recht auf separaten Unterricht ist, vergleichbar mit dem deutschen Streit um ein einheitliches oder dreigliedriges Schulwesen. Nur so erklärt sich, weshalb eher schüchterne Versuche verstärkter staatlicher Einflußnahme auf das Privatschulwesen durch die sozialistische Regierung Mauroy solche Massendemonstrationen hervorriefen, daß sie 1984 zurücktreten mußte. Privatschulen kosten Schulgeld und haben dadurch eine Art sozialen *Numerus clausus*. Als katholische Anstalten eignen sie sich zudem gut zum Ausschluß der arabischen Einwanderer.

2. Ausgerechnet. Was man auf dem Gymnasium lernt

Die entscheidende Etappe im Schulkampf beginnt jedoch mit dem Eintritt ins Gymnasium. Das Gymnasium ist ein hochselektiver Schulabschnitt. Nur 50 % der Schüler schaffen ihr Abitur in den vorgesehenen drei Jahren, dreißig Prozent verlassen das Lycée ohne Diplom. Entscheidend ist schon die Wahl des Gymnasiums selbst. Ein herausragendes Gymnasium ist möglichst in Paris, jedenfalls aber in einer Großstadt. Es ist alteingesessen, liegt im Zentrum, hat ein großes Holzportal, ähnelt mit seinem Innenhof, vielleicht sogar mit dem Turm ein bißchen einem Kloster. Daß der Putz bröckelt, macht nichts. Ein hochwertiger Maßanzug, der schon ein wenig abgetragen ist, wirkt ja auch ungleich edler als ein neuer Anzug von der Stange. Ein herausragendes Gymnasium hat Classes préparatoires. Davon später. Ein herausragendes Gymnasium hat herausragende Ergebnisse beim Zentralabitur. In »Le Monde de l'Education« wird alljährlich eine Rangliste gedruckt, aus der zu ersehen ist, wie hoch der Prozentsatz erfolgreicher Kandidaten des jeweiligen Gymnasiums ist. Man weiß, daß Elitegymnasien schwächere Schüler nur unter der Bedingung behalten, daß diese sich beim Abitur als »freie Kandidaten« einschreiben, ihre Abiturleistungen also den Durchschnitt der Schulergebnisse nicht senken können.

»Schlechte« Gymnasien sind die nur zweijährigen berufsbildenden Gymnasien und die »neuen Gymnasien«. Neu (und rasch verschlissen) sind die Gebäude, neu (und noch verschlissener) sind die Vorstädte, in denen sie meist liegen. Neu ist für die meisten Familien, denen die Schüler entstammen, der Zugang zum höheren Unterrichtswesen. Rasch verschlissen ist die Bereitschaft der Schüler, daran zu glauben, daß das etwas nütze.

Zwischen diesen beiden Extremformen – wobei die zweitere quantitativ viel bedeutsamer ist – liegt ein weites Feld von Zwischenformen. Die Verfasser der einzigen neueren französischen Untersuchung zum Bewußtsein der Schüler unterscheiden zwischen den »wahren«

Gymnasien, den »guten« Gymnasien, den »neuen« Gymnasien und den berufsbildenden Gymnasien. Das »wahre« Gymnasium, das sie untersucht haben, liegt in Paris, im Quartier Latin, es hat eine lange Tradition und Schüler aus Familien mit kulturellem, meist auch sonstigem Kapital, das über Generationen erworben und tradiert wurde. Ein paar Kinder von Ministern sind schon dabei. Es gehört aber nicht zu den zwei allerbesten von Paris, die in der Nachbarschaft liegen. Die »guten« Gymnasien der Untersuchung liegen in der Provinz, haben gleichfalls ihre Tradition und unterrichten die Kinder der lokal dominierenden Schichten. Der Unterschied zu den »wahren« Gymnasien liegt vor allem darin, daß der dort in Rudimenten noch vorhandene Bezug zu einer humanistischen, »literarischen« Kultur weitgehend verschwunden ist, um einem instrumentellen Verhältnis zum Wissen Platz zu machen. Der Unterschied ist ferner, daß die interne Konkurrenz der Schüler geringer ist. Die Schüler der »neuen« Gymnasien schließlich begreifen bald, daß sie in dem Moment im Bildungswesen aufsteigen, in dem die Institution, in die sie aufsteigen, kollektiv entwertet wird. Der instrumentellen Vernunft, deren Opfer sie sind, versuchen sie eine eigene instrumentelle Vernunft entgegenzusetzen, eine Logik, die sie schließlich als schlechte Schüler bestätigt.

Die Erleichterung des Zugangs zum Gymnasium führt dazu, daß sich das Feld auseinanderzieht, die Haltungen und Mentalitäten diversifizieren. Dennoch erweist die zitierte Untersuchung, daß es auch durchgehende Gemeinsamkeiten der Schülererfahrung gibt. Die erste Erfahrung ist, daß die Schule (von Ausnahmen in den »wahren« Gymnasien abgesehen) nicht mehr erzieht. Der Prozeß bewußter Vermittlung und bewußter Übernahme eines kulturellen Modells, eines Ensembles von Zielen und Werten funktioniert nicht mehr. Die Schule hat viel Zeit, erziehend zu wirken, aber sie nutzt sie nicht mehr. Das sichtbarste Zeichen dafür ist, daß das »Lycée-Caserne«, das nach dem Muster der Armee strukturierte Gymnasium, gegen das sich noch die Bewegung von 1968 so wütend richtete, praktisch verschwunden ist. Kein Antreten auf dem Schulhof mehr, keine Schuluniformen, keiner steht mehr auf, wenn der Lehrer in die Klasse tritt, keine Möglichkeit mehr, mit einem Blick eine Klasse zum sofortigen Schweigen zu bringen. Kaum mehr Zeremonien, Riten, Symbole der Zugehörigkeit. Die Schüler sind frei. Das ist eine radikale Wandlung, vergleichbar der vom wilhelminischen Gymnasium zum Arbeitsstil der heutigen höheren Schulen in Deutschland. Die verbreiteten Horrorgeschichten über den autoritären Erziehungscharakter der französischen Gymnasien speisen sich aus der Vergangenheit.

Die Schüler sind frei, aber ohne Rechte. Sie haben in allen wesentlichen Schulfragen nichts zu sagen, weniger noch als östlich des Rheins. Der Lehrstoff, die Unterrichtsmethode, die Prüfungsmodi, die Notengebung – das alles obliegt der staatlichen Schulpolitik und den Lehrern. Das Gymnasium hat es aufgegeben, die Schüler formen zu wollen, aber es versteinert auch alle Möglichkeiten, sich von den Schülern formen zu lassen. Die Schüler lassen sich nichts mehr sagen, was ihr Leben angeht, aber sie haben auch nichts zu sagen, was das Schulleben betrifft.

Was nach dem Ende der Erziehung bleibt, ist die Erfahrung der Selektion. So faßt François Dubet die Ergebnisse seiner Untersuchung zusammen: »Wenn die Schüler eine Formel für das Gymnasium finden müßten, sprächen sie von einem Selektionssystem, einem Verfahren der Feststellung und Verteilung der Kompetenzen. Die Schule ist zuallererst ein weites System der Verteilung und Klassifikation, und je mehr sich das Gymnasium neuem Publikum öffnet, desto mehr tritt diese selektive Funktion in den Mittelpunkt der Schulerfahrung.« Alle Inhalte, alle Diskussionen werden von dieser Selektionsfunktion überlagert, am wenigsten natürlich dort, wo auf den »wahren« Gymnasien der Platz der Schüler in der Gesellschaft qua Herkunft schon so gut wie gesichert (so gesichert wie gut) ist. Aber auch dort reibt sich die Logik des Interesses und der kritischen Zugehörigkeit an der instrumentalen Effektivität, wie die Äußerungen der Schüler zeigen: »Man arbeitet für die Ergebnisse und für das Diplom, der Inhalt ist egal.« Oder: »Ich bin erzogen worden, Mittelmäßigkeit nicht zu akzeptieren ... ich pauke mehr, als daß es mich interessieren würde.« Über die Schule: »Das ist ein Konkurrenz-Milieu.«

Die instrumentelle Logik verhärtet sich nach »unten« zu den »guten« und den »neuen« Gymnasien hin. Der Lehrer darf für sein Fach keinen großen Einsatz verlangen, wenn dessen selektive Bedeutung (»der Koeffizient«) gering ist. Er darf nicht anbieten, was nicht auf dem Programm ist. Er darf kein inhaltliches Interesse verlangen, auch nicht in Fächern wie etwa Philosophie.

»Das ist eine Stunde wie Mathe oder Physik. Er schreibt an die Tafel, man schreibt es ab, und voilà, guten Tag, auf Wiedersehen.« Keinesfalls darf man sich politisch äußern, das könnte sich rächen. Am besten ist ohnehin zu schweigen. Wer dumme Fragen stellt, blamiert sich vor dem Lehrer. Wer kluge Fragen stellt, ist ein Streber und isoliert sich von seiner Klasse. Wer im Unterricht offen diskutiert, verrät die Klassengemeinschaft an den Lehrer. Wer so tut, als diskutiere er offen im Unterricht, ist ein Heuchler. Der Schüler vertritt »ein Prinzip der Effektivität, mit dessen Hilfe er einen maximalen Ertrag will, und ein Prinzip der Distanzierung, durch das er zeigen will, daß er niemals dumm ist, daß er sich nicht wirklich in diesem Unterricht engagiert. Das wirkliche Leben ist immer woanders.«

Von den Selektionseffekten zurück zu den Feinheiten des Selektionsverfahrens: Wenn es ein Schüler geschafft hat, auf einem »wahren« oder zumindest »guten« Gymnasium einen Platz zu finden, ist er zwar den »Lycées poubelles«, den »Mülleimer-Gymnasien« entgangen, aber die Arbeit fängt erst an. Jetzt heißt es, in den richtigen Zweig zu kommen, nicht in einen »Mülleimer-Zweig«. Es gibt fünf Zweige, die mit den Buchstaben A bis E bezeichnet werden, sowie drei weitere (F, G, H) auf den technischen Gymnasien. A bedeutet einen Schwerpunkt in Philosophie, Sprachen und Geisteswissenschaften, B in Wirtschaft und Sozialem, C in Mathematik und Physik, D in Mathematik und Naturwissenschaften, E in Mathematik und Technik. Als Königsdisziplinen galten früher Philosophie (A 1) und Mathematik (C), zwei Disziplinen, in denen das strenge, logische Denken in besonderer Weise im Vordergrund steht (man denke an die Verfahrensweisen der Dissertation). Heute hat die Mathematik der Philosophie längst den Rang abgelaufen. Das entspricht ganz der allgemeinen Entwicklung des Unterrichtswesens. Philosophie hat, so sehr man sie auch formalisiert und logifiziert, inhaltliche Bereiche, die sich der Richtig-Falsch-Logik entziehen. Die Mathematik ist die Selektion und Klassifikation selbst. Da ist kein Streit über die Richtigkeit möglich. Der Rückgang des humanistischen Elements, der Rückgang der erziehenden Funktionen der Schule zugunsten der reinen Selektion drückt sich unmittelbar aus im Bedeutungsgewinn der Mathematik gegenüber der Philosophie. Am Anfang der Schulzeit erfolgt die Selektion über die Kenntnis des Französischen, dann über die Sprachen, am Ende aber über die Mathematik, weil die anderen Disziplinen nicht hinreichend diskriminierend sind.

Egal also, wofür sich der frischgebackene Gymnasiast eigentlich interessiert, wo der Schwerpunkt seiner Neigung liegt, er muß versuchen, in den C-Zweig zu kommen, wo die besten Schüler sind. Wo die besten Schüler sind, gibt es keine Disziplinprobleme. Wo die besten Schüler sind, gibt es keine Motivationsprobleme. Wo die besten Schüler sind, wollen (meist) auch die besten Lehrer unterrichten. Da fühlen sie sich gefordert, da merken sie, warum sie studiert haben, da erleben sie sich einmal nicht als Animateure mangelhaft erzogener Jugendlicher. Wo die ehrgeizigsten Lehrer, die ehrgeizigsten Schüler miteinander konkurrieren, wird der Unterricht besser. Konkurrenz hebt das Geschäft. Und hebt auch das Niveau in den Sprachen oder in Französisch. So kann man damit rechnen, daß das durchschnittliche Niveau eines C-Zweigs auch in den Sprachen besser ist als im A-Zweig. Von den richtigen »Mülleimer«-Zweigen ganz zu schweigen.

Damit die Konkurrenz ihre segensreiche Wirkung entfalten kann, muß sie permanent und möglichst national sein. Aus diesem Grunde gibt es jedes Jahr einen nationalen Wettbewerb in den verschiedenen Fächern, den »Concours général«. Daran nehmen heute etwa zehntausend Schüler in vierzig Disziplinen teil, etwa dreihundert von ihnen bekommen Preise. Die Kandidaten werden von ihren Schulen vorgeschlagen. Die Prüfungen sind die gleichen wie beim Abitur, nur länger und schwieriger. Die Liste der Preisträger wird in der überregionalen Presse publiziert (in der regionalen natürlich ohnehin), die besten Aufsätze werden traditionell in »Le Monde« veröffentlicht – als Musterdissertation sozusagen. Da weiß man, wo man steht auf dem Weg zum Ruhm. Die meisten Preisträger kommen natürlich aus einem Mathe-Zweig. Ein einziges Pariser Gymnasium, das Lycée Louis-le-Grand gegenüber der Sorbonne, hat mehr Preisträger als ganze Départements.

Die Unterrichtsprogramme bis zum Abitur sind landeseinheitlich. Das Abitur selbst ist jeweils nach Akademie zentral organisiert und anonym. Die Themen werden besser gehütet als der Goldschatz der Nationalbank. Es gibt eine zentrale Prüfungskommission, ein zentrales Prüfungsinstitut, das »Maison d'Examen«. Die Themen werden vorgeschlagen, von Lehrern unter Examensbedingungen ausprobiert. Die letzte Wahl hat der Vorsitzende. Die Nationaldruckerei, die auch das Geld druckt, druckt schließlich die definitiven Themen, die am Tage X nur sechs Personen bekannt sind und durch eine ausgefeilte Logistik an die Schulen des Hexagons und die Auslandsschulen auf der ganzen Welt verteilt werden. Nach den Prüfungen korrigieren mehrere zehntausend anonyme Korrektoren die Examensarbeiten. Eine gigantische Klassifikationsmaschine, deren Lauf das normale Getriebe der Gymnasien im Mai und Juni weitgehend lahmlegt.

3. Klasse(n). Die Grandes Ecoles

Nach dem Abitur erfolgt ein weiterer Selektionsschritt, ein Schritt, den man den entscheidenden nennen würde, wenn die vorherigen nicht auch schon entscheidend gewesen wären in diesem System, das im Sport ein K.O.-System hieße. Wieder sind es die besten egalitären Absichten, die den Selektionskampf besonders hart machen. Es gibt in Frankreich zwar natürlich Abiturnoten und Abiturauszeichnungen, aber keinen *Numerus clausus*. Die Universität steht allen offen, die das Abitur haben und studieren wollen. Die Universitäten versuchen seit Jahren immer wieder auf die eine oder andere Art und

Weise, eine Vorauswahl zu treffen, aber das ist nicht legal und deshalb bisher auch noch nicht so recht erfolgreich. Dadurch wird das erste Studienjahr zu einem Jahr harter Selektion, denn das Schul- und Universitätsniveau ist häufig sehr unterschiedlich.

Aber die Universität ist, wie schon angedeutet wurde, in fast allen Disziplinen und im Bewußtsein fast aller Schüler ohnehin nur zweite Wahl. Erste Wahl sind die Grandes Ecoles. Sie sind im Gegensatz zur Universität überaus geschlossene Institutionen. Sie nehmen nur sehr wenige Schüler auf, die strenge Concours bestehen müssen. Dies ist bei den wichtigsten Grandes Ecoles erst nach zweijähriger Vorbereitungszeit in sogenannten Classes préparatoires möglich. Also gilt es, nach dem Abitur Aufnahme in eine solche Klasse zu finden, die tatsächlich in vieler Hinsicht eine Klasse ist bzw. sein will: Klasse im Sinne der schulischen Einheit, Klasse im Sinne zunehmender sozialer Abschließung und Klasse im Sinne von herausragender Qualität.

Das System der Grandes Ecoles ist eine Besonderheit des französischen Unterrichtswesens, das in keinem anderen Land Entsprechungen hat. Obwohl – oder gerade weil – nur relativ wenige Studenten dort Aufnahme finden, ist es von enormer Bedeutung. Die Grandes Ecoles haben das höchste Prestige, das sich bestätigt und sogar noch stärkt, weil die Führungsposten in Staat und Wirtschaft überwiegend von Absolventen dieser Schulen besetzt werden. Es stärkt sich paradoxerweise in dem Maße, in dem der Zugang zum höheren Schulwesen generell erleichtert wird. Eliteschulen stehen Massenuniversitäten gegenüber.

Die Grandes Ecoles entstanden im 18. Jahrhundert als Antwort auf militärische, technische und ökonomische Anforderungen, die das traditionelle, zumeist von den Jesuiten kontrollierte höhere Schulwesen nicht befriedigen konnte. Die Namen der ersten Grandes Ecoles zeugen davon: Hochschule für »Bergbau«, für »Brücken und Wegebau«, für »Artillerie« und »Pioniere«. Ihren ersten großen Aufschwung nahmen die Grandes Ecoles jedoch mit der Revolution von 1789 bzw. mit der napoleonischen Ära. Man brauchte für die Industrie, für die Erziehung und für das Militär ebenso qualifizierte wie dem Staat ergebene Kader. Der Entstehungsprozeß läßt sich etwa verfolgen anhand der Gründung der Ecole Normale Supérieure, ursprünglich eine Art höhere Lehrerbildungsanstalt, die auch heute noch zu den drei, vier prestigeträchtigsten Grandes Ecoles zählt. Ihre Geschichte beginnt im Jahr III der Revolution. Revolutionäre kümmern sich gern um Volkserziehung. Und so rief man trotz politischer Wirrnis und materieller Not aus ganz Frankreich Schüler an die erste ENS. Sie »kamen zur Zeit der Armut und der Hungersnot. Über den Ruinen aller materiellen Dinge schwebte allein und schattenlos die Majestät des Geistes«, schrieb der Historiker Michelet darüber. Aber es waren schlechte Zeiten für Majestäten, auch für die des Geistes, und so ging der erste Versuch schon nach drei Monaten zu Ende. Dazu soll der Verdacht einiger Revolutionäre beigetragen haben, hier werde im Namen des Kampfes gegen die Ignoranz eine neue Elite geschaffen, ein Verdacht, der sich nachträglich nicht als gänzlich falsch erwies.

1811 ließ Napoleon die Schule neu gründen mit dem Auftrag, durch »gesunde und intensive Lektüre« geeigneter Klassiker den Geist des Gehorsams zu fördern und auf diese Weise loyale Staatsdiener zu formen. Wie das zu bewerkstelligen sei, wußte er von der Armee her: durch strenge Selektion, durch Kasernierung fern von Frauen und Familie, durch Beaufsichtigung, ständige Konkurrenz und harte Arbeit. Das ließ sich schon damals auf den Universitäten nicht konsequent verwirklichen, wohl aber an kleinen Spezialschulen. Was die Schul- und Unterrichtsorganisation anging, konnten die in antiklerikalem Geist gegründeten Grandes Ecoles problemlos anknüpfen an die Tradition der Jesuitenkollegs, organisiert nach der 1599 erlassenen »Ratio atque institutio studiorum«. Die Jesuiten versuchten, ihre Zöglinge ganz der Welt zu entziehen, um sie in einer eigenen Erziehungswelt nach ihrem Bild zu formen. Sie lebten ausschließlich in der Kunstwelt der Schule, waren strenger Disziplin unterworfen, gingen als Individuen in der Gruppe auf, waren permanent überwacht. Es herrschte das Prinzip der *aemulatio*, des Wettbewerbs, der sich vor allem auf die Förderung der intellektuellen Fähigkeiten, insbesondere der logisch formalisierten, rhetorisch geschliffenen Darstellung bezog. Der Asketismus der jakobinischen Revolutionäre, der militärische Stil Napoleons, die Wettbewerbsgesinnung des Bürgertums und die jesuitischen Erziehungsformen mischten sich in einem Schultyp, dessen Effektivität natürlich außer Frage stand.

Unter diesen Bedingungen konnte für eine kleine Gruppe von Zöglingen einmal gelingen, was wir gleich eingangs als das geheime Telos der französischen Erziehungsvorstellungen vermutet hatten: die unvollkommene, tierische Natur ausgewählter Menschen fern von den Versuchungen der Welt unter strengster Kontrolle der Triebe auf hohe intellektuelle Ziele hin zu entwickeln. Schulordnungen aus dem 19. Jahrhundert zeigen, daß die Grandes Ecoles wirklich Lernklöster beziehungsweise Lernkasernen waren. Der Studientag begann morgens um fünf und endete abends um zehn Uhr, unterbrochen nur durch karge Mahlzeiten und knappe Ruhepausen. Danach Nachtruhe in offenen Schlafsälen, die Hände auf der Bettdecke. Ausgang am Donnerstag (meist, um gemeinsam in die nahe Sorbonne zu gehen) und am Sonntagnachmittag. Kein Alkohol, kein Tabak, keine Frauen, keine Lektüre außer der vorgeschriebenen. *Ora et labora*, nur daß die Stunden des Gebets auch noch durch Stunden der Arbeit ersetzt waren. Dieses System wurde natürlich im Lauf der Zeiten modifiziert, aber nur sehr langsam. Die Gemeinschaftsschlafräume und die Gemeinschaftsarbeitszimmer hielten sich über den Zweiten Weltkrieg hinaus, Frauen wurden auf der ENS erst seit Mitte der achtziger Jahre aufgenommen.

Dieses Lernsystem hat beinahe zwei Jahrhunderte die französische Gesellschaft geprägt, nicht nur die technische Intelligenz, nicht nur die hohen Ministerialbeamten, nicht nur die Naturwissenschaftler, sondern auch die geisteswissenschaftliche und literarische Elite. Auf der Ecole Normale Supérieure war zum Beispiel Michelet, der bekannteste französische Historiker des 19. Jahrhunderts, Sainte-Beuve, der als der größte Kritiker seines Jahrhunderts angesehen wurde; Louis Pasteur, der Chemiker; Hippolyte Taine, der einflußreichste Schriftsteller der III. Republik; Bergson, der Philosoph. Romain Rolland, Roger Martin du Gard, Anatole France, die Nobelpreisträger; Giraudoux und Sartre; Jean Jaurès, der gebildete Vater der französischen Sozialisten; Edouard Herriot, der mehrmalige Ministerpräsident und Georges Pompidou, der letzte Staatspräsident, den die Schule stellte. Raymond Aron war da, der Vordenker der französischen Konservativen; Althusser lehrte dort, wie man Dissertationen schrieb und Texte erklärt, lud Lacan ein und formte neben vielen anderen Foucault.

Die Elite der gegenwärtigen französischen Soziologie wie Bourdieu und Touraine, Historiker wie Le Goff und Le Roy Ladurie, Philosophen wie Derrida, Politiker wie Régis Debray oder Laurent Fabius kommen von der ENS. Die Naturwissenschaftler der Anstalt konnten mit dem Chemiker Jean-Marie Lehn im vorletzten Jahr einen frischgebackenen Nobelpreisträger vorweisen.

Nach ähnlichen Prinzipien wie die ENS wurden auch die anderen Grandes Ecoles gegründet und geführt. Die bekanntesten sind die Ecole Polytechnique (X genannt), die Napoleon die Offiziere liefern sollte und bis heute die angesehensten Ingenieure der Republik ausbildet, die Ecole des Hautes Etudes Commerciales (HEC), gegen Ende des 19. Jahrhunderts gegründet, die die Wirtschaftskader formt, und die erst 1945 entstandene Ecole Nationale d'Administration (ENA) für die politische Elite. Neben diesen berühmten Grandes Ecoles gibt es noch ungefähr dreihundert weitere. So hat zum Beispiel jedes Ministerium »seine« Grande Ecole für den eigenen Nachwuchs. Die meisten der Schulen sind Ingenieurschulen, quantitativ gefolgt von denen für Handel und Management bis hin zu diversen für Kunst oder Seefahrt.

Aber auf einer Grande Ecole ist er ja noch nicht, unser Musterschüler, den wir auf dem Selektionsweg bis zum Abitur begleitet haben. Auf die bedeutendsten Grandes Ecoles kommt man, wie gesagt, erst nach einem zweijährigen Vorbereitungsunterricht in den Classes préparatoires. Da geben wir ihm einen Platz. Es ist ein rarer Platz.

1988 gingen 57 900 Schüler in solche Klassen, während 956 200 Studenten die Universitäten besuchten. Viele der 57 900 finden sich später übrigens auf der Universität wieder, weil nur ca. 10 % von ihnen schließlich die Aufnahmeprüfung zur Grande Ecole schaffen.

Der Unterricht in den Classes préparatoires ist eine Fortsetzung und zugleich Intensivierung des Schulunterrichts. Das gilt zunächst für den Unterrichtsort. Die Classes préparatoires sind im allgemeinen dem ältesten, traditionsreichsten, »besten« Gymnasium einer Region angeschlossen. Schüler, die dieses Gymnasium besuchten, gehen also in gewisser Weise einfach nur zwei Jahre länger zur Schule, aber in einer handverlesenen Klasse. Die anderen, auswärtigen, leben im Internat, zumeist unter überaus spartanischen Bedingungen. Natürlich werden die Schüler auch weiterhin »Schüler« genannt, nicht etwa »Student«. Sie studieren nicht, sondern sie werden geschult. Das Schulziel steht fest und wird unverrückbar ins Auge gefaßt: die Aufnahmeprüfung zu den Grandes Ecoles. Auf diese Weise ist das Lehrprogramm wiederum national vereinheitlicht. Die Classes préparatoires in Lille und in Marseille unterscheiden sich nicht durch ein jeweils anderes Unterrichtsprogramm, sondern allenfalls in der Effektivität bei der Vermittlung des gleichen Programms. Die Effektivität ist meßbar und drückt sich darin aus, wieviele Schüler das Ziel erreicht haben – die bestandene Aufnahmeprüfung. Es gibt natürlich Spezialisierungen, aber keineswegs so einschneidende wie an den Universitäten. Ein Schüler der Classes préparatoires muß weiterhin französische Literaturgeschichte, weiterhin Fremdsprachen, weiterhin höhere Mathematik betreiben, auch wenn er schon entschieden hat, dermaleinst Soziologe zu werden. Die Wirkungen dieser wenig spezialisierten Ausbildung kann man sich leicht vorstellen. Ein positiver Effekt ist, daß eine recht breite Bildung vermittelt wird. Fachidioten haben keine Chance. Man kann reden, man kann überall ein wenig mitreden, man überblickt ein Feld von Kenntnissen, das eine Gesellschaft als Feld des Wissenswerten definiert hat. Deutsche Intellektuelle erscheinen neben so ausgebildeten französischen Intellektuellen bisweilen als spezialistisch, weniger kultiviert, weniger geschliffen. An der Universität sind die ehemaligen Schüler der Classes préparatoires häufig diejenigen, die fachübergreifenden Fragestellungen offen gegenüberstehen. Die Gefahr ist natürlich andererseits, daß angelernte Kenntnisse aus einer Vielzahl von Bereichen oberflächlich bleiben. Jedenfalls ist diese Form des Unterrichts nicht darauf gerichtet, die Fähigkeit zu eigener Forschung zu entwickeln, sondern geschickte, kluge Repetition zu belohnen.

Vom Unterricht in effektiven Classes préparatoires kann man sich auf der Basis deutscher Erfahrungen nur schwer ein Bild machen, da es nichts Vergleichbares gibt. Grundlegend ist, daß hier eine homogene soziale Gruppe konstituiert wird. Man verbringt den größten Teil des Tages zusammen im Unterricht, man hat die gleichen Aufgaben, man ist zusammen im Internat. Die Schule ist die Welt. Die Welt ist eine Schule, und ihre Probleme werden in der Form von Dissertationsthemen wahrgenommen. Die Gefahr »falschen Umgangs«, die Gefahr des Müßiggangs, der ja bekanntlich aller Laster Anfang ist, besteht kaum und fällt sofort auf, im Gegensatz zur Universität mit ihrem schwach organisierten Rahmen, der dem einzelnen viel Freiheit läßt. Die soziale Gruppe ist abgegrenzt, und häufig grenzt sie sich auch symbolisch ab durch allerlei seltsame Initiationsriten, durch die Entwicklung einer eigenen Sprache, durch ein Benehmen, mit dem Zugehörigkeit gezeigt werden kann. Die Gruppe wird einem harten, intensiven Training unterworfen. Man lernt Anpassung an Schulforderungen, man lernt Geschwindigkeit, man lernt, sich das Äußerste abzuverlangen. Klassenarbeiten, Klausuren, schriftliche Tests sind alltäglich.

Dieses System ist wiederum, ohne daß es zumeist den Betroffenen noch bewußt wäre, ein Stück Erbe des Jesuitenkollegs, wie Durkheim es beschrieben hat: »Die Kultur, die sie vermittelten, war außerordentlich intensiv und forciert. Man spürt die immense Anstrengung, den Verstand zu einer künstlichen und offenbaren Frühreife zu treiben. Von daher diese Vielfalt der schriftlichen Aufgaben, diese Verpflichtung des Schülers ständig unter Spannung zu sein, blind und vor der Reife zu produzieren. Der übliche Unterrichtsstil der Universität ist weniger hastig, weniger von Zeitdruck geprägt, weniger schwindelerregend.«

Die Lehrer in den Classes préparatoires heißen »Maître«. Sie sind Gymnasialprofessoren alten Stils, Muster dessen, was die Schulkultur verlangt. Aber sie sind keine Forscher, keine Hochschullehrer, die sich über Forschung und Lehre definieren. Sie müssen gebildet und fähig sein, den Ansprüchen ihrer fähigen Schüler zu genügen, aber sie haben selbst keinen Ehrgeiz mehr als den, ihre Schüler reüssieren zu sehen. Sie sind Pädagogen, ganz ihrem Beruf ergeben, sind zugleich Repetitoren, Tutoren, Trainer, Schleifer. Sie kennen ihre Pappenheimer, haben eine Beziehung zu den Schülern, die unvergleichlich intensiver ist, als sie in den Universitätshörsälen entstehen kann. Natürlich gibt es keine Probleme mit der Disziplin, natürlich merkt man auch ohne Anwesenheitsliste, ob jemand fehlt.

Die Lehrer geben die Themen, geben die Muster, korrigieren nach diesen Mustern. Ihre Stunden sind immer schon Antworten auf mögliche Hausaufgaben. Es sind fast immer Vorlesungen. Ein Geschichtslehrer: »Ich mache zweistündige Kurse, sehr vorlesungsartig. Sie (die Schüler) wissen, daß sie Zeit gewinnen, wenn sie zuhören; sie haben viel zu tun: Man kommt nicht in Vorbereitungsklassen aus schierem Interesse, um sich frei zu kultivieren.« Die Beteiligung der Schüler am Unterricht ist im Durchschnitt noch geringer als die Beteiligung der Studenten im Universitätsunterricht. Was die Schüler sagen, ist Zeitverlust. Bibliographien gibt es selten. Darin kann man sich verirren, die erfordern Auswahl, brauchen Zeit. »Ich gebe niemals Bibliographien. Das würde zu nichts gut sein. Sie müssen über alles mögliche reden können, ohne etwas darüber zu wissen. Ich präsentiere ihnen vorgekaute Sachen.« So ein Englischlehrer.

Strenge versteht sich von selbst. Strenge ist im Interesse der Schüler. Wer unleserlich schreibt, bekommt es als Fehler angerechnet. Wer viele Orthographiefehler macht, bekommt eine Null. Oder eine Nullkommafünf, wenn der Lehrer nicht ganz so streng ist. Dabei gibt es viele Lehrer der Vorbereitungsklassen, die ihre Schüler zu begeistern verstehen. Der hierarchische Abstand zwischen Lehrer und Schüler ist groß, aber dennoch entsteht durch die Kontinuität und die geringe Schülerzahl wirkliche Nähe. Die Schüler sind dem »Meister« ergeben, aber der »Meister« gibt auch alles für seine Schüler, die sich ja, das muß man immer im Auge behalten, im bildungs- und begeisterungsfähigen Alter befinden. Lehrer wie der berühmte Alain des Gymnasiums »Henri IV« haben bei Generationen von Intellektuellen ein Fundament des Wissens gelegt. Manche der Lehrer sind später selbst berühmte Hochschullehrer geworden. Jean Hippolyte ist ein bekanntes Beispiel.

Im Vergleich mit den Classes préparatoires fehlen den Universitäten zumeist die Voraussetzungen einer intensiven und kontinuierlichen Arbeit, die alles aus den Studenten herausholt. Die Studenten sind vereinzelt, der Rahmen, an dem sie sich orientieren, bietet wenig Halt. Die Hochschullehrer haben im Durchschnitt andere Interessen und ein anderes Selbstbild als die Lehrer in den Vorbereitungsklassen. Sie werden an der Qualität ihrer Forschung gemessen, die Lehre zählt wenig. Sie verachten den Zwang der Classes préparatoires, spotten über die Schulmeister dort, die nach Kreide und Bohnerwachs riechen. Sie kennen häufig die Studenten der ersten Jahre nicht einmal beim Namen. Sie lehnen im allgemeinen die Verschulung des Unterrichts ab, nehmen keine Anwesenheitskontrollen vor.

Man sieht, warum die Vorbereitungsklassen als effektiver gelten als die Universitäten, warum sie, gemessen am Wettbewerbsziel, effektiver sind: Sie erzielen bessere Ergebnisse, weil sie eine kleine, homogene Gruppe ständig zur Arbeit anhalten, diese Arbeit ständig begleiten und überwachen können. Nach zwei Jahren kommt dann der große Moment, auf den das ganze Leben in dieser Zeit gerichtet war, die Aufnahmeprüfung zur Grande Ecole. Nehmen wir als Beispiel den Aufnahmewettbewerb der Ecole Normale Supérieure. Sie nimmt jedes Jahr hundert Schüler in den Geisteswissenschaften und hundert Schüler in den Naturwissenschaften auf, die ihrerseits jeweils in zwei Gruppen unterteilt sind. Um die Plätze »S« der Geisteswissenschaften (»Sozialwissenschaften«) bewarben sich zum Beispiel im Jahre 1989 genau 190 Kandidaten, übriggeblieben vom großen Sieben in den Vorbereitungsklassen. Aufgenommen wurden schließlich 19 Schüler, 12 aus Paris und 7 aus der Provinz (5 aus Lyon, 1 aus Bordeaux, 1 aus Lille). Der Auswahlmodus ist durchsichtig und in einem 56seitigen, öffentlichen Rechenschaftsbericht der Jury dargelegt. Die Kandidaten hatten alle einen Aufsatz über französische Literatur sowie über eine philosophische Frage zu verfassen, schriftlich ihre Kenntnisse in moderner Geschichte und Mathematik unter Beweis zu stellen. Wahlweise kommt dazu eine Übersetzung aus einer alten oder modernen Sprache, die Analyse von landeskundlichen oder linguistischen Texten, ein weiterer Aufsatz über Fragen der Geographie oder der Sozialwissenschaften. In allen Disziplinen haben sich die Kandidaten auch einer mündlichen Prüfung zu stellen. Der französische Aufsatz hatte zum Ausgangspunkt ein langes Zitat von Gourmont, in dem behauptet wurde, jedes echte literarische Kunstwerk sei ein Gedicht. Der philosophische Aufsatz bestand aus einer Antwort auf die Frage »Was ist eine Abbildung?« Man kann sich vorstellen, was das für ein Gefühl ist, wenn die neunzehn Erwählten dieses Prüfungszweigs schließlich auf einem schmucklosen weißen Blatt Schreibmaschinenpapier, das von der Verwaltung ausgehängt wird, ihren Namen wiederfinden. Natürlich sind sie gewertet. Der Erste hat 525, der Neunzehnte 374 Punkte. Ein langer Selektionsprozeß hat vorläufig zu einem Ende gefunden. Die besten künftigen Sozialwissenschaftler der Nation, die dieser Jahrgang hervorgebracht hat, stehen fest.

Nehmen wir an, unser Musterschüler sei nicht unter ihnen. Nehmen wir an, er sei aus Marseille, der zweitgrößten Stadt Frankreichs. Nehmen wir an, er sei der Beste der Vorbereitungsklasse gewesen. Aber das hilft alles nichts. Er ist nicht einmal zur mündlichen Prüfung zugelassen. Er hat einen Fehler gemacht, sei es aus Liebe zum Komfort des Elternhauses, aus Liebe zur Sonne oder gar zu einer Freundin: Er hat nicht versucht, Aufnahme in die Vorbereitungsklassen des Pariser Gymnasiums »Henri IV« zu finden, das den Löwenanteil der erfolgreichen Wettbewerber in den Geisteswissenschaften stellt, so wie das benachbarte Gymnasium »Louis-le-Grand« den in den Naturwissenschaften.

Zwar hat sich in den letzten Jahren die Konzentration der Erfolgreichen auf einige wenige Vorbereitungsklassen noch verstärkt, aber im Prinzip war das schon immer so. So zum Beispiel im Jahre 1945, als sich der Chefarzt- und Professorensohn Michel Foucault im heimatlichen Poitiers auf die Ecole Normale Supérieure vorbereitete und bei der Aufnahmeprüfung durchfiel. Zum Glück traf seine Mutter einen Kollegen seines Vaters, der ihr sagte: »Hat man je gesehen, daß jemand Aufnahme in der Normale Sup gefunden hat, der aus einer Anstalt der Stadt Poitiers kam?« Nach den Sommerferien zog Michel nach Paris, wurde Schüler von »Henri IV« – und bestand im nächsten Jahr die Aufnahmeprüfung. Dort hat er sich in der Zwangslerngemeinschaft von sechs Schülern in einem Arbeitsraum keineswegs wohlgefühlt, aber er wußte, daß nirgendwo sonst die Voraussetzungen zum Lernen so gut sind wie dort, und so blieb er bzw. kam später sogar zurück als Lehrer. Und warum hat man als Schüler der Vorbereitungsklassen der Pariser Elitegymnasien bessere Chancen, die Aufnahmeprüfungen zu den Grandes Ecoles zu bestehen? Ganz bestimmt hat das nichts mit Nepotismus oder Patronage zu tun. Die Prüfungen sind natürlich wieder anonym. Aber es hat auch nichts mit Intelligenz an sich zu tun. Foucaults Intelligenz ist durch den Umzug von Poitiers nach Paris nicht plötzlich höher geworden. Entscheidend dürfte wiederum das Prinzip der *aemulatio* sein. Unter den Lehrern wie unter den Schülern ist die Auswahl an den Pariser Elitegymnasien strenger und die Konkurrenz schärfer. Um einen despektierlichen Vergleich zu gebrauchen, so könnte man die besten Classes préparatoires mit zentralen Leistungszentren für junge Spitzensportler vergleichen. Wer dort trainiert, ist besser auf die Wettkämpfe eingestellt als ein begabter Einzelgänger aus der Provinz, der von einem Heimtrainer in einer kommunalen Turnhalle vorbereitet wird.

Natürlich bestehen nicht nur künftige Genies die Aufnahmewettbewerbe der Grandes Ecoles. Entscheidend ist eine kontinuierliche Anpassung an die dort gestellten Anforderungen. Nehmen wir die Lebensgeschichte von Louis: Louis ist Kind eines Lehrerehepaars. Seine ganze Erziehung war auf ein einziges Ziel gerichtet: auf den Schulerfolg. Mit vier Jahren lernte er lesen und schreiben, so daß er die Ecole maternelle überspringen konnte. Er kam auf die Schule, wo seine Eltern unterrichteten, die so immer über seine schulischen Leistungen informiert waren, dafür sorgten, daß er in die leistungsstärksten Klassen kam. Natürlich kontrollierten sie seine Hausaufgaben, überhaupt die häusliche Vorbereitung. Wo Schwächen auftraten, wurden sie durch häusliche Diktate, durch Zusatzaufgaben ausgebessert. Vom zehnten Lebensjahr an war die Ecole Normale Supérieure das Lebensziel der Familie. Die Arbeit des Sohnes stand über allem. Solange Louis arbeitete, wurde jede Störung von ihm ferngehalten, selbst die Essenszeiten danach eingerichtet. Im Feriengepäck steckten Schulaufgaben, damit er nicht aus der Übung kam. In den Ferien wurden Schlösser und Museen besichtigt, weil das gut ist für die Geschichtsnote. Später kamen dazu die Sprachferien in England. In der Abiturklasse durfte er in alle Stücke der Comédie française gehen, die auf dem Unterrichtsprogramm standen. »Die Schule war der Hintergedanke bei allen meinen außerschulischen Aktivitäten. Ich glaube, mein Vater wollte nur deshalb, daß ich Sport mache, damit ich mir die kleinen grauen Zellen auslüfte. Aber ich durfte ihn nicht zu intensiv betreiben und in keinen Verein gehen, weil befürchtet wurde, das könnte meine schulischen Leistungen beeinträchtigen.«

Der Eintritt in die »Schule« ist ein erneuter symbolischer Akt der Erwählung, und er wird auch traditionell mit schulspezifischen, eher etwas derben Streichen gefeiert. Man tritt ein in einen Orden, in den Bann einer Tradition. Man wird unabhängig vom Elternhaus, denn man bekommt in der Schule Kost und Logis. Und man bekommt ein Gehalt als Beamter, gegenwärtig etwa 2000 DM. Frankreich dürfte damit das einzige Land sein, wo man an den elitärsten Ausbildungsstätten nicht nur umsonst studieren kann, sondern sogar ein Gehalt bekommt – im scharfen Gegensatz etwa zu den teuren amerikanischen Eliteuniversitäten. Der Staat sichert sich so das Vorkaufsrecht auf seine besten Schüler, denn die Bedingung ist, daß man später einige Jahre im Staatsdienst arbeitet. Da in Frankreich die meisten angesehenen Posten staatlich sind, tut das nicht weh. Das Lehrgehalt hat einen mehrfachen Sinn. Zunächst dient es, der ursprünglichen Zielsetzung der Grandes Ecoles entsprechend, der Bindung der Schüler an den Staat. Dann dient es dazu, diese Schüler materiell unabhängig zu machen, so daß sie alle Kraft auf das Studium konzentrieren können. Unabhängig nicht nur von Nebenjobs, mit denen sich viele Studenten ihr Studium finanzieren, sondern auch von den Eltern. Die Alltagswelt, die Mutterwelt der Familie liegt spätestens jetzt hinter den Erwählten, die ganze Existenz kann eingehen in die Welt des Wissens.

Es gibt aus der Feder zahlreicher prominenter Schüler Berichte über das Lernleben in den berühmten Grandes Ecoles, viele enthusiastische und manche kritische. Die meisten beschreiben im Prinzip ein klösterliches, ganz den Studien ergebenes Leben, beschreiben das Gemeinschaftsleben der Schlafsäle, der Studienzimmer, beschreiben die bedeutenden Lehrer, die intellektuellen Erlebnisse. Sie beschreiben Lernformen, die von permanentem Wettbewerb und von äußerster Intensität des Studiums geprägt sind. Sie beschreiben sie so, wie wir sie im Prinzip schon in den Vorbereitungsklassen gefunden haben, nur fachlich spezialisierter und mit weiterem intellektuellen Horizont. Meine französischen Bekannten, die in den letzten fünfzehn Jahren die Ecole Normale Supérieure besucht haben, erinnern ihre Schulzeit dort freilich nicht nur als hochgradig kontrolliertes geistiges Hochleistungstraining. »Weißt Du, da hat sich viel geändert. Richtig gepaukt haben wir in den Vorbereitungsklassen, nach der Aufnahme auf die Schule hatten wir aber weitgehende Freiheiten. Jeder hat heute sein Zimmer. Der Ausgang wird schon längst nicht mehr kontrolliert, ebensowenig wie die Anwesenheit in den Lehrveranstaltungen. Sogar Frauen sind neuerdings zugelassen. Das ist kein Lernkloster mehr, keine Erziehungsanstalt und längst keine Kaserne. Schau es Dir doch einfach mal an.«

Diesen Besuch in der Ecole Normale Supérieure in der Pariser Rue d'Ulm trat ich mit unklaren Gefühlen an, in denen jedenfalls Neugier und Ehrfurcht vorkamen. Ich wußte, daß viele der wechselnden Leitsterne meiner intellektuellen Entwicklung hier poliert worden waren. »Ich erwartete eine ›Weihestätte‹«, wie Simone de Beauvoir es einmal zu Zeiten formulierte, als Frauen an der »Ecole« noch Fremdkörper waren und sie im Schutze ihrer literaturnotorischen Spielkameraden für ein paar Stunden halblegales Gastrecht im Männerkloster genoß. Der Weg vom Boulevard Saint-Germain hinauf auf die Montagne Sainte-Geneviève verstärkt das Gefühl, sich einem intellektuellen Weihetempel zu nähern: zur Linken das Collège de France, rechts die Sorbonne. Dann links die düstere Lernburg des Gymnasiums »Louis-le-Grand«, um schließlich beim Panthéon-Platz die Höhe zu erreichen. Da ruhen Voltaire, Victor Hugo und auch Zola, obgleich der gesagt hat, in der »Ecole« herrsche ein »fader und schimmeliger Geruch von Schulmeisterei«, und diesen Geruch sogar mit den »rauhen und machtlosen Bedürfnissen alter Knaben« in Zusammenhang bringt, »die keine Frauen gehabt haben«. Im Hintergrund des Panthéon das Gymnasium »Henri IV«, ein paar Schritte weiter das alte Gebäude der Ecole Polytechnique. Rechts am Hotel kann man auf einer kleinen blanken Tafel lesen, daß hier 1920 André Breton und Philippe Soupault die »Magnetischen Felder« verfaßten.

Dann noch ein paar Meter, an denen sich weitere berühmte Ausbildungsstätten drängen, und man steht vor dem Portal der Rue d'Ulm 45. Ein schönes, schweres Holzportal, darüber ein paar steinerne Göttinnen und die Trikolore. Man kann ungehindert eintreten. Das »Aquarium«, die gläserne Pförtnerloge, steht leer. Man erfaßt leicht die Anlage des Hauptgebäudes: ein großes Viereck, vierstöckig um einen begrünten Innenhof gebaut, in dessen Mitte ein Zementbassin steht, worin eine magere Fontäne plätschert und die berühmten Goldfische schwimmen, die hier seit Jahrzehnten »Ernest« heißen. Sie heißen so nach einem früheren Direktor, haben der Hauszeitschrift Pate gestanden – aber warum sie wichtig sind, weiß kein Mensch. Sie gehören hier eben zur Tradition. Sie beim Namen zu nennen, markiert eine Zugehörigkeit wie die Tatsache, einmal am Spaziergang der himmelstürmenden Schüler über die Dächer der Anstalt teilgenommen zu haben. Alles strahlt hier Tradition aus, auch die Büsten großer Dichter und Denker auf den Simsen des Innenhofs. Freilich muß man die kennen und anerkennen, sonst sieht man keine

»Weihestätte«, sondern ein ziemlich normales, altes Schulgebäude, wie es sie zu Tausenden in Frankreich gibt. Schmale, hohe Flure säumen regelmäßig auf allen Etagen das Viereck des Gebäudes. Sie sind schmucklos, riechen nach Schule. In hölzernen Kästen hängen Vorlesungspläne. Hunderte von Zetteln sind wie in Universitätsfluren üblich an die Wand geheftet, werben für Diskotheken, für Body-Building-Studios, für Zeitschriften, für Computerprogramme. Tippfertige Menschen bieten ihre guten Dienste an.

Die Vorlesungsräume sind größtenteils renoviert, aber dennoch spartanisch geblieben. Graue Wände, Holzfußböden, die in allen französischen Schulen üblichen schlichten Möbel aus gebogenem Stahlrohr und Holz, eine Tafel. Auf dem Gang Kaffeeautomaten, daneben ein überbordender Plastikeimer mit benutzten Pappbechern, ein Aufenthaltsraum mit Flippern. In einer großen Ecke des Flurs Briefkästen mit Namensschildern, auch das wie an normalen französischen Universitäten. Beim genaueren Blick auf die Namensschilder sieht man freilich, daß da doch ein Unterschied ist, denn die Briefkästen tragen die Namen der Schüler, nicht die der Lehrer. Hier ist keiner anonym wie an der Universität, hier hat jeder einen Namen, seine Individualität, seinen Platz, sein Fach. Was der Name des Vaters bedeutet, hat Lacan in diesem Gebäude glänzend erklärt: Wiedererkennung, Anerkennung, vielleicht auch Verkennung, aber niemals die Nichtigkeit des Namenlosen, der nur im Computer der Administration erfaßt ist. Der Rundgang um die Flure des Erdgeschosses führt auch an einer Einbuchtung vorbei, die repräsentativ dem Gedenken der ehemaligen Schüler dient, die in den beiden Weltkriegen gefallen sind. Die Jahresangaben hinter den Namen will man zunächst für die Geburtsdaten halten, aber das geht nicht auf. Sie bezeichnen die »Promotion«, das Jahr des Eintritts in die Schule. Nicht die gleichsam private Zufälligkeit des Geburtsjahres ist es wert, in Marmor verewigt zu werden, sondern der Moment, in dem man ins öffentliche Leben, in den Dienst des Staates trat. Mit der Aufnahme in die Schule verschwindet der alte Adam, und es beginnt eine neue Zeitrechnung.

Der beeindruckendste Bereich des Hauptgebäudes ist die Bibliothek mit ihren ca. 400 000 Bänden. Es ist eine richtige alte Bibliothek mit hohen dunklen Holzregalen und stabilen Leitern. Ein bißchen wie auf dem Spitzweg-Bild, nur größer und strenger. Nicht nur, daß sie über reiche Schätze verfügt: Vor allem sind die Bücher dem Benutzer zugänglich, während sie in normalen Bibliotheken in Magazinen versteckt und nur über Karteikarten oder Bildschirminformationen erreicht werden können. Zugang haben nur die Schüler der Anstalt, die »Ehemaligen« sowie einige ausgewählte Forscher.

Die Bibliothek läßt etwas ahnen davon, worin der Reichtum dieser Anstalt besteht und worin die Privilegien derer, die hier arbeiten. Nicht in der soliden Funktionalität wohlausgestatteter Verwaltungsräume, nicht in der pflegeleichten Modernität von studentischen Gemeinschaftsräumen, nicht in klimatisierten Klassenzimmern mit Videorecordern, Overheadprojektoren und ergonomisch geformten Stühlen, sondern im direkten und wohlangeleiteten Zugang zum reich vorhandenen Wissen. Diese Schule weist eine in Deutschland unbekannte Mischung von Tradition, von entspannter Normalität, ja von Vernachlässigung, von bewußtem Asketismus und zugleich von Reichtum auf. Der Reichtum äußert sich in der Möglichkeit ständiger Betreuung, in der geringen Zahl der Studenten, in der Ausstattung der Bibliothek und vor allem der Forschungslabore.

Und die Studenten? Bleiche, verhärmte Großköpfe auf vernachlässigten, vom Gewicht des Wissens gebeugten Leibern, achtlos-unmodern gekleidet? Die Mädchen alters- und geschlechtslose Blaustrümpfe? Passive, weltfremde Lernmaschinen, bereit, alles mitzuschreiben, zu memorieren und auf Knopfdruck wohlgeordnet wiederzugeben? Es sieht nicht so aus. Gar nicht. Jung sehen sie aus, zu jung für die schweren Probleme, die sie zu wälzen haben. Gut gekleidet, aber ohne demonstrativen Snobismus. Und die Lehrveranstaltungen sind weit entfernt vom französischen Einheitsmodell: Vorn redet einer, in den ersten Reihen wird stumm notiert, in den letzten Reihen stumm geschlafen. Man fragt, beteiligt sich, interessiert sich für andere Disziplinen, hat Meinungen, verteidigt sie. Keine Liste kontrolliert die Anwesenheit, alle kommen freiwillig, und wer nicht kommt, hat keinerlei Sanktion zu fürchten. Viele der Sprachstudenten verbringen zwei Jahre im Ausland und lernen dort »ihre« Fremdsprache. Die Distanz zwischen Lehrenden und Lernenden wird nicht geleugnet, ist aber auch nicht furchteinflößend groß. Man kann jederzeit intensive Beratung von ihnen erwarten und erhalten. Kurz: Lernen, wie sich das jede höhere Schule wünscht und wie es selten einmal eine Universität bietet.

Natürlich hängt das zunächst mit der geringen Zahl der Studenten zusammen. Es gibt zum Beispiel in der germanistischen Abteilung in den vier Jahrgangsstufen ganze 15 Studenten. Man kennt sich. Die Studenten haben keine Angst vor den Lehrern, die sie nie prüfen werden. Man hat den gleichen Status. Die Schüler sind Beamte, die Lehrer auch. Die Schüler bekommen ein Gehalt, das sich auf die Hälfte dessen beläuft, was die Masse der Lehrenden bekommt.

Das für Frankreich ganz untypische heutige Lernverhalten der Schüler der Ecole Normale Supérieuere (vermutlich der renommierten Grandes Ecoles allgemein) ist ein Paradox mehr im an Paradoxen nicht eben armen französischen Unterrichtssystem: Die wenigen, die gezeigt haben, daß sie mit dem direktiven Lernsystem »Frontalunterricht-Mitschreiben-Memorieren-Wiedergeben« zurechtkommen und Gewinn aus ihm ziehen, bekommen zur Belohnung dieses System nicht mehr zugemutet, dafür aber die anderen, an denen es sich als ungeeignet erwiesen hat. Diejenigen, die am besten sind, bekommen besondere Förderung. Diejenigen, die sich ohnehin schon als mobil erwiesen haben, bekommen institutionelle und materielle Hilfen für einen Auslandsaufenthalt, während ihre im Durchschnitt wenig mobilen Altersgenossen im Lande bleiben und vergeblich versuchen, allein über den akademischen Unterricht ausreichende Fremdsprachenkenntnisse zu erlangen. Diejenigen, die in ihrer Mehrheit zu Hause recht gute Wohnbedingungen hatten, weil sie überwiegend dem Pariser Bürgertum entstammen, erhalten ein eigenes Zimmer und ein eigenes Gehalt.

Zumindest hier, an der Spitze, funktioniert das System und bestätigt sich so von oben her als Ganzes. Nehmen wir die »Agrégation«, den nationalen Wettbewerb, von dem schon die Rede war. Auch die Ecole Normale Supérieure bereitet darauf vor und richtet ihr Lehrprogramm darauf aus. Während von den Kandidaten der Universitäten nur eine kleine Minderheit besteht, ist es unter den »Normaliens« der Regelfall. Im letzten Jahr waren es sieben Germanisten, die zur Prüfung antraten. Nur eine bestand nicht. Sie hatte gerade ein Kind bekommen. Die Welt des Alltags, der Sexualität und der Familie ist eben dem Lernen abträglich.

Damit wäre der Prozeß der Selektion vorläufig abgeschlossen. Der zweiundzwanzig oder dreiundzwanzig Jahre alte Schüler, der die Agrégation bestanden hat, hat seine Beamtenstelle lebenslang sicher und darf seinerseits nun mitmachen bei der Selektion. Sein Platz in der Gesellschaft ist sicher und bis auf die Platznummer genau bezeichnet. Natürlich ist damit nur für *einen* gesellschaftlichen Bereich gezeigt, wie die Platzanweisung funktioniert. Das gesamte Feld der Grandes Ecoles ist viel weiter und differenzierter. Nach außen hin bilden sie eine Einheit, nach innen stehen sie ihrerseits in einem ständigen Konkurrenzkampf. Feste Struktur und permanenter Wettkampf sind, wie wir gesehen haben, gut miteinander vereinbar. Auf diese Weise bilden sich Hierarchien: die Hierarchie der Ingenieurschulen, die Hierarchie der Handelsschulen, die Hierarchie der Managementschulen, die Hierarchie der Verwaltungshochschulen. Die wird jährlich neu festgelegt durch die Aufnahmeconcours. Viele Kandidaten machen diese Concours an verschiedenen Schulen mit. Hartnäckige bringen es auf über ein Dutzend Aufnahmeprüfungen. Bestehen sie mehrere, wählen sie natürlich die angesehenere. Daß möglichst viele derer, die bestanden haben, das Studium auch antreten, ist eine Bestätigung der Stellung der Schule im System der Grandes Ecoles.

Zwischen den Spitzenschulen der einzelnen Bereiche gibt es wiederum einen Wettbewerb um die wichtigsten Domänen in Politik, Wirtschaft und Verwaltung. So kamen während der Dritten Republik viele Spitzenpolitiker von der Ecole Normale Supérieure. Pompidou war der letzte Präsident, den diese Schule stellte. Seit etwa zwanzig Jahren aber kommen die meisten Spitzenkräfte der Politik und der

Ministerialbürokratie von der ENA, der Ecole Nationale d'Administration, die erst in der Nachkriegszeit als Zufluchtsschule für die Kinder der Pariser Bourgeoisie und Ministerialbürokratie gegründet wurde, die an den schulischen Anforderungen der Ecole Normale Supérieure oder der Ecole Polytechnique scheiterten. Jacques Chirac und Rocard sind bekannte ENA-Schüler.

Bourdieu zitiert einen Lehrer aus den Vorbereitungsklassen, der diesen Wandel reflektiert: »Der Mythos der ENS ist nicht mehr das, was er einmal war, vor allem wegen der ENA. Moralische Schweinehunde, aber brillant, bereiten heute diejenigen, die Ehrgeiz haben, die ENA vor.« Darin reflektiert sich auch ein gesellschaftlicher Wandel in den Leitbildern der Élite. Das Konzept des treuen, asketischen, ganz seiner Aufgabe ergebenen Staatsdieners verliert zusammen mit den traditionellen schulischen Werten an Einfluß zugunsten eines neuen Führungs- und Verhandlungsstils, in dem die Fähigheit zu Diskussion und Verhandlung, Weltläufigkeit und Organisationsfähigkeit eine immer größer werdende Rolle spielt.

Der Kampf um politische und wirtschaftliche Führungsstile, um Leitmodelle der Lebensführung spielt sich in Frankreich also nicht unwesentlich ab als Kampf der Schulen um Vormachtstellung. Dieser Kampf ist öffentlich, die Nation kennt die Kontrahenten. Das drückt sich etwa darin aus, daß die Verfasser der »Asterix«-Comics, die in Millionenauflage verkauft werden, ein Heft mit dem Titel »Obelix GmbH & Co KG« produzierten, in dem ein junger Absolvent der ENA namens »Technocratikus« Cäsar einen Vorschlag zur gewaltfreien ökonomischen Lösung seines ewigen Problems mit den durch Zaubertrank unbesiegbaren Bewohnern des streitbaren gallischen Dorfes unterbreitet und nur knapp scheitert. Die Übersetzer hatten große Probleme mit der Anspielung auf die ENA und übertrugen die drei Buchstaben schließlich mit den Siglen »FAZ«, damit eingestehend, daß der Begriff unübersetzbar ist, weil eben das Pendant in der deutschen Wirklichkeit fehlt. Denn wer kennt in Deutschland schon die Schulen und Universitäten, die die Spitzenpolitiker besucht haben, wenn man von Heinrich Lübkes notorischer Vorliebe für sauerländische Zwergschulen einmal absieht? Die deutschen Wähler lieben die Musterschüler nicht, wie man zum Beispiel an der relativ geringen Popularität Hans-Jochen Vogels sehen kann, der ein herausragendes juristisches Staatsexamen machte und unter den deutschen Spitzenpolitikern vielleicht am ehesten dem französischen Politikerprofil entspricht.

III.
Macht – Selektion – Gerechtigkeit (?)

Mit den Abschlußprüfungen der renommierten Grandes Ecoles ist unser langer Besichtigungsmarsch durch die französischen Erziehungsinstitutionen und ihre Selektionspraktiken seinerseits zum Abschluß gekommen. Natürlich hören dann die Prüfungen nicht unbedingt auf. Auch in späteren Lebensaltern werden wichtige Stellen nach dem Concours-Prinzip vergeben. Promotionen und Habilitationen können folgen, in deren Prüfungsform sich die uns nun bekannten Prinzipien je nach Disziplin modifizieren.

So ist schließlich zurückzukommen auf die Grundidee, die der Selektionspraxis zugrunde liegt. Die Grundidee war, jedem Bürger der Republik gleichen Zugang zum Bildungswesen zu eröffnen und damit auch zu den gesellschaftlichen Positionen, die über die Diplome und Auszeichnungen des Bildungswesens erlangt werden.

Ist es also egalitär und gerecht, das französische Bildungswesen? Die Frage muß jedem, der sich – wo auch immer – ein wenig mit Bildungsinstitutionen überhaupt beschäftigt hat, naiv vorkommen. Das »gerechte« Bildungswesen gibt es nicht.

Dennoch ist die Frage nach der Angemessenheit und Gerechtigkeit des Schulsystems nicht einfach abzuweisen und stellte sie sich nur in der einfachen Schülerfrage: »Was bringt es?« Vertraut man der bisher ausführlichsten, theoretisch wie empirisch breit untermauerten Studie zu den französischen Grandes Ecoles, so muß man verblüfft konstatieren, daß die vielen Prüfungen, ihre ganze Anonymität, die ganze Präzision der Gerechtigkeitsmaschine nicht dazu geführt haben, daß die Schulselektion neuen Schichten den Zugang in Spitzenpositionen von Staat und Wirtschaft ermöglicht, sondern, im Gegenteil, in den angesehensten Grandes Ecoles der Anteil der Kinder aus der bürgerlichen Pariser Oberschicht immer weiter anwuchs. Es ist, als würde in ein konisch nach oben zulaufendes Glasrohr von unten neue Masse eingedrückt. Dadurch steigen diejenigen, die oben im engen Teil des Rohrs sind, immer weiter nach oben, und der Höhenunterschied zwischen oben und unten wächst beständig. Während die Universitäten und die »kleinen« Grandes Ecoles sich den unteren Schichten und den Frauen öffnen, also »verproletarisieren« und »verweiblichen«, wird es hoch oben immer homogener. Ein Schulsystem, das jedem nach seinen Fähigkeiten geben würde? Ein Schulsystem, das unbegrenzten sozialen Aufstieg ermöglichte? Die Wirklichkeit spottet solcher guten Absichten, wo sie denn überhaupt ernstgenommen werden. Die Schulen mit all ihren Selektionspraktiken, so Bourdieu, bestätigen im wesentlichen den sozialen Status der Herkunftsfamilie. Mit der gesellschaftlichen Entwicklung, mit der »Demokratisierung« der Schulen löst sich dieser enge Zusammenhang zwischen sozialem Status und Schulerfolg nicht etwa allmählich auf, sondern er verfestigt sich an der Spitze. Der Anteil der Professorenkinder an den Schülern der Ecole Normale Supérieure steigt ebenso wie der der Ingenieurskinder auf der Ecole Polytechnique, der Kinder von Spitzenbeamten auf der Ecole Nationale d'Administration oder der Kinder von Großindustriellen auf der Haute Ecole Commerciale und so weiter. Eine gewisse Ausnahme in diesem Selbstrekrutierungssystem der führenden sozialen Schichten bilden ausgewählte Lehrerkinder, deren Herkunftsmilieu, obgleich ohne ökonomische Macht, doch die Spielregeln schulischen Erfolgs so intensiv einprägt, daß ein gewisser Teil hoch angepaßter Lehrerkinder an den Grandes Ecoles reüssiert. Das gilt besonders für diejenigen Anstalten, die im Rufe stehen, schulisch besonders hohe Anforderungen zu stellen: die Ecole Normale Superieure und die Ecole Polytechnique. In der ENA oder in der Wirtschaftsschule HEC finden sich hingegen nicht einmal mehr als Ausnahme einige Alibischüler aus den dominierten Schichten der Gesellschaft. Pierre, Lehrerskind, über seine Erfahrungen in einer Vorbereitungsklasse auf die HEC: »Ich habe mich nicht wohlgefühlt.

Die Schüler sprachen nur über Geld, sie sahen sich bereits als Manager im Betrieb und waren dabei, Märkte zu erobern. Das war wirklich nicht meine Sache.«

Aber auch die ENS wird eher homogener, als sich zu öffnen. So sinkt zum Beispiel der Anteil der Frauen. Bis 1986 gab es neben der ENS für junge Männer in der Rue d'Ulm auch eine ENS für junge Mädchen, nach ihrem Standort »Sèvres« genannt. Beide nahmen jährlich ca. hundert Schüler auf, je fünfzig in den Geistes- und den Naturwissenschaften. 1986 wurden beide Schulen zusammengelegt, eine schulpolitisch zweifellos wünschenswerte Reform. Jetzt nimmt die vereinigte Schule über einen Concours, an dem natürlich Kandidaten beiderlei Geschlechts teilnehmen, jährlich zweihundert Studenten auf, je hundert in den Natur- und hundert in den Geisteswissenschaften. Während in den Geisteswissenschaften nach wie vor etwa ebensoviel Schülerinnen wie Schüler aufgenommen werden, ist der Frauenanteil in den Naturwissenschaften drastisch auf etwas mehr als 10 % gesunken. Ein weiteres der vielen paradoxen Ergebnisse gutgemeinter Reformansätze.

Und warum bestätigen die Ergebnisse der Selektion so beeindrukkend die soziale Gliederung der Gesellschaft? Weil die Reicheren eben intelligenter sind, die Männer sich von Natur aus besser für die Naturwissenschaften eignen? Bourdieus These lautet anders. Er führt die Reproduktion der sozialen Unterschiede als schulische Leistungsunterschiede auf die Natur des schulischen Kulturmodells zurück. Formell sei dies autonom und sozial neutral, in Wirklichkeit verlange es ein Ensemble von Haltungen, von kulturellen Vorprägungen, von Lebens- und Lernstilen, die den jeweiligen Modellen der herrschenden Klassen nahestehen bzw. mit ihnen identisch sind.

Bliebe die Frage, warum dann diese herrschenden Klassen ihre Kinder dem strengen Regiment des Schulsystems unterwerfen. Bourdieus Antwort: um den gegebenen Macht- und Eigentumsverhältnissen Legitimität zu verleihen. Legitimität aber kann nur eine Institution verleihen, die unabhängig ist. Nicht zuletzt aus diesem Grunde sind in Frankreich private Bussiness-Schulen, so gut ausgestattet sie auch sein mögen, nicht sehr angesehen. Das Geld legitimiert nicht, das Geld braucht Legitimation. Erbe legitimiert nicht, sondern bedarf der Legitimation. Die Legitimation über die Schule enthält natürlich für die einzelne Familie gewisse Risiken, aber insgesamt gesehen ist das Risiko der herrschenden Schichten gering. Die einflußreichsten Institutionen sind auf sie maßgeschneidert. Wenn die Aufnahme auf die angesehensten Schulen nicht erreicht werden kann, gibt es »Zufluchtsschulen« mit geringeren Anforderungen (auch die ENA begann so), die aber gleichwohl für die Legitimation der »Erben« ausreichen, während die aufgestiegenen Manager wirklich die Besten der besten Concours sein müssen – und dennoch abgelehnt werden können, wenn sie nicht in das verlangte soziale Muster passen. So kommen die Aufsichtsräte der 25 größten französischen Unternehmen etwa zur Hälfte von der Ecole Polytechnique und zur anderen Hälfte von der weniger selektiven Verwaltungshochschule Sciences politiques. Die Grandes Ecoles treten jedenfalls partiell an die Stelle traditioneller familiendynastischer Strategien. Das Zusammengehörigkeitsgefühl unter den Schulkameraden tritt an die Stelle des Nepotismus und der Heiratsstrategien. Überhaupt verhalten sich die Schulen wie Familien, als ein sozialer Verband, in dem das Prestige des Einzelnen dem Ganzen zugute kommt.

Nicht zuletzt der Schulerfolg in einem hochselektiven System verleiht den herrschenden Gruppen des gegenwärtigen Frankreich, die Bourdieu »noblesse d'Etat« – Staatsadel – nennt, eine vom Geburtsadel oder der Bourgeoisie des 19. Jahrhunderts nie gekannte Legitimität: »Wenige führende Gruppen haben je so viele so verschiedene Legitimationsprinzipien zusammengebracht, so widersprüchlich diese auch scheinen. Der Geburtsadel und der Verdienstadel, der aus dem schulischen Erfolg beziehungsweise der wissenschaftlichen Qualifikation erwächst, oder die Ideologie des ›Staatsdieners‹ und der Kult des Profits, der sich als Feier der Produktivität maskiert, alles kommt zusammen, um den neuen Herrschern die absolute Sicherheit ihrer Legitimität zu geben.«

Bourdieu interessiert sich für die machttheoretisch wichtigen

Aspekte des französischen Schulsystems. Es sind gewiß nicht die einzigen, die von Bedeutung sind, aber ihr Studium zeigt doch überdeutlich, daß man mit Schablonen wie der von der »Egalité« nicht verstehen kann, wie das System wirklich funktioniert, ebensowenig wie mit der Erwartung, an der französischen Universität »Oh là là«, »Lebenslust« und »Ausgelassenheit« in allen Räumen zu treffen. Versuchen wir abschließend noch einmal, aus dem Erlebten, dem Erfahrenen und dem Erlesenen einen Überblick über die spezifischen Probleme des französischen Schul- und Hochschulwesens zu gewinnen.

Anfangen muß man jedenfalls mit der Tatsache, daß immer mehr junge Franzosen Zugang zum Gymnasium und zum Hochschulstudium haben. Eine Zahl: 1960 gab es etwa 200000 Studenten, heute beläuft sich ihre Zahl auf ungefähr eine Million. Das sind etwa dreißig Prozent eines Jahrgangs. Das proklamierte Ziel der sozialistischen Regierung ist, daß es um die Jahrtausendwende 80% eines Jahrgangs sein werden. Für wie realistisch man auch immer diese Absichtserklärung halten mag, sicher ist, daß es keine gesellschaftlich relevante Kraft in Frankreich gibt, die sich offen zum Ziel gesetzt hätte, diesen Prozeß der Öffnung der Gymnasien und Universitäten für ganz neue soziale Schichten wieder rückgängig zu machen. Schon heute hat sich gegenüber 1960 das soziale und kulturelle Profil dieser Schüler und Studenten entscheidend verändert. Will man zwei weitere Millionen von ihnen rekrutieren, so kann das kaum aus den Schichten der Bourgeoisie und der gehobenen Angestellten geschehen, deren Kinder heute bereits zu 62% eine Hochschulausbildung erhalten. Die Kinder der »kleinen« Angestellten, der Arbeiter, der Bauern werden die Masse der »neuen« Studenten stellen. Überlastung des bestehenden Hochschulsystems durch ein rapides Ansteigen der Studentenzahlen läßt sich mehr oder minder in allen entwickelten Industrieländern konstatieren. Sie lähmt auch die deutschen Universitäten, die häufig ein Vielfaches der Studentenzahl aufnehmen müssen, für die sie konzipiert sind. Das Besondere am französischen System scheint mir zu sein, daß diese »neuen« Studenten mit ihren »neuen« Mentalitäten auf ein sehr enges, festumrissenes, konkurrenzloses und allgemein weitgehend bejahtes Modell schulischer Leistungsfähigkeit stoßen, dem sie nicht genügen können. Die Umrisse dieses Modells haben wir abgeschritten. Es hat zu tun mit hochkonzentriertem, konkurrenzgeprägtem Lernen, es prüft die schnelle Wiedergabe intelligent geordneter großer Wissensmengen.

Die neuen Schüler und Studenten bringen aber in ihrer großen Mehrheit nicht die Voraussetzungen mit, solchen Anforderungen zu genügen, die sie nichtsdestoweniger als *die* natürlichen schulischen Anforderungen anerkennen und sich damit selbst verurteilen. Eine einheitliche Konzeption schulischer Leistungsfähigkeit trifft auf eine differenzierte Gesellschaft. Das macht alle stumm. Die einen, wenigen, weil alles Sprechen Zeitverlust wäre auf dem Weg zum nächsten Concours, die anderen, vielen, weil sie nichts zu sagen haben, was den geforderten Leistungsnormen entspräche. Dumm formuliert: Die einen sind zu schlau, um zu fragen, die anderen zu dumm.

Daß die überkommenen Leistungsnormen ihre inhaltliche Legitimität verloren haben, also niemand mehr an eine humanistische oder republikanische Begründung dieser Normen glaubt, macht sie letztlich nur unangreifbarer. Theoretisch oder historisch begründete Normen kann man bezweifeln. Unbegründet wirken sie um so machtvoller. Daß auch die Zwangsmittel traditioneller Schuldisziplin wegfallen, das Leben der Schüler und Studenten selbst also unendlich viel freier ist als noch vor einer Generation, wirkt zwar entlastend, beraubt gerade die »neuen« Schüler aber einer zwar einengenden, aber auch stützenden Funktion der Schule. Unbegründete, schwer erreichbare Normen also – und niemand hilft kontinuierlich dabei, sie zu erreichen.

Im leeren Raum zwischen Norm und Wirklichkeit entwickelt sich ein Individuum, das jenseits aller ethischen Flausen durch kalkulierenden, instrumentellen Egoismus, durch ein marktgerechtes Verhalten zum Erfolg zu kommen versucht. Der instrumentalen, zynischen Rationalität im Schulleben, das schon nach den Regeln des Berufslebens begriffen wird, entspricht der expressive, konsumbezogene Narzißmus des Privatlebens.

Die Nachteile des gegenwärtigen französischen Ausbildungssystems sind gewiß nicht unbekannt und Gegenstand leidenschaftlich geführter öffentlicher Debatten. Von der Seite der Universitätsprofessoren wird immer wieder die Kritik an den »perversen Effekten« des dualen Systems von Universität und Grandes Ecoles geäußert. Die Universität – und nur sie – soll Forscher ausbilden, aber die Abiturienten, die sich für diese Tätigkeit voraussichtlich am besten eignen, werden in ihrer großen Mehrheit vom System so geleitet, daß sie eine Vorbereitungsklasse und dann eine Grande Ecole besuchen. Sie treffen zumindest in den Vorbereitungsklassen auf Lehrer, die an Forschung gänzlich uninteressiert sind, in den Grandes Ecoles auf Unterrichtsprogramme, die im allgemeinen auf Anwendung und leitende Angestelltentätigkeit ausgerichtet werden.

Die Wirtschaft zieht demzufolge in der Regel die Absolventen der Grandes Ecoles vor. Die Gründe formulierte der ehemalige Renault-Direktor Hanon so: »Die Grandes Ecoles versorgen uns mit Individuen einigermaßen richtigen Kalibers, die garantiert über ein Minimum von Kenntnissen verfügen und arbeiten können ... Man kann über die Vorbereitungsklassen, deren Unterrichtsinhalte neu zu bestimmen wären, alles mögliche Schlechte sagen, aber die Schüler lernen hier, Durchschlagskraft zu gewinnen und über sich hinauszuwachsen. Fähig sein, die Aufnahmeprüfung einer Grande Ecole zu bestehen, das heißt, schnell sein. Starke Menschen sind sehr schnell.« Die Formulierung vom »Minimum« garantierter Kenntnisse läßt allerdings im Lob durchscheinen, daß die Wirtschaft häufig mit dem berufsvorbereitenden Ertrag des höheren Schulwesens nicht zufrieden ist. Das gilt insbesondere für moderne, junge Wirtschaftszweige, die vom staatlichen Unterrichtswesen wenig geeigneten Nachwuchs erhalten. Es ist deswegen kaum ein Zufall, daß sich der Direktor des Informatik-Konzerns Bull, Jacques Stern, mit einer vehementen Kritik dieses Unterrichtswesens insgesamt zu Wort gemeldet hat. Er konstatiert einleitend, das überkommene französische Unterrichtssystem sei »anachronistisch, verrückt, auf die denkbar schlechteste Weise der modernen Welt angepaßt«. Das führt er unter anderem darauf zurück, daß dieses Unterrichtssystem vor allem auf die Rekrutierungsbedürfnisse des Staates ausgerichtet sei, also auf das Ziel, die Besten in den Staatsdienst zu ziehen. Das impliziert eine Kritik der Grandes Ecoles und ihrer Vorzugsstellung gegenüber der Universität, ausdrücklich auch eine Kritik der Forschungsferne dieser Institutionen. Das impliziert ferner eine Kritik der lebensentscheidenden Rolle der Aufnahmeprüfungen zu den Grandes Ecoles: »Alles läuft so, als ob eine ›Elite‹ sich in Frankreich definierte über den mit zwanzig Jahren errungenen Erfolg bei einem Concours, der, je nach Schule, die Kenntnisse auf einigen wenigen Gebieten prüft: Mathematik oder Physik oder die Sprachen oder Geschichte. Diejenigen, die erfolglos sind, können sich immer noch mit einem Universitätsstudium trösten.«

Der Erfolg beim Concours entscheidet die Berufswahl, nicht das persönliche Interesse des Studenten und nicht das Interesse der Wirtschaft: »Aber die Wahl der Studenten hängt allein von dem Rang ab, den er bei einem Concours erreicht hat, die Reihenfolge seiner Berufswünsche hat weder mit seinen persönlichen Vorlieben noch mit wirtschaftlichen Gegebenheiten zu tun. Die Studenten wählen das gleiche, was schon ihre Väter gewählt haben, die ihrerseits die gleiche Wahl trafen wie ihre Väter. Am Ende des 20. Jahrhunderts, an dem die Raumfahrt, die Telekommunikation, die Elektronik, die Informatik Triumphe feiern, wählen die Studenten immer noch zuallererst die Grandes Ecoles für den Bergbau oder den Straßen- und Brückenbau.« Das Interesse einiger Fraktionen der Wirtschaft, stärkeren Zugriff auf ein als ineffektiv begriffenes Ausbildungssystem zu bekommen, macht hellsichtig für generelle Schwächen dieses Systems, so die radikale Trennung von Tätigkeit und Interesse oder die Erstarrung in der Tradition.

Und die Schüler, die Studenten? Die sind mehrheitlich keineswegs so radikal in ihrer Kritik wie der Direktor von Bull. Ihre Lehrer, die von ihrer 68er Jugend träumen, bezeichnen sie als zynisch, desinteressiert, konformistisch. Und dann plötzlich brechen, von niemandem erwartet, Streiks und Revolten aus, die den Unterrichtsbetrieb lahmlegen, die Medien füllen, die Kommentatoren beschäftigen und die

Politiker für einen Moment zittern lassen. 1986 brachten die Schüler und Studenten den konservativen Erziehungsminister Devaquet zu Fall, der im Prinzip nichts anderes wollte, als gesetzlich festzuschreiben, was ohnehin schon üblich ist: die Selektion nach dem Geld. Es ging zum Beispiel um relativ bescheidene Studiengebühren. Aber das war dann ein Tropfen, der ein Faß zum Überlaufen brachte, von dem man gar nicht glaubte, daß es überhaupt Wasser enthielte. Aber so entstehen Revolten ja häufig, besonders in Frankreich. Die Revolte von 1990 richtete sich im Kern gegen die verschlechterten Lernbedingungen, gegen die großen Klassen (zwischen 1984 und 1988 ist der Anteil von Klassen mit mehr als 35 Schülern von 15 auf 39 % gestiegen), gegen die Verachtung, die sich in den heruntergekommenen Schulräumen, den tropfenden Wasserhähnen, dem bröckelnden Putz ausdrückt. Die Revolte wurde im Gegensatz zu der politischen Revolte von 1968 nicht in erster Linie von den Schülern der traditionellen Eliteanstalten getragen, sondern von den »neuen« Schülern der Vorstadtschulen. Die Forderungen waren, dem skizzierten Schülerbewußtsein entsprechend, Ausdruck einer generalisierten Unzufriedenheit, schulpolitisch aber eher konservativ. Die Lehrprogramme, das Verhältnis zu den Lehrern, die Selektionsverfahren, die Fragen schulischer Teilhabe überhaupt spielten kaum eine Rolle. Man wollte keine andere Schule, sondern einen gesicherten Platz in einer Schule, wie sie früher war, ohne zu sehen, daß man eben dies keinesfalls haben kann.

Die meisten Reformen des Unterrichtswesens haben es so an sich, paradoxe Effekte zu produzieren, so wie die Öffnung der Schulen zur verstärkten Selektion führte. Die Dezentralisierung kann dazu führen, daß sich die antiquierten Strukturen der Pariser Ministerien auf dem Wege der Zellteilung nun in jedem Département ausbreiten. Regionale spezifizierte Concours können dazu führen, daß sich weder Lehrprogramm noch Leistungsanforderungen ändern, dafür aber der lokalen Kungelei eine Hintertür geöffnet wird und so weiter. Nehmen wir das Beispiel der Lehrerausbildung. Seit langem wird zu Recht beklagt, daß die künftigen Lehrer keine pädagogische Ausbildung erhalten. Also gründete man Institute zur Vorbereitung auf den Lehrerconcours (das C.A.P.E.S.), wo neben der Prüfungsvorbereitung auch pädagogische Aspekte vermittelt werden sollen. Die Idee klingt gut. Nur interessieren sich die Kandidaten nicht für pädagogische Fragen, bevor sie überhaupt wissen, ob sie je unterrichten werden. Außerdem ist das ohnehin stark befrachtete Concours-Programm nicht verändert worden, sondern die »Pädagogik« kommt noch hinzu. Und was ist das denn, die Pädagogik? An einigen Universitäten bzw. Akademien ist es dies: Günstlinge des Schulrats studieren mit den desinteressierten Studenten Gesetzestexte über die Pflichten des Lehrers und achten streng auf Anwesenheit. Da ist wenig zu machen, denn diese Fragen liegen ja nicht mehr in der Verantwortung des Pariser Ministeriums, sondern werden von den Praktikern vor Ort entschieden ...

Der Staat reformiert, aber er tut sich schwer damit, entscheidende Momente zu ändern, also zum Beispiel praktisch anzuerkennen, daß man auf sehr verschiedene Weise ein guter Schüler oder Student sein kann. Er öffnet in sozialdemokratischer Absicht die Schulen, aber die Schulen der Nation bieten kaum Möglichkeiten praktischer Partizipation an den lebenswichtigen Entscheidungen, sondern üben zynische Distanz zu allen Institutionen ein. Er versucht, das Interesse an Hochschulausbildung zu wecken, und zeigt den Erweckten hinterher, daß es auf dieses Interesse gar nicht ankommt. Er vermag wenig daran zu ändern, daß viele Studien »Parkstudien« ohne einigermaßen gesicherte Berufsperspektive sind, aber er ermöglicht nicht, daß diese Parkstudien wenigstens Spaß machen.

Aber es ist auch schwer, ein Schulsystem zu ändern, über das alle aus sehr unterschiedlichen Gründen stöhnen – nicht zuletzt die Lehrer –, das aber im Grunde so selbstverständlich wie ein Naturgesetz akzeptiert wird. Es sind nicht nur die Bürokraten im Erziehungsministerium, ehemalige Schüler der Grandes Ecoles, die die Reformen blockieren, sondern es sind Schüler, die sich unter einer anderen Schule nur eine andere Notenarithmetik vorstellen können. Oder wie meine Freundin Françoise, engagierte Krankenschwester in einer psychiatrischen Modellklinik, die den Patienten eine sehr weitgehende Freiheit zurückgab, den Verrückten unter großen Anstrengungen ihre Normalität zu lassen versuchte. Als ich ihr irgendwann beiläufig erzählte, daß es in Deutschland keine Grandes Ecoles gäbe, schaute sie so tief irritiert, wie kein verrückter Patient sie je hätte irritieren können, und fragte ungläubig: »Und das funktioniert?« Das Erschrecken war nicht technisch motiviert. Françoise weiß, daß auch in Deutschland Ingenieure so ausgebildet werden, daß die Brücken nicht einstürzen. Es war auch nicht Ausdruck des Interesses an der Verteidigung des eigenen Status. Sie ist selbst auf keiner Grande Ecole gewesen. Sie beklagt heftig, daß die französische Schule ihren Kindern alle Freizeit raube. Sie reagiert empfindlich auf soziale Ungerechtigkeit. Ihr Erschrecken war ordnungspolitisch motiviert: Sie konnte sich einfach nicht vorstellen, daß eine Gesellschaft stabil sein kann, die keine schulisch hinreichend differenzierte und legitimierte Sozialordnung hat. Ihr Alltag mit den psychisch Kranken, alle Verrücktheiten und Abweichungen dieser Welt erscheinen ihr erträglich unter der Voraussetzung, daß eine bewährte, legitime Ordnung durch das Erziehungssystem garantiert ist. Frankreich ist nur aus der voreingenommenen Perspektive deutscher Urlauber das Land von »Oh là là« und »Laissez-faire«. Frankreich ist zuallererst ein zivilisiertes, traditionsgebundenes, ein zum Verrücktwerden ordentliches Land, das in die Turbulenzen immer schnellerer Modernisierung geraten ist.

TISCHORDNUNG

Leib und Magen in Frankreich

I.
Vom alten und vom neuen Regime

Daß vom Essen gesprochen wird, wenn von Frankreich die Rede ist, versteht sich von selbst. Auf diesem Gebiet stimmt das französische Selbstbild und das Bild, das die anderen von Frankreich haben, ausnahmsweise völlig überein. Jean-Robert Pittes jüngst erschienenes Buch über die »Gastronomie française« beginnt mit dem Satz: »Frankreich ist mit weitem Abstand dasjenige europäische Land, das seiner Gastronomie die größte Bedeutung zumißt, und die Franzosen sind sich seit vielen Generationen mit quasi absoluter Sicherheit darüber einig, daß auf dem Boden ihres Landes die beste Küche der Welt hervorgebracht wird.« Über den Anspruch, der in der Formulierung von der »Grande Nation« liegt, wird außerhalb des Hexagons gern gewitzelt, über die »Grande Cuisine« witzelt niemand. Frankreich ist eine kulinarische Supermacht, auch wenn andere die größeren Küchenbataillone haben. 35 % aller Restaurants auf der Welt sollen chinesisch, 30 % italienisch inspiriert sein, nur 5 % französisch. Aber sie gelten als die besten und sind international die teuersten. Wenn die Amerikaner auch über die nachtblinden Jagdflugzeuge der »frogs«, (der »Froschschenkelesser«) im Golfkrieg lachten – die Speisekarten bei den großen Staatsempfängen im Weißen Haus sind in französischer Sprache verfaßt. Die französische Hochküche findet sich in allen Palasthotels der Welt, auch in Asien, das über Jahrtausende eine eigene Hochküche entwickelt hat. Und die Werbeagentur, die beauftragt war, Schinken aus San Daniele an den französischen Käufer zu bringen, wußte schon, warum sie eine Scheibe dieses Schinkens um eine französische Gabel wickelte und darunter textete: »Die beste Küche der Welt liebt markante Gäste.« Überall auf der Welt müssen

Baskenmützenmänner mit ihrer Autorität helfen, Agrarprodukte zu verscherbeln; Gänselebern aus Ungarn oder Israel machen weite Umwege über das Elsaß bzw. das Périgord, um auf diese Weise den vom Kunden honorierten französischen Adel zu erlangen.

Unsere unsystematisch versammelten Beispiele verweisen freilich nicht nur auf Gaumenfreuden, sondern allesamt auch auf – Ordnungen. Auf eine Rangfolge der nationalen Küchen (die französische vor der italienischen und chinesischen zum Beispiel), auf eine Rangfolge von Gerichten (im Weißen Haus wird man selbst unter Reagan kaum das Dessert als Entrée serviert haben), auf eine militärisch inspirierte Hierarchie der Köche in Brigaden, auf die Konstituierung und Abgrenzung nationaler Identität nach Maßgabe dessen, was man ißt oder verabscheut. Froschschenkel zum Beispiel. Man ist, was man ißt.

Die politischen Ordnungen sind ein bevorzugter Gegenstand der Sozialwissenschaften. Über die kulinarischen Ordnungen wissen wir viel weniger. Dabei ist gar nicht ausgemacht, ob sie weniger eingreifend sind. Essen und Trinken müssen alle vom ersten Lebenstag bis zu dem Moment, zu dem sich der Sargdeckel über dem Toten schließt, dem in einigen Regionen Frankreichs traditionell noch ein bißchen Wein, Brot und Käse mit auf den Weg gegeben wird, während sich die Hinterbliebenen zum Beerdigungsessen versammeln, wo man sich nicht wie in Deutschland mit Streuselkuchen abspeisen lassen wird. Essen müssen die Ledigen, die Verheirateten und die Verwitweten, die Männer, die Frauen und die Kinder. Essen muß man, bevor man wählen kann. Essen muß man noch, wenn man nicht mehr lieben kann. Und immer ißt man nicht nur Produkte, sondern auch Symbole. Die symbolische Ordnung haftet besser als jede klebrige Mehlsoße an jedem Bissen, den wir zu uns nehmen.

Die Tageseinteilung wird vom Essen strukturiert. Das ist eine Selbstverständlichkeit, so selbstverständlich, daß wir es leicht übersehen. Wir wissen auch, daß ein durchschnittlicher Deutscher zum Frühstück anderes auf andere Weise zu sich nimmt als ein Franzose. Die einen wundern sich, wie man so früh am Tag schon Wurst und

Käse verdrücken kann, die anderen begreifen nicht, wie man den Mut aufbringt, mit einem Stück in Café getauchten Weißbrots oder einem Croissant den Tag aufzunehmen. Die Ordnung des Essens greift tief ein in unsere Körper: Ein Franzose hat morgens keinen Hunger, ein Engländer wohl. In Deutschland darf man Termine in die Mittagszeit legen, in Frankreich nicht. Das Essen strukturiert überhaupt die Zeit: Den Sonntagsbraten gibt es nicht am Mittwoch. Es strukturiert den Festkalender: Das Silvesteressen ist anders als das Weihnachtsessen. Es strukturiert religiöse Identität: Darf es in der Schulkantine einer öffentlichen französischen Schule mit hohem Anteil von Kindern arabischer Einwanderer Schweinefleisch geben?

Die Küche, die französische insbesondere, ist hierarchisch geordnet. Curnonski, der sich selbst »Fürst der Gastronomen« nannte, unterschied, dem Verständnis seines Landes entsprechend, die »Haute Cuisine«, die »wie die ›Haute Couture‹ eine der schönsten Zierden Frankreichs ist«, von der »bürgerlichen Küche«, dem »Triumph unserer Köchinnen und Hausfrauen«, diese wiederum von der »regionalen Küche, die durch ihre Verschiedenheit, Reichhaltigkeit und Originalität ihrer unzähligen lokalen Spezialitäten einzigartig in der Welt ist«, diese schließlich von der »Küche aus dem Stegreif«. Man sieht leicht, daß die Ständehierarchie der Küchen zugleich ein Verhältnis zwischen männlichen und weiblichen Köchen festschreibt und das Verhältnis zwischen Nation und Region gleichfalls in eine Hierarchie bringt, vom Fast food (hier noch) nicht zu reden.

Die Tischordnung reflektiert die Gesellschaftsordnung. Die Plätze neben dem Hausherrn und der Dame des Hauses sind Ehrenplätze. Nur außergewöhnliche Ehrengäste dürfen deren Plätze einnehmen, wie wir von Proust wissen, der zeigt, wie die Gräfin von Guermantes der Prinzessin von Parma für ein einziges Mal im eigenen Haus den zentralen Platz überläßt. Generell bedeutet die zunehmende räumliche Entfernung vom einladenden Paar eine gesellschaftliche Abstufung. Talleyrand berichtet das aus der Zeit, als der Hausherr noch das Fleisch tranchierte und den Umsitzenden davon vorlegte. In Talleyrands Anekdote fragt der Hausherr den Gast zu seiner Rechten:

»Darf ich es wagen, mein Herr, Ihnen ein wenig vom Rind anzubieten?« Den zur Linken fragt er: »Erlauben Sie, mein Herr, daß ich Ihnen ein wenig vom Rind anbiete?« Einem etwas weiter entfernt sitzenden Tischgenossen kommt hingegen nur noch die Frage zu: »Gebe ich Ihnen vom Rind?« Noch weiter entfernt reicht ein kurzes »Ein wenig vom Rind?«, während schließlich die am Tafelende Sitzenden mit einem kurzen »Rind?« abgespeist werden.

Die Ordnung schneidet tief in die Sprache ein und tief in den Körper des Tieres. Die besten Gäste bekommen natürlich die »Gustostükkerl«, nach unten hin wird es zäh. Bis heute kennt die französische Sprache den Ausdruck »bas morceau«, bezeichnet also die niederen Stücke für die nieder Gestellten. Ähnlich kann man etwa aus der Sitzordnung bei der Hochzeit (das Brautpaar nebeneinander oder gegenüber; zur Rechten der Brautvater oder Schwiegervater und so weiter) Rückschlüsse über Konzepte der Eheschließung ziehen. Steht also zum Beispiel der Aspekt der Liebesverbindung oder der des Vertragsschlusses zwischen zwei Familien im Vordergrund?

In unserer Kultur dürfen Kinder keine scharfen Gewürze essen (in Mexiko zum Beispiel ist das anders); am Zuckerwerk zu naschen gilt als unmännlich; Frauen essen keine stark riechenden Käse und so weiter. Essen strukturiert den geographischen Raum, so etwas wie einen Weißwurstäquator gibt es in vielerlei Formen. Der Kümmel hat es nie geschafft, die Rheinlinie westwärts zu überschreiten. Die holländische Vorliebe für Wacholder verliert sich gen Süden schon in Wallonien. In Norddeutschland muß man Zucker und Essig zugleich in die Salatsauce rühren, eine Mischung, die in Frankreich Abscheu hervorruft. Solche räumlichen Strukturen implizieren wiederum soziale, etwa die Grenzüberschreitung zwischen den Institutionen der Lebensmittel und denen der Heilmittel beziehungsweise Drogen: Eine Freundin, die uns in Frankreich besuchte, wollte einen Mohnkuchen backen. Sie wurde von der Lebensmittelhandlung an die Apotheke verwiesen und dort um ein Rezept gefragt. Der Mohnkuchen wurde nie gebacken.

Sartre gibt in seiner Autobiographie ein Beispiel, wie der Umgang mit Lebensmitteln eine nationale Identität gibt und zugleich ermöglicht, das Eigene als das Bessere auszusprechen: »... unter uns und leise ... töteten wir die Boches durch Lächerlichkeit; hundertmal hintereinander, ohne daß man es leid wird, lacht man über jenen jungen Lehrer, der bei einem Abendessen seine Melonenscheibe mißtrauisch betrachtet hatte, um sie schließlich ganz und gar, samt Kernen und Schale, zu verzehren. Diese Fehlgriffe stimmten mich zur Milde: die Deutschen sind Wesen niederer Art, die das Glück haben, unsere Nachbarn zu sein; wir geben ihnen etwas ab von unserem Licht.« Dieses Beispiel dürfte schon historisch überholt sein, ist aber beliebig durch modernere zu ersetzen. Französische Austauschschüler werden nach einem Deutschlandaufenthalt zumeist von ihren Eltern mißtrauisch taxiert, ob nicht die in Deutschland dem Vorurteil zufolge übliche exzessive Fresserei sie hat zunehmen lassen, während aus umgekehrter Richtung heimkehrende deutsche Schüler daheim gefragt werden, ob sie denn satt geworden seien, weil insbesondere das Weißbrot hierzulande im Verdacht steht, wenig nahrhaft zu sein und die Franzosen ohnehin den Ruf haben, zu dekadenter Nahrung zu neigen.

Das mögen der Beispiele genug sein für die Ordnungsmacht des Essens, die so umfassend, so weit und so tief verwurzelt ist, daß man sie so selbstverständlich übersieht wie den Wald zwischen den Bäumen. »Die Küche einer Gesellschaft ist eine Sprache, in die sie unbewußt ihre Struktur einfließen läßt, wenn sie sich nicht, ohne es besser zu wissen, damit begnügt, darin ihre Widersprüche zu entschleiern.«

1. In einen Topf geworfen: Kulinarischer Lebens-Wandel des gallischen Hahns

Der Versuch, sich der Struktur der französischen Gesellschaft im Sinne von Lévi-Strauss durch die Hintertür der Küche zu nähern, ist allerdings nicht ganz einfach zu bewerkstelligen. Man bekommt die

Resultate nicht auf dem Tablett serviert. Die Bedingung dafür, daß eine komplexe Gesellschaft ihre Struktur in die Küche einfließen lassen kann, ist ja, daß diese ihrerseits komplexe Strukturen aufnehmen kann, kurz: komplex ist. Freilich wird sie selten als komplex wahrgenommen, schon längst nicht vom Ausland aus. Was die Sprache der Küche anbelangt, hilft man sich gern mit Küchenlatein, eng verwandt mit dem Jägerlatein.

Die französische Küche, mag sie auch bei besorgten Müttern in Dekadenzverdacht stehen, hat auch in Deutschland einen unzerstörbar guten Ruf. Sie gehört ins Bild von »O là là«, »Ausgelassenheit und Lebensfreude«, von dem schon die Rede war. »Die Franzosen«, so sagt meine weltläufige Friseuse aus dem Frankfurter Bankenviertel, »nehmen sich noch Zeit fürs Essen. Die haben noch ein Gefühl für das, was im Leben wirklich wichtig ist.« Dann folgen Elogen auf einfache Landgasthäuser, auf nicht enden wollende Festessen, auf provenzalische Märkte. Sie war vor fünfzehn Jahren einmal dort, kurz nach der Lehre. Sie hat auch ein Kochbuch von Bocuse, das dickleibige, mit dem man nichts anfangen kann, wenn man kein Restaurant aufmachen will. Aber das macht sie dem Autor nicht zum Vorwurf. »Allein die Bilder ...«

Das Bild meiner Friseuse ist von der Sehnsucht inspiriert. Vielleicht auch ein wenig von den Küchenabteilungen in der bunten Presse, die es aber eben auch vor allem darauf anlegt, Sehnsüchte gegen bar zu bedienen. Man sollte es nicht vorschnell der Naivität zeihen, denn es unterstreicht wichtige Ingredienzen, aus denen sich unser (Vor-)Geschmack an der französischen Küche bildet: Frankreich hat die berühmtesten Köche und die berühmtesten Restaurants. Vor allem aber ist Frankreich ein Land, wo *alle* die Eßkultur pflegen, wo alle gut essen.

Als das *Zeit-Magazin*, die bunte Beilage des deutschen Wochenblattes für Intellektuelle, im Jahre 1983 anläßlich des 20. Geburtstages des deutsch-französischen Vertrags ein Sonderheft über Frankreich machte, durfte neben einem Artikel von Alfred Grosser über Deutschland und Frankreich im Allgemeinen, neben einem Portrait der deutschen Botschaft im Palais Beauharnais, neben der wirtschaftlichen und technischen Zusammenarbeit, neben einem Artikel über die Französinnen auch ein Artikel über die Küche nicht fehlen. Der Verfasser war Wolfram Siebeck, Deutschlands bekanntester Eßkritiker. Er schreibt dort aber nicht über einen der bekannten Küchenstars, sondern über französischen Küchenalltag. Der Titel: »... und im Topf schmurgelt ein Coq au vin. Wolfram Siebeck war Gast in der Wohnküche der Winzer- und Bauernfamilie Maugey.«

Der Titel schon bringt so vieles zum Klingen, was man sich gern unter französischer Küche vorstellen mag. Zunächst ist da der Hahn, der gallische. Er schmurgelt. Schmurgeln ist sanft, gemütlich. Wer schmurgelt, hat Zeit. Der Hahn schmurgelt aber nicht einfach so, sondern im Wein. Nicht in irgendeinem Wein. Man darf vermuten, er schmurgelt in Rotwein. Rot paßt neben Weiß und Blau am besten zum gallischen Hahn. Der Wein wird wohl selbstgemacht sein. Wie anders bei einer Winzerfamilie? Selbstangebaut bzw. selbstgezüchtet, so kann man vermuten, dürfen wohl auch die anderen Bestandteile des Mahles sein. So ist das bei Bauernfamilien. Bauernfamilien sind auch gastlich. Ihr häusliches Leben ist ganz um den Herd gruppiert, sie leben in der Wohnküche.

Der Titel hat nicht zuviel versprochen. Die Maugeys, »urkundlich zum ersten Mal im 15. Jahrhundert erwähnt«, leben in einem Dorf in der Nähe von Bordeaux. Ihr Haus sieht so aus wie vor 50 Jahren. Es wird ein Geburtstag gefeiert, zwölf Personen nehmen am Festmahl teil. Die Maugeys sind sympathische Menschen, keine Gülle- und Quotenbauern, sondern Anhänger biologischen Anbaus. Wie wir schon vermuteten, sind sie Selbstversorger. Da kratzen die Hühner und watscheln die Enten. Die Maugeys sind nicht wohlhabend. »Nach unseren Begriffen sind die Einwohner von Saint-Germain-de-Puch arm.« In der Formulierung liegt eine gewisse Unschärfe. Wer ist »unseren«? Meint der Berichterstatter sein persönliches Einkommen? Das seiner Leser? Wahrscheinlich meint er: »nach deutschen Begriffen«. »Wir« sind reich, »die« haben Eßkultur.

Trotz der Armut ist jedenfalls sorgfältig gedeckt, »wie in einem

Restaurant: pro Platz zwei Teller, zwei Bestecke, drei Gläser in verschiedenen Größen; die Servietten sind aus Leinen.« Und dann wird gegessen und getrunken. Als Amuse-Gueule »Nüsse, Mandeln und ... in Scheiben geschnittene, mit Fleischfarce gefüllte Entenhälse.« Als Entrée »eine riesige Platte, auf der Crevetten sowie Fischstücke, russische Eier, Oliven und Tomaten angerichtet sind.« Darauf eine »durchpassierte Gemüsesuppe mit kleinen Nudeln«, dazu Stangenbrot aus einer »Spezialbäckerei«. Dann der erwartete »Coq au vin«, gefolgt von einem *confit d'oie*, eingelegtem Gänsefleisch mit selbstgesuchten Steinpilzen. Damit nicht genug. Es gibt noch gegrillte Hühner, eine Torte, Kaffee, in Alkohol eingelegte grüne Pflaumen sowie einen Cognac. Der Hausherr serviert passend dazu fünf verschiedene eigene Weine. »Ja, so wie heute essen die Maugeys an allen Feier- und Festtagen und meistens auch sonntags. Die Kinder, soweit sie in Reichweite wohnen, sind dann immer dabei. In der Woche lebt man bescheidener: Suppe, Fleisch und Käse oder eine Süßspeise zu Mittag; abends Suppe und Fisch oder eine Eierspeise.« Aber an solchen Tagen ist die Köchin nicht recht glücklich, »für die Essen und Essenkochen die schönsten Beschäftigungen der Welt sind«. Wie sagte sie noch dem Ehrengast, der selbstverständlich neben ihr am oberen Tafelende plaziert war, obgleich sie Talleyrand gewiß nicht gelesen hat: »Während der Weinlese ist es am schönsten! Dann koche ich täglich für 20 Personen! Es ist ein ununterbrochenes, grandioses Fest!« Das beschriebene Mittagessen braucht natürlich seine Zeit. Als der Cognac getrunken wird, ist es dunkel. Die Familie räumt auf und stellt, wie der Chronist berichtet, den Fernseher an, um »Dallas« zu sehen.

Das ist ein hübscher Schlußpunkt. Bedeuten soll er wohl: Die französische Kultur, die sich auf vielen Lebensgebieten dem Hollywood-Internationalismus willig hingibt, widersteht allem Zerfall auf kulinarischem Gebiet. Hier ist die Welt noch in Ordnung, hier ist Frankreich, wie es immer war: arm, ländlich, traditionell, langsam, genußsüchtig und genußfähig, strukturiert durch die Großfamilie. Hier kocht die Mutter noch willig, hier kommen die Kinder gern nach

Hause, wenn sie nicht gleich dort geblieben sind, hier wird auch sonst Wert auf das Natürliche gelegt (bei den Hühnern und Enten zum Beispiel), hier herrscht dennoch Opulenz, Lebensfreude, hier ist fürstlich gedeckt, hier stimmt die Speisenfolge, hier garantiert nicht nur der Wein die Harmonie. Glückliches Frankreich, Land der Gourmets, wo das Leben ein einziges Fest ist!

Schade, daß die Maureys nicht an der großen Umfrage teilgenommen haben, die das renommierte IPSOS-Meinungsforschungsinstitut im Auftrag der größten französischen Eßzeitschrift (Gault&Millau-Magazine) im Jahr 1989 durchführte. Die repräsentativ ausgewählten französischen Gourmets bekamen zehn Fragen vorgelegt. Die Resultate muß man sich auf der Zunge zergehen lassen: Nur 12 % konnten die vier Hauptgeschmacksrichtungen richtig unterscheiden (süß, salzig, sauer, bitter). 42 % konnten keine drei Kartoffelsorten beim Namen nennen. Ähnlich sieht es beim Fleisch aus, selbst beim bevorzugten, dem Rindfleisch. Nur 5 % wußten, daß man Tournedos oder »Rosbif« auch grillen kann. Nur 1 % nannte die Rinderschulter als zum Grillen geeignetes Fleisch. Würde Talleyrand heute fragen: »Rind?«, bekäme er vom Tafelende die Antwort: »Weiß nicht«. Nicht einmal die Hälfte der Befragten vermochten sich vorzustellen, was denn wohl ein Milchkalb sein könne.

Und die Saucen? Gerade fünf Prozent wußten, daß in die überall servierte Sauce béarnaise keine Sahne gehört. 14 % konnten Auskunft geben über den Unterschied zwischen dem Stockfisch und dem Kabeljau. 53 % gaben richtig an, daß der Roquefort aus Schafsmilch gemacht wird. Aber da gibt es ja auch nur zwei Alternativen, wenn man die Kokosmilch als mögliche Antwort mal außer acht läßt. Und der Wein? Der bekannteste, der Beaujolais? Gerade 5 % derer, die ihn alljährlich ab 15. November in unreifer Form laut und heftig begrüßen, bringen ihn mit der Gamay-Traube in Beziehung.

Das Gault&Millau-Magazin faßt traurig zusammen: »Mehr als drei Jahrhunderte nach der Erfindung der ›Haute Cuisine‹ am französischen Hof und zwei Jahrhunderte nach der Erfindung des Restaurants während der Revolutionszeit trübt unsere durch zahlreiche

Erfahrungsberichte bestätigte Umfrage das schöne Bild, das wir von uns selbst haben. Wir halten uns immer noch kollektiv für die besten Feinschmecker der Erde, während nur 1 % von uns richtige Antworten auf zehn einfache Fragen zum Essen und zum Wein haben, nur 37 % wenigstens auf fünf dieser Fragen! Vorbei unsere chauvinistische Selbstzufriedenheit, Risse in einer schönen Konstruktion? Zerfiele sie wirklich, wäre das ein gutes Stück unserer Kultur und unserer Seele – von unserer Wirtschaft nicht zu reden –, die da verschwinden würde.« Man ahnt, der Konjunktiv bereitet einen Versuch vor, doch ein paar Stücke von der französischen Seele zu retten.

Aber stimmen wir nicht zu schnell in das »gerettet« ein, sondern sehen wir uns noch ein wenig im französischen Küchenalltag um. Die Lust auf »Dallas« ist nicht mehr wie bei den Maugeys auf das Fernsehen beschränkt. Lange Zeit schien es, als könnte die geniale Erfindung der kalifornischen Gebrüder McDonald, die immerhin aus dem Jahre 1954 stammt, in Frankreich nicht Fuß fassen, sondern nur in einer wüsten Kultur gedeihen. Zwischen 1972 und 1978 entstanden in ganz Frankreich gerade eben 28 Schnellrestaurants nach amerikanischem Modell. Die Bürger der Republik aßen die Burger nicht, und selbst die Kinder von Marx und Coca Cola konnten sich mit ihnen nicht anfreunden. Der im heutigen Französisch überaus geläufige Begriff Fast food war noch ein Fremdwort, man sprach vornehm wie Curnonsky von der »Cuisine impromptue«, wenn man so etwas überhaupt in den Mund nehmen mußte. Aber wie so häufig war auch Mariannes Treue zum guten Alten nicht von Dauer, als der schlechte Neue lockte. Zwischen 1978 und 1985 verdoppelte sich jedes Jahr die Zahl der neueröffneten Schnellrestaurants. 1985 waren es 795. Heute sind es Tausende, vielleicht Zehntausende. Ich will es gar nicht wissen. Natürlich sind das nicht nur Filialen des kalifornischen Brüderpaares mit dem großen »M«, sondern auch Pizzereien, Briochereien und Sandwichereien. Am Prinzip ändert das wenig, am Geschmack nicht viel. Um Geschmack geht es ja auch gar nicht, sondern um ein schnelles Faustpfand gegen den Hunger, um das, was in den sechziger Jahren die damals von unseren französischen Gästen so ungläubig bestaunten Würstchenbuden für unsere Kultur waren.

Natürlich wissen die Statistiker auch, wer die Burger kauft. Der typische Hamburgeromane ist unter 25 und noch nicht berufstätig. Er gibt sich seinem Vergnügen vorwiegend allein hin. Handelt es sich um Familienväter, so sind sie fast immer unter 40, sind es Mütter, so sind sie häufig alleinerziehend. Dem Burger gehört einsam die Zukunft. Ob vielleicht sogar die Maugey-Kinder wochentags, wenn sie nicht bei Mutter am Tisch sitzen und Siebeck nicht dabei ist, auf die Schnelle mal aushäusig ins schlaffe Brötchen beißen?

Selbst die französische Familie, in der noch alles in Ordnung ist, wo also die Mutter nach der Arbeit noch schnell einkauft und daheim für ihre Lieben ein richtiges Essen unter die Mikrowelle schiebt, ist gegen Überfremdung nicht gefeit. Der Couscous gehört zum Beispiel mittlerweile zu den Lieblingsessen der Franzosen, liegt hinter dem Boeuf Bourguignon, kommt aber noch vor der Entenbrust.

Was also? Hat Siebeck gelogen oder, wie üblich, die Statistiker? Oder war Siebeck in einer Art französischem Volkskundemuseum? Hat er für reiche, städtische, traditionsvergessene, schnelle, genußunfähige Haushalte von »Dallas«-Verächtern, aus denen die Kinder ausgezogen sind und wo Mutti den neuen Küchenherd in edelstahlbewehrter Profi-Line nicht anwerfen mag, ein Traummenü aus Armut, Land, Natur, Tradition, Langsamkeit und so weiter ge(schmuh)rgelt? Oder werden die Kunden der Schnellrestauration schon noch auf den Geschmack kommen, wenn sie in die Jahre kommen und eine willige Ehefrau sich jeden Tag ein Fest daraus macht, sie zu verwöhnen? Wird die Nationale Front den Couscous mit den Einwanderern in seine Heimat zurückdrängen können?

Vielleicht hat niemand gelogen, aber es gibt verschiedene Wahrheiten. Verschiedene Küchen gab es ja schon immer. Aber sie fügen sich nicht mehr der Ständeordnung des Fürsten Curnonsky. Vielleicht kennen sie verschiedene Geschwindigkeiten, fast food und slow food? Vielleicht zerfällt nun auch in den Küchen die alte Kolonialordnung? Algeriens Rache?

Jedenfalls ist auch das Feld der französischen Küche unübersichtlich geworden. Einigkeit herrscht nicht einmal darüber, ob sie denn nun besser geworden ist oder schlechter. Darüber gibt es eine »Querelle des anciens et des modernes«, die nicht weniger erbittert geführt wird als die des 17. Jahrhunderts, geht es doch nicht um so ferne Angelegenheiten wie die Qualität der griechischen Literatur, sondern um Leib- und Magenthemen.

Die Vertreter des Alten sehen Frankreich geschlagen in Fast-food-Ketten, sehen den Einkaufskorb ersetzt durch die Caddys der Supermärkte, die Handwerkskunst der Hausfrauen ersetzt durch den Schund der Agrarindustrie. Sie weisen mit spitzem Finger auf fluoreszierende Verpackungen um hygienische Hühnerbeine, auf den Hummer, der durchs Einfrieren zum Gummitier geworden ist. Sie entdekken in den Regalen der Spezialgeschäfte für den Gastronomiebedarf die Sprühdosen, aus denen fluorchlorkohlenwasserstoffgetrieben eine Geruchssimulation des herrlichen Dufts von frischem Brot entweicht – gedacht für Brotdepotstationen, die noch so tun, als seien sie Bäckereien, gedacht also, um die Kunden an der Nase herumführen zu können. Überhaupt das Brot. Die Baguette, die ein jeder unter dem Arm tragen muß oder es ist nicht Frankreich, krümmt sich heute meist schlapp unter dem Arm, ehe Monsieur zu Hause angekommen ist. Der Käse riecht nicht, schmeckt nicht, altert nicht, hat aber auch eine hübsche Verpackung bekommen. Kein Wurm darf mehr in die Nahrungsmittel, dafür ist er nun im Kern der ganzen Lebensmittelversorgung und -zubereitung. Apropos: 67 % aller verkauften Äpfel sind heute »Golden«, die bekanntesten fünfzig traditionellen Sorten teilen sich ganze sieben Prozent des Marktes. Beispiele über Beispiele.

Auch die Grande Cuisine bleibt nicht von den Kassandrarufen verschont. Joël Rebuchon, einer der größten unter den großen französischen Köchen, beziffert die Zahl der Kenner unter seinen Gästen öffentlich auf höchstens 10 %, von anderen kann man hinter vorgehaltener Hand noch viel Schlimmeres über den ignoranten Snobismus der zahlungskräftigen Klientel der Spitzenrestaurants hören.

Die Parteigänger des Neuen können das alles nicht leugnen, aber auch sie sind nicht ohne Argumente. Was hat er wohl getrunken, der wohlgenährte Franzose im Unterhemd, den uns Cartier-Bresson auf seinem berühmten Photo »Das Pique-Nique an der Marne« zeigt? Billiger Massenwein aus dem Languedoc, verschnitten mit hochprozentigem algerischem Roten, wird in der üblichen Literflasche mit den drei Sternen darauf gewesen sein, aus der er sich bedient. 12 %, 13 % oder 14 % Alkohol – das war die Wahl, die die meisten Franzosen früher hatten, wenn es um den täglichen Wein ging. In der Schokolade war wenig Kakao, der Kaffee schmeckte nach Robusta, der Essig war nur sauer, das Angebot an frischem Gemüse war bescheiden, von den Milchprodukten ganz zu schweigen. Man aß Kohlsuppe, Kartoffeln, Brot. Fleisch war im Kochgeschirr der Arbeiter kaum zu finden, höchstens ein paar zweifelhafte Stücke auf dem sonntäglichen Tisch. Von 1925 auf 1980 ist der durchschnittliche jährliche Pro-Kopf-Verzehr an Brot von 146 auf 62 Kilo gesunken, der von Kartoffeln von 178 auf 84, während der Fleischverbrauch von 41 auf 110 Kilo stieg. Warum die ewige Klage über den Untergang der Baguette, ohne zu erwähnen, daß es seit einigen Jahren eine nie gekannte Vielfalt an verschiedenen Brotsorten auf dem französischen Markt gibt?

2. Auf den Tisch gepackt: Erfahrungen mit dem Essen im gegenwärtigen Frankreich

Man sieht, den Kontrahenten der »Querelle« über die gegenwärtige französische Küche fehlt es nicht an Argumenten. Man sollte diese Querelle nicht zu einer »Querelle d'Allemands« machen – so nennt man in Frankreich den Streit um Kaisers Bart. Dennoch bleibt die Frage: Wie essen sie denn nun heute, die Franzosen? So wie die Maugeys oder so wie die Brüder McDonald?

Die Frage läßt sich auch dann nicht leicht entscheiden, wenn man die Erfahrungen auf den Tisch packt – gerade dann, wenn es viele Erfahrungen gibt an vielen Tischen. Aber ich will es versuchen – Repräsentativität strikt ausgeschlossen.

Vieles hängt schon davon ab, womit ich anfange. Ich könnte zum Beispiel anfangen mit dem ersten Abend in der ersten Wohnung, die ich in Frankreich bezog. Ich hatte sie unbesehen gemietet. Ich kannte aber Photos von ihr, die so ziemlich alles zeigten, was für mich zu einer bürgerlichen französischen Wohnung gehörte. Brokattapete zum Beispiel, Kristallüster, imitierte Louis XVI-Möbel, ein Kamin, viele hohe, goldgefaßte Spiegel – die ganze Filmkulisse bis hin zu den eiförmigen Türgriffen aus weißem Porzellan. Die Vermieter wohnten nicht im Haus. Ich holte mir den Schlüssel bei einem älteren Herrn, der gegenüber im ehemaligen Dienstbotenzimmer wohnte. Der ältere Herr machte einen vernachlässigten Eindruck, sein Zimmer nicht minder. Es roch deutlich. Sein Bett war nicht bezogen. Meine Wohnung, zu der er mir den Schlüssel gab, gefiel mir auch nicht. Sie war traurig, verstaubt, viel zu groß für meine kleine Ausländereinsamkeit. Der Kühlschrank war leer. Aber ich mochte auch nicht essen gehen. Es ist nicht schön, allein essen zu gehen, wenn man sich einsam fühlt.

Sie können sich den Rest denken. Ja, es klopfte. Punkt halb neun, nach den Abendnachrichten im ersten Fernsehprogramm. Draußen stand mein Nachbar. Ob ich bei ihm essen wolle. Ich hätte doch bestimmt noch nichts gegessen. Und das nach der langen Reise. Ich willigte sehr rasch ein, trotz der Erinnerung an den Geruch. Aber es roch auch nicht mehr unangenehm. Es duftete nach Braten, nach geröstetem Fleisch, nach Küche eben. Auf einem klapprigen Gartentisch war sorgfältig für zwei Personen gedeckt. Brot, Wein, Servietten. Eine Platte mit Salami, Schinken und Oliven als Vorspeise. Ein großes, noch leicht blutiges Entrecôte mit grünen Bohnen und Kartoffelgratin als Hauptspeise. Drei Sorten Käse, darunter ein vorzüglicher Roquefort, ein Korb mit Obst. Wein, Kaffee, Cognac. »Nichts Aufwendiges, wissen Sie, ich wußte ja nicht, daß Sie heute ankommen würden.« Es stellte sich heraus, daß mein Gastgeber Koch gewesen war. Sogar in Deutschland hatte er gekocht, in Baden-Baden, wo alle Franzosen schon einmal waren. Er konnte sich daran erinnern, daß die deutschen Gäste ihr Rumpsteak dort immer durchgebraten wünschten, und war deshalb in Sorge, mein Entrecôte könne mir nicht munden. »Aber ich habe es dennoch nicht durchgebraten. Es verliert dann ja alle Kraft.«

Ich erinnere mich, daß ich darüber erstaunt war, wie sorgfältig mein Gastgeber mit dem Wein umging. Es wurde mäßig getrunken. Ein Glas zur Vorspeise, eines zur Hauptspeise, eines zum Käse. Dann kam der Korken auf den kleinen Rest in der Flasche. Kein Wein mehr nach dem Cognac, keine Spur von Besäufnis oder Verbrüderung. Das ganze Essen war ein Muster ritueller Ordnung inmitten altjunggeselliger Unordnung. Jedenfalls war es sehr wohltuend. Ich fühlte mich aufgenommen in Frankreich, gestärkt an Leib und Seele.

Ich könnte natürlich auch mit den französischen Au-Pair-Mädchen anfangen, die wir in Deutschland hatten. Sieben waren es insgesamt. Alle zwischen 18 und 22 Jahren alt, alle mit Abitur, zwei mit abgeschlossenem Deutschstudium. Alle mit mancherlei Fähigkeiten. Kochen gehörte in keinem Falle dazu. Isabelle beherrschte ein einziges Gericht, ein vorzügliches Auberginengratin, das sie aber selten bereitete, weil danach die Pfanne immer verkohlt war. Florence war auf Quiche Lorraine spezialisiert. Cathy konnte Nudeln mit bologneseähnlicher Sauce sowie Hühnchen mit Currysauce und Reis bereiten. Sandy verfertigte abwechselnd Pizza und Quiche Lorraine. Zwei weitere Au-Pair-Mädchen konnten nicht einmal Dosensuppen aufwärmen, ohne sie anbrennen zu lassen. Das war der gesamte kulinarische Ertrag von sieben Jahren. Schließlich war da noch Cécile, das letzte unserer Au-Pair-Mädchen. Die konnte ebenfalls nicht kochen, mochte aber auch nicht mit uns essen. Wegen ihres »régime«, wie sie sagte. Damit meinte sie nicht die Regierungsform. »Régime« ist nicht nur das französische Wort für die Staatsform (»Ancien régime« nennt man zum Beispiel die vorrevolutionäre Herrschaft), sondern heißt auch »Diät«. Cécile hielt tagsüber strenge Diät, um nachts in der Küche mehrere mit ganzen Flaschen flüssigen Süßstoffs getränkte Brotlaibe zu verschlingen. Cécile litt an Bulimie. Obwohl das eine Krankheit und keineswegs nur eine Marotte ist, war es für uns schwer erträglich. Es war so, als ob jemand aus unserer Ordnung herausfiele.

Was also? Die Küche als Element der Gastlichkeit, des Qualitätsbewußtseins, der Ordnung inmitten der Einsamkeit und Unordnung – oder die Küche ohne Materialbewußtsein, ohne Handwerksfähigkeit, ohne Interesse, im schlimmsten Falle: der verkehrten Welt, der einsamen Sucht? Küche als Genuß oder Küche zum Kotzen? Kennen sich nur noch die Alten mit der Küche aus, die Jugendlichen nicht mehr? Oder können doch nur Männer kochen? Oder ist die Küche der Ersatz alter Männer für Freuden, die junge Mädchen woanders suchen?

Natürlich liegen die Extreme nicht immer so weit auseinander. Vieles hängt, so meine Erfahrung, davon ab, ob man allein oder im Familienzusammenhang lebt. Nehmen wir zunächst drei Alleinlebende unter meinen Bekannten. Zwei Frauen, ein Mann. Alle drei schlank, beruflich erfolgreich, ca. 35 Jahre alt. Alle drei berichten davon, daß der Alltag in ihren Herkunftsfamilien stark durch das Essen strukturiert war, das immer von den Müttern zubereitet wurde, obgleich alle drei Mütter berufstätig waren. Während der Schulzeit täglich ein Frühstück nach französischer Art, Mittagessen in der Schulkantine, deren Essen im allgemeinen als widerlich erlebt wurde, gemeinsames warmes Abendessen, in dem jeweils eine Gemüsesuppe eine zentrale Rolle spielte. Das Essen war nicht wesentlich Genuß, sondern Nahrungsaufnahme nach recht strikten Regeln. Für den Genuß gab es das Sonntagsessen und gelegentliche Familienfeste.

Heute kocht sich keiner der drei regelmäßig die früher im Elternhaus obligaten zwei Mahlzeiten. Frühstück, Mittagessen in der Kantine, in der Mensa, manchmal mit Kollegen in einem billigen Restaurant. Abends das, was sich im Eisschrank findet. Der Fernseher darf ruhig laufen, wenn niemand dabei ist. Die Wohnungen sind nicht groß genug, um wirklich Gäste zum Essen einzuladen. Ein separates Eßzimmer hat keiner, die Küchen sind klein. Die beiden Frauen kochen ungern, vermutlich deshalb, weil das die Tätigkeit war, mit der sich ihre Mütter um die Freizeit gebracht haben. Sie haben aber durchaus Kriterien, ein korrektes Essen von einem mißlungenen zu unterscheiden. Sie könnten kochen, wenn sie wollten oder müßten, es fehlt aber die Lust und die Übung. Es wird (relativ) wenig Geld für das Essen ausgegeben. Die Wohnung, Reisen, Kultur spielen finanziell hingegen eine weit größere Rolle als in den Haushalten ihrer Eltern. Das gilt auch für Jean-Pierre. Der freilich hat Kochen als Hobby entdeckt, hat es binnen kurzer Zeit mit wissenschaftlicher Akribie, Fleiß und Talent gelernt. Wenn er kocht, kocht er weit besser, als seine Mutter kochte. Es kostet auch mehr – wie ein Hobby eben.

Für die Frauen dieser Generation kann Kochen hingegen offenbar kein Hobby sein. Sie können sich nur dadurch definieren und gegenüber der Lebensweise der älteren Generation abgrenzen, indem sie nicht kochen. Bei den Männern ist es genau umgekehrt. So kenne ich denn auch nur Männer, die entweder vorzüglich kochen oder unfähig sind, auch nur Wasser zum Sieden zu bringen. Den alleinstehenden Frauen dieser Schicht und Generation macht das Kochen zuwenig Spaß, um es wirklich gut zu betreiben, sie sind aber doch noch soweit in eine Tradition eingebunden, daß sie nicht ganz ohne Kenntnisse dastehen.

In den Familien verlaufen die Widerspruchslinien anders. Am besten wird nach meiner Erfahrung in Familien gegessen, wo es noch eine Spezialistin für diese Tätigkeit gibt. »Und drinnen waltet die züchtige Hausfrau, die Mutter der Kinder.« Im Elsaß kenne ich eine Winzerfamilie, da ist es ungefähr so wie bei den Maugeys. Eine Großfamilie, eine lange kulinarische Tradition, Produktkenntnis durch eigenen Landbau, körperlich arbeitende, hungrige Esser, Arbeit in der Nähe des Wohnorts, Essen und Trinken als naturaler Lohnbestandteil der Saisonkräfte, Wohlhäbigkeit – das alles und noch viel mehr läuft in der Küche der Familie G. zusammen wie das Wasser im Mund.

Auch in der Familie von Anne-Marie wird gut gegessen. Ihr Mann ist Handwerker mit sehr bescheidenem Einkommen in einem kleinen südfranzösischen Dorf. Er kommt mittags zum Essen nach Hause. Es gibt keine Kantine für ihn. Das Restaurant wäre viel zu teuer. Er verdient das Geld, sie sorgt dafür, daß nicht zuviel davon ausgegeben wird. Der eigene Garten spielt eine große Rolle. Nichts, was dort geerntet wird, kommt um. Man gibt anderen von dem, was man erntet und bekommt auch von deren Überflüssen. Anne-Marie kennt die Preise auf dem Markt. Sie kauft, was in der Saison angebaut wird, weil es am billigsten ist. Sie kennt die Stände auf dem Markt, häufig auch die Produzenten. Die Ökonomie erzwingt Verhaltensweisen, die woanders teuer als »Küche des Marktes« verkauft werden. Feines Fleisch ist natürlich den Festtagen vorbehalten. Und auch dann versucht Anne-Marie, das Fleisch für die traditionelle Lammkeule von einem Schäfer der Region zu kaufen, nicht im Supermarkt der nahen Großstadt, wo sie regelmäßig einkauft – aber selten Nahrungsmittel. Anne-Marie hat Zeit. Zeit ist gut für gute Küche.

Madame D., Arbeiterin in der Nähe von Lille, fünfzigjährige Mutter einer Familie mit drei Kindern, hat selten Zeit. Mittags essen unter der Woche alle in der Kantine, abends zu Hause. Wo sonst? Sie kocht. Wer sonst? Sie kauft auch ein. Wer kocht, kauft ein. Wie sonst? Sie gehört zu den Frauen, die abends zwischen 18.00 Uhr und 19.00 Uhr durch die Supermärkte rennen. Obwohl die Ladenschlußzeiten vernünftiger sind als in Deutschland: Millionen berufstätiger französischer Frauen rennen abends zwischen »Boulot« (Arbeit), »Métro« und »Dodo« (Schlafen) gehetzt durch Supermärkte. Die Männer haben ja schließlich den ganzen Tag gearbeitet und haben ein Recht auf pünktliches Abendessen, bevor das Hauptprogramm im Fernsehen beginnt. Kochen unter dem Diktat der Zeit. Frau D. kocht dennoch gern und gut, aber nur am Wochenende und zu den Festen. Während der Feste ist es besonders wichtig. Das Fest ist nur Fest wegen des Essens. Das Essen hat den Kirchgang ersetzt, die Dorfgemeinschaft, das Treffen der KP-Zelle. Zu den Festen essen die D.s besser, als sie es sich – an deutscher Elle gemessen – eigentlich leisten könnten. »Die Franzosen geben eben ihr Geld fürs Essen aus«, würde ein deutscher Besucher sagen. Das wußte er ja schon. Übrigens ist Madame D. magenkrank. Sie kann nur weniges von dem essen, was sie zubereitet. Aber sie kocht dennoch gern an Festtagen. »Was sollte denn sonst werden?«

Doch, doch, Dank und Anerkennung bekommt sie schon. Sie wird wie die Winzerfrau G. und wie Anne-Marie zu den Frauen gehören, von denen die Söhne und Enkel sagen werden, daß es bei Großmutter am besten geschmeckt hat. Ihre Legende ist schon angerichtet. Kochen ist in Frankreich eine Großmütter- oder Großtantenlegende geworden. Da sind die Beispiele in meiner Bekanntschaft Legion. Zum Beispiel bin ich überzeugt, daß Jacques einen Ruf nach Paris letztlich deshalb abgelehnt hat, weil er dann nicht mehr regelmäßig bei seiner Mutter Couscous essen könnte. Marcel, mit einer Künstlerin verheiratet, liebt Mutterns Seezunge über alles. André geht, wenn er besondere Gäste hat, hinunter in die Garage (Stadtwohnungen haben selten Keller) und holt mit großer Geste ein Glas Gänseleberpastete, die Mutter daheim im Aveyron eingemacht hat. Da kann seine Frau schmurgeln, was das Zeug hält, die Gänseleberpastete ist das Zentrum des Essens.

Das Zeug zur Legende, das hat man von Mutter. Bei den Küchenstars ist das nicht anders. In ihren Kochbüchern danken sie regelmäßig irgendeiner Mutter oder Tante für die Erweckung ihres Talents. Sogar die Werbung macht eine Ausnahme vom Jugendkult und mischt die Altvorderen in ihre Lockmasse. »Bonne Maman«, »Grand-Mère« oder »Mami Nova«, assistiert von »Marie«, von »Uncle Ben« oder »Papi Brossard« sind keineswegs überall verdrängt von den Mineralwasserjungfrauen, den sportlichen »Light«-Mädchen oder den schlanken, weißen Müttern der Joghurt-Kulturen. Aber vielleicht hat der kulinarische Mutter- oder Großmutterkult auch gar nichts damit zu tun, ob diese Mütter oder Großmütter wirklich kochen konnten. An der Mutterbrust schmeckte es allemal am besten, und die meisten kommen davon niemals wirklich los. Die Eßkultur ist der Regression benachbart, ein Hort des Wunsches nach dem Vertrauten – nicht nur in Frankreich.

Wenn beide Partner kochen, ist der kulinarische Ahnenkult meist weniger ausgeprägt. Handeln, Handwerkskunst, Neugier auf Neues – das kann ohne Idealisierung des Vergangenen auskommen. Ich kenne einige Familien, in denen beide Partner kochen können und kochen mögen, meist mittelständische Akademikerfamilien. In diesen Fällen ist man meist nicht streng festgelegt in den Einkaufszeiten, eher arm an Zeit als arm an Geld. Mit der Strenge der Rollenverteilung hat sich auch die strenge Bindung des guten Essens an Fest- und Feiertage gelockert, wie generell die Essenszeiten flexibler, den Arbeitsrhythmen angepaßt worden sind.

Am besten ißt man wohl entweder in ländlich geprägten Familien mit traditioneller Struktur oder bei gutverdienenden Hobbyköchen zumeist männlichen Geschlechts. Das Einkommen spielt eine wichtige, aber keineswegs entscheidende Rolle. Auch die meisten Reichen haben keine Köche und Dienstboten mehr. Das Essen kommt von Fauchon oder Lenôtre. Es ist nie schlecht, aber auch nie bemerkenswert, da ihm der persönliche Stil fehlen muß. Wo die Gastgeber selbst Hand anlegen, wird streng auf die Arbeitsökonomie geachtet. Rinderfilet oder Entenbrüste, die leicht zuzubereiten sind, ermöglichen den Einladenden, sich den Gästen zu widmen und zugleich standesgemäß aufzutischen. Das selten gewordene Essen an sehr großen Tafeln unterliegt ohnehin eigenen Gesetzen und ist schon aus technischen Gründen selten überragend. Die Tischkultur der Reichen konzentriert sich auf das »Drumherum«, beeindruckt durch erlesenes Geschirr, Besteck, durch sorgfältig dekorierte Tische, durch geschickt arrangierten Empfang und routiniert gelenkte Gespräche. Kinder haben da zum Beispiel immer noch nicht viel zu sagen, und man kann sich leicht vorstellen, daß sie die Schnellimbisse als Orte der Befreiung begreifen.

*

Die Eßkultur eines Landes hängt von den Lebensbedingungen ihrer Bewohner, aber auch allemal von der Qualität der zur Verfügung stehenden Produkte ab. Kultur ist ein Begriff, der aus dem Landbau entlehnt wurde. Daß es in Frankreich traditionell ein besonders reiches und gepflegtes Angebot kulinarischer Produkte gibt, ist bekannt, so bekannt, daß man es als Werbeargument einsetzen kann. Wie sich die Nahrungsmittelproduktion unter dem Einfluß internationaler

Märkte, schnellerer Transportwege, agrarpolitischer Subventionslenkung und unzähliger EG-Verordnungen verändert hat, wäre Gegenstand für ein ganzes, noch ungeschriebenes Buch. Erfahren wird man davon bei einem gewöhnlichen Frankreich-Aufenthalt wenig. Unmittelbar erfahren kann man aber die veränderte Form, wie die anders hergestellten agrarischen Produkte an den Käufer gebracht werden. In den letzten zehn Jahren hat sich da ein Wandel vollzogen, der vielleicht weniger spektakulär ist als der Siegeszug des Fast food, aber nicht weniger einschneidend.

Nehmen wir das Viertel, in dem meine erste französische Wohnung lag, die mit dem Koch als Nachbarn. Dieses Viertel erschien mir vor zehn Jahren als Einkaufsparadies für alles, was mit Essen und Trinken zu tun hat. Das galt für die Qualität der angebotenen Waren selbst, für die Auswahl, die Beratung, die Nähe zum heimischen Herd und für die Öffnungszeiten. Den Umfang des Warenangebots könnte man so beschreiben: Es gab alles, was in einem anständigen französischen Kochbuch vorkommt. Dies in befriedigender Qualität und in einem Umkreis von 200 Metern um den Marktplatz des Viertels. Das gleiche konnte man damals von deutschen Großstädten nur im Ausnahmefall sagen, von ländlichen Gegenden beinahe nie. In den deutschen Großstädten mußte man sich ein eigenes weitmaschiges Lieferantennetz knüpfen und erproben. Ausländische Lebensmittelgeschäfte spielten darin eine wichtige Rolle, aber fast immer auch teure Feinkostgeschäfte. Gut einkaufen erforderte erhebliche logistische Anstrengungen.

In »meinem« französischen Viertel gab es einen kleinen, zentral gelegenen Markt unter schattigen Platanen – täglich außer montags von ca. 6.30 Uhr (das weiß ich nur vom Hörensagen) bis mittags. Das Angebot: Obst, Gemüse, Fisch, alles frisch von regionalen Produzenten. Daneben befindet sich eine überdachte Markthalle, das eigentliche Zentrum des Viertels. Sie hat feste Stände, wo man (gleichfalls außer montags) am Morgen von 7.00 bis 12.00 und von 16.00 bis 19.00 Uhr im Prinzip alles bekommt, was man zum Essen und Trinken braucht: eine Fischhändlerin, deren Sohn noch selbst ausfährt, drei Schlachter, zwei davon auch mit Würsten und Schinken, mit Quiche und Zwiebelkuchen und Salaten, ein Stand mit Milchprodukten, einer mit Wein, der auch offen ausgeschenkt wird, Stände für Obst und Gemüse natürlich, ein Bäcker, ein Geschäft mit frischen Nudeln, dazu ein Blumengeschäft, ein Schuster und ein Laden mit dem Krimskrams, den man vergessen hat zu kaufen – was braucht man mehr? Vielleicht noch den Papierwarenladen mit den Zeitungen und den Schulheften für die Kinder, vielleicht die kleine Werkstatt für die Reparatur der Mobilette. Und die Bar natürlich mit den alten Männern, die noch nach dunklen Gauloises und Pastis riecht.

Ansonsten gibt es schon lange am Rande des Marktplatzes auch einen Supermarkt. Der ist wichtig. Zum Beispiel am Montag, wenn die anderen Geschäfte (zumeist) geschlossen sind. Für den Einkauf von Dosen. Oder von frischen Milchprodukten. Oder für den Großeinkauf von Klopapier. Das gibt es zum doppelten Preis in kleinen Mengen zwar auch bei der Frau am Lebensmittelstand, aber jeder wußte schon immer, daß sie auf dem Gebiet nicht konkurrenzfähig ist. Übrigens ist der Supermarkt nicht schlecht sortiert, aber auch nicht billig. Beim Wein kann man Schnäppchen machen. Es gab auch vor zehn Jahren schon Bewohner des Viertels, die nur im Supermarkt kauften. Aber das war die Ausnahme, weil man alle Viktualien mit etwas Geduld in der Nähe frischer, besser und ungefähr zum gleichen Preis bekam. Dazu braucht man außer Qualitätsbewußtsein etwas Zeit und etwas Lokalkenntnis.

Bei den Bäckern zum Beispiel ist es einfach. Man muß zu Madame d'Angelo gehen, zu der drallen Bäckersfrau, die mit der Rechenmaschine nicht zurechtkommt und Schwächen im Kopfrechnen hat, aber das beste Baguette verkauft, das ihr kleiner, weißer Mann im Keller dreimal am Tag frisch backt, keinesfalls in die große Feinbäckerei mit den spektakulär glasierten Kuchen, die nur nach Zucker und Gelatine schmecken. Dort wird das Brot vernachlässigt. Man sieht es daran, daß vor dem kleinen Laden von Madame d'Angelo häufig geduldige Menschenschlangen stehen.

Beim Fleischer ist es schon schwieriger. Der beste Laden sieht so leer aus wie eine polnische Schlachterei zu planwirtschaftlichen Zeiten. Es warten immer nur wenige Kunden, denn die Preise sind relativ hoch (»der Preis lockt den Kunden an, aber die Qualität läßt ihn wiederkommen«), und es dauert lange, da der Chef sein einziger Angestellter ist. Der Chef hat seine Schätze hinter großen Kühlhaustüren, holt auf Wunsch des Kunden große Fleischstücke heraus, erläutert ihre Herkunft, zeigt sie vor, zerlegt sie den Kundenwünschen entsprechend, entbeint sie, bindet sie. Natürlich erkundigt er sich beim nächsten Mal auch, ob das verkaufte Stück denn gut gewesen sei und so weiter.

Ein Kunde, der sich ein wenig auskennt, der also weiß, daß gutes Baguette vom frühen Morgen abends nicht mehr knackig sein kann, oder auch weiß, daß der Ausdruck »Schmetterlingssteak« nicht auf ein Teil des Rindes verweist, sondern auf unseriöse Verkaufstricks unseriöser Fleischer, der hat es in meinem Viertel gut. Er braucht keine Kühltruhe, er kann immer einkaufen, selbst am Sonntagmorgen. Gerade am Sonntagmorgen. Dann drängen sich die Hausfrauen mit ihren Körben, drängen sich die Männer an den Theken oder den Schaltern, wo Pferdewetten verkauft werden. Natürlich muß man an fünf oder sechs Ständen ein wenig anstehen. Aber was macht das schon? Man findet allemal jemanden für einen Schwatz über die Weltlage und die Neuigkeiten des Marktes.

Für die Besitzer bzw. Mieter der kleinen Läden und Stände ist die Situation seit jeher weniger komfortabel. Sie kommen an sechs Tagen der Woche früh am Morgen aus dem Umland, haben dort Waren eingeladen, haben vielleicht noch den Großmarkt besucht. Sie verbringen den ganzen Tag im Laden, von den drei Mittagsstunden abgesehen. Sechzig Stunden Arbeit sind die Regel. Freilich ist die Arbeit weit weniger intensiv als die einer Kassiererin im Supermarkt. Man kann im Laden, während der Arbeitszeit, das tun, was man auch in der Freizeit tun würde. Man kann einen Schwatz halten, die Zeitung lesen, andere Stände besuchen, einen Café oder ein Glas Wein trinken. Über das wirkliche Einkommen erfährt man wenig, weil alle seit jeher immer klagen. Es dürfte das Einkommen einer Industriearbeiterfamilie nicht überschreiten. Aber man ist selbständig, zählt (sich) zu den Besitzenden. »Man hat doch alles.« Die Arbeit im Supermarkt ist etwas für Frauen mit kleinen Kindern, für Leute, die Teilzeitjobs suchen.

So war es vor zehn Jahren. So war es noch vor fünf Jahren. So ist es nicht mehr. Bei meinem Besuch im letzten Sommer war die Markthalle deprimierend leer, so daß man plötzlich ihre Renovierungsbedürftigkeit sah. Die wenigen Kunden waren allesamt ältere Leute. Viele Stände geschlossen und das am Sonntagmorgen. Eiserne Rollläden vor Ständen, die sich vergeblich neuen Mietern anboten. Keiner der Geschäftsleute klagte über das Geschäft. Es war nicht nötig. »Wenn ich noch jünger wäre, ginge ich auch weg«, sagt die Nudelfrau. »Aber wohin? Hier kenne ich doch immerhin die Leute.« Der zweite Supermarkt mit seinen Niedrigpreisangeboten, der vor einem Jahr aufmachte, der habe den kleinen Geschäften und Ständen endgültig das Wasser abgegraben.

Einer muß schuld sein, wenn ein Geschäft, eine Schicht, eine Lebensweise untergeht und man nichts dagegen tun konnte. Der Supermarkt, die sozialistische Regierung, vielleicht sogar die Ausländer. Hier wird Le Pen gewählt. Wenn man sich Zeit für ein Gespräch nimmt, taucht freilich eine Vielzahl von Gründen auf, die dafür verantwortlich sind, »daß es nicht mehr so läuft«.

»Wir kommen mit den Preisen vom Supermarkt nicht mehr mit. Es ist billiger, containerweise Ware aus Holland kommen zu lassen, als kleine Mengen aus dem Umland zu verkaufen.« »Die jungen Frauen kennen sich nicht mehr aus mit der Qualität.« »Keiner hat mehr Zeit. Und wer Zeit hat, der hat kein Geld.« »Unsere Kinder wollen den Laden ohnehin nicht übernehmen. Wer mag denn noch soviel arbeiten?«

Nicht, daß alle Geschäfte in Schwierigkeiten wären. Madame d'Angelo hat zum Beispiel erweitert. Nicht, daß die Märkte überhaupt verschwinden würden. Aber sie werden nicht mehr die Grundlage des alltäglichen Lebensmitteleinkaufs bilden. Es wird so werden wie unten in der Stadt auf dem großen Markt. Da hat man die überholte Eisenkonstruktion der alten hohen Markthalle abgerissen. Statt dessen hübsche offene Zeltkonstruktionen aus gestreiftem Markisenstoff, alle gleich, mit einem ganzjährigen Hauch von Urlaub. Nachmittags werden Bilder verkauft, auch Schmuck und Antiquitäten. Abends breiten sich hier in der Saison die Tische der umliegenden Restaurants aus. Die Touristen gehen gerne hin, zumal es nicht mehr so dunkel ist wie früher unter den Eisenkonstruktionen und man keine Schwierigkeiten mit der Belichtungszeit hat. Sie treffen auch auf Einheimische, auf die vornehmlich, denen es auf die Preise nicht so ankommt.

Die französischen Märkte, lange Zeit die normale, vital notwendige Einkaufsquelle der Bevölkerung, wandeln sich zu einer zusätzlichen Einkaufsmöglichkeit, während die täglichen Grundbedürfnisse durch den Einkauf in Supermärkten abgedeckt werden. Das ist die Grundtendenz der Entwicklung. Sozial indiziert das einen Bedeutungsverlust der bäuerlichen Kleinproduzenten und vor allem des selbständigen Kleinhandels, zwei Schichten, die für die französische Sozialstruktur überaus typisch waren. Anders gesagt: Frankreich wird in diesem Punkt »deutscher«. In der Bundesrepublik beherrschten die zehn größten Handelskonzerne der Lebensmittelbranche im Jahre 1991 bereits 63 % des Marktes. 1978 hatten sie gerade eben einen Marktanteil von dreißig Prozent. Die französische Entwicklung vollzieht sich nicht prinzipiell anders, sondern nur langsamer.

In dem gleichen Maße aber, in dem die reale Bedeutung der Straßenmärkte verschwindet, steigt ihre symbolische Bedeutung. Sie werden zu Sehenswürdigkeiten. Als sehenswürdig gilt im allgemeinen das Seltene. »Monument historique« nennen die Franzosen die Sehenswürdigkeiten. Wie weit die Verwandlung alltäglicher Marktbanalität in Freilichtmuseen gehen kann, läßt sich etwa auf dem Markt der Rue Mouffetard im 5. Pariser Arrondissement studieren. Das ist noch ein richtiger Markt mit richtigen Käufern, richtigen Verkäufern, richtigen Waren. Noch ist er keine Filmkulisse wie die Westernstädte für Hollywood-Cowboys. Deshalb kommen hier beinahe täglich Filmteams aus aller Welt, um echtes Pariser Leben einzufangen. Zum Beispiel den Drehorgelmann mit seinem langen weißen Bart, seiner Handwerkertracht, mit der Musettemusik auf seinen Walzen. Wer ihn filmen will, muß mindestens 200 Francs bezahlen, Musikaufnahmen extra. Er lebt prima davon. Er ist aber auch ein wirklicher Profi, kennt die Posen, die von ihm erwartet werden und berät unerfahrene Filmteams, wo sich ein besonders pittoresker Hintergrund finden läßt. Unser Drehorgelmann hat einen zukunftssicheren Beruf. Selbst wenn er den Markt überleben sollte, könnte er eine sichere Stelle im französischen Disneyland finden.

*

Nun gut. Mag das tägliche Essen, mag der tägliche Einkauf in Frankreich nicht mehr das sein, was wir von Ferne hineinphantasieren: Die Restaurantkultur jedenfalls scheint davon weitgehend unberührt. Davon zeugen jährlich erneuerte Eßführer, davon zeugt eine kulinarische Presse mit hohen Auflagen, davon zeugt übrigens auch die kulinarische Presse in Deutschland, für die die französischen Küchenstars das sind, was die englische Königsfamilie für die »Yellow Press« ist.

Bleiben wir bei den Eßführern. Die kulinarische Welt Frankreichs zeigt sich hier in übersichtlichster Ordnung. Die Ordnungsform ist die der Pyramide. Ganz oben die wenigen Drei-Sterne-Lokale, dann die Lokale mit zwei und einem Stern, gefolgt von unbesternten, aber immerhin erwähnenswerten Restaurants. Die Sterne vergibt bekanntlich der dicke rote »Michelin«-Führer. Der »Gault&Millau« vergibt Punkte. Die bewerteten Lokale können Noten zwischen 10/20 und 20/20 bekommen. Aus deutscher Perspektive klingt das wenig logisch, einem französischen Leser leuchtet das Notensystem sofort ein, denn er kennt es aus der Schule. 10/20 das heißt für einen französischen Schüler, daß er gerade eben bestanden hat. Vier minus. Die Noten zwischen 0,5/20 und 9/20 differenzieren sorgfältig das, was bei uns mangelhaft (5) oder ungenügend (6), die zwischen 10/20 und 20/20 stehen für das, was befriedigend, gut oder sehr gut ist.

Die Tatsache, daß die französische Praxis der Vergabe von kulinarischen Auszeichnungen auf andere Länder übertragen worden ist, hat uns den Blick für das Befremdliche solcher kulinarischer Bewertungen getrübt. Eine solche nationale Klassifikation setzt ja Vergleichbarkeit voraus, setzt voraus, daß es – wie in der Schule – eine festliegende

Abfolge zu erwerbender Fähigkeiten gibt, feste Regeln wie im Mathematikunterricht, definierbare Qualifikationsniveaus, im nationalen Maßstab vergleichbare Resultate. Niemand käme auf die Idee, Kunstwerke nach Noten zu beurteilen. Oder Automobile. *De gustibus non est disputandum.* Nur wenn es darum geht, was ein Franzose lernen muß bzw. was er essen darf, hört das Vertrauen auf die individuelle Wahl auf und mächtige Institutionen legen Rangfolgen fest. Soziologisch gesprochen: Die Normen der gesellschaftlichen und der individuellen Reproduktion werden institutionell garantiert – in Frankreich strikter als anderswo.

Und was wird nicht alles festgelegt mit den Sternen oder Noten! Zuerst natürlich eine Kategorie. Man ißt, sagen wir, in einem Restaurant, das mit 17/20 benotet wurde. Das heißt, daß es zu den 72 besten Frankreichs zählt, aber nicht zu den besten 35. Daraus ergibt sich die Erwartung, daß das Essen herausragend sein wird, herausragend, gemessen an den Maßstäben Frankreichs. Aber nicht nur das. Daraus ergibt sich eine Preiserwartung. Daraus ergibt sich die Erwartung eines »gehobenen« Rahmens: Leinendecken, Silberleuchter, Kupfergeschirr, Kristallgläser und so weiter. Daraus ergibt sich die Erwartung einer reichen Weinkarte, auf der zum Beispiel Burgunder und Bordeaux großer Jahrgänge angeboten werden. Daraus ergibt sich eine Erwartung an den Service, an dessen Geschlecht (vorzugsweise Männer), dessen Kleidung (schwarz), an die Verteilung der Aufgaben. Wer empfängt, wer bringt die Karte, wer berät bei der Auswahl des Menüs, bei der Auswahl des Weins und so weiter? Natürlich gibt es auch Erwartungen an die Karte. Luxusprodukte wie Gänseleber, Kaviar, Trüffel müssen vertreten sein, andere Produkte, die ihren Platz in der Bistroküche haben, dürfen nicht auftauchen und so weiter. Kurzum: Es gibt Hunderte, Tausende von Regeln und Verhaltenserwartungen an das Lokal wie an den Gast. Sie gehen weit hinaus über die Grunderwartung, die Küche könne schmackhaft kochen und der Gast die Rechnung bezahlen.

Die Komplexität und Zahl der Regeln nimmt nach unten hin ab, sie verschwinden aber keineswegs. Unter den klassifizierten, besternten

Restaurants befindet sich nicht einfach ein unstrukturiertes, allenfalls am Preis unterscheidbares Einerlei. Die französische Gastronomie differenziert zum Beispiel schärfer als etwa die deutsche in Restaurants, Cafés, Bars, Brasserien und so weiter, wenn auch die Grenzen unscharf sein mögen. Mehr noch: Die Gastro-Klassifikation ist nicht nur in sich selbst strukturiert, sondern bringt auch eine eigene Ökonomie, eine eigene Geschichte und eine eigene Geographie hervor. Nehmen wir die Geographie. Nicht zufällig spielt das Kartenwerk in allen Eßführern eine wichtige Rolle. Die Hauptorte dieser Karten sind andere als die einer Landkarte, die sich an der Größe der Städte orientiert. Die kulinarischen Städte selbst haben andere Zentren als die Kirche oder das Bürgermeisteramt. Und diese Zentren bewegen sich. Während etwa nach der Französischen Revolution fast alle nennenswerten Pariser Restaurants am rechten Ufer der Seine in der Nähe des Palais Royal waren, verschob sich im Laufe des 19. Jahrhunderts das Zentrum der Luxusrestauration westlich in Richtung auf die Champs Elysées. Das linke Ufer kam erst in der zweiten Hälfte des 20. Jahrhunderts hinzu, und noch heute sind der Norden und der Osten von Paris praktisch ohne Spitzenrestaurants.

Die Beispiele mögen genügen, um zu illustrieren, daß das französische Restaurantwesen ein hochgradig geordnetes gesellschaftliches Subsystem ist, auch darin Nachfolger der aristokatischen Kultur, der es ja seine Anfänge verdankt: Die Revolution machte so manchen Koch aus fürstlichen Häusern arbeitslos, und es waren diese arbeitslosen Köche, aus denen sich die erste Generation der berühmten Restaurantköche bildete.

So differenziert und mächtig das System der Restaurantklassifikation auch sein mag: es kann die überkommenen Normen des Eßverhaltens auch nicht konservieren. Zunächst deshalb, weil sich die Spitzenrestaurants selbst verändern und dies in immer schnellerem Rhythmus. Auch die Gastro-Presse braucht ihr Futter.

Entscheidender aber ist, daß das strenge System kulinarischer Klassifikation zwar fortbesteht, sich aber die Restaurateure wie die Gäste immer weniger daran halten. Denn hier besteht trotz übereinstimmender Notensysteme doch ein gewaltiger Unterschied zwischen dem Erziehungssystem und der Gastro-Ordnung der Restaurants, zwischen dem Reich des Erziehungsministers und dem Reich der Gastronomieführer: Es herrscht Schulpflicht, aber keine Restaurantpflicht. Und so unterliegt denn die Restaurantkultur über den ökonomischen Erfolg viel direkter den Wandlungen des Geschmacks und der Mentalität als etwa die Schule.

Die Restaurateure versuchen, ihre Restaurants zu verjüngen. Musik, Kunst, Kommunikation hält Einzug in die Eßtempel. Die Frauen werden wichtiger, als Bedienerinnen und als Kundinnen. Die Menüfolgen lockern sich. Die Luxusprodukte werden rarer auf den Karten, weil ihre Preise unablässig steigen …

Vor allem aber entziehen sich die Gäste in ihrem Alltagsverhalten den kulinarischen Institutionen. Unter meinen französischen Freunden und Bekannten essen nur wenige in besternten Restaurants, weniger als unter meinen deutschen Freunden. Das erklärt sich weder daraus, daß sie weniger Geld hätten, noch daraus, daß sie prinzipiell gegen teure Spitzenrestaurants wären. Im Gegenteil: Man ist stolz auf die große französische Küche. Aber man ißt woanders. Ich denke, das hat zuallererst damit zu tun, daß die Restaurantklassen ziemlich genau einer Ständepyramide entsprachen. Die Spitzenrestaurants waren eben »denen da oben«, den »Reichen«, den »Parisern« vorbehalten. Außerhalb von Paris kamen dazu bei besonderen Anlässen die Provinznotablen. In einer solchen Gesellschaft fühlt sich ein Bauer, ein Facharbeiter, ein Lehrer nicht wohl. Lieber ißt man schlecht, als sich einen Rahmen »anzumaßen«, in den man traditionell nicht gehört. Das wäre nicht nur ein Verstoß gegen ökonomische Vernunft, sondern, viel schlimmer, eine Ordnungswidrigkeit, eine Anmaßung, das wäre »Hoffart«, um es mit einem alten, aber hier sehr passenden Wort zu sagen.

Aber man geht natürlich essen. Das war vielleicht der augenfälligste Unterschied des traditionellen »deutschen« und »französischen« Verhaltens gegenüber dem Restaurant: In Deutschland gingen bis in die siebziger Jahre hinein Arbeiter und Angestellte der unteren bzw.

mittleren Einkommensgruppen beinahe nie in Restaurants, auch und gerade, wenn sie sich ein kleines Haus oder einen Mittelklassewagen erworben hatten. In Frankreich war das seit je anders. Bei Festen, aber auch gelegentlich am Sonntag gehörte ein Restaurantbesuch zum elementaren Lebensstandard. Von daher der immer wieder zitierte Gemeinplatz, »die Franzosen« würden ihr Geld für Leib- und Magengenüsse verausgaben, während »der Deutsche« spare und baue, ein Gemeinplatz, der früher eher vorwurfsvoll klang und heute häufig eher einen bewundernden Unterton hat. Aber: Man ging selbstverständlich in ein Restaurant, das dem eigenen Stand entsprach, zu Wirten aus der eigenen Schicht, also in das bestbeleumdete »Restau« des eigenen Viertels beziehungsweise sonntags in das legendäre Ausflugslokal, in das schon die Eltern gegangen waren. Dort bekam man das, was es zu Hause auch zu Sonn- und Feiertagen gab, aber in festlicher Atmosphäre und ohne selbst Hand anlegen zu müssen.

Diese Situation hat sich gründlich geändert. Restaurants, in denen so gekocht wird wie bei Großmutter, gibt es kaum noch. Um es nicht bei so vagen Formulierungen wie »kaum noch« zu lassen, präzisiere ich meine Behauptungen. Ich behaupte, daß es im Département Alpes Maritimes und im Languedoc, wo ich mich diesbezüglich gut auskenne, kaum ein Dutzend Restaurants gibt, die die traditionelle Regionalküche anbieten. Nun kann man sich natürlich darüber streiten, was traditionelle Regionalküche ist. Der Einfachheit halber sage ich: eine Küche, wie Siebeck sie bei den Maugeys gegessen hat, übersetzt in die kulinarische Sprache der anderen Regionen. Wer eine solche Küche anbieten will, der braucht seinen eigenen Kräuter- und Gemüsegarten (ein Bauernhof wäre besser), der muß selbst anbauen, am besten auch den Wein. Er muß einen Bruder haben, der Schlachter ist, einen Schwiegervater, der Wilddieb gelernt hat. Er sollte Bürgermeister seines Ortes sein, damit die Leute aus der Region ihre Feste bei ihm feiern. Er muß bereit sein, mehr als acht Stunden am Tag zu arbeiten, er muß die Frau und möglichst auch die Kinder dazu bewegen können, desgleichen zu tun. In seiner Freizeit, wenn denn eine bleibt, sollte er angeln. Ach ja, kochen sollte er auch können.

Man versteht, daß es nur noch wenige solcher Menschen und wenige solcher Restaurants gibt. Im Hinterland der Côte d'Azur zum Beispiel gibt es eine entwickelte französisch-italienische Regionalküche mit sehr eigenartigem Stil, mit Hunderten von Gerichten, von denen auch die meisten Franzosen nicht den Namen kennen. Es gibt sogar Kochbücher, die diese Küche kodifizieren. Es gibt Familien, in denen die überkommenen Rezepte noch zubereitet werden. Aber in den Restaurants, da gibt es mit ganz wenigen Ausnahmen die üblichen zehn Salate, aus großen grünen Blättern, Senf, scharfem Essig und billigem Öl, in die entweder Ei oder Mais oder Paprika oder Schafskäse oder Nüsse oder verbrannte Schinkenwürfel geworfen werden, bevor sie unter vielerlei hübschen Namen verkauft werden. Sonst kann man auch Pastete aus dem Gastronomiegroßhandel bekommen, Schinken, in den noch die Spuren der Verpackung eingeprägt sind. Als Fisch einen Zuchtlachs, auch wenn nebenan im Bach die Forellen schwimmen, als Fleisch Steaks, Filet und Entenbrust, wahlweise mit Pommes frites oder verkochten grüngrauen Bohnen, als Käse bestenfalls einen Ziegenkäse und einen französischer Emmentaler, weil die sich gut halten …

Ganz selten gibt es besessene Köche, die die alten Rezepte und die modernen Küchentechniken kennen, die kulinarische Phantasie haben und aus alledem ein unterscheidbares Landrestaurant machen. Patrik Pagès in der Einsamkeit des Mont Lozère ist zum Beispiel so ein Mensch, der sich nicht schert um die Pariser Kochmoden, obwohl er sie kennt, ein Mensch, der die Wildschweine seiner steinigen Hochebene verarbeitet, die Aubrac-Rinder, der die überkommenen Schweinswürste mit Kräutern und Mangold anbietet, die Hammelkutteln, den Kalbspansen mit Pflaumen zubereitet, die Lammkeule in Knoblauchbouillon steckt, das Sabayon von Kalbsbries mit Lindenblüten begleitet, den Pudding mit Honig, Karamel und gerösteten Kastanien kombiniert. Er hat große ökonomische Schwierigkeiten, muß mehrere Monate schließen, nebenbei in Paris arbeiten. Die arme Landbevölkerung aus seinem 200-Seelen-Dorf kommt nicht in sein Restaurant, obwohl er von dort ist und mit den Leuten Boules spielt.

Das liegt nicht nur am Preis. Man kann bei Pagès für 30 DM ein wunderbares Gericht bekommen. Aber zu Pagès kommen eben überwiegend Touristen, »Pariser«, wohlhabende Menschen, die wegen seiner Küche große Umwege in Kauf nehmen. In solche Restaurants geht man nicht, wenn man aus Vialas ist. Aber man ist stolz darauf.

Die regionale und bürgerliche Restaurantküche, die breite Basis der kulinarischen Spitzenleistungen in Frankreich, ist vielerlei Veränderungen unterworfen. Zum Teil zieht sie sich in die Familien zurück, wo sie hergekommen ist. Zum Teil erneuert sie sich, verbessert und verteuert sich. Zum Teil verschwindet sie zugunsten standardisierter Konfektionsware. Zum Teil schließlich wird ihr Platz paradoxerweise häufig von ausländischen Restaurants übernommen. »Gute französische Küche ist mir zu teuer. Schlechte französische Küche mag ich nicht. Also gehe ich nur ausländisch essen.« So Cécile, als ich sie fragte, welche Restaurants sie mir denn in ihrem Pariser Viertel empfehlen könne. Cécile verdient gut, ist gut französischer Herkunft und ansonsten das Modell einer gebildeten Französin. Leichtes Kichern: »Schließlich sagt unser Präsident ja immer wieder, daß die Bewohner unserer ehemaligen Kolonien im Pazifik und in der Karibik jetzt legitime Bürger Frankreichs seien. Da kann es doch nicht unpatriotisch sein, bei ihnen zu essen.«

In Paris gab es 1970 1500 asiatische Restaurants. 1988 waren es schon 4000. In Straßburg gibt es über fünfzig chinesische Restaurants. Ob es noch ebenso viele der traditionellen »Winstub« gibt? Vieles spricht jedenfalls dafür, daß es mit der traditionellen und der großen französischen Restaurantküche ebenso gehen wird wie mit den Märkten: Sie gewinnt an symbolischer Bedeutung, wird allseits als wichtiger Teil der Nationalkultur gefeiert – und kommt ins Museum, ohne noch den kulinarischen Alltag zu bestimmen. Manchen der schönen traditionellen Pariser Brasserien, etwa dem »Julien«, dem »Flo«, dem »Bofinger« oder der »Coupole« sieht man diese Zukunft schon an. Man geht nicht wegen der Küche hin, sondern um in einer Sehenswürdigkeit zu speisen.

3. In tausend Scherben: Küche–Gesellschaft–Identität

Essen und Trinken und Einkaufen sind in Frankreich also keineswegs mehr das, was unsere nostalgischen Phantasien dort gern sehen möchten – weder in den Restaurants noch in den Familien. Freilich sind ja die meisten dieser Phantasien nicht einfach Wunschvorstellungen, die mit Frankreich nichts zu tun hätten. Es sind Vorstellungen von Frankreich, die einmal zutreffend waren, es aber nicht mehr sind. Oder, genauer, nur noch auf Regionen und Bereiche, wo Frankreich noch so ist, wie es einmal war. Und weil das Neue und das Alte sich so vielfältig durchdringen, sind die Umrisse der gegenwärtigen, der zukünftigen kulinarischen Ordnung nicht eben einfach zu umreißen. Eines jedenfalls hat sich gezeigt: Die Entwicklung der kulinarischen Ordnung Frankreichs ist eng verbunden mit der Entwicklung der Gesellschaft, mit ihrer sozialen Struktur, mit den Entwicklungen der Technik, des Geschmacks und der Sitten. »Geschmack«, so hat Theodor W. Adorno 1945 geschrieben, »ist der treueste Seismograph der historischen Entwicklung.«

Das ist nicht in dem banalen Sinne gemeint, in dem alles mit allem zusammenhängt und mit Gesellschaft bzw. Geschichte allemal. Die Wahrheiten der Küche sind überaus konkret, auch wo es um so allgemeine Angelegenheiten geht wie um die Veränderung der Sozialstruktur einer Gesellschaft. Die Maugeys, also die Kleinbauern und Kleinwinzer verlieren an Bedeutung – also auch die Küchenordnung, die ihnen entspricht. Die Kleinhändler auf dem Markt meines Viertels verdienen weniger, werden weniger – also ändern sich auch die Strategien des Einkaufs, die auf diese Schichten setzten. Die Schwerindustrie mit ihrer körperlich harten Arbeit, die den ganzen Mann forderte, verliert an Bedeutung gegenüber dem Dienstleistungssektor, in dem die Frauen eine Rolle spielen – also verliert auch das virile blutige Steak an Bedeutung gegenüber den Joghurts. Die Bediensteten verschwinden aus den Häusern der Oberschicht – also nivelliert sich auch das Essen und das Tischarrangement der Mittel- und der Oberschichten. Ein Beispiel: Als ich vor etwa zwanzig Jahren zum ersten Mal vor den Schaufensterscheiben von Fauchon an der Pariser Place de la Madeleine stand, konnte ich mir nicht vorstellen, hier jemals einzukaufen. Ich erinnere mich genau, daß in der Viertelstunde, während derer ich die wunderbaren Törtchen, die unzähligen Pasteten aus Materialien, die ich nicht einmal vom Namen kannte, die überbordenden Körbe mit exotischem Gemüse durch die Schaufensterscheibe betrachtete, insgesamt drei Rolls Royce vorfuhren, denen unendlich vornehme Damen entstiegen, höhere Wesen für eine höhere Art kulinarischer Dinge. Heute entsteigen die Kundinnen irgendwelchen Kleinwagen, deren Namen man sich nicht merken kann. Heute steht sogar Rolls Royce selbst zum Verkauf, und niemand will den Laden haben. Heute kaufen auch die Sekretärinnen der umliegenden Büros schon mal bei Fauchon ein, wenn es unter Kollegen einen Geburtstag zu feiern gibt. Oder sie holen dort das Glas Senf, das sie beim letzten Großeinkauf im Euromarché vergaßen. Es wird den gleichen Markennamen tragen und zwei Francs teurer sein.

Einerseits also gibt es eine Nivellierung der kulinarischen Praktiken, die vorher sorgfältig geschieden waren, andererseits aber mit der Zuwanderung immer neuer Gruppen von Ausländern die Ausbreitung ganz neuer Küchenkulturen und damit die Ausweitung der Differenzierung – sozial wie kulinarisch.

Einen zentralen Angelpunkt zwischen den Veränderungen der sozialen und der kulinarischen Ordnung bildet aber zweifellos die Familienstruktur. Die Stichworte sind bekannt: Ausweitung der Frauenarbeit, Frauenemanzipation, steigende Zahl von Single-Haushalten, Auflösung der Großfamilien, Entstehung eigener Eßkulturen der Alten, der Jugendlichen, Bedeutungsverlust der familiären und dörflichen Feste. Alle diese Elemente haben Bedeutung für die kulinarische Ordnung. Die Haushalte werden kleiner. Am Ende der achtziger Jahre gab es nur noch halb soviel Familien mit vier und mehr Kindern als zu Beginn der sechziger Jahre. Mittlerweile ist in Frankreich einer von vier Haushalten ein Ein-Personen-Haushalt. Tendenz steigend. In Paris ist schon die Hälfte aller Haushalte ein Single-Haushalt. Die Frauen lassen sich scheiden, weil sie sich ihre Brötchen selbst verdienen können, die Männer lernen lieber den Umgang mit dem Mikrowellenherd, als sich von Xanthippe weiterhin einen zähen Hahn schmurgeln zu lassen. Kinder werden auf diese Weise zu Raritäten, denen man – anders als früher – eine eigene Geschmackskultur zubilligt. Vorbei die Zeiten, zu denen die Kinder glaubten, man müsse, um groß zu werden, brav die Suppe auslöffeln, die die Erwachsenen eingebrockt haben. Die Katzen und Hunde essen ja schließlich auch nicht mehr das, was übrigbleibt, sondern bekommen speziell auf sie abgestimmte Nahrung. Und dies, obgleich es viel mehr Katzen und Hunde in den französischen Familien gibt als Kinder: 17 Millionen gegen 12 Millionen Kinder unter 14 Jahren.

Der Anteil der über Sechzigjährigen an der Bevölkerung steigt hingegen beständig. Auch sie essen nicht mehr wie früher das, was alle essen, nur eben kleingeschnitten wegen des Gebisses. »Papy-food« heißt das auf kreolisch. Da sie eine zahlungskräftige Gruppe mit eigenen Bedürfnissen werden, entwickelt sich auch ein spezialisiertes Nahrungsmittelangebot für sie, das insbesondere den Gesundheitsproblemen Rechnung trägt (bzw. zu tragen vorgibt), aber auch Anforderungen, die aus sportlichen oder touristischen Aktivitäten erwachsen, die früher nur eine winzige Minderheit betrieb. »Essen auf Rädern« ist eine andere unter vielen neueren Formen der kulinarischen Ordnung, die aus der veränderten Altersstruktur der Bevölkerung erwachsen.

Alleinstehenden Essern, die voll im Berufsleben stehen, fehlt es genau an der Zeit, die die Witwen und Witwer im Überfluß haben. Aber Geld haben sie im allgemeinen, so daß sie zu einer bevorzugten Zielgruppe der Agrarindustrie werden. Sie leben mit dem Mikrowellenherd: 1980 hatten ihn 100, 1987 bereits 1 200 000 Haushalte. Sie kaufen die geschälten Kartoffeln im Glas, den gelesenen, zerkleinerten, gemischten, vorgewaschenen Salat mit beiliegendem Saucenpack. Sie nähren ein Gutteil der Kantinen und »kleinen« Restaurants.

Die Jugendlichen bleiben wegen der verlängerten Ausbildungsphase, häufig auch wegen Arbeitslosigkeit länger als vorher im Familienverband, wohnen also zu Hause. Freilich entziehen sie sich häufig der Eßordnung der Familie, plündern bei Bedarf den elterlichen Kühlschrank, vorzugsweise dort, wo sich die Plastiktöpfe mit Joghurt oder mit Nachtisch finden: einsame Esser in der Gemeinschaft der Familie, Fast food daheim.

Die einschneidendsten Veränderungen der kulinarischen Ordnung aber dürften mit der veränderten Rolle der Frauen zu tun haben, derjenigen also, die traditionell für das Haus, das Feuer, das Essen zuständig waren. Da ist zunächst der steigende Anteil von berufstätigen Frauen. Und dieser Anteil steigt langfristig, wenn auch die berufstätigen Frauen von den ökonomischen Krisen stärker betroffen sind als die Männer. 1960 war etwa ein Drittel der französischen Frauen berufstätig, heute ist es über die Hälfte.

Es ist notorisch, daß die Berufstätigkeit der Frauen keineswegs zu einer grundlegenden Neuverteilung der häuslichen Aufgaben geführt hat. Die Frauen sind nach wie vor zuständig für den Lebensmitteleinkauf und die Essenszubereitung. Gerade diese doppelte Belastung aber hat zur Folge, daß sich die Küche der berufstätigen Hausfrau radikal ändert, denn das ist eine Änderung, die sie aus eigenen Kräften bewerkstelligen kann. Der Inhalt der Arbeitstätigkeit ist meist fremdbestimmt und nicht zu ändern. Männer sind bekanntlich auch schwer zu ändern. Aber Großmutters Küche, die kann man ändern. Hier vor allem wird ein großer Batzen der Zeit eingespart, die die Berufstätigkeit kostet. Die Rezepte, mit denen Madame Maugey Herrn Siebeck beeindruckt hat, eignen sich zu diesem Zwecke freilich nicht. Sie verlieren sich aus dem Alltag und finden allmählich Aufnahme in den Archiven der Museen, so wie die großen runden Kupferkessel, die über den offenen Kaminfeuern köchelten. Auf diese Weise erklärt sich zwanglos auch ohne Rückgriff auf psychoanalytische Theorien oraler Regression, weshalb es so vielen erwachsenen Männern bei Muttern am besten schmeckt: Vielleicht sehnen sie sich gar nicht nach der Mutterbrust, sondern nur nach einer Küche, in der die Zubereitung eines Essens drei Stunden qualifizierter Handarbeit statt einer halben

Stunde an Aufwärmübungen gekostet hat. Von der Qualität des Essens einmal abgesehen: Am Mikrowellenherd kann man sich die Seele nicht wärmen wie am Feuer des heimischen Herdes. Daß handgefertigte Maßarbeit ein bißchen mehr kostet als industriell verfertigte Massenware, das darf natürlich nicht wahr sein, jedenfalls nicht in der Familie, wo doch Liebe und Zuneigung herrschen und nicht die schnöden Gesetze der Ökonomie, von deren Unbequemlichkeiten Mann sich am heimischen Herd ja gerade erholen möchte.

Die Effekte der sich ausweitenden Berufstätigkeit der Frau sind die greifbarsten Auswirkungen der Emanzipation der Frauen auf die Küche. Aber diese Emanzipation hat nicht nur eine zeitökonomisch-technische, sondern auch eine symbolische Seite. Die überkommene französische Küche war eine Küche für Männer. Das gilt nicht nur für die renommierten Spitzenrestaurants, die ohnehin immer eine Männerdomäne waren, sondern auch für die Haushalte, wo die Frauen für die Bedürfnisse der Männer kochten.

Die Küche der Gegenwart hingegen hat androgyne Gestalt. Unisex, einer für alle, eine Küche für Mann und Weib. Es gibt keine Damenweine mehr. Alain Senderens, der für die symbolischen Dimensionen seiner Berufstätigkeit gewiß empfindlichste französische Spitzenkoch, hat darauf aufmerksam gemacht, daß früher die Frauen im allgemeinen keine Innereien aßen, obgleich die (insbesondere Kalbsbries und Kalbsnieren) zu den gefragtesten Delikatessen der französischen Fleischküche zählen. Frauen ekelten sich eben vor Innereien, wie sie sich vor dem allzu blutigen Rumpsteak ekelten. In dem individuellen Ekel steckt ein archaisches Tabu: Die Innereien der erlegten Tiere waren den Männern, manchmal auch nur den Stammesführern, den Häuptlingen, den Chefs vorbehalten. Indem sie Innereien essen, einverleiben sich die Frauen ein Symbol der Macht, besetzen unbewußt den Platz des Chefs. Senderens sieht selbst in der Küchentechnik eine Tendenz zur Feminisierung. Von den offenen Feuern aus Urväterzeiten bis zu den Gasherden sei auf offener Flamme gekocht worden. Die offene Flamme aber symbolisiere schon in der chinesischen Kultur das Männliche, das Yang. Mit der heißen, sichtbaren Erektion der

Flamme aber sei es zu Ende gegangen. Schon die Hitze des Elektroherdes sei indifferent, unsichtbar, ohne Geschlechtsmerkmale. Wieviel steriler erst die geschlechtslose Hitze des Mikrowellenherds, die auf dem Prinzip der heimlichen Molekülrubbelei beruht!

Die Veränderungen der kulinarischen Ordnung lassen sich also nicht nur von den veränderten Sozial- und Familienstrukturen her beschreiben, sondern auch von den Veränderungen der technischen Voraussetzungen der Küche. Die Entwicklung des Transportwesens und der Kühltechnik ist beispielweise eine unabdingbare Voraussetzung dafür, daß man im Winter im nordfranzösischen Bergbaurevier Auberginen und Zucchini essen kann oder ganzjährig Seefische in den elsässischen Restaurants anbietet. Diese technologische Entwicklung hat die Auswahl an kulinarischen Produkten innerhalb weniger Jahrzehnte auch in den von der Natur nicht verwöhnten Landstrichen enorm erweitert. Dieser Fortschritt ist, wie man heute weiß, ein ambivalentes Ding: Wegen der Fortentwicklung des Transport- und Kühlwesens kann man zwar jetzt im Elsaß frischesten Steinbutt essen, muß aber zugleich den Lachs von norwegischen Züchtern kaufen, weil der Lachs aus dem Rhein, den man früher aß, unter anderem wegen der Umweltschädigung durch Industrie und Transportwesen ausgestorben ist. So kehrt man denn, nachdem man sich den kulinarischen Reichtum ganz Europas zugänglich gemacht hat, bei besonderen Gelegenheiten zu den regionalen Produkten zurück, die nun aber zu raren Luxusprodukten geworden sind, weil sie nicht als Massenware hergestellt werden.

Es reisen aber nicht nur die Waren, sondern auch die Menschen, die heutigen Franzosen ein bißchen weniger als die Deutschen, aber doch weit mehr als Deutsche und Franzosen früher, wo es schon eines Kriegs bedurfte, um ins Ausland zu kommen. Aus dem Ausland werden kulinarische Erfahrungen mitgebracht, zunächst natürlich meist diejenige, daß es zu Hause am besten schmeckt. Aber dann finden sich Übersetzer der fremden Küchensprache in die eigene, und das eben noch Fremde wird allmählich eingemeindet. Die Übersetzer können Berufsköche sein, wie die Starköche der Nouvelle Cuisine, die sich in den siebziger Jahren für asiatische Koch- und Präsentationsweise erwärmten, aber zum Beispiel auch Kolonialfranzosen wie die »Pieds noirs«, die das arabische »Couscous« zur Leibspeise des Mutterlandes machten. Oder natürlich Einwanderer aus außereuropäischen Ländern, denen es in ihren Heimatländern häufig nicht an kulinarischen Traditionen, sondern an Lebensmitteln fehlte.

Einem weitverbreiteten Vorurteil entgegen beeinflußt die Technik die Küche am wenigsten dort, wo die Küchentechnik am auffallendsten ist, bei den Küchengeräten. In französischen wie in deutschen Haushaltungen haben seit den sechziger Jahren die Küchenmaschinen Einzug gehalten, Maschinen fürs Schneiden und Hacken und Rühren und Kneten und Raspeln und Schaben und Mixen – ein separater Elektromotor für alles, was so in der Küche anfällt, lauter Muttertagsgeschenke, mit denen Mutti die Arbeit mühelos bewältigen könnte, wenn Frauen nicht so unbegabt im Umgang mit Technik wären und sich dem Neuen gern verschließen würden. In der Küche der Zukunft werden diese Haushaltsgeräte die gleiche Rolle spielen wie heute, nämlich keine. Aber sie werden auch nicht mehr die Stellplätze und die Steckerleisten blockieren, denn in der Küche der Zukunft wird alles schon vorgeschnitten, vorgeraspelt, vorgewaschen, vorgemixt, vorgerührt, vorgeknetet sein. »Lebensmittel der vierten Generation« nennt die französische Lebensmittelindustrie die Produkte, die genossen werden, ohne daß noch Hand angelegt werden muß, so daß man auf die Handreichung der Küchenmaschinen von vornherein verzichten kann.

Aber es gibt auch gegenläufige Tendenzen. Während sich durch die neue Lebensmittelgeneration die pro Essen verausgabte Arbeitszeit des Konsumenten verkürzt, weil sie sich in die Maschinerie der Lebensmittelindustrie verlagert, entsteht auf der anderen Seite verlängerte Freizeit, die nach Hobbys verlangt. Kochen ist ein beliebtes Hobby, vor allem bei Männern. Für die Hobbyküche braucht man dann wieder Küchengeräte, aber ordentliche, solide, professionelle. Und so entstehen denn neue Geschäfte für Küchengeräte hervorragender Qualität, die früher nur im Gastrogroßhandel erhältlich waren, Küchengeräte, die sich hervorragend als Vatertagsgeschenke eignen.

Die Lebensmittelindustrie muß natürlich im Mittelpunkt aller Überlegungen über den Zusammenhang von technologischer Entwicklung und Eßkultur stehen. Dennoch wird im französischen wie im deutschen Alltagsbewußtsein gern verdrängt, daß die Industrie sich endgültig eines Bereichs bemächtigt hat, der traditionell ein Bereich des Natürlichen, des Greifbaren, des Schmeckbaren, des Organischen, des Familiär-Privaten war, als die große Industrie schon längst die Produktionsweise bestimmte. Dabei ist die Agroindustrie mit 541 Milliarden Francs Umsatz (1988) nach dem Baugewerbe der größte französische Industriezweig, dabei werden jährlich 2000 neue Agrarprodukte auf den Markt geworfen. Produkte werden von Gentechnikern gestylt, Rezepte werden in Labors entwickelt, von Chemikern geköchelt, von Technikern realisiert, von Geschmacks- und Geruchtstestern überprüft. Ein kleiner Eingriff, und die Tomaten werden so groß wie Fußbälle. Überall arbeitet man daran, nicht resorbierbare Fette zu entwickeln, damit es endlich den Genuß ohne Reue geben kann, und keiner weiß genau, ob die Reue nicht später um so nachhaltiger sein wird. Ja, man weiß nicht einmal genau, ob man ein Produkt kauft, das wie Natur aussieht, in Wirklichkeit aber ein agrobiologischer Simulus oder Stimulus ist.

Man kann sich mit Grausen von den agroindustriellen Reagenzgläsern wenden und sich an den Geschmack halten, dort, wo er am raffiniertesten ist, an den Geschmack der Grande Cuisine. Aber auch hier sind die Veränderungen kaum übersehbar. Schaut man zum Beispiel in alte Ausgaben des Guide Michelin, der ja bei den Spitzenrestaurants immer drei besonders typische und gelungene Gerichte angibt, so zeigt sich, daß sich das Spektrum der Grande Cuisine von der Vorkriegszeit bis in die siebziger Jahre kaum verändert hat. Manche Restaurants stehen über Jahrzehnte mit den gleichen Gerichten zu Buch, und insgesamt ist das Repertoire schmal. Seit Mitte der siebziger Jahre hingegen explodiert die Kreativität – aus einer uniformen Ordnung der Hochküche wird eine pluralistische Küchengesellschaft.

Die Institutionen blieben, aber es änderte sich sowohl das, was man aß, als auch die bevorzugten Formen der Zubereitung. Bis zu den siebziger Jahren fehlten zum Beispiel in der Hochküche weitgehend die Gemüse. Dagegen gehörten Gratins und Fischklößchen zum Repertoire jedes großen Kochs. Das Produkt wurde zerkleinert – Hecht zu Hechtklößchen –, wurde unter Käsekrusten versteckt (Kartoffelgratin) und mit Saucen verfremdet. Die Körper wurden versteckt. Die Natur der Speisen wurde bedeckt wie die Körper der Speisenden. Und als dann die Röcke kürzer wurden, als vielerorts die Masken fielen, da durften dann auch die Teller Natürlichkeit ausstrahlen. Die Garzeiten verkürzten sich, roh galt nun als natürlich, während vorher das Natürliche als roh galt. Die Körper, die da des Kummerbunds und des straffen Mieders entledigt in ihrer Natürlichkeit zum Vorschein kamen, waren nicht immer die schönsten und längst nicht die gesündesten. Sie mußten abspecken und sich fit machen. Fortan artikulierte man Schlankheit und Fitness zusammen mit Erfolg, während früher Wohlleibigkeit als fleischliches Symbol des Erfolgs galt. Der erfolgreiche Bourgeois, wie ihn Ingres gemalt hatte, erschien auf einmal als unbeherrschter Fettkloß, unfähig dazu, sich selbst im Zaum zu halten. Kaum zwanzig Jahre genügten, ein jahrhundertealtes Modell männlicher Körperlichkeit auszulöschen, vermutlich auf immer.

*

Es ist nicht eben einfach, die vielfältig miteinander verwobenen Veränderungen der kulinarischen Ordnung Frankreichs auf den Begriff zu bringen. Dies zu sehen ist schon ein Moment des Begreifens: Die kulinarische Ordnung ist vielfältiger, unübersichtlicher geworden. Jedenfalls ist klar, daß es um mehr geht als nur um die Korrektur einiger Vorurteile, die man über die französische Küche hat, oder um ein ironisches Blinzeln angesichts der französischen Fast-food-Welle. Es geht um nicht weniger als um die Destrukturierung, die Umstrukturierung von persönlicher wie nationaler Identität.

»Destrukturierung« ist gewiß ein unzureichendes Wort, um die Vielfalt der beschriebenen Prozesse zu fassen, aber es ist doch ein gemeinsamer Nenner, auf den sie sich beziehen lassen, denn die trotz innerer Differenzierung vergleichsweise feste alte kulinarische Ordnung wird nicht einfach durch eine ähnlich strukturierte neue Ordnung ersetzt, sondern das Eßverhalten befreit sich zuallererst von solcher Ordnung. Konkret: Man ißt zunehmend, wann man will, was man will, wie man will. Vorbei sind die Zeiten, wo man in den Familien nur am Morgen, am Mittag und am Abend zu Essen bekam. Niemand bewacht mehr die Speisekammer oder den Eisschrank. Vorbei die Zeiten, zu denen der außerhalb des Hauses verspürte Hunger auf die begrenzten Öffnungszeiten der Restaurants verwiesen war. Man kann essen, wann es dem jeweiligen Magen danach ist. Vorbei die Zeiten, als man sich täglich differenzierten Tafelsitten unterwerfen mußte. Jeder hat die Freiheit, unablässig irgend etwas zu knabbern oder vor dem Fernsehapparat eine Dose mit Ölsardinen zu leeren, ohne ihren Inhalt auch nur eines Blickes zu würdigen. Die Speisefolge – wenn denn da überhaupt noch eine Folge ist – kann umgekehrt werden: Man beginnt mit dem Nachtisch oder mit dem Käse. Ganze Gesellschaftsschichten leben jetzt so, wie früher Jugendliche, die dem häuslichen Eßregime eben entkommen waren, sich für kurze Zeit ernährten: Gegessen wird nur noch das, was man am liebsten mag, gegessen werden alle möglichen und unmöglichen Kombinationen von Nahrungsmitteln, wenn sie nur momentan ein Bedürfnis zu stillen versprechen. Niemand nötigt mehr dazu, »genügend« zu essen, niemand setzt der Nahrungsaufnahme mehr Grenzen.

Im Alltag schwächt sich die soziale, ritualisierte Dimension des Essens ab. In die Leere, die dort herrscht, wo früher einmal die Regeln und Riten waren, werden Nahrungsmittel hineingestopft, aber der Hunger, den sie hinterlassen, ist so nicht zu stillen. Solche Ordnung muß zur Bulimie neigen. Die Gefühle schwanken zwischen der Lust, nur noch ein passives Behältnis zu sein, das alles in sich aufnimmt, und jener anderen Lust, den Körper völlig zu beherrschen, sie schwanken bulimisch zwischen dem großen, aber nun heimlichen Fressen und der Magersucht. Wenn man diesen Zusammenhang nicht in den Begriffen der Psychopathologie, sondern in historisch-soziologischen

Begriffen aussprechen will, so kommt es zupaß, daß das französische Wort »régime« zugleich »Staatsordnung« und »Diät« bedeutet. Der Akzent hat sich von der ersten zur zweiten Bedeutung verlagert. Das alte Regime ist als verbindliche Gesellschaftsordnung auch in der Küchenwelt gestürzt und durch eine Freiheit ersetzt, die die Aufgabe der Kontrolle dem einzelnen aufbürdet, eine Aufgabe, mit der er häufig überfordert ist.

Der französische Soziologe Claude Fischler hat das Unbehagen in der gegenwärtigen Eßkultur zu erklären versucht aus der Spannung zwischen der ordnungs- bzw. identitätsstiftenden Funktion des Essens generell und den gegenwärtigen Eßpraxen. Essen, davon war eingangs schon die Rede, stiftet Identität. Es grenzt(e) die Franzosen von den Deutschen ab, die Männer von den Frauen, die Adeligen von den Bauern und so weiter. Nochmals: Man ist, was man ißt. In diesem Satz schwingt freilich nicht nur die Erkenntnis mit, daß man ein Selbst nur in Abgrenzung gegenüber dem anderen bekommen kann, sondern auch die archaische Angst/Lust, daß das Verspeiste den Verspeisenden verändert. Wenn man ist, was man ißt, wird man auch anders, wenn man anderes anders ißt. Was man aber ißt, ist gegenwärtig einschneidenden Veränderungen unterworfen. Zum ersten Male in der Geschichte verspeist ein großer Teil der französischen Bevölkerung Nahrungsmittel, deren Produktion und Herkunft ihm völlig unbekannt sind. Zum ersten Mal findet auch ein großer Teil der Zubereitung nicht mehr am heimischen Herde statt, sondern in der Fabrik. Sie wird also nicht mehr von Vertrauenspersonen vorgenommen, sondern von anonymen Institutionen mit eigenen Zielen. Die Kontrolle über das, was man ißt/ist, ist nicht mehr gewährleistet.

Die Angst, die solcher Identitätsverlust nach sich zieht, wird auf verschiedene Art und Weise mehr oder weniger sinnvoll bewältigt. Manchen muß jetzt der Markenname des Produkts jene ungefährliche Eßbarkeit garantieren, für den früher der Name der Mutter stand. Aufgeklärtere Konsumenten verlangen staatlich überprüfte Angaben über die Beschaffenheit des Produkts und nähren damit ungewollt auch die Absurditäten der Euro-Bürokratie.

Die Idee, daß die Schule den Kindern das Essen beibringen solle, greift immer mehr um sich. In Frankreich gibt es schon zahlreiche Pilotprojekte, die in diese Richtung zielen. Ambivalenz des Fortschritts: Lebensfunktionen, die früher vergemeinschaftet waren, individualisieren sich, sind aber individuell nicht lösbar und verlangen dann nach dem Staat.

Andere behelfen sich auf eigene Faust mit Kochbüchern, kulinarischen Spezialzeitschriften oder Rezeptseiten in der bunten Presse. Der Boom solcher Ratgeber verweist direkt auf die Ratlosigkeit ihrer Käufer. Das mediale Expertenaufgebot, das dem unkundigen Kunden helfen soll, Koscheres vom Nicht-Koscheren zu scheiden, begründet aber keine neue stabile Eßkultur, sondern nur angstgetriebene Moden. Mal wird der Zucker, der am Ende des 19. Jahrhunderts noch wegen seines Energiereichtums und seiner Heilqualitäten gerühmt wurde, plötzlich zur Ursache alles Bösen; mal ist es das Fett, das es zu meiden gilt. Kaum ißt man Margarine statt Butter, kursiert das Gerücht, sie enthielte Fettsäuren, die ebenso giftig seien wie die gesättigten Fette. Ist dann endlich das kalorienfreie Fett gefunden, beweisen die Ernährungswissenschaftler, daß man die fehlenden Fette durch Erhöhung der Kohlehydratzufuhr ausgleicht, erfährt man aus Chemieinstituten, daß das Wunderfett in Rattenversuchen zu Leberveränderungen, Blutkrebs und Gehirntumoren geführt habe. Die Ängste, die in dieser Lage aus unserer Naturanlage als Allesfresser erwachsen, werden dann häufig durch Formen freiwilliger Beschränkung eingegrenzt, wobei diese Freiwilligkeit unter den obwaltenden Umständen der Willkürlichkeit eng benachbart ist: verschiedenste Formen von Diät, Makrobiotik, Beschränkung auf vegetarische Nahrung. Meist sind solche Versuche, Ordnung zu schaffen im Eßverhalten und den verändernden Einfluß »falscher« Nahrungsmittel auszuschalten, nicht von langer Dauer, weil sie nicht von einer religiösen oder staatlichen Ordnungsmacht gestützt werden. Das »Du darfst« der Lebensmittelwerbung hat nicht die Macht einer priesterlichen Freisprechung.

Anders als wir glauben möchten, ist die französische Küche kein

Ort gesellschaftlicher Stabilität und kulturellen Selbstbewußtseins, kein geschützter Ort glücklichen Genusses und fragloser Identität mehr, sondern ein Kreuzungspunkt der gesellschaftlichen Umwälzungen, in der sich das Land gegenwärtig befindet. Frankreich ist eben auch nicht mehr das. Aber das, was es ißt, kann immer noch wunderbar sein. Und das, was es ist, natürlich auch.

Die folgenden beiden Reportagen möchten das greifbar machen, im Verfolg des Wandlungsprozesses der französischen Küche. Sie gelten dem berühmtesten Koch der Zeit zwischen den dreißiger und sechziger Jahren unseres Jahrhunderts, Fernand Point. Point ist tot, ebenso wie die Küche und die Lebensweise, für die er stand. Die Reportage ist also zugleich eine historische Rekonstruktion. Darauf folgt der Bericht über einen Ortstermin bei dem innovativsten Koch der nächsten Generation, über den heute schon zum Klassiker gewordenen Michel Guérard.

II.
Zwei Reportagen aus dem kulinarischen Wandel

1. Essen wie Gott in Frankreich früher: Fernand Point

Die französischen Zustände, die Robert Doisneau photographiert hat, sind im Verschwinden begriffen. Das macht heute ihren schon nostalgischen Charme aus. Arbeiter, die Mützen in den Nacken geschoben, Zigarette im Mundwinkel vor dem »Zinc«, dem kupfernen Bartresen eines populären Bistro, ein kleines Glas Rotwein vor sich; der wartende Macho auf dem Bett eines ärmlichen Schlafzimmers, während sich die Frau vor dem Spiegel schminkt; Kinder mit ledernem Schulranzen auf dem späten Weg nach Hause; fröhlich-trunkene Tänzer auf nächtlichen Straßen ... Der 1950 vom runden Caféhaustisch auf dem Hintergrund des Pariser Hôtel de Ville aufgenommene Schnappschuß eines vorübergehenden, sich eben küssenden Paares – provozierend schön in einem Moment strahlenden Glücks – wird schon als Poster verkauft.

Auf fast allen Photos von Doisneau passiert etwas, ist blitzartig ein Moment getroffen, der für ein Ganzes steht, das sich dem Betrachter unmittelbar erschließt. Nicht so das Photo, das auf den ersten Blick nur aus einer schwarzen und weißen Fläche zu bestehen scheint. Dann erkennt man, daß die schwarze Fläche der runde Bauch eines Mannes ist. Genauer: ein kleiner Teil eines sehr dicken Bauches eines sehr großen Mannes. Auf dem runden schwarzen Bauch sitzt beinahe übergangslos ein mächtiger Kopf, dem Betrachter zugewendet. Die Arme sieht man nicht, alles ist nur Körper, Kopf und Himmel. Der Mann sieht würdig aus. Man sieht ihm seine Profession nicht an, wie sonst den Menschen auf den Photos von Doisneau. Die ruhige Würde des Mannes und der schwarze Rock lassen an einen Priester denken, zumal um den Hals nur ein kleiner Streifen des weißen Hemdes zu sehen ist. Aber das dementiert die Lavallière-Krawatte, die große Schleife aus weichem Seidenstoff, wie sie im 19. Jahrhundert gern die Künstler trugen. Der große Kopf des dicken Mannes wirkt trotz der vielen Polster nicht rundlich oder gar schlaff: Das Kinn tritt deutlich hervor, die Augenbrauen sind buschig, der Schatten der starken Nase ragt auf dem Bild schwarz und kantig ins Gesicht. Der Mann mit dem Embonpoint – wie man früher auch hierzulande die Korpulenz nannte, bevor unsere Weight-Watcher-Gesellschaft das Wort durch den Begriff »Fettleibigkeit« ersetzte – hieß Point, Fernand Point. Zu Deutsch: Punkt. Doisneau hat ihn nicht nur »gut getroffen«, sondern ist ihm selbst bis in den formalen Aufbau seines Photos gerecht geworden: Grob abstrahiert zeigt es den Kopf als kleineren Punkt auf dem größeren des gewaltigen Leibes. Point hat das Photo gefallen. Er liebte es, wenn alles zueinander paßte, gleichsam auf den Punkt gebracht war. Daß die Lavallière-Krawatte auf dem Photo gepunktet ist, versteht sich so von selbst. Die Beigaben müssen stimmen. Als das Photo entstand, war Point ein Gott in Frankreich. Zwischen 1933, als er für immer die drei Sterne im Guide Michelin bekam, und seinem Tode im Jahre 1955 galt er als der Chef der Chefs, der beste Koch in Frankreich, mithin, wie damals niemand bestreiten durfte, als der beste Koch der Welt.

Point überragte alle. In jeder Hinsicht. Um sein Photo aufzunehmen, mußte der eher kleinwüchsige Doisneau weder in die Knie gehen noch die übertreibende Perspektive eines Weitwinkelobjektivs einsetzen: Der Meister war 1,92 Meter groß, wog 146 Kilo und hatte einen Taillenumfang von 1,63 Meter. Doisneau, nach den Umständen befragt, unter denen sein Bild entstand, bedauert noch heute, daß die Photographie die Stimme nicht abbilden kann. Points Stimme habe gewaltig aus dem riesigen Resonanzraum getönt.

Ein Gott weiß zu donnern. Und wenn Point in seiner Küche donnerte, dann zitterten die Kupferkasserolen und die Lehrlinge. Lehrling bei ihm zu sein war eine große Auszeichnung. Die meisten heute berühmten französischen Köche haben in Points Küche Karotten geschnitzt und Zwiebeln geschnitten: Paul Bocuse natürlich, der schon immer überall dabei war; sein kaum weniger berühmter Nachbar Alain Chapel aus Mionnay; die Brüder Troisgros, deretwegen zehn Jahre lang der Lachs nur mit Sauerampfer gegessen werden durfte; die nicht minder brüderlichen Häberlins und Pierre Gaertner aus Ammerschwir, bei denen die Deutschen in den sechziger Jahren lernten, daß man Froschschenkel tatsächlich essen kann – eigentlich beinahe alle dreifach besternten Chefs auf dem Wege vom Elsaß an die Côte d'Azur, gleich, ob man den Weg durch die Alpen oder durchs Rhônetal wählt. »Père« Bise am Lac d'Annecy und Raymond Thuilier in seinem »Oustou de Baumanière« unter den Ruinen von Les Baux sind selbst schon Küchenlegende; Georges Blanc hat über seinen Vater von Point gelernt; André Pic hingegen, der in Valence Seeteufel und Meerwolf zu feinen Zöpfen flicht, und Louis Outhier, der bis vor zwei Jahren in seiner wunderbaren »Oasis« am Rande von Cannes Gänseleberklößchen in Trüffelstaub wälzte, haben das Donnerwetter des Meisters noch über dem eigenen Haupt grollen hören.

Aber Point war nicht nur Koch, sondern gleichermaßen Pâtissier. Natürlich hat der regierende König der französischen Konditoren, Gaston Lenôtre, bei ihm den Zucker fein zu spinnen gelernt. Daß Point ein Gott war, wenn auch eher ein heidnischer Gott des Genusses denn einer christlicher Entsagung, das wußten nicht nur seine Lehrlinge, sondern auch die Stars aus Politik und Kunst, denen er auftischte. Auf eigenem Platz jedenfalls stellte er sie in seinen mächtigen Schatten, und er wußte es. Wenn sich Aga Khan, der Gott der Ismaeliten, wieder einmal angemeldet hatte, um, wie üblich, acht Portionen des »Gratin von Krebsschwänzen« als Fischgang zu essen, sagte Point augenzwinkernd: »Mon Dieu kommt.« Nach dem Digestif nannte Point seinen hehren Gast dann aber ohne liturgischen Umstand »Mein Kleiner« und schrieb ihm in seiner Allmacht eine einzige Zahl auf die Rechnung. So hielt er es übrigens bei allen Gästen. Er pflegte seine Leistungen nicht auf Papier auszuweisen.

Nur die berühmten Deutschen zählten nicht zu seinen Gästen. Die mächtigen Deutschen dienten zu Points Zeit lieber dem Gott des Krieges und der Askese, die anderen, ins Exil getrieben, hatten keine Mittel für lustvoll-gefräßige Vergeudung. Wolfgang Koeppen, der in seinem Roman »Das Treibhaus« der jungen Bundesrepublik ihre Wahrheit so deutlich auf den Kopf zugesagt hatte, daß man ihn seinen genauen Blick doch gefälligst auf das Ausland zu richten bestimmte, hat dem deutschen Publikum als erster von Points Restaurant berichtet. Er hatte das Gefühl für den *genius loci*, wenn er schrieb, man huldige dort »den Göttern der genießenden Zunge und des schweren Bauches, man bete zum Dämon der erzürnten Leber«.

Points Restaurant konnte natürlich nicht einfach eine »Auberge«, ein »Relais«, eine »Ferme« oder ein »Moulin« heißen, wie sich französische Restaurants vor allem in der Provinz gern nennen. Sein Restaurant hieß »La Pyramide«. Das gefiel ihm, war aber keineswegs Ergebnis angestrengter Suche nach einem exotisch-ambitionierten Markennamen. Die mochte er nicht. Auf seinem Türschild stand nur »Point. Wirt«, und gegen prätentiöse Bezeichnung der Gerichte auf der Speisekarte, wie man sie heute häufig bei ehrgeizigen Köchen findet, hat er häufig gewettert.

Nein, der Name seines Restaurants hat sich auf gleichsam natürliche Weise zu ihm gefügt: Die »Pyramide« liegt in Vienne, dreißig Kilometer südlich von Lyon. Vienne war eine bedeutende Siedlung der römischen Provence. Obgleich die große Arena, die denen in Arles und Nîmes gleichkam, zerstört wurde, trifft man an vielen Stellen noch die Zeugnisse aus römischer Zeit. Dazu gehört auch eine Pyramide aus weißem Stein, die auf einem schlichten Sockel aus vier Pfeilern ruht, welche durch vier regelmäßige Arkadenbögen verbunden sind. Sie schmückte die Spina, die Mittelachse der Arena, die bei Wagenrennen umrundet wurde gleich der im Zirkus des Nero. Die steht heute vor Sankt Peter in Rom wie die von Vienne vor Points Feinschmeckertempel. Die Ähnlichkeit genierte Point nicht.

Jedenfalls identifizierte er sich mit der »Pyramide« so weit, daß er Fragen nach seinem Gewicht mit der Auskunft beschied, das Gewicht sei zwar geheim, aber sein Volumen könne man leicht berechnen, wenn man seine Grundfläche mit seiner Höhe multipliziere und das Ergebnis durch drei teile. Sein Vater, ehemals Bahnhofswirt in Louhans/Bresse, dem Mekka der Poularde, wo Fernand 1898 geboren wurde, kaufte das Restaurant 1923. Im Jahr 1925 übernahm der Sohn seine Stelle am Herd. Er hatte seine Lehr- und Wanderzeit in einer Gastronomie gemacht, die noch von den Grand Hotels der Vorkriegszeit geprägt war. Point begriff als erster, daß mit der Belle Epoque auch die Basis für eine Küche à la Escoffier verschwunden war. Also emanzipierte er das Restaurant vom Hotel und verlieh schon damit seinem Essen eine Bedeutung, Würde und Aura, wie sie bisher nur Kunstwerken zugekommen war, nicht aber dem Hotelessen als dienendem Bestandteil des allgemeinen Wohllebens im Grand Hotel. Große Bankette, zu Escoffiers Zeiten die Sternstunde ambitionierter Küchen, lehnte Point ab. Er begrenzte die Zahl der Gäste pro Essen rigoros auf höchstens vierzig. Vierzig im Speisesaal oder vierzig im Sommer auf der Terrasse – mehr hat er nie akzeptiert, auch nicht als sich die Kunden bei ihm drängten. Arbeitsteiligkeit, Produktion kleiner Serien hoher Qualität – Point war ein Neuerer, kein Traditionalist, wie es denen erscheint, die von ihm nur sein berühmtestes Diktum kennen: »Butter! Gebt mir Butter und nochmals Butter.« Zur richtigen Konzeption kam die richtige Lage. In der Region um Lyon gibt es alles, was Feinschmeckers Herz begehrt. Was so erschien, als sei es die große Küche schlechthin, war eben doch geprägt durch die Region, in der sie entstand.

Die richtige Lage hatte die »Pyramide« aber auch insofern, als sie eine klassische Etappe auf dem Weg von Paris an die Côte d'Azur war, eine Raststätte *avant la lettre* auf der Route Nationale 7. Bei Point gab es übrigens für die Chauffeure immer ein Essen umsonst. Anfangs leitete den Patron dabei gewiß eher seine Schlitzohrigkeit denn selbstlose Menschenliebe. Chauffeure bestimmen meist, wo die Passagiere essen. Das ist nicht erst seit den Zeiten des Bustourismus so. Später aber, als er es sich leisten konnte, da gab er gerne und großzügig nicht nur den Chauffeuren. Auch für Bettler war immer ein Platz frei. Es muß nur wenige gegeben haben, damals, als man aus der Rhône noch Krebse fischen konnte. Was noch fehlte zum Erfolg, war die richtige Frau. Wie Bauern oder evangelische Pfarrer konnten sich erfolgreiche Köche damals die »falsche« Frau nicht leisten, denn in diesem Falle, wo der Platz drinnen in der Küche für einmal dem Mann reserviert war, da waltete sie draußen im Speisesaal, die züchtige Hausfrau. Sie jedenfalls hatte immer zu lächeln, wenn der Chef auch schon mal einen Gast hinauswarf, weil er einen Cocktail als Apéritif bestellt oder gar vor dem Café geraucht hatte. Die Gesuchte fand sich in einem Frisiersalon namens »Mado«, der die bessere Gesellschaft von Vienne mit den Segnungen der eben erfundenen Dauerwelle vertraut machte. »Mado« blieb lebenslang der Spitzname von Madame Point.

Am Anfang der dreißiger Jahre jedenfalls galt die »Pyramide« schon als das beste Restaurant des Landes, und daran änderte sich nichts bis zum Tode Points. Danach übernahm seine Frau das Restaurant und führte es im überkommenen Stil weiter. In der Küche hing Doisneaus Photo von Point. Jeden Tag wurden davor frische Blumen gestellt. Aber sein großer Schatten verdunkelte allmählich den alten Glanz. Als Paul Bocuse, nach regionaler Herkunft, körperlicher Statur, natürlicher Schlitzohrigkeit und letztlich auch nach kulinarischem Stil eigentlich ein getreuer Schüler des Meisters, die Formulierung von der »Nouvelle Cuisine« einfiel, als es die Herren Gault & Millau gar wagten, die altmodisch gewordene Küche der »Pyramide« in ihrem Führer nicht mehr zu bewerten, da kamen bald trotz der drei Michelin-Sterne nur noch ein paar Amerikaner, ein paar Lokalgrößen und ein paar treue Freunde des Hauses in die »Pyramide«. Man alterte würdig miteinander, bis Mado Point 1986 87jährig starb.

Und dann taucht in dieser altmodischen Geschichte endlich auch die böse Stieftochter als Erbin auf, die den Besitz möglichst rasch und möglichst teuer verkaufen möchte, legitimes Kind nicht der Points, aber ihrer Zeit. Als Käufer meldeten sich Pizzabäcker, Fleischklops- und Tiefkühlkostfabrikanten, Neureiche, die gern den Tempel gekauft hätten, wo ihnen zu Points Zeiten die Bewirtung verweigert worden wäre. In solchen Fällen aber, wenn das nationale Kulturerbe in Gefahr ist, regt sich der französische Nationalstolz, so etwa vor einigen Jahren im Falle des verhinderten Totalausverkaufs der Spitzenlagen des Bordelais an Amerikaner und Japaner.

Als Retter bot sich die französische Immobiliengesellschaft Foncière des Champs Elysées an, die sich bislang eher für den Neubau großer Immobilien in Paris und an der Côte d'Azur als für das Überleben der Gänseleber im Brioche-Teig oder des Gratin dauphinois interessiert hatte. Mißtrauische Menschen witterten Spekulation, weil sich das fragliche Unternehmen eher auf diesem denn dem kulinarischen Gebiet hervorgetan hatte. Dabei war schiere Uneigennützigkeit am Werk: Monsieur Bouillon, der Chef des Immobilienkonzerns, hatte über lange Jahre gut und gern in der »Pyramide« gegessen und wollte verhindern, daß künftig das große »M« über der »Pyramide« leuchte. Sein Name und seine Statur machten ihn schließlich über allen Verdacht der Spekulation erhaben. Wer »Bouillon« heißt, der kann *au fond* nichts Übles gegen ein Feinschmeckerrestaurant im Schilde führen, zumal, wenn er in Größe und Bauchumfang unübersehbar an Fernand Point erinnert.

Bouillon ließ renovieren und suchte einen neuen, jungen Koch. Patrick Henriroux, eben dreißig Jahre alt und eben frisch besternt. Sein Stil ist von dem Fernand Points denkbar weit entfernt. Er gehört wie Marc Veyrat und Didier Clément zu denen, die Bocuse verächtlich »Kräuterteeköche« nannte, weil sie – der gesuchten Spitzfindigkeiten der altgewordenen Nouvelle Couisine überdrüssig – ihre Küche vor allem auf der Basis heimischer Kräuter und Gemüse zu entwickeln suchten.

Die Karte ist optisch eine schlanke, graphisch fein ziselierte Hommage an die »Pyramide« und ihren Gründer, Altes und Modernes versöhnt. Die Menüs aber zeigen, daß Henriroux solche zwanglose Versöhnung zwischen Points Stil und seinem eigenen nicht für möglich hält. Und so existieren sie denn einstweilen nebeneinander, die berühmten Gerichte der dreißiger Jahre und die Gerichte, die die Handschrift des neuen Kochs tragen.

Natürlich war ich fest entschlossen, hier die Klassiker zu probieren, schon aus Pietät. Aber dann trug der Kellner zum Nachbartisch die Seezungenfilets in ihrem großen Doppelbett aus frischen Nudeln, goldbraun überbacken, wie es sich gehört ... Ohne Sauce Béchamel geht das nicht ab ... Von der Sahne ganz zu schweigen ... Und von der Butter. »Butter. Gebt mir Butter. Noch mehr Butter.« Es folgten die Krebsschwänze, samtig umhüllt von 10000 Kalorien. Ich wußte, ich würde sie alle verschlingen, die letzten tausend mit Weißbrot aufgesaugt ... Und dann noch diese Poularde in der Schweinsblase, die nach Points Anweisungen »1700 bis 1800« Gramm wiegen soll, von dem halben Pfund Gänseleber zu schweigen, die ihr der Koch weisungsgemäß in den Bauch gesteckt haben wird ... Für zwei Personen zwar, aber immerhin ... Wie soll ich's dem Kellner erklären, wenn ich solche Köstlichkeiten zurückgehen lasse? Und die schweren Träume in der Nacht ... Die Autofahrt morgen in der Augusthitze mit kneifendem Hosenbund ... Ob man vielleicht ein traditionelles Gericht mit einem leichten kombinieren sollte? Aber das geht nicht zusammen, das ist nicht die gleiche Gewichtsklasse ...

Und dann war die »Querelle des anciens et des modernes«, die da von meiner Umgebung unbemerkt, aber heftig in mir tobte, gegen allen Vorsatz zugunsten des Neuen entschieden. Henriroux hatte im Verein mit dem Zeitgeist gegen Point gesiegt. Natürlich habe ich mich ein bißchen geschämt, aber nur, bis die Ravioli von getrüffelten Langustinen mit Zucchinitagliatelle kamen.

Über die Weinkarte gibt es nichts zu sagen. Lafitte-Rothschild Jahrgang 1806, 1854, 1963, 1968 und so weiter; Château Yquem ab 1892, Vosne-Romanée ab 1895, Romanée-Conti zwischen 1925 und 1964 fast lückenlos. Die Preise ließen uns dann aber auch in diesem Falle an etwas eher Zeitgenössisches denken. Darin bestärkte uns ein Weinkellner. Genauer: eine junge Weinkellnerin. Daß es so etwas überhaupt gibt, hat mindestens die französische Sprache noch nicht akzeptiert. Die Weinkellnerin heißt mit männlichem Artikel »Sommelier«, eine »Sommelieuse« ist von der Académie française, der Hüterin des korrekten Französisch, nicht vorgesehen. Und so etwas Unaussprechliches ausgerechnet hier, in der »Pyramide« des guten Point, der niemals eine Frau, eine junge Frau zumal, als Herrin über all die alten Flaschen bestellt hätte. In dieser Frage waren sich jedenfalls die acht Gäste am Nachbartisch einig, die Damen besonders.

Und dann kam er nach getaner Arbeit zum üblichen Rundgang ins Restaurant, der neue Koch. Wie hatte Point noch die guten von den schlechten Restaurants zu scheiden gewußt? »Wenn ich in ein mir unbekanntes Restaurant gehe, dann schaue ich mir zuallererst den Koch an, denn ich weiß, wenn der mager ist, werde ich schlecht essen. Wenn er aber mager ist und zudem traurige Miene macht, dann suche ich mein Heil in der Flucht.«

Der junge Mann, der da mit der Kochmütze auf dem Kopf in der »Pyramide« die Runde machte, war schlank, sehr schlank. Ich fürchte, Point hätte ihn mager genannt. Depressiv sah er nicht aus, aber ernst, schüchtern, höflich – alles Eigenschaften, die seinem großen Vorgänger fremd waren. Man kann sich denken, was er sich anhören mußte: Anekdoten über Fernand Point. Wie der illustren Gästen zum Picknick ein faules Ei mitgegeben habe, wie er das Boot »seines« Rhônefischers in der Nacht 20 Kilometer flußaufwärts habe schaffen lassen, wie 1951 bei einem kleinen Brand in der »Pyramide« die Feuerwehr nicht gekommen sei, als Point sie angerufen hatte, weil man dachte, es handele sich wieder einmal um einen seiner Scherze. Drei Zimmer im Obergeschoß seien deshalb verbrannt, aber Point habe dennoch schallend gelacht, als er erfuhr, warum das Löschfahrzeug ausgeblieben war. Anekdoten ohne Ende, die sich der dünne Mann mit angemessenem, höflichem Lächeln anhört, die ihn in den nächsten Jahren überall verfolgen werden, in seiner Küche, in seinem Haus, in seinem Speisesaal, bei seinen Lieferanten, bei seinem Autohändler, in der kleinen Bar seines Viertels.

Am nächsten Morgen ist Zeit für ein Gespräch. Während Point nach dem Zähneputzen die erste Flasche Champagner öffnete, sitzen wir bei Mineralwasser. Er ist auch am Morgen höflich, bescheiden, beinahe schüchtern, seine Antworten sind klar, genau, aber gewiß nicht spritzig und pointiert noch weniger. Was Point zu einem so herausragenden Koch seiner Zeit gemacht habe? »Die Beschränkung auf ein kleines Restaurant, das Glück, daß es damals nur wenige wirklich herausragende Köche gab, vor allem aber seine Persönlichkeit, sein Charakter, seine Statur, seine Herzlichkeit, die das Personal motivierte und die Gäste anzog.« Natürlich habe er auch Fehler gehabt, habe viel getrunken, habe wichtige Gäste hinausgeworfen, habe unablässig Streiche ausgeheckt, aber das habe damals eben nicht als Fehler gegolten. In der Küche habe er gebrüllt, aber zugleich habe er dem Personal einen Boules-Platz im Garten eingerichtet. Die Leute aus Vienne hätten ihn geliebt. Wenn er mit ihnen im Hinterzimmer trank (dort, wo heute der Seminarraum mit dem Telekopierer steht), dann durfte ihn kein König stören. »Il aimait bien vivre« – er lebte gern, er verausgabte gern, er verausgabte schnell und ohne Reue, selbst das Leben.

Und heute? »Wissen Sie, gute Köche gibt es heute viele. Um wirklich Erfolg zu haben, muß man ein guter Manager *und* ein guter Koch sein. Man muß rechnen können. Anders als Monsieur Point, der sehr großzügig war, allen gab, alle zum Champagner einlud.« (Er sagte immer »Monsieur« Point, wie um eine Distanz zu bezeichnen).

»Das war zuletzt auch das Problem dieses Hauses. Man verwendete 700 Gramm Fleisch von sündhaft teurem bretonischen Hummer für ein Gericht, das nur 150 Francs kostete. Man scherte sich nicht darum, daß der Umsatz von 25 000 Gedecken pro Jahr während der besten Zeiten auf 4000 in den letzten Jahren sank.« Er sagte es nicht hämisch, nicht bedauernd, nur einfach feststellend, daß das eben so nicht geht. Vielleicht war in der Poularde doch kein halbes Pfund Gänseleber versteckt?

Ob ihn noch etwas mit Point verbinde? »O ja, mehr, als man auf den ersten Blick sieht. Ich bin eher schüchtern, meine Leistungen kommen aus der Angst, etwas falsch zu machen. Aber ich bin auch besessen von der Arbeit in der Küche. Ich kann mir nicht vorstellen, die Arbeit am Herd irgendwann einem guten Stellvertreter zu übergeben und nur noch in der Welt herumzureisen, wie viele meiner prominenten Kollegen. Ich bin Qualitätsfanatiker wie Point. Er hatte ganz recht, daß sich die Größe eines Restaurants in Grenzen halten muß, wenn die Küche hohes Niveau und eine persönliche Handschrift bewahren will.«

Gemeinsam ist auch die strenge Ausbildung. »Wissen Sie, Kochen ist zuallererst ein Handwerk, das man gründlich gelernt haben muß, welchen Stil man auch immer bevorzugt.« Henriroux war nach den Jahren auf der Hotelfachschule ein paar Monate Lehrling bei einem französischen Koch in Pforzheim. »Das war ein Amateur. Da kann man nichts lernen.« Also eine strenge Lehrzeit in einem Restaurant in Bourg-en-Bresse. Dann die Wanderjahre. Zuerst ins Elsaß, um die traditionelle Küche von Grund auf zu lernen. Darauf zwei Jahre in die Bretagne, um zu erfahren, was man alles mit Fisch und Meeresgetier machen kann. Schließlich ein Jahr im 3-Sterne-Restaurant des ambitionierten Georges Blanc, »wo ich begriff, daß ein guter Koch mehr können muß als kochen.« Dann während der sechs Jahre in Mougins zum ersten Male die selbständige Leitung eines Restaurants. Wegen des Booms der Feinschmeckerei in der Bundesrepublik während der letzten Jahre entstand hier manches ambitionierte Restaurant von Amateurköchen, das, häufig nicht ohne Erfolg, solide handwerkliche Ausbildung durch forcierte Orginalitätssucht zu ersetzen versucht, verständlich in einem Land, in dem die professionellen Betriebe (vom Südwesten abgesehen) lange Zeit bis auf wenige Ausnahmen nichts zu lehren hatten. In Frankreich ist Koch ein strenger Lehrberuf mit althergebrachten, zünftigen Ausbildungsregeln. Und die Klassiker Fernand Points auf der neuen Karte? Konzession an die treuesten Kunden, oder kann man diese Gerichte wirklich modernisieren? Die Antwort kommt zögerlich, aber bestimmt. »Ich habe Respekt vor der Tradition. Eine kleine nostalgische Ecke wird es auf meiner Karte immer geben. Aber mein Stil ist anders. Meine Eltern sind Bauern, ich bin vom Land geprägt. Gemüse, Wild, Kräuter, das bestimmte die Küche meiner Jugend. Natürlich ist das, was ich hier mache, viel subtiler. Aber ich bemühe mich auch, die Dinge nicht zu weit zu treiben.« Akzeptiert ihn Points alte Kundschaft aus Vienne? »Zögernd.«

*

Wie gern würde man sie mal alle zusammen in einem Restaurant sitzen sehen, die sich ins Gästebuch der »Pyramide« eingeschrieben haben, das Henriroux zum Blättern zurückließ, als ihn die Mittagsschicht in die Küche rief. Josephine Baker zum Beispiel oder Marlene Dietrich, Charles Laughton und Jacques Prévert, Emile Hermès, der Modemacher, Gustav V. von Schweden und der Kaiser Bao-Dai, der Verleger Flammarion und Arthur Miller, Jean Giraudoux, die Schauspieler Jean-Louis Barrault, Jean Marais, Laurence Olivier, Rita Hayworth, Clark Gable, Barbara Stanwyck, Vivien Leigh, die Boxer Al Brown und Marcel Cerdan, die Erben David Rockefeller oder Charles de Polignac, Edith Piaf, Sacha Guitry, Cocteau und Picasso.

Die geschichtsnotorischen Gäste der »Pyramide« scheinen sich hier einmal um Geschichte nicht gekümmert zu haben. Die Colette schreibt am 18.7.1933 von ihren Gewichtsproblemen; der Herzog von Windsor findet 1936 einen Tag nach seiner Abdankung Trost bei Point; der Volksfrontpräsident Léon Blum kehrt ebenso in der »Pyramide« ein wie wenig später Edouard Herriot und Albert Lebrun. Alle hinterlassen artige Dankesworte.

Aber im November 1940 mischte sich die Geschichte dann doch auch direkt in Points ureigenste Angelegenheiten ein. Vergilbte, nachlässig eingeklebte Ausschnitte aus verschiedenen Zeitungen bezeugen, daß er angeklagt wurde, 455 Kilo Zucker, 275 Kilo Nudeln, 400 Kilo Mehl und 25 Kilo Butter undeklariert gehortet und zudem darauf verzichtet zu haben, von einigen Gästen die Lebensmittelmarken zu verlangen. Wenn man dem »Paris-Soir« vom 14.11.1940 glauben darf, war der Angeklagte geständig, wußte aber die Verhandlung auf gastronomische Fragen zu lenken, indem er Richter und Staatsanwalt in eine Diskussion über die Frage verwickelte, ob man ein Gratin dauphinois ohne Sahne zubereiten könne. Es sollen die historischen Worte gefallen sein: »Niemand hat das Recht, das Gratin dauphinois zu verraten.« Das war keineswegs Desinteresse an der Politik. Point war es nicht egal, wem er auftischte. Er liebte das Leben, nicht das Töten, das die deutschen Erfinder der Gulaschkanonen über Europa brachten. So blieb während der Okkupation immer eine Hintertür für Verfolgte bei ihm offen, das Gästebuch hingegen geschlossen. Am 2.9.1944 dann wieder ein Eintrag: »Die ersten alliierten Truppen. Tausend Dank. Es lebe Frankreich.« Nach dem Krieg schrieben sich dann die Generäle ein. General Koenig, General Eisenhower. Sie brachten Orden mit. Einen englischen, das französische Kreuz der Ehrenlegion ... Die Zeitungsausschnitte von Points Beerdigung im Jahre 1955 feiern in der seltsam gestelzten Sprache französischer Lokalblätter einen Helden. 4000 Personen folgten dem Sarg. Points Tod war keine Privatangelegenheit. Es redeten der Bürgermeister, der Präfekt, Monsieur Savoi von der Vereinigung der Köche, Monsieur Richard für die französischen Gastronomen, ein anderer für die Klassenkameraden und viele andere – das ganze korporatistische Geflecht der alten französischen Gesellschaft zeigt sich in den Bildern von dieser Trauergesellschaft.

Nach Points Tod blieb das Gästebuch wieder geschlossen. Man hatte in der »Pyramide« nun einmal beschlossen, die Zeit anzuhalten. Was noch folgt in diesem Gästebuch, sind Zeitungsausschnitte aus dem Jahr 1986, Zeitungsausschnitte von Mado Points Beerdigung. Jetzt dominieren in der Trauergesellschaft die Freunde, die Schüler. So ist sie viel kleiner als die von 1955. Es war ein Mensch zu beerdigen, kein Zeitalter. Die Trauerrede von Pierre Troisgros drückt es wider Willen aus. Sie beginnt so: »Paul Bocuse ist in Japan, und Alain Chapel kommt erst heute abend aus den USA zurück ... aber ich glaube für sie zu sprechen, wenn ich hier meine Trauer ausdrücke.«

Das Gästebuch wurde von den Erben an Autographensammler veräußert. Der neue Besitzer hat es zurückgekauft und stellt es jetzt mit einigen alten Photos und Reliquien in der renovierten »Pyramide« aus. Eigentlich gehörten diese Ausstellungsstücke als Zeugnisse des stolzen, handwerklichen, korporatistischen, bodenständigen, traditionsgebundenen, patriotischen, respektlosen, wohllebigen, eitlen, lauten, listigen, lebenslustigen, volkstümlichen Frankreich in ein öffentliches Museum, wo das heutige Frankreich das vergangene besichtigen kann.

2. Der neue Liebling der Götter: Michel Guérard

Sein Bild, das ich von der Titelseite seines ersten Kochbuchs her im Kopf hatte, zeigte einen Mann mit glatten, in die Stirn und über die Ohren gekämmten Haaren, braunen schalkhaften Augen, einer großen Nase, einem breiten Lächeln, das in Grübchen auslief, darunter ein Kinn mit der leichten Neigung, sich zu verdoppeln. Er muß schon vierzig gewesen sein, als das Photo vor etwa 15 Jahren entstand, aber er hatte darauf noch etwas von einem Jugendlichen, einem Sunny-boy, einem liebenswerten Spitzbuben aus einer französischen Vorstadt mit heftigem Temperament, keinem Spaß abgeneigt, in keiner Hinsicht ein Kostverächter, ein Mann, der den Mädchen hinterherpfeift. An seiner Seite eine junge, sehr schlanke mediterrane Schönheit mit langen schwarzen Haaren und feinem, rätselhaftem Lächeln, die so aussah, als würde sie sich nie umdrehen, wenn ihr Männer hinterherpfeifen.

Der graumelierte Herr, der mir nun aus der sorgfältig komponierten Tiefe der Eingangsflucht seines Luxushotels entgegenkam, war vom Scheitel bis zur Sohle ein Patron, strahlte Selbstbewußtsein und Seriosität aus, so daß es der Kochjacke und der fleckenlosen weißen Schürze nicht bedurft hätte, um zu wissen, daß dies der Hausherr war, Michel Guérard. Die Stärke der Ausstrahlung war um so erstaunlicher, als es bei ihm vom Scheitel bis zur Sohle nicht eben weit ist, 1,62 m genau. »Ein Meter zweiundsechzig bei einundsechzig Kilo Gewicht. Ich habe auch schon mal achtundsechzig Kilo gewogen, aber das war, bevor ich auf die Cuisine minceur gekommen bin.« Ich kannte die Legende, die er um die Entstehung der Cuisine minceur gerankt hat: um seine künftige Frau, eben jene schlanke, feine Schönheit, die ich vom Photo her erinnerte, trotz ihrer Abneigung gegenüber Embonpoints zu erobern, habe er damals auf Mittel gesonnen, gut zu essen und dennoch abzunehmen.

Die Geschichte klingt ein wenig zu glatt und mediengerecht, um wirklich wahr zu sein, aber Guérard ist ein so überzeugender Propagandist seiner Cuisine minceur, daß ich schon bereit war, an die Unfehlbarkeit ihrer Wirkung zu glauben, als mir Madame Guérard vorgestellt wurde, eben jene mediterrane Schönheit mit feinem, rätselhaftem Lächeln, um deretwillen die Cuisine minceur erfunden worden sein soll. Sie war schöner noch, als ich sie vom Photo her erinnerte, aber auch anders, kein Mädchen mehr, eine Frau, deren Körperformen auf anmutige wie gewichtige Weise die Konfektionsgröße des landläufigen Schönheitsideals in Frage stellen.

Vielleicht ist es doch eher die bei kleinen Männern übliche Rastlosigkeit als die Cuisine minceur, die Michel Guérard davor bewahrt, Fett anzusetzen. Oder der Trotz, es am eigenen Leib erweisen zu wollen, daß heute die halben Portionen zählen: Fernand Point wog, wie wir gehört haben, mehr als 140 Kilo, sein Schüler Bocuse bringt es immerhin noch auf gute zwei Zentner. Guérard war mit Senderens einer der ersten Kleinen und Leichten, denen in der Küche Gewicht nicht mehr abzusprechen ist – auch hierin wurde er Vorgänger der Chibois, Ducasse, Maximin und Veyrat.

Der kleine Mann erweist sich als schneller, souveräner, gut formulierender Gesprächspartner. Seine Antworten sind wie seine Küche: leicht, aber nicht leichtfertig; sie kommen ohne Vorgefertigtes aus, verraten aber immer einen planmäßigen Geist; sie kalkulieren die Effekte, aber auch die Substanzen; sie überraschen, aber witzeln nicht; sie bemühen sich um die Exaktheit der Sprache wie um die Exaktheit der Garzeiten und Küchentechniken. Das alles ist beste französische Tradition. Keine Spur mehr des frechen, heftigen Vorstadtcharmeurs vom Photo in meinem Kopf. Bis plötzlich irgend etwas sein Lachen auslöst. Sein Gesicht explodiert. Sein lachender Mund bestimmt das ganze Gesicht, drückt gleich drei Grübchen in beide Wangen, das Lachen zieht Krähenfüße in die Augenwinkel, legt alles in fröhliche Falten. Die große Nase tritt weiter nach vorn, und es zeigt sich, daß nichts in diesem Gesicht symmetrisch ist. Die linke Augenbraue beschreibt einen flachen Bogen, die rechte zieht sich weit hinunter, die rechte Augenhöhle erscheint größer als die linke. Vor allem aber bemerkt man die großen Ohren, das linke tiefer angesetzt als das rechte, das dafür oben weiter absteht.

Während Guérards Gesicht im Lachen explodiert, strahlt es einen Charme aus, dem man sich schwer entziehen kann. Dabei verliert sich aber keineswegs der Eindruck von Weisheit, aber sie entpuppt sich nun als die Weisheit eines Schalks. Ein Satyr lacht da, einer jener mutwilligen Gesellen von ungeschlachter Gestalt mit struppigem Haar, aufgeworfener Nase und großen Ohren aus der griechischen Mythologie. Oder Dionysos selbst, der Herr der Satyrn, der Gott des Rausches, der Orgien, der ausgelassenen Feste? Oder der König Midas, der unermeßlich reiche und weise Priesterkönig des Altertums, der Begründer neuer Kultsitten, der von Diogenes die Bitte erfüllt bekam, daß alles, was er berühre, zu Gold werde?

Ich frage in das Lachen hinein, ob ihm je im Leben etwas mißlungen sei. »Mißlungen, wirklich mißlungen?« Zum ersten Male entsteht eine lange, eine sehr lange Pause. »Nein, wirklich mißlungen ist mir wohl nichts. Natürlich habe ich Geschäfte in den Sand gesetzt, zum Beispiel die Guérard-Schokolade in den USA, natürlich führen nur wenige meiner Experimente wirklich zu brauchbaren neuen Rezepten. Aber das ist kein Mißlingen, weil man daraus lernt.« Und dann folgt langsam der berühmte Satz der Piaf, einer anderen, dynamischen halben Portion aus der französischen Vorstadt: »Non, je ne regrette rien.«

Kein Zweifel, Michel Guérard gehört zu dem seltenen Menschenschlag, dem alles gelingt, was er anfaßt. Er ist siebenundfünfzig Jahre alt und hat erreicht, was man als Koch nur erreichen kann: Kind armer Leute, gewann er früh den Titel des besten Lehrlings der Region Paris, wenig später den des »Besten Arbeiters von Frankreich«, der von einer staatlichen Jury jährlich an den besten jungen Koch und Zuckerbäcker vergeben wird; dann arbeitete er im besten Grand Hotel von Paris (Le Crillon), darauf in der bekanntesten Nightshow (Lido) und mit der Königin des Pariser Nachtlebens (Régine's).

Als er in einer Arbeitervorstadt schließlich sein eigenes bescheidenes Restaurant aufmachte, kam ihm »tout Paris« hinterhergefahren (Ted Kennedy soll auf der Toilette auf einen freien Platz gewartet haben). Die »Bocuse-Bande«, die damals den Ton anzugeben begann in der französischen Gastronomie, nahm Guérard in Ehren auf, und Paul selbst nannte ihn »den Kreativsten unter uns«. Die Kritiker von Michelin, Kléber, Gault und Millaut trugen ihm in seltener Einmütigkeit alles ins Haus, was sie an Sternen, Hauben und Bestnoten zu vergeben haben; das Time-Magazin widmete ihm eine Titelstory, Hunderte anderer Zeitschriften folgten. Dann kam die Heirat mit einer ebenso schönen wie reichen Frau, die zu den wenigen weiblichen Absolventen der angesehensten Wirtschaftshochschule Frankreichs zählte. Mit ihr machte er ein verkommenes Kurhotel in einem tristen Provinzdörfchen am Ende der Welt zu einem kulinarischen Zentrum Frankreichs und zugleich zu einem der schönsten Häuser der luxuriösen Relais&Château-Kette. Nebenbei wurde er Fernsehstar, Schloßherr, Bestsellerautor, Weingutbesitzer. Als der größte europäische Nahrungsmittelkonzern einen kulinarischen Berater suchte, konnte es nur Guérard sein; als der französische Kultusminister Jacques Lang einen Präsidenten für seinen Beirat zur Förderung der Kochkunst brauchte, fiel die Wahl wiederum auf Guérard , und schließlich machten ihn auch noch die handverlesenen Kollegen des französischen Berufsverbands der Haute Cuisine zu ihrem Präsidenten. Die Kollegen, die Politiker, die Wirtschaft, die Kochkritiker, die Frauen, die Medien – alle Götter lieben Guérard, nicht nur Dionysos.

Guérard muß den Mythos vom König Midas jedenfalls kennen, denn er hat aus den Fehlern gelernt, die den antiken König schließlich doch noch um sein Glück brachten: Midas hatte, als er sich die Gabe erbat, daß alles, was er berührt, zu Gold werde, nicht ans Essen und Trinken gedacht. Die wurden nun auch zu Gold, und er mußte elend Hunger und Durst leiden. Darauf bat er den Gott um die Rücknahme des verderbenbringenden Geschenks. Dionysos war ihm auch diesmal gewogen und riet ihm, in einer nahen Quelle das Gold abzuwaschen. Man soll dort seither Gold finden.

Guérard vertraute nicht auf die Götter, sondern er versuchte, das Rezept herauszubekommen, wie man Essen und Trinken in Gold verwandelt. Sein Erfolg dabei steht außer Frage. Mit einem Rezept behält man die Sache in der Hand. Michel Guérard verwandelt aber nur das in Gold, was er selbst nicht braucht: »In erster Linie koche ich für mich selbst. Ein Koch, der keine Lust am Essen hat, wird niemals etwas Bedeutendes zustande bekommen.« Fürs Goldmachen bleibt allemal noch genug übrig.

Auch die nahe Quelle wußte er ökonomischer zu nutzen als der geschäftlich unerfahrene Midas. Er vermarktet sie als Heilquelle und holt listig mehr Geld heraus, als er hineingesteckt hat. Daß kein König darin badete, gleicht er mit dem Hinweis auf die Kaiserin Eugénie aus, die hier im 19. Jahrhundert Heilung von ihrem Zipperlein und Erholung von ihrem falschen Kaiser Napoleon III. suchte.

Ovid überliefert uns eine zweite Geschichte vom König Midas, die Guérard kennen muß: Midas sei, seines Reichtums überdrüssig, in die Wälder geflüchtet. Dort habe er einem künstlerischen Wettkampf zwischen Pan und dem Gott Apollon beigewohnt. Man kann sich denken, wie die Richter entschieden. Apollon ist seit je der Führer der Musen, Symbol und Hüter der klassischen Künste, Pan ein ziemlich wilder Dämon von der Art der Satyrn. Aber Midas mischte sich ungefragt ein und betrieb Urteilsschelte zugunsten des Flötenspielers, dessen bis dahin unerhörte Musik zwar »panischen« Schrecken hervorrufen konnte, aber auch von seltener, neuartiger und zugleich natürlicher Schönheit war. Apollon ließ ihm zur Strafe Eselsohren wachsen, die Midas vergeblich unter einer Tiara zu verstecken versuchte. Die Tiara kam ihm besonders geeignet vor, denn sie ist eine hohe, steife, kegelförmige Kopfbedeckung – kurz: eine Kochmütze.

Es bedürfte nicht der Kochmütze in dieser Geschichte, um zu erkennen, daß Ovid hier natürlich die Gründungsgeschichte der »neuen Küche« erzählt. Und es ist offenkundig, für welche Kunst unser moderner Midas Partei ergriff. Ebenso offenkundig ist, daß Apollon ihm deshalb kräftig an den Ohren gezogen hat, besonders am rechten. Aber irgendwie ist er auch diesmal davongekommen, ohne wegen seines Avantgardismus und seiner Waghalsigkeit vor aller Welt als Esel dazustehen, der Michel Guérard. Vermutlich hat er sich mit Apollon geeinigt. Der ist eben nicht nur der Gott der klassischen Künste, sondern auch der Gott der maßvollen Begrenzung. Und auf dem Gebiet hat Guérard einiges zu bieten.

*

Als ich nach Eugénie-les-Bains abreiste, hatte ich noch nie etwas aus Guérards Küche gegessen und ein paar feste Vorsätze im Kopf. Der erste war einfach: Ich wollte wissen, ob Michel Guérard als Koch so gut ist wie sein Ruf, oder ob sein Erfolg einfach darauf beruht, daß er eine von ihm einst kreierte Mode, die Nouvelle Cuisine, an urteilsgeschwächte, weil unter ihrem Übergewicht leidende Gäste teuer zu verkaufen versteht. Nichts ist so alt wie die Mode von Gestern, und ich war fest entschlossen, Guérard einen großen Teller mit drei Kenia-Bohnen, fünf Gramm gehacktem Trüffel und einem Krebsschwanz »an« Vinaigrette nicht als große Küche durchgehen zu lassen. Der zweite Vorsatz war: Ich wollte herausbekommen, was diesen kleinen Mann zu einem der wichtigsten Repräsentanten der Küche unserer Zeit gemacht hat. Das heißt nach mehr fragen als nach Kochkünsten. Es heißt fragen nach der Persönlichkeit eines Mannes wie nach den Tendenzen des Zeitalters, das er im Küchentrakt der Geschichte repräsentiert.

Ich wußte auch, was ich *nicht* in Eugénie wollte. Zum Beispiel wollte ich nicht abnehmen. Anlaß wäre schon gewesen, aber mir kommt es verrückt vor, gerade im Umkreis eines Drei-Sterne-Herds Verzicht zu leisten, wo doch der Verzicht auf einiges von dem Zeug, das ich im Alltag bisweilen esse, viel eher angezeigt ist. Und selbst wenn die Guérardsche Schlankheitsküche sich als so fabelhaft erwiese, wie der Ruf, der ihr vorausgeht, wäre da noch das Problem des Weinverbots ... Und so optierte ich dann bei der Vorbestellung rigoros für die »Cuisine gourmande« (so nennt Guérard die Küche ohne Kalorienangabe auf der Speisekarte), reservierte aber immerhin aus professioneller Neugier wie aus vorauseilender Höflichkeit gegenüber dem Hausherrn auch ein kalorienverlesenes »Minceur«-Mittagessen. (Guérard weiß um die Bedeutung richtig gewählter Produktnamen: Der kompromittierte Begriff »Nouvelle Cuisine« kommt nirgendwo vor, ebensowenig der Begriff »Diät« mit seinem Anklang von in Wasser gedünsteten Karottenscheiben. »Mince« heißt auf französisch nicht nur »schlank«, sondern auch »fein«, als Ausruf gebraucht, bedeutet es unser bewunderndes »Donnerwetter!«)

Auf andere Angebote des Hauses Guérard wollte ich hingegen gern verzichten. So auf die Dienste der Kurabteilung. Kein Gewichtsverlust durch Gurkenscheiben, keine Zellulitisdusche, nicht einmal das dekorative weiße (kaolinhaltige) Schlammbad, unter dessen Zuckerguß diejenigen so dekorativ aussehen, die kein Schlammbad nötig haben – Kuranlagen stimmen mich allemal todtraurig. Auch an »Erlebnispaketen« war mir nicht gelegen. Man kann zu Unterkunft, Essen und Thermalkur Kochkurse buchen, Einführung in den Weinbau auf Guérards Weingut »Baron de Bachen«, Einführung ins Automobilrennen auf dem nahegelegenen Kurs von Nogaro, Einführung ins Golfspiel oder in die Kräutergärtnerei. Das Erlebnispaket »Honeymoon« kam schon aus Gründen des Familienstandes nicht in Frage.

Man kommt von Deutschland aus nicht eben einfach nach Eugénie-les-Bains. Entweder muß man mit dem Auto diagonal durch ganz Frankreich fahren, oder man fliegt nach Paris/Charles de Gaulle, durchquert die ganze verstopfte Stadt, um in Orly den Anschlußflug zu verpassen, in Paris zu übernachten und schließlich am nächsten Morgen den ersten der drei täglichen Flüge nach Pau zu erwischen. In meinem Reisebüro hatte man mich gebeten, Pau zu buchstabieren. Ich fand, das ging zu weit, hatte aber selbst nicht mehr erwartet, als mich in einem sehr kleinen Flugzeug wiederzufinden, die eine Hälfte der Passagiere aus Pilgern nach Lourdes, die andere Hälfte aus Pilgern zu Guérard bestehend. Das waren jedenfalls die einzigen Sehenswürdigkeiten im Umkreis von Pau, die ich kannte. Das Flugzeug war groß und – soweit ich sehen konnte – ganz ohne Wallfahrer.

Von Pau aus sind es noch einmal sechzig Kilometer, für die es ein Taxi oder einen Mietwagen braucht. Man fährt durch viel Landwirtschaft, zumeist riesige Maisfelder, durchquert ein paar verlorene Dörfchen und kommt irgendwann am Ortsschild von Eugénie an –

offiziell versehen mit dem Zusatz: »premier village minceur«. Die schnurgerade Straße läßt die Kirche links liegen und führt unter Platanen direkt zum weißen Tor eines Parks, hinter dem etwas beginnt, was die vielen Journalisten, die hier schon Spesen gemacht haben, stereotyp ein »Paradies« zu nennen pflegen.

Jedenfalls ist der Park auch bei nüchterner Betrachtung auf den ersten Blick weitläufig, der Parkplatz eine wunderbare Waldlichtung und das Hotel ein hufeisenförmig angeordneter Komplex aus einladenden weißen Gebäuden, die in die würdigen Kolonnaden des Kurtrakts übergehen. Die Begrüßung erfolgt zunächst durch eine nackte, steinerne Göttin unter den Palmen des Innenhofs, dann durch einheitlich in weite Kittel gewandete junge Damen.

Der Spaziergang, um die Zeit bis zum Abendessen zu überbrücken, vermittelt Schloßherrengefühl. Der Park ums Haus soll fünf Hektar groß sein. Fünf Gärtner sind täglich mit seiner Unterhaltung beschäftigt. Es gibt Flüßchen und Lichtungen, schmale Wege und Alleen, Tennisplätze, geheizte Schwimmbäder, Bänke, Heuschober und alles, was der Mensch so in einem Park brauchen kann. Der Kräutergarten ist ein Park im Park, liefert der Küche großzügig verwendetes Rohmaterial. Im vorigen Jahr erinnerte man sich eines kleinen, verfallenen Klosters aus dem 18. Jahrhundert auf dem Parkgelände. Die Guérards ließen es zu einer Dépendance ausbauen, in der jetzt die schönsten Zimmer sind.

Vieles mußte zusammenkommen, damit dieses Anwesen so entstehen konnte: das Vermögen von Guérards Schwiegervater, der Geschäftssinn und der Geschmack von Madame Guérard, die Arbeit von etwa 150 Angestellten, die vom Badearzt bis zum Zimmermädchen, vom Gärtnerlehrling bis zum Chefkoch reichen – aber es wäre alles nicht möglich ohne die Küche, die dem Haus das Ansehen und die Kunden verschafft, die keine noch so kostspielige Werbung anzulocken vermöchte.

Und wie ist sie nun, diese Küche? Als sich die Silberhaube zum ersten Mal von meinem Teller hob, lag darunter ein dünner Teigboden, regelmäßig belegt mit Tomatenscheiben, feingehacktem Basilikum, das Ganze benetzt mit Olivenöl. Darüber am oberen Rand des übergroßen Tellers ein Sträußchen in Teig ausgebackener Kräuter. Das war alles. Es gehört Selbstbewußtsein dazu, ein großes (und teures) Menü mit einem Gericht beginnen zu lassen, das nichts bietet, als die Grundbestandteile der einfachen Mittelmeerküche: Mehl, Tomaten, Kräuter, Olivenöl. Nach dem ersten Bissen weiß man, daß hier ein großer Koch am Werke ist. Der Teig nicht hart und kein bißchen durchweicht, die Tomaten nicht trocken und nicht vollgesaugt mit Öl, das Basilikum reichlich und doch den Tomatengeschmack nicht übertönend, der Ölgeschmack fein, aber die Olive keineswegs verleugnend, die Kräuter kroß, aber noch grün und knackig. Aus jedem Bestandteil wurde herausgeholt, was nur möglich ist und zugleich die Harmonie des Ganzen ausbalanciert. Als Fischgang hatte ich eine »Ile flottante« verlangt und war schon deshalb auf das Resultat gespannt, weil das eigentlich ein klassischer Nachtisch aus Eischaum, Zucker und Mandeln in einer Sauce aus Crème anglaise ist. Es kam ein Küchlein aus Hechtmousse, wunderbar leicht, in einer Marinade aus Gemüsen und kleinen Langustinen, optisch sorgfältig komponiert wie alle Gerichte Guérards. Wäre da nicht das Wasser, das einem im Munde zusammenläuft, würde man es nicht fertigbringen, dem Stilleben mit Messer und Gabel zu Leibe zu rücken. Danach ein Täubchenflügel mit einer reichlich bemessenen Beilage aus grob gehacktem, getrüffeltem Wirsing von geradezu sensationellem Wohlgeschmack, kleinen Kartoffeln und ganzer Knoblauchzehe. Zum Schluß ein Blätterteig-Füllhorn aus glacierten Früchten. »Fast tadellos«, wie der chronische Nörgler Karl Valentin in den seltenen Fällen zu sagen pflegte, in denen er trotz aller Mühe nichts zu beanstanden fand.

Und so drei Tage lang. Von gefüllten Schweinsfüßen, begleitet von Kartoffelbrei – aber was für einem Kartoffelbrei –, wäre zu reden, von kleinen Jacobsmuscheln im Pilzsud, von Hummersalat mit grünen Spargeln, überhaupt von wunderbaren Hummerzubereitungen, von einem Entencarpaccio, von der Kruste des gegrillten Lammrückens.

Und die Cuisine minceur bei alledem? Wenn man an zwei aufeinanderfolgenden Tagen zweimal täglich ein großes Menü eines großen

Kochs ißt, dann wird man allmählich süchtig. Man mag es nicht mehr lassen, aber man merkt auch, daß der ganze Tageslauf von der Droge bestimmt wird. Nicht zuviel vom Frühstück, damit Hunger fürs Mittagsmenü bleibt; dann zwei Stunden Mittagessen. Die Volksweisheit weiß, wie's weitergeht: »Nach dem Essen sollst Du ruhn' ...« Nach dem Erwachen gilt allemal noch: »Voller Bauch studiert nicht gern.« Einzige Ausnahmen: ein leichtes Buch oder eben gleich die Speisekarte fürs Abendessen. Und so weiter.

Kurzum: Nach zwei Tagen wollte ich, was alle Süchtigen wollen, meine Sucht behalten und ihre Folgen loswerden. Darauf hatte die Cuisine minceur nur gewartet, um glänzend Einstand zu halten: als Vorspeise ein Gemüseteller mit Aïoli, ein schönes Gericht aus der bürgerlichen Küche Frankreichs. In der landläufigen Zubereitung hat es den Fehler, daß die Gemüse meist banal und wässerig sind, so daß man sie in viel zu große Mengen viel zu fetter Knoblauchmayonnaise tunkt. Hier gab es einen Stern aromatischer, knackiger Gemüse mit einer leichten, übrigens deutlich knoblauchhaltigen Mayonnaise. Bei solchen Rezepten ist die Cuisine minceur traditionellen Zubereitungen nicht nur ebenbürtig, sondern zweifelsfrei überlegen. Danach ein gutes Stück Entenbrust, mit einer Sauce, der die Entfettung nichts geschadet hatte, und eine Konstruktion halbgefrorener Früchte als Nachtisch. Bei der Entenbrust fehlte mir der begleitende Wein, aber als ich vom Tisch aufstand, war ich froh, keinen getrunken zu haben, erwog, zur Abwechslung vom »Ruh'n« vielleicht einmal tausend Schritte zu tun und machte überhaupt Pläne für den Nachmittag.

Dann wäre die Cuisine minceur also tatsächlich das kalorienarme Ei des Kolumbus, das der Hochküche alle ihre Möglichkeiten ließe und dem Körper alle seine Möglichkeiten zurückgäbe? Natürlich nicht. Zunächst einmal lassen sich manche Rezepte nicht ohne Geschmacksverlust abspecken. Nach Guérards Schätzung gilt das für etwa ein Drittel des klassischen Rezeptbestands. Gänseleber zum Beispiel kann in einer auf Gewichtsabnahme bedachten Küche niemals mehr als Dekoration sein. Dann ist da das Problem, daß sich Menschen mit normalem Einkommen ruinieren müssen, um in Eugénie einen ordentlichen Embonpoint loszuwerden. Die Rezepte einfach zu Hause nachzukochen, ist auch keine Patentlösung, denn leichte Küche erweist sich als besonders schwer zu machen. Und dann gibt es da noch das kleine Problem, auf das keine noch so raffinierte Schlankheitsküche eine Antwort weiß: Bei einem kleinen Spaziergang auf der Dorfstraße von Eugénie sah ich in einem billigen Café zwei Schlankheitspensionäre von Michel Guérard, die am Nebentisch immer mit traurigem Gesicht Kurwasser getrunken hatten. Vor ihnen eine süße Scheußlichkeit von Torte, auf ihren Gesichtern Gier und Schuldbewußtsein.

Dennoch ist die Cuisine minceur mehr als eine hübsche Abwechslung für Leute, die lebenslang zweimal täglich in Drei-Sterne-Restaurants essen müssen. Sie beweist auf schwierigem Terrain, daß kalorienbewußtes Kochen und subtilster Genuß sich nicht ausschließen. Sie hat die Grenzen des bis dahin schmackhaft machbar Scheinenden überschritten. Darin ist sie vorbildlich. Wenn sich doch zum Beispiel unsere Krankenhäuser, die für horrende Pensionspreise unsägliches Essen bieten, von dieser Küche inspirieren ließen!

Guérards Cuisine minceur und seine »Cuisine gourmande« unterscheiden sich im Kaloriengehalt und in den Materialien, aber sie kommen aus der gleichen Küche und sind vom gleichen Stil geprägt: Gemeinsam ist zunächst die Suche nach optischer wie geschmacklicher Finesse der einzelnen Gerichte. Sie sind entworfen, nicht entstanden. Ihr Erfinder muß in der Küche experimentieren wie ein Alchimist. Nein, nicht wie ein Alchimist, sondern wie ein moderner Geschmackswissenschaftler. Guérards Kochbücher folgen denn auch nicht der überkommenen Escoffier-Einteilung, erklären aber auch nicht bei jedem Rezept jeden Vorgang einzeln, wie die Rezeptbücher für Amateurköche. Sie entwickeln statt dessen eine Systematik modernen Kochens von den Grundlagen auf. Guérard soll ein vorzüglicher Lehrer sein.

Soweit die Partitur. In der Ausführung ist die Freude an Höchstschwierigkeiten auffällig. Sie liegen darin – jeder ehrgeizige Amateurkoch hat es vor einem neuen, auf streng organisierte Arbeitsteilung einer Profiküche berechneten Rezept irgendwann erfahren –, viele unterschiedliche, empfindliche Materialien, die komplexe eigene Arbeitsgänge erfordern, zum optimalen Zeitpunkt gleichzeitig fertig zu haben. Guérard serviert zum Beispiel verschiedene Stücke eines kleinen Kaninchens (aus Rücken, Vorderlauf, Rippenpartie, Niere), jedes mit anderer, korrekt gemeisterter Garzeit, dazu ein logisches Arrangement winziger Gemüse, keines roh, keines nachgegart, keines kalt – von der Sauce und der Kartoffelzubereitung einmal nicht zu reden. Die Kochkunst, ein sehr konservatives, zünftiges Handwerk, vollzieht hier am sinnfälligsten die Entwicklung der modernen Produktion nach, beeindruckt nicht mehr in erster Linie wie zu Carêmes und Escoffiers Zeiten mit der Masse seltener und teurer Materialien, sondern mit der exakten Koordination komplexer Arbeitsabläufe. Deshalb kann sie »billige« Materialien bester Qualität verwenden, ohne fürchten zu müssen, ihre Legitimation (und vor allem die Legitimation ihrer Preise) zu verlieren.

Als Gelegenheit war, Guérard danach zu fragen, welche Erfahrungen oder Vorbilder seine Küche in den letzten Jahren am nachhaltigsten beeinflußt haben, überzog wieder das listige Lächeln sein Gesicht: »Sie würden es nie erraten. Es waren weder meine vielen Reisen noch bewundernswerte Rezepte großer Kollegen. Es waren die alljährlichen drei Wochen in der Nestlé-Versuchsküche, zu denen ich mich vertraglich verpflichtet habe. Übrigens ein Engagement, über das anfänglich alle die Nase gerümpft haben. Da muß ich etwas liefern. Ich arbeite mit einem klassisch ausgebildeten Koch und seiner Brigade, der aber die Gesetze der Großproduktion von Fertigmenüs kennt, also die Lebensmittelchemie, die Produktionslogik, die Kostenprobleme. Das ist hochinteressant, wirkliche Forschung und ein ganz anderer Blick auf meine Arbeit. Man muß über den Pfannenrand hinausdenken, alle Probleme antizipieren. Kein Denkfehler, keine Nachlässigkeit kann durch ein paar Butterflöckchen vertuscht werden. Seit Jahren haben wir zum Beispiel versucht, meine Torte mit Tomaten und Basilikum für die Massenproduktion reif zu machen. Es funktionierte nicht, weil es eben doch ein sehr kompliziertes Gericht ist. Neulich habe ich eine Idee gehabt, wie es gehen könnte, eine Idee, auf die mein Nestlé-Kollege noch nicht gekommen war.« Wieder das Lachen, diesmal selbstironisch gefärbt. »Das war eine Sternstunde meiner Kreativität im letzten Jahr. Natürlich ist vieles von dem, was ich vorschlage, nicht machbar. Manches wäre machbar, aber es fehlt der Mut. Jedenfalls ist die Aufgabe eine große Herausforderung, und für meine Küche fällt viel dabei ab.«

Ob denn irgendwann die gehobene Massenproduktion von Fertigmenüs Hochküchenqualität erreichen könne? »Aber nein. Dort bedeutet doch jeder Schritt auf dem langen Weg bis zum Verbraucher tendenziell einen Qualitätsverlust. Ich werde meinem Restaurant mit meinen Fertigmenüs nie Konkurrenz machen können. Im Restaurant suche ich Perfektion, in der Industrie den optimalen Kompromiß. Aber gerade weil die Bedingungen der Massenproduktion so schwierig sind, inspirieren sie meine Kreativität auf dem Feld der Hochküche.« Geschäftssinn, Neugier, Kreativität und die Lust an der Provokation haben sich in Michel Guérard glücklich zusammengefunden.

RAUMORDNUNG

Versuch,
Frankreich von der
Pariser Peripherie her
zu verstehen

I.
Paris, fertige Stadt in Bewegung

Frankreich, das ist zuallererst ein Raum. L'Hexagone, das Sechseck. Frankreich erfahren heißt allemal, einen Raum zu erfahren. Der Raum hat ein Zentrum, die Stelle seiner höchsten Verdichtung: jeder fünfte Franzose lebt im Großraum Paris, also auf reichlich zwei Prozent der Landesfläche. Paris ist die Hauptstadt. Der Begriff Haupt-Stadt ist hier wörtlich zu nehmen. Paris ist das Haupt, die Provinzen sind immer noch die Glieder, trotz aller Bemühungen um Dezentralisierung in Verwaltung und überhaupt. Als beschlossen wurde, die berühmte Verwaltungshochschule ENA von Paris nach Straßburg zu verlegen, protestierten die zumeist den Pariser Eliten entstammenden Schüler öffentlich mit dem Argument, das bedeute »Scheidung oder Arbeitslosigkeit« – in Straßburg jedenfalls, das verstand sich von selbst, könne man nicht leben. Keiner hat über das Argument öffentlich gelacht.

Der französische Zentralismus gehört zu den Standardthemen aller landeskundlichen Bücher über Frankreich, und das wird noch eine Weile so bleiben. Wer auf französisch nach Paris fährt, der fährt nicht einfach auf einer horizontalen Linie »hin«, sondern fährt »hinauf« nach Paris. »Il ›monte‹ à Paris.« Der Kopf ist oben. Die »grosses têtes« sind da natürlich auch, die »Großkopferten« aus Kultur und Wissenschaft. Die Hauptstraßen sind ohnehin auf Paris ausgerichtet, ebenso wie die Hauptlinien der Bahn auf die Pariser Kopfbahnhöfe. Paris war, wenn man Walter Benjamins Argumentation folgt, die Hauptstadt des 19. Jahrhunderts. Mag sie auch in Benjamins Sinn nicht mehr Hauptstadt des 20. Jahrhunderts sein – das Zentrum Frankreichs, das Gravitationszentrum des westlichen Europa blieb die Stadt bis heute. Das gilt natürlich auch für die ausländischen Vorstellungen von Frankreich. Paris ist die Bühne, auf der wir unsere Phantasiestücke über Frankreich aufführen.

Auf Paris also ist man quasi natürlich verwiesen, wenn man die sozialen wie die symbolischen Differenzierungen des gegenwärtigen Frankreich räumlich erfahren will. Differenzierungen räumlich erfahren heißt, sie konkret erfahren statt als soziologische Kategorien, heißt, den Steinen zu lauschen, durch die Fenster zu sehen, auf die Körper zu achten und auf die Sprechweisen mehr als auf das Gesprochene. Die Scheidelinien einer Gesellschaft lassen sich als Scheidelinien von Stadtvierteln lesen, von sozialen Räumen.

Im Raum die soziale und die symbolische Ordnung der französischen Gesellschaft lesen wollen, bedeutet: einen Text lesen, in der die Zeitform unablässig wechselt. Es dominiert das Imperfekt, die Vergangenheitsform der französischen Schriftsprache, die im Gegensatz zum Passé simple eine Öffnung zur Gegenwart hat. Das dürfte das heimliche, unbewußte Motiv der meisten Parisreisenden sein: Paris ist eine historische Stadt. Nicht einfach eine Stadt der vielen Baudenkmäler, sondern eine Stadt, die ihr eigenes Denkmal geworden ist. Das unterscheidet Paris von den Städten der Neuen Welt, aber auch von Frankfurt, Stuttgart oder Zürich. Dort hat die Spekulation – manchmal im Verein mit dem Krieg, manchmal aus eigener Kraft – tüchtig mit dem Alten aufgeräumt, sei es durch Abriß, sei es durch Restauration des Verbliebenen zum Solitär. Das hätte auch das Schicksal von Paris sein können, wenn der letzte deutsche Stadtkommandant der besetzten Stadt Hitlers Befehl nachgekommen wäre, vor dem Abzug der Wehrmacht Paris zu zerstören.

Er ist ihm nicht nachgekommen, und so blieb Haussmann der letzte große Zerstörer von Paris, der Zerstörer des mittelalterlichen Paris, an dessen Stelle er das bürgerliche setzte, das immer noch heutige. So nennt der Architekturhistoriker François Chaslin, der Verfasser der ersten großen Baugeschichte der Mitterrand-Ära, Paris eine fertige Stadt, »la ville finie«. Seine Argumentation: Haussmann habe während des Zweiten Kaiserreichs aus ökonomischen, ästhetischen und strategischen Gründen das alte, enge, unübersichtliche Paris liquidiert und den Rest nach geometrischen Mustern, geraden Linien und weiten Perspektiven geordnet, habe die verwinkelten Häuser zu gleichförmigen Fronten gereiht, also das heutige System der Boulevards geschaffen. Die architektonische Moderne wollte, wie Le Corbusiers Pläne aus den zwanziger Jahren bewiesen, desgleichen tun, kam aber nicht weiter als bis zum Montparnasse-Turm und zum Abriß der alten Hallen. Dann, Mitte der sechziger Jahre, als die Dogmen der Moderne zerfielen, sei die Stimmung umgeschlagen in Richtung auf die Bewahrung des alten Paris, also des Paris der Haussmann-Ära. »Die Stadt ist fertig, weil das enge Haussmannsche Geflecht, schon damals kompakt und wenig flexibel, nun heiliggesprochen wurde. Nach seinem Modell wird die maximale Bauhöhe bestimmt, von der sich die Spekulation drangsaliert fühlt; und da dieses architektonische Erbe gesund, solide, teuer, wegen seines Alters respektiert ist, geht es ruhig in die Ewigkeit ein. Paris ist ein Museum, das ist etwas, was der größte Teil der Leute kaum wahrnimmt, wenn sie die bewegte, veränderte, durch neue Bauwerke bereicherte Stadt sehen.«

Die These von Paris als Museum stellt natürlich das Vorhaben in Frage, die sozialen Differenzierungen und die damit zusammenhängenden Erfahrungen des heutigen Frankreich der Wirklichkeit der französischen Hauptstadt abzulauschen – Museen sind Wirklichkeit aus zweiter Hand, lenken und filtern die Unmittelbarkeit der Erfahrung. Aber man muß zugeben, es spricht vieles für Chaslins Museumsthese. Ist nicht das Gefühl, daß sich Paris »eigentlich« – die Werbeschilder, den verstärkten Verkehr und so weiter beiseite gelassen – gar nicht verändert hat, ein wichtiges Element des seltsamen Glücksgefühls, das auf so vielen Gesichtern deutscher Reisender widerscheint, die aus dem Gare du Nord oder dem Gare de l'Est treten und der Stadt auf die Fassade schauen? Ist nicht gerade das Verhalten der jungen Interrail-Touristen ein Beleg für die Museumsthese? Sie besichtigen ja zum großen Teil nicht einzelne historische Denkmäler, kommen nicht, um in Versailles den Absolutismus oder vor Notre-Dame die gotische Baukunst zu studieren. Sie mischen sich in die

Menge vor dem Centre Pompidou oder an der Place Saint-Michel und werden damit Akteur und Zuschauer zugleich in einer permanenten Live-Show, die die Stadt an diesen Punkten nicht nur vorführt, sondern geworden ist.

Die Entwicklung eines Ortes hin zum Museum, das wiederum als Teil eines Freizeitparks funktioniert, möchte man gern als isoliertes Problem einiger zeitweise touristisch »überlaufener« Sehenswürdigkeiten sehen, nicht als Schicksal einer Stadt. Man kann einwenden, daß, aus der Nähe betrachtet, die wenigsten Pariser Museumswärter, Billettverkäufer oder Reiseleiter sind. Dem Blick aus der amerikanischen Ferne erscheint das vordergründig. Susan Sonntag sieht das zukünftige Europa jedenfalls als gigantisches Freilichtmuseum: »Die Hauptrichtung der europäischen Zukunft zielt auf Euro-Land, eine in Nationen gegliederte Parkanlage, Europa als ständiges Playback, das Einheimische ebenso gierig konsumieren wie Touristen (in Europa ist diese Unterscheidung schon lange obsolet geworden – jeder ist Tourist), und in dieser Parkanlage werden kleine Europas überleben, in Form von innerer Emigration und Isolation. Was bleibt von Europa, seinem hohen Kunstanspruch, seinem sittlichen Ernst – seiner Wertschätzung der Intimität und Innerlichkeit, einem nicht von Lautsprechern verstärkten, nicht von Maschinen betriebenen Diskurs –, dem Europa, das die Filme von Krzystof Zanussi, die Prosa von Thomas Bernhard, die Lyrik von Seamus Heany und die Musik von Arvo Pärt zustande bringt? Dieses Europa existiert immer noch, und es wird noch eine Zeitlang weiter existieren. Aber es wird mehr und mehr zu einem Geheimtip.«

Die neuen, großen öffentlichen Bauten der Mitterrand-Ära jedenfalls eignen sich nicht umstandslos als Argument gegen die Museumsthese. Die Bastille-Oper, die Louvre-Pyramide, das Institut du Monde Arabe, das neue Finanzministerium in Bercy, Spreckelsens gigantischer Bogen von La Défense, der Technik-Park von La Villette, die geplante neue Nationalbibliothek (TGB) sind gigantische Projekte, die sich in Deutschland so konzentriert niemand zu verwirklichen getraut hätte – wie die Diskussion um die Kosten der Hauptstadt Berlin zeigte. Und sie entwerfen eine Geschichte aus imposanten Merkmalen eines Prozesses, der vom Absolutismus (Louvre-Pyramide) über die Revolution (Bastille), über die nationale Größe der Napoleonischen Ära (La Défense zitiert den Arc de Triomphe), über die imperiale Machtentfaltung der Kolonialzeit, an deren unbewältigten Folgen Frankreich noch leidet (Institut du Monde Arabe), dynamisch in eine modern administrierte (Finanzministerium) und technologisch avancierte (Technik-Park) Zukunft reichen soll, ohne dabei das Gedächtnis zu verlieren (TGB). Aber entwerfen sie wirklich etwas, oder vollziehen sie nur etwas nach – wie der Bogen von La Défense und der Bogen vor dem Eingang der Bastille-Oper nur die ost-westliche Schneise nachvollziehen, die Haussmann durch Paris geschnitten hat? Ist bei soviel fertiger Stadt, bei soviel fertiger Geschichte überhaupt ein Neuentwurf möglich? Und: Wäre er wünschenswert?

Freilich kann man auch mit guten Argumenten behaupten, Paris sei alles andere als eine fertige Stadt, sei – im Gegenteil – eine Stadt in unablässiger Bewegung, die nur derjenige als fertig ansehen könne, der lediglich auf die Fassade schaue, vorzugsweise auf die Fassade weit oben, wo keine Geschäfte sind und die Leuchtreklamen nicht angebracht werden dürfen. Auch diese Erfahrung unablässiger Transformation im Inneren der Stadt macht der Tourist ganz unmittelbar, wenn er seine imaginären Paris-Bilder dort sucht, wo sie eigentlich hingehören. Der klassische Fall sind die Künstlerviertel wie der Montparnasse oder der Montmartre, in die uns die Reiseführer so gern leiten. Als die Künstler, die jetzt für moderne Künstler gelten, noch dort lebten, galten diese Künstler weithin nicht als Künstler und die Viertel als schlechte Viertel. Jetzt gelten diese Viertel als gute Viertel, nicht zuletzt der Künstler wegen – aber die Künstler, die wir meinen, sind weg, und die heutigen Künstler, die wir nicht kennen wollen, wohnen in neuen »schlechten« Vierteln, weil dort die Mieten billiger sind und sie nicht von Touristen gestört werden, die dort sein möchten, wo die Künstler sind, weil sie in dieser Gesellschaft das loszuwerden hoffen, was sie doch ausmacht: Masse und Austauschbarkeit.

Mit den Prostituierten ist es ähnlich. Diejenigen, die wir uns in den

Kopf gesetzt haben, sollen gefälligst auf Montmartre um die Place Blanche stehen. Das tun sie aber nicht, sondern sie sind ausgewandert in die Bilder Toulouse-Lautrecs und bieten sich auf denen jetzt sehr teuer im Grand Palais feil. Sie gelten auch nicht mehr als pervers, wie früher. Dagegen ist das Zentrum der Prostitution nun im Bois de Boulogne, wo eigentlich vornehme Damen vierspännig spazierenfahren sollten, wie wir von Proust wissen, wo sich nun aber die brasilianischen Transvestiten im Gebüsch anbieten.

Nehmen wir seriösere Beispiele. Die Sorbonne steht immer noch dort, wo sie seit dem Mittelalter stand. Das sieht man und ist zufrieden. Was man aber nicht sieht, ist, daß hier nur noch ein winziger Bruchteil der Pariser Studenten arbeitet, während sich die anderen auf Dutzende von Universitäten über das ganze Stadtgebiet verteilen – von denen einige zu allem Überfluß »Sorbonne« heißen, obgleich sie gar nicht dort angesiedelt sind, wo die Sorbonne hingehört.

Kein Stadtviertel steht ganz außerhalb des permanenten Verwandlungsprozesses, dem die Stadt unterliegt, aber an manchen Stellen vollzieht er sich besonders schnell und besonders augenfällig. Auf den Champs-Elysées zum Beispiel, auf der »schönsten Straße der Welt«, wie gern behauptet wird. Früher traf sich hier die große Welt, schätzten gepflegte Nichtstuer die Straße als würdigen Rahmen ihrer Eleganz, schätzten elegante Parfümerien, Modehäuser und Cafés die gepflegten Nichtstuer als würdige Kunden, schätzten die ausländischen Gäste die würdigen Hotels wie die Parfümerien, Modehäuser und Cafés als Inkarnation der großen Welt, der sie auf exklusive Weise teilhaftig werden durften, gestört nur gelegentlich von einem Staatsbesuch, einer Parade zum 14. Juli, der Schlußetappe der Tour de France und in jedem Menschenalter einmal durch eine Revolte. Die Namen der Häuser sind Legenden: Lido, Guerlain, Vuitton, Claridge, l'Hôtel de la Païva …

Heute gehören die Champs-Elysées zu den unwirtlichsten Orten von Paris, klebrig geworden vom Ketchup der Fast foods und vom Zuckerwasser der Limonadenverkäufer, die die Bürgersteige okkupieren. Das »Fouquet's«, das einzige verbliebene unter den zahlreichen traditionellen Café-Restaurants, stand 1990 auch kurz vor der Schließung und wurde schließlich dadurch gerettet, daß der Kultusminister es unter Denkmalschutz stellte. Der Verkehr verstopft nicht nur die Fahrbahnen selbst, sondern auch die Seitenalleen, die Bürgersteige sind Parkplätze, wo es irgend geht. Auf wandelnden Litfaßsäulen wird polyglott für »Pizza Pronto – Vente à emporter – take away« geworben. Jeder versucht, sich ein Scheibchen abzuschneiden vom großen Kuchen und dann unter Hinterlassung von Müll schnell davonzukommen – das gilt für die kleinen Rucksacktouristen und die großen Umsetzer. Vieles ist in schreiende Videofarben getaucht, überall stampft die Musik auf der Stelle.

Geld ist ein großer Gleichmacher. Geld schert sich nicht um Eleganz, sondern um Vermehrung. Exklusivität ist umgeschlagen in Banalität, weil der Ort so teuer wurde, daß das viele Geld der wenigen nicht mehr reichte, um ihn zu bezahlen. Soviel Geld, wie die Mieten verlangten, konnte jetzt nur noch von den vielen kommen, die auf den Champs-Elysées nach dem suchen, was dort nicht mehr ist – weil sie dort sind.

In den letzten Jahren hat nun auch Chiracs Stadtverwaltung mitbekommen, daß die Champs-Elysées anders geworden sind, »popu«, wie man mit einem spitzen »ü« am Ende sagt, populär also, in dem Sinne, in dem man es bei den Unpopulären mißversteht. Das soll wieder anders werden, der alte Glanz soll wieder her. Also wurde eine Kommission aus hochangesehenen Fachleuten gebildet, die heftig tagte und schließlich vorschlug, ein paar Bäume zu pflanzen, mehr Poller einzuschlagen, die Fassaden zu beleuchten, die fliegenden Händler zu vertreiben, den Limonadenverkäufern feste Plätze anzuweisen und alle Geschäfte zu einheitlichen Markisen zu verpflichten. Außerdem soll Wilmotte einen Stuhl entwerfen, den dann alle Straßencafés zu benutzen haben, damit es schön einheitlich aussieht. Und die Nationalfahnen sollen täglich flattern, nicht nur bei Staatsbesuchen …

Hoffnungslose Versuche gegen den Geist der Zeit, den man doch selbst gerufen hat. Die Hauptstraße der Hauptstadt kann gegen die

Haupttendenzen des Zeitalters nicht abgeschottet werden. Das ging schon in den fünfziger Jahren nicht, als sich auf den Champs-Elysées die überdimensionierten Filialen der großen Automobilfirmen breitmachten, an deren Fenstern sich die 2-CV-Fahrer die Nasen plattdrückten, bevor sie nebenan in einen der Lichtspielpaläste gingen.

Auch das Marais, zwischen dem Centre Beaubourg und der Bastille gelegen, hat sich in den letzten zwanzig Jahren radikal gewandelt. Ende der sechziger Jahre waren hier zwei Drittel der Wohnungen ohne fließendes Wasser, die Mehrzahl ohne Toiletten. Heute ist es wieder, wie im 17. Jahrhundert, ein »gutes« Viertel mit einem modernen Kulturzentrum, historischer Patina und hochmögenden Bewohnern.

Im Osten, um die Bastille herum, vollzieht sich der Wandlungsprozeß gegenwärtig am schnellsten. Aus dem elenden Viertel der kleinen Handwerker, von dem in den letzten zwei Jahrhunderten die meisten wichtigen Umwälzungen unserer Welt ausgingen, wird ein neues In-Viertel. Nicht einmal Haussmann hatte hier Ordnung schaffen können, in diesem Viertel, in dem alles eng und schmal, schief und unregelmäßig ist, in dem die ersten Schüsse der Revolution von 1789 fielen, in dem im Juni 1848 die höchste Pariser Barrikade stand – von Victor Hugo in »Die Elenden« verewigt –, in dem der Musette-Walzer erfunden wurde, zu dem im »Balajo« Céline, Arletty und die Piaf tanzten. Jetzt werden die Ateliers der Handwerker zu schicken Lofts, die Kohlenlager zu Restaurants und das Ganze zum Vergnügungsviertel.

Die permanente Verwandlung der Stadt vollzieht sich auch dort, wo die Touristen nicht hinkommen. In Billancourt zum Beispiel, auf der Ile Séguin. Dort arbeitete die berühmteste Fabrik Frankreichs, das Stammwerk von Renault. Bis zu 40000 Arbeiter waren hier beschäftigt, und wenn es später, nach dem Bau von Zweigwerken, auch immer weniger wurden, so blieb Billancourt doch das Symbol der französischen Großindustrie. Und das Symbol der Arbeiterbewegung. 1912 wurde hier der erste Streik gegen die Stechuhr geführt, Anfang der zwanziger Jahre gegen die Fließbandproduktion, 1936 für die Volksfront. Noch die großen Streiks von 1947, 1950 und 1968 begannen hier. Hier hat man die ersten Betriebsräte gewählt, hier hatten die KP und die CGT ihre stärkste Bastion. Der staatliche Unternehmer machte Renault zum »sozialen Schaufenster Frankreichs« mit viel Spielraum für die kommunistische Gegengesellschaft. In der Rue du Point-du-Jour begrüßte eine Wandkarte die Arbeiter mit dem Slogan: »Arbeiter, hier sind wir zu Hause.«

Es gibt eine berühmte Formulierung von Sartre, die »Billancourt« – nicht »Renault«, nicht »CGT« und nicht »KP« – als Synonym für die französische Arbeiterbewegung ausspricht: »Il ne faut pas désespérer Billancourt«. »Man darf Billancourt nicht entmutigen«, sagte er den revoltierenden Studenten von 1968, die ihre Flugblätter vor den Fabriktoren verteilten. Da wurde das Verhältnis von Arbeitern, ihren gewerkschaftlichen bzw. politischen Organisationen und Intellektuellen auf eine für drei Jahrzehnte gültige Formel gebracht. Sie meint ja nicht Verschweigen oder Beugung des Wissens (des Wissens um den Stalinismus zum Beispiel), sie plädiert nur dafür, Wissen und Kritik so zu vermitteln, daß die Arbeiter nicht aufhören, ein Zuhause in der Fabrik und in der Welt zu beanspruchen. Die Formulierung ist mehrfach überholt. Durch das Wissen der Intellektuellen kann niemand mehr entmutigt werden. Alle können alles wissen, wollen aber nicht, weil ohnehin nichts daraus folgt. Und: Die Intellektuellen, die Sartre meint, sind mit seiner Generation ausgestorben. Schließlich: »Billancourt« gibt es nicht mehr. Am 31. März 1992 verließen nach der letzten Schicht die letzten Arbeiter still das Gelände. 31 Hektar in bester Lage im Pariser Westen warten auf Investoren.

Was also? Ist Paris ein fertiges Freilichtmuseum aus geronnener Geschichte oder ein Ort permanenter Verwandlung der Wirklichkeit? Vielleicht ist beides wahr, aber nicht in dem banalen Sinne, nach dem an allem etwas ›dran‹ ist, sondern in einem präzis bestimmbaren. Vielleicht ist es das spezifische Pariser Verhältnis von Historizität und Verwandlung, die es möglich macht, beides besonders intensiv zu erfahren. Paris ist ein historischer Ort, und wir fahren hin, um die Stadt so zu erfahren. Anders läßt sich nicht erklären, daß die gedruckten Reiseführer voller Hinweise auf Geschichte, Literaturgeschichte,

Architekturgeschichte und so weiter sind und dennoch gekauft werden von Menschen, die nicht aufs Dritte Programm abonniert sind. Selbst Hotelführer können sich selten des Hinweises enthalten, daß in diesem oder jenem Haus schon Hemingway getrunken, Miller geschlafen oder Joyce geschrieben habe, als ob das gut für unseren Schlaf sei. Vielleicht ist es sogar gut für unseren Schlaf, aber auf eine Weise, von der die Fremdenführer nichts wissen. Der Hinweis auf Geschichte verleiht dem Ort eine Identität, in die man sich einmieten kann. Er bietet dem Individuum, das sich als ziemlich klein erfährt zwischen den unübersehbaren Lebens-, Waren-, Verkehrs- und Informationsströmen der Großstadt, ein übersichtliches Bezugssystem, das gegen plötzliche Identitätskrisen durchaus brauchbar ist. Geschichte hilft gegen Ortlosigkeit und Verlorenheit, aber nur wirkliche Geschichte. Es ist nicht nötig, daß man sie kennt. Wichtig ist das Gefühl, daß da eine Referenz wäre, wenn man sie bräuchte. Paris ist keine Stadt wie aus Ridley Scotts Film »Blade Runner«, keine Kunststadt, montiert aus den realen Stadt-Charakteristika der Großstädte zwischen Tokio und Los Angeles. Paris ist wiedererkennbar noch in der Nacht, aus der Perspektive eines Taxifahrers von der Elfenbeinküste und aus dem Gefühl einer Blinden. Jim Jarmusch hat es in »Night on Earth« bewiesen. Paris kann durch Disneyland jedenfalls nicht ersetzt werden, einstweilen.

Es heißt, das Gefühl von Sicherheit, Berechenbarkeit, Identität sei bei Kindern eine wichtige Voraussetzung dafür, daß sie Neugier entwickeln und den Mut, sich Veränderungen auszusetzen. Vielleicht ist in diesem Sinne das historische, »fertige« Paris die Voraussetzung dafür, daß hier besser als anderswo Veränderung gesucht und erfahren werden kann. Denn das ist ja gerade das Spezifische postmoderner Großstadterfahrung: Es geht nicht mehr nur darum, einen Platz zu finden im unübersichtlichen Produktionssystem der Stadt, sondern darum, im Städtischen das Flüchtige immer erneut zu erfahren. Wenn es einen Horizont gibt, den der Blick fixieren kann, machen die Turbulenzen rascher Fahrt kein Übelsein, sondern das Vergnügen heftiger Bewegung.

1. Ausgegrenzt: Die Banlieue

Paris eignet sich trefflich als Stätte der Reflexion über urbane Erfahrung, sei es die der entstehenden Moderne, die der fertigen Stadt, der Stadt in permanenter Verwandlung, der Stadt als Ort geschichtlicher Orientierung oder der lustvollen Selbstinszenierung. Das ist seit Poe und Baudelaire so, das war mit Breton und Aragon nicht zu Ende. Was aber im 19. Jahrhundert erlaubt war, nämlich als »Paris« zu begreifen, was zwischen Montmartre im Norden, Montparnasse im Süden, der Bastille im Osten und dem Arc de Triomphe im Westen liegt, steht heute unter Strafe, unter der Strafe des unausweichlichen Mißverstehens. Die Bilder, die in unseren Köpfen auftauchen, wenn das Wort »Paris« fällt, haben fast alle innerhalb der Pariser Zollmauern von 1784 ihren Platz. Es braucht eine eintägige Fußreise und man hat ihren Radius abgeschritten. Für die französische Verwaltung ist die Stadt Paris ein wenig größer, umfaßt die traditionellen zwanzig Arrondissements, an deren Nummern sich die Pariser in ihrer Stadt orientieren. Die Grenze ist der Boulevard Périphérique, der Autobahnring. Innerhalb dessen liegt Paris, außerhalb die »Banlieue«, die Vorstädte. Der Boulevard Périphérique macht Paris zu einer Insel, wie früher die Mauer Westberlin zu einer Inselstadt machte. Das ist nicht metaphorisch gemeint, sondern entspricht höchst realer und jedes Wochenende erneuerter Erfahrung: Wer am Freitagabend aus Paris hinaus oder am Sonntagabend nach Paris hereinfahren möchte, hat seine »Week-end«-Szenen auf dem Périphérique einzukalkulieren.

Nur: Auf dieser Paris-Insel leben gerade einmal gut zwei Millionen der rund 10,6 Millionen Einwohner des Großraums Paris. Und dies mit abnehmender Tendenz. 1921 hatte das Paris der 20 Arrondissements noch 2,9 Millionen Einwohner. Die Planungen für das Jahr 2015 gehen von einer weiteren Abnahme der Einwohnerzahl von Paris um 150 000 aus, während man mit einer Zahl von 12,3 Millionen für den Großraum Paris rechnet. Wahrscheinlich rechnet man falsch, denn wenn man die Tendenz der letzten Volkszählung hochrechnet, werden es 13,1 Millionen sein. Das bedeutet, jedes Jahr 70000 neue Bewohner aufnehmen, entsprechende Wohnungen bauen, 30000 Arbeitsplätze schaffen. Das ist die große Herausforderung, vor der die französische Gesellschaft gegenwärtig steht.

Herausforderung deshalb, weil die Kooperation zwischen Stadt und Großraum, zwischen Zentrum und Peripherie im Falle von Paris so beschaffen ist wie die Kooperation von Erster Welt und Dritter Welt im globalen Maßstab, also schlecht. Die Peripherie liefert die Arbeitskräfte. Sie liefert die Energie und das Trinkwasser (zum Beispiel die Staudämme der Marne, der Seine und des Morvan), sie liefert die Nahrungsmittel (zum Beispiel die Landwirtschaftszonen der Brie, der Beauce und der Picardie), sie liefert die Freizeitwälder (zum Beispiel die großen Wälder der Oise), sie stellt die Müllkippen für den Pariser Abfall bereit (zum Beispiel l'Oise und l'Aube). Es ist so, wie die Architektur des Centre Pompidou, nur nicht so schön: Die Versorgungsleitungen liegen außen.

Die Banlieue beliefert auch die französische Kriminalstatistik. Vierzig Prozent aller Delikte werden dort begangen. Sie liefert die Jugendbanden, die »Schwarzen Ärsche« von Creil, die »Letzten Schweinehunde« von Fontenay-sous-Bois – ein Vorgeschmack auf amerikanische Verhältnisse. Die Banlieue liefert auch die Schlagzeilen, vorzugsweise dann, wenn die Gewalt, die dort an vielen Stellen alltäglich ist, sich in Mord, Totschlag und Revolte entlädt. 250 junge Vorstadtbewohner, fast alle nordafrikanischer Herkunft, sind in den letzten zehn Jahren getötet worden. In sechsundvierzig Fällen soll der Tod durch überforderte Ordnungshüter provoziert worden sein. Vaulx-en-Velin bei Lyon, Mantes-la-Jolie, Sartrouville sind ein paar der Namen, die für das Scheitern der Stadt als Gemeinwesen stehen. Das Szenario ähnelt sich: Jugendliche, die keinen Platz in der sozialen Ordnung gefunden haben, werden von den Ordnungshütern zu eben dieser Ordnung gerufen, die sie nur als ausschließende Gewalt kennen. Das unvermeidliche Mißverständnis endet tödlich und provoziert bisweilen Revolten, in denen sich die aufgestaute Wut gegen die Institutionen der Beherrschung und der Ausschließung entladen kann. Fast immer sind die Supermärkte und die Polizisten das Ziel, wenn es »Randale« gibt. Dann schnüren die Politiker eilig Programme, um des Unheimlichen Herr zu werden, das da so eruptiv aufbricht. Die Polizei wird verstärkt, ein neues Kulturzentrum eingerichtet oder, ein bißchen blöder noch, man schickt die arbeitslosen Jugendlichen aufs Land, wie es Edith Cresson in ihrer Zeit als Premierministerin nach den Revolten in Mantes-la-Jolie vorgeschlagen hat, »damit sie ein wenig am Landleben teilnehmen«.

Die Politiker wissen, daß die Frage nach der Zukunft der Gesellschaft sich als Frage nach der Zukunft der Stadt stellt. »Die Stadt ändern, um das Leben zu ändern«, war der Wahlkampfslogan Mitterrands bei den Wahlen von 1988. Auf die Frage was heute der Sozialismus sei, gab er selbst die Antwort: »Die Stadt.« Wie soll das Problem der Einwanderer gelöst werden? »Durch Stadtentwicklung«, antwortete Rocard. Wie soll Le Pen das Wasser abgegraben werden? Durch Stadtpolitik natürlich, durch sinnvolle Sanierung der Vorstadtghettos, meint Bernhard Tapie, der französische Self-made-Unternehmer, der das sozialistische Marseille davor bewahrt hat, an eine rechtsradikale Mehrheit zu fallen. Bérégovoy hat ihn dafür zum Minister für die »Banlieue« gemacht, eine Karriere, die nach ein paar Wochen an Korruptionsverdacht scheiterte. Die Probleme bleiben und sie zeigen sich am deutlichsten am immergleichen Ort. Nochmals Mitterrand: »Am Problem der Stadt hängen alle anderen ...«

Was für die Politiker auf dem Spiel steht, ist der soziale Friede, an dem ihnen liegt, so faul er auch sei. Für Frankreich steht mehr auf dem Spiel, die Frage nämlich, ob an die Stelle der Parteien, der Gewerkschaften, der Kirchen, die früher die soziale Integration und Artikulation besorgten, aber immer mehr an Kraft verlieren, andere kommunitäre Formen der Vergesellschaftung treten, oder ob das Grabensystem, das die Gesellschaft durchzieht, immer tiefer wird. Anders formuliert: Hat Paris eine Zukunft, die nicht New York oder Los Angeles heißt? Diese Frage stellt sich in Frankreich schon in der Gegenwart, während wir sie in Deutschland erst aus dem Fernsehen oder aus der Zeitung kennen. In Deutschland artikulieren sich Stadtrevolten wie die in Kreuzberg oder die zur Verteidigung der Hamburger Hafenstraße allemal noch politisch. Bei uns gibt es zwar auch rechtsfreie Räume, sogar unter den Glastürmen der Deutschen Bank in Frankfurt, aber sie zählen noch nach Quadratmetern, nicht nach Quadratkilometern. Paris liegt in Europa, aber westlich von Frankfurt, westlich in Richtung New York. Das Interesse der französischen Soziologie an den amerikanischen Städten ist ein Interesse an der eigenen Zukunft.

Überhaupt rückt die Stadt sichtbar ins Zentrum der französischen Gesellschaftstheorie, sei es in Form von Berichten aus den »heißen« Vierteln, sei es als quasi-ethnologische Studie der unbekannten Sektoren des eigenen Landes, sei es in der Perspektive von Strategien gegen Ausgrenzung und Rassismus. Paradigmatisch ist die Position von Alain Touraine, die zugleich den Bruch mit einem grundlegenden Denkmodell anzeigt: »Wir erleben im Moment den Übergang von einer vertikalen Gesellschaft, die wir gewöhnlich eine Klassengesellschaft nennen – mit Menschen ›oben‹ und Menschen ›unten‹ –, zu einer horizontalen Gesellschaft, wo es wichtig ist, ob man sich im Zentrum oder an der Peripherie befindet.« Es sei viel leichter, einen Platz in einer hierarchischen Gesellschaft zu finden, als in einer liberalen, die ihr Ghetto immer schon mit sich führe. »Das heutige Problem ist nicht die Ausbeutung, sondern die Ausschließung, demzufolge ist das konkrete politische Problem, Strategien der sozialen Integration zu finden ...« Die letzten beiden Schülerrevolten sind ein trefflicher Beleg dieser These. Es revoltierten Schüler, die hoch angepaßt oder doch bereit waren, es zu werden, die aber nicht wußten, wie und nicht mehr glaubten, daß es etwas nütze. Die Zentren der Revolte waren in der Banlieue. »Unser Zentrum bespiegelt sich selbst, errichtet Barrieren wie die Barriere, die Paris von dem trennt, was man die Banlieue nennt, eine extreme symbolische Barriere, beinahe ohne Äquivalent auf der Welt.« »Banlieue«, das ist eben der Ort, auf dem der Bann liegt.

Nochmals in der Sprache der Politiker, formuliert von Michel Rocard: »Zehn Millionen Menschen leben auf der Ile-de-France. Neun Millionen von ihnen leben dort schlecht.«

Nun darf man sich die Pariser Banlieue nicht als eine Kette von Ghettos vorstellen, als gesetzlose Orte, wo nichts herrscht als Kriminalität, Arbeitslosigkeit, Drogensucht und was der so laut wie hilflos beklagten gesellschaftlichen Übel noch so sind. Im Großraum Paris entsprechen diesem Bild nur eine Minderheit von Vierteln. Staatlicherseits spricht man von etwa einhundert »sensiblen« Vierteln mit circa einer Million Einwohnern. Damit sind die Viertel gemeint, in denen man als Tourist an manchen Stellen schneller geht, den Blick abwendet und sich überlegt, ob man gegen Kameradiebstahl versichert ist. Im Gegensatz zu den amerikanischen Großstädten kann man diese Viertel in Paris leicht vermeiden, ja, man wird sie auf dem normalen Touristenparcours nicht berühren, sowenig wie den Norden von Marseille oder von Lyon. Es gibt diese Viertel – auch Mittelstädte haben häufig schon einen Block von tausend Wohnungen mit Menschen, die »draußen« sind –, aber über die Zukunft ist noch nicht definitiv entschieden, also über die Frage, ob die Aussperrung dauerhaft sein wird. Der Name für dauerhafte Ausgrenzung ist Ghetto.

So gravierend diese Frage ist: Die Frage nach dem Leben in den Vorstädten geht darin nicht auf. Die Gleichsetzung von Banlieue mit sozialem Elend ist, so gut gemeint sie auch sein mag, ein Ausdruck des zentristischen Denkens, das das Allgemeine, die Vernunft (den Staat, die Schule) im Zentrum ansiedelt, das Besondere hingegen an der Peripherie (die Menschen, die Industrie, die sozialen Probleme und so weiter). So gesehen ist die Banlieue immer die Zerfallsform dessen, was eigentlich sein sollte. Diese Fixierung auf das Zentrum ist ein Laster französischen Denkens, das nicht zuletzt von den Medien genährt wird, denn die Banlieue kommt dort vor allem vor, wenn jemand erschossen worden ist und sich möglichst eine Supermarktplünderung anschloß.

So wie es verfehlt wäre, sich die ganze Banlieue als eine Art französischer Bronx vorzustellen, wäre es auch falsch, diesen Raum als einen Raum zu sehen, in dem sich das Städtische in konzentrischen Kreisen allmählich verliert, um schließlich, ausgedünnt an den Rändern, sanft ins Ländliche überzugehen. Ebensowenig zutreffend wäre es, sich die Banlieue durchgehend als neu, als unwirtlichen Haufen trister Wohntürme vorzustellen. Die Banlieue ist eine unübersichtliche Ansammlung von unterschiedlichsten Lebensformen, die sich um ganz verschiedene Kerne kristallisieren. In einem Umkreis von vierzig Kilometern um Notre Dame finden sich unzählige Anläufe, Stadt zu leben, Stadt lebbar zu machen. Natürlich gibt es da die Wohntürme. Aber auch die sind ganz unterschiedlich. Gedrungen, isoliert, gewaltig die auf der Butte de Montceleux in Sevran, befremdlich wie die zylindrischen Tours Aillaud von Nanterre mit ihren runden oder tropfenförmigen Fenstern und der verhimmelten Illusionsmalerei auf den gigantischen Mauern, auf triste Art modern wie La Rose des Vents in Aulnay oder auf mißlungene Art postmodern wie Ricardo Bofills Palacio d'Abraxas in Noisy-le-Grand.

Aber es gibt auch die Vorstädte im Stil der amerikanischen Mittelklasse wie zum Beispiel in der Yvelines: schmucke weiße Häuser mit braunen Ziegeldächern und weiter Terrasse, alle mit 500 Quadratmetern Grundstück Bauland und hohen Hecken drumherum, Tennisplatz und Schwimmbad in unmittelbarer Nachbarschaft. Alle ganz individuell geplant von Individuen, die offenbar alle gleich sind. Es gibt in Evry Wohnanlagen, die aussehen wie zu Pyramiden gestapelte Container und doch sorgfältig gepflegt sind. Es gibt weniger häßliche Gebäude in Satrouville, wo man sich dennoch straßenweise in einer verkommenen Stadtwüste fühlt. Wer Gartenzwerge für eine deutsche Erfindung hält, kann sich in manchen Vierteln von Sevran vom Allgemein-Menschlichen der Neigung zum Gartenzwerg überzeugen. Am Besitz hängt der französische Vorstadtkleinhäusler nicht weniger als sein deutsches Gegenstück. Auch der deutsche Schäferhund hat seine französischen Liebhaber. Herrchen gibt es überall, Angstbeißer auch.

Spott ist hier billig untergebracht. Aber nicht gut. Das teilt er mit den meisten, die hier untergebracht sind. Im Spott mischt sich das Recht des Nicht-einverstanden-Seins mit menschenunwürdigen Zuständen und die Erhebung des Nicht-Verstehens. Wer kennt Cergy-Pontoise, Saint-Quentin-en-Yvelines, Evry, Melun-Senart, Marne-la-Vallée, Roissy – die großen regionalen Zentren, die nach allen

Himmelsrichtungen die ungefähre Grenze des Großraums Paris markieren? Von Roissy kennt man natürlich den Flughafen, in Marne-la-Vallée liegt Euro-Disneyland. Und sonst? In der Literatur ist kaum Nachhilfe zu finden. Ein paar Krimis spielen in den Vorstädten. Oder die »Geschichte der O«, von ihrer Autorin in Roissy angesiedelt, weil sie ein Niemandsland brauchte. Kriminalität und Sexualität gehören an den Rand wie nichts Gutes.

Nicht daß die deutschen Touristen besonders ignorant wären, weil sie die Regionen nicht kennen, die ihr Flugzeug beim Landeanflug überquert. Niemand kennt die Banlieue. Die Pariser ohnehin nicht. Aber auch nicht die Bewohner der Banlieue selbst. Die kennen *ihr* Viertel in der Banlieue, vielleicht noch ein benachbartes und dann die Namen der Schnellbahnstationen ins Zentrum, aber nicht *die* Banlieue. Dabei sind selbst die neuesten, die schrecklichsten Orte der Banlieue nicht einfach monströse Zufallsgeburten einer verrückt gewordenen Welt, sondern Antworten auf soziale, architektonische, urbane Gegebenheiten. Nehmen wir die »3000« von Aulnay, wo Sie nie hinkommen werden, obgleich die Siedlung nur eine halbe Stunde von der Pariser Innenstadt entfernt liegt. 1971 wurde mit dem Bau begonnen, jetzt sieht alles schon viel älter aus als die schmalen, kleinen, efeuumrankten Backsteinhäuser der Arbeitersiedlungen vom Beginn des Jahrhunderts, die man vor allem in den südlichen Vorstädten findet. Man möchte es auf den Beton schieben, daß das Elend hier so elend aussieht. Man möchte die Architekten verklagt sehen. Man zensiert schnell den Gedanken, daß dies alles doch etwas mit der dunklen Hautfarbe vieler Bewohner zu tun hat.

Dabei war es ganz anders gedacht. Eine kommunistische Stadtverwaltung wollte menschenwürdige Unterkünfte für Arbeiter schaffen, wollte sie teilhaben lassen an den architektonischen Segnungen der Moderne, wenn sie schon in der Fabrik ausgebeutet wurden. Die Fabrik, das war Citroën. Citroën suchte damals Arbeiter, auch ungelernte. Nordafrikaner kamen, auch Türken. Und die bekamen menschenwürdige Unterkünfte. Aber dann kam bald die Krise. Citroën entließ. Keine Menschenwürde ohne Ausbeutung. Die der Wohnungen verlor sich schnell, kurze Zeit nur nach dem Verlust der Arbeitsplätze.

Aber das alles sieht man natürlich nicht. Man sieht nur, daß hier fast alles nicht in Ordnung ist. Woanders sieht man nicht, warum hier alles in Ordnung gebracht wurde. Wieder woanders sieht man die Ordnung nicht, aber sie scheint doch zu funktionieren – die Banlieue gibt es nur für die Bewohner des Zentrums im Singular. Da das Leben in den Banlieues zu vielfältig ist, um sich einer Erfahrung oder gar einem Begriff zu fügen, greift man zu den gröbsten Rastern, wenn die Sache doch ein wenig systematisiert werden muß. Den Ring der alten Vorstädte, die schon in den zwanziger Jahren existierten – meist in unmittelbarer Nähe zum Boulevard Périphérique gelegen –, nennt man die »Petite Couronne«, die »Kleine Krone«. Dort wohnen ungefähr 4 Millionen Menschen, ein bißchen weniger als in der »Grande Couronne«. Die Metapher ist seltsam unzutreffend, macht aber deutlich, wo die Definitionsmacht angesiedelt ist: in der Haupt-Stadt, die die Krone trägt. Die Linke sprach früher lieber vom »Roten Gürtel« um Paris. Seit der Gürtel immer größere schwarze Löcher bekommen hat, floriert die Kronen-Metapher wieder.

Einigermaßen zuverlässig ist auch die Orientierung am Sonnenstand. Wo weniger Sonne scheint, sieht es finsterer aus. Die Problemzonen (doch, doch, man spricht auf französisch von »la Zone«) liegen überwiegend im Norden und im Osten, im Schatten also und im Morgenland. Der Westen, das Abendland, ist hingegen vornehm, und der Süden, die Sonnenseite, steht ihm nur wenig nach.

Klar jedenfalls ist, daß kein Versuch, auf dem Wege einer Ortsbegehung etwas über das gegenwärtige Paris, über das gegenwärtige Frankreich zu erfahren, sich vor der Banlieue drücken darf. Klar ist auch, daß Annäherung an die Banlieue bedeutet, beim Näherkommen das Ganze aus dem Blick zu verlieren. Das ist der Preis. Die ganze Krone ist nicht zu haben. Nicht einmal zur Ansicht. Es war eine Wahl zu treffen. Meine Wahl fiel auf die nördliche Banlieue, speziell auf Aubervilliers. Zufällig, aber doch nicht ganz zufällig: Ich war schon häufiger auf dem Weg vom Flughafen ins Zentrum durchgefahren.

Ich kannte den Namen von Jean Vilar, der dort interessantes Theater gemacht hat. Ich habe ein paar entfernte Bekannte, die dort wohnen. Außerdem gibt es dort einen kunstsinnigen Bürgermeister, der der Neugier die Tür öffnen hilft. Keine zwingenden Gründe letztlich. Aber so ist es, wenn man sich auf Erfahrungen einläßt, die ins Unbekannte führen: Man ist dankbar für jede Spur des Bekannten im Unbekannten.

Aber natürlich kommt man von Paris nicht los, wenn man sich für die Banlieue interessiert, sosehr man auch versuchen mag, sich nicht durch Analogien den Blick auf Phänomene sui generis zu verstellen. Wo fährst Du hin? Natürlich habe ich geantwortet: »Nach Paris.« Was hätte es genützt, zu sagen: »Nach Aubervilliers?« Die nächste Frage wäre gewesen: »Wo liegt das?« »Bei Paris.« Natürlich. Warum denn nicht gleich?

Außerdem bin ich ja wirklich erst nach Paris gefahren und dann nach Aubervilliers. Man kann nicht einfach aus eigenem Entschluß das Zentrum verlegen. Es wird nicht nur durch eine Denkgewohnheit fixiert, sondern durch Einrichtungen der Wirklichkeit. Zum Beispiel durch Verkehrsverbindungen. Oder durch politische Entscheidungen. Durch den umstrittenen Verteilungsschlüssel der staatlichen Beihilfen an die Gemeinden (Dotation globale de fonctionnement, DGF) zum Beispiel. Das funktioniert so wie immer: denen, die haben, wird noch gegeben. So wie umgekehrt die direkten Steuern, die die Gemeinden bei ihren Bewohnern erheben dürfen (Taxe d'habitation), in den ärmsten Gemeinden am höchsten und in den reichsten am niedrigsten sind. Jedenfalls kann Paris nicht ohne Banlieue begriffen werden. Dort ist die Stadt weder ein Museum noch ein Freizeitpark. Aber umgekehrt gilt auch: Die Banlieue kann auch nicht verstanden werden ohne Bezug auf das Zentrum, das die Banlieue erst zur Banlieue macht. Aber welches Zentrum?

2. Eingegrenzt: Die schönen Viertel

Das Zentrum, dem unsere Aufmerksamkeit vor allem gelten soll, liegt weder in der geographischen noch in der historischen Mitte von Paris. Es ist weder das Zentrum der politischen Macht noch eines der Zentren touristischen Interesses. Unser Zentrum ist weder von besonderem historischen Interesse, noch hat es Großstadtflair. Es ist Zentrum unseres Interesses, weil dort die französischen Eliten wohnen. Diese Viertel, also vor allem das XVI. Arrondissement, zusammengewachsen aus den ehemaligen Orten Auteuil und Passy sowie Neuilly westlich des Arc de Triomphe, teilen mit der Banlieue, von der die Rede war, daß man wenig über sie weiß. Nur sind die Gründe entgegengesetzt. Die Stadt will nichts von der Banlieue wissen und grenzt sich von ihr ab, während ihrerseits die Beaux Quartiers nichts vom Rest der Stadt wissen wollen und sich real wie symbolisch so deutlich wie möglich von ihr abschotten. Die Bewohner der Banlieue sind häufig genug Opfer einer Ausgrenzung, die Bewohner der Beaux Quartiers sind defensiv, haben sich auf das eigene Terrain zurückgezogen, dessen Grenzen so effektiv wie flexibel geschützt werden. »Paris ist die Hauptstadt von Frankreich, und das XVI. Arrondissement ist die Hauptstadt von Paris«, hat schon Victor Hugo gesagt. Die Hauptstadt der Hauptstadt und ein Ort der Verbannten der Hauptstadt – das sind die beiden entgegengesetzten Enden der Pariser Welt, auf die sich unser Interesse richtet. Oder, in den Worten des Bürgermeisters von Aubervilliers: »Les beaux quartiers et les vrais quartiers«, die schönen und die wahren, die wirklichen Viertel.

Beaux Quartiers ist mit dem Ausdruck »schöne Viertel« nur sehr unzureichend übersetzt. Populär wurde er durch den gleichnamigen Roman von Louis Aragon aus dem Jahre 1936 über die Brüder Edmond und Armand Barbentane, von denen einer zu Reichtum, Macht und Ansehen kommt, während der andere Industriearbeiter wird. »Les beaux quartiers«, das klingt nach Tradition, Ordnung, Sicherheit, nach viel Raum, nach gedämpften Schritten auf dicken Teppichen, nach schönen, ernsten kleinen Mädchen in langen Nachtgewändern, die ihren würdigen Vätern Gute-Nacht-Küsse geben, bevor sie zum Nachtgebet in gestärkte weiße Betten steigen.

Die Beaux Quartiers sind nicht die Viertel der »beautiful people«, wenngleich die auch dort wohnen. »Beautiful people« brauchen Öffentlichkeit. Die Schönheit, die da bezeichnet ist, schert sich nicht ums Wahre und nicht ums Gute. Sie ist nirgends zu Hause, außer in den Medien, und deren Orte sind überall auf der Welt. Die Beaux Quartiers sind Orte mit festen Grenzen. Wenn nicht wahr, sind sie doch allemal wirklich. Wenn nicht gut, sind sie zumindest eine gute Wohnlage. Der Ausdruck bezieht sich zuallererst auf Wohnbedingungen, nicht auf Menschen, Wohnbedingungen, die sich Menschen gesucht haben, um nicht öffentlich zu sein.

Der Ausdruck bezeichnet freilich nicht nur bevorzugte Wohnbedingungen, etwa Weiträumigkeit, Ruhe, viel Grün. So etwas gibt es in den meisten Pariser Stadtvierteln irgendwo. Er meint eine Lebensweise, einen Lebensstil. Um diese Lebensweise soll es gehen, wenn von den Beaux Quartiers die Rede ist. Die Schwierigkeiten, darüber zu reden, deuten sich schon an: Wenn das Desinteresse an Öffentlichkeit, ja geradezu das vorsätzliche Ausschließen der Öffentlichkeit ein konstituierendes Merkmal der Lebensweise dieser Viertel ist, kann Authentisches darüber von außen eigentlich gar nicht erfahren werden, sondern nur von Zugehörigen. Die Zugehörigen aber veröffentlichen im allgemeinen nicht, und wo sie es doch tun – und sie tun es zunehmend –, sind sie in diesem Punkt eben schon unzugehörig. Der Effekt, der daraus entsteht, ist gewünscht: Abschließung und Kontrolle.

Nun gibt es in allen Großstädten traditionelle Viertel der Reichen, sowohl innerhalb der Stadt als auch als bevorzugte Vororte. Hamburg hat Eppendorf, die Viertel um die Außenalster, hat Blankenese. Berlin hat seinen Westen von Dahlem bis zum Grunewald. Frankfurt hat das Westend, Teile Sachsenhausens, die Villenvororte im Vordertaunus. Struktur und Himmelsrichtung sind also so verschieden nicht von Paris. Der Unterschied ist, so scheint es, daß die Kultur und Lebensweise in den Beaux Quartiers geschlossener blieben. Das jedenfalls ist unsere Vermutung: Wie auf der einen Seite die Banlieue vielfältiger, gebrochener, multikultureller ist als die Vororte deutscher Großstädte, so ist auf der anderen Seite die Ordnung in den Vierteln der Eliten ungebrochener, einheitlicher, traditioneller. Es gibt auf die Entfernung einer halben Métrostunde in Paris die Dritte Welt und die Welt Prousts, beides nicht als Zitat, sondern als gelebte Wirklichkeit.

Trotz aller Sättigung durch Tradition waren Auteuil, Passy oder gar Neuilly nicht schon immer die Hauptstadt der Hauptstadt. Im 17. Jahrhundert lagen die Adelspaläste um die heutige Place des Vosges im Marais. Sie sind von solcher Pracht und Größe, daß sie heute nur öffentlich fortexistieren können: Im Hôtel Salé ist das Picasso-Museum untergebracht, im Hôtel de Sully die Denkmalsverwaltung, im Hôtel Carnavalet, in dem Madame de Sévigné die Briefe schrieb, denen wir die meisten Informationen über diese Zeit verdanken, das Stadtmuseum.

Als der König gen Westen nach Versailles zog, folgte ihm die Aristokratie ein Stück weit. Der Faubourg Saint-Germain wurde zur neuen Hauptstadt der Hauptstadt. Wie dort gelebt wurde, kann man in der französischen Romanliteratur des 19. Jahrhunderts nachlesen. Der Prunk, die Weitläufigkeit der Häuser war schon damals von außen nicht mehr sichtbar. Wer aber heute Gelegenheit hat, in ihr Inneres zu gelangen, wird , obgleich er es besser weiß, den Gedanken kaum abwehren können, den damals Julien Sorel hatte, als er ins Haus der Familie de La Mole trat: »Wie kann man unglücklich sein, dachte er, wenn man in einem so prachtvollen Hause wohnt?«

Heute ist dieses Viertel zwischen Saint-Germain-des-Prés und dem Eiffelturm auf der linken Seite der Seine (VII. Arrondissement) nicht mehr vornehmlich durch noble Privathäuser geprägt, sondern durch die Ministerien, die sich in ihnen eingenistet haben. Ein Besuch in einem französischen Ministerium hat nichts zu tun mit einem Besuch in einem Bonner Ministerium. In Bonn ist nichts zu spüren von Tradition, komme sie dunkel und staubig daher wie in den Kontoren der Sachbearbeiter oder in ungebrochener Repräsentativität wie in den

Zimmern der Minister. Um den Unterschied zu erfahren, braucht man sich den Weg nicht zu machen, sondern kann sich per Fernsehen die Neujahrsansprachen des französischen Präsidenten und des deutschen Bundeskanzlers ins Haus holen. Mitterrand präsentiert sich im Glanz der riesigen Spiegel, der mannshohen Kamine, der vergoldeten Louis XVI-Möbel (Louis XV und Empire kommen auch in Frage) als legitimer Nachfolger einer glanzvollen nationalen Tradition; Helmut Kohl setzt sich vor eine hölzerne Schrankwand im Stil der sechziger Jahre aus dem mittelständischen Möbelhaus von nebenan. Weil das Fernsehen den Fernseher nicht zeigen darf, der dort in einem deutschen Haushalt zu stehen hat, reitet an seiner Stelle dezent im Gartenzwergformat eine weiße Porzellanstatue von Friedrich II. zu Pferde für Deutschland ins neue Jahr. Daß das verwechselbar ist mit sich selbst und überhaupt, hat ein Hamburger Fernsehtechniker bewiesen und dafür zu Unrecht Schelte bekommen, denn auf Verwechselbarkeit ist die Sache ja angelegt.

Hinter dem Eiffelturm, auf der anderen Seite der Seine, da beginnt dann das XVI. Arrondissement, von Besuchern meist nur dann wahrgenommen, wenn sie den Weg vom Trocadéro zum Triumphbogen auf der Place de l'Etoile zu Fuß machen. Es zieht sich bis zum Bois de Boulogne, an dessen nördlichem Rand wiederum Neuilly liegt. Bis hierher sind die französischen Eliten auf dem Weg nach Westen gezogen. Sie haben sich im letzten Jahrhundert gehütet, Bauwerke hervorzubringen, die sich als Museum oder Ministerium eignen würden, und haben damit erreicht, was erreicht werden sollte: Man blieb unter sich.

Um es in Zahlen zu objektivieren: Das VII., das XVI. Arrondissement sowie das angrenzende Neuilly sind die Regionen im Raum Paris, wo der Quadratmeterpreis am höchsten ist, ungefähr doppelt so hoch wie etwa im X. oder XVIII. Arrondissement. Zudem sind die Wohnungen im Durchschnitt weit größer als in den anderen Vierteln. Die Durchschnittsgröße der 1987 verkauften Appartements war im VII. Arrondissement 80 Quadratmeter, im XVI. Arrondissement 72 Quadratmeter, im X. und XX. Arrondissement hingegen 38 Quadratmeter. Selbst 80 Quadratmeter sind natürlich für eine mehrköpfige Familie nicht sehr viel. Die Durchschnittsgröße der Wohnungen verweist auf einen Eindruck, den deutsche Besucher in Pariser Familien häufig haben, den Eindruck, daß Menschen vergleichbaren Einkommens und vergleichbaren Lebensstandards beengter wohnen. Das ist der Tribut an die Hauptstadtlage. Auf Pariser Maßstäbe bezogen aber gilt: Wo die Wohnungen doppelt so teuer sind, sind sie dennoch doppelt so groß. Das schafft soziale Homogenität. In Neuilly bilden die Familien, wo der Haushaltsvorstand selbständiger Unternehmer mit mehr als zehn Angestellten oder »Leitender Akademiker« ist, etwa 40 % der Bevölkerung. Die dazugehörigen Hausmädchen, Pförtner und sonstigen Dienstboten machen etwa 30 Prozent aus. Ein Ort aus Herr und Knecht, aus Dienst und Leistung.

Natürlich wären diese Analysen zu differenzieren. Dann würde man sehen, daß innerhalb der Orte der Elite jede Elite ihren eigenen Ort hat. Beispielsweise dürfen die Mitglieder des »Institut de France«, der prestigereichsten Institution der französischen Intellektuellen, auch im fünften und sechsten Arrondissement um die Sorbonne und Saint-Germain-des-Prés wohnen. Wenn nicht dort, dann freilich ist das XVI. bzw. Neuilly obligatorisch. Wie fein gegliedert die Korrespondenzen zwischen sozialem Ort und Wohnort sind, kann man am Beamtencorps sehen. Es gibt fünf Corps für die leitenden Beamten. Das prestigereichste ist die oberste Finanzaufsichtsbehörde, dann folgt der Staatsrat, darauf die Beamtenschaft des Rechnungshofes, des Bergbaus und des Straßenbaus. Die Reihenfolge der Wertschätzung läßt sich leicht an den Optionen der besten Absolventen der Verwaltungshochschulen ablesen: die mit den besten Noten wählen die Inspection des Finances, weniger gut plazierte nehmen in genauer Abstufung das, was in den anderen Laufbahnen geboten wird. Das Sozialprestige dieses höheren Beamtencorps ist aus deutscher Perspektive kaum hoch genug einzuschätzen, jedenfalls überhaupt nicht vergleichbar mit dem der höheren Verwaltungsbeamten in Bonner Ministerien. In einem etatistischen Land sind die höchsten Beamten die Garanten der Ordnung schlechthin. Deshalb müssen sie auch die strengsten Prüfungen durchlaufen, während Politiker im Prinzip jeder werden kann.

Jedenfalls wohnen die höheren Beamten der Finanzinspektion im VII. Arrondissement, im XVI., in Neuilly und zu einem kleinen Teil in der Banlieue. Die höheren Beamten des Straßenbauwesens hingegen wohnen zwar auch in diesen Vierteln, aber nur, wenn sie überhaupt in der Stadt wohnen – ein Großteil wohnt in den Vororten, wo die Adressen allemal weniger edel sind als an den »richtigen« Stellen der Stadt. Je höher der soziale Rang, desto ausschließlicher die Konzentration auf einige wenige mögliche Wohngegenden, allesamt im Westen. Je länger dieser hohe Rang in Familienbesitz ist, desto wahrscheinlicher ist, daß die Wohnung im VII. Arrondissement liegt, während die später sozial Nobilitierten weiter westlich wohnen, also im XVI. und in Neuilly. Alle haben die Wahl, wo sie wohnen wollen, eingeschränkt nur durch die finanziellen Mittel. Die Eliten hingegen haben keine Wahl, »die große Mehrheit der Stadtviertel und der Vorstädte sind ihnen faktisch untersagt.« Sie wohnen in unsichtbaren Festungen mitten in der offensten Großstadt.

Das Interesse für die nördliche Banlieue einerseits, für die Beaux Quartiers andererseits ist, soviel läßt sich jetzt schon sagen, das Interesse an einem sehr komplexen Gegensatz, der in sehr verschiedener Form erscheint: als Gegensatz von Festung und Ausgrenzung; als Gegensatz von »oben« und »unten«, von Zentrum und Peripherie, von Nicht-Öffentlichkeit und Öffentlichkeit. Alle diese Parameter werden gebraucht werden, und alle werden nicht ausreichen.

II.
NAP. Lebensräume der französischen Oberschicht

1. Stille Tage in Neuilly

Wo das Herz der »schönen Viertel« liegt, ist schwer zu sagen. Die schönen Viertel haben vieles, aber kein Herz. Wir Besucher kennen sie meist nur im »Goldenen Dreieck« zwischen Etoile, Trocadéro und dem Pont de l'Alma, wo der großbürgerliche Reichtum des 19. Jahrhunderts auf ernste Weise Front macht zu repräsentativen Boulevards, verkehrsreich, aber doch äußerlich von strenger Würde und wenig einladend. Oder den Blick vom Arc de Triomphe westlich die schnurgerade Avenue Foch hinunter, die eine Vorstellung davon vermittelt, was die Champs-Elysées einmal waren. Oder allenfalls das zum Museum umgewandelte Haus Balzacs, ein bescheidener Pavillon am Hang über dem rechten Seineufer, eingebettet in einen schattigen Garten mit alten Bäumen, mit Weinranken, Fliederbüschen und Rosensträuchern. Balzacs Haus liegt in Passy und läßt noch ahnen, daß das einmal Vorstadt war, wo die Winzer und Steinbrucharbeiter wohnten. Es ist das Passy, in dem noch Julien Green aufwuchs. Er hat es aus der Erinnerung an eine Zeit beschrieben, als die Straßen hier gepflasterte Dorfstraßen waren, die still zwischen Mauern und hohen Obstbäumen verliefen, eine Erinnerung, die er schmerzhaft konfrontiert mit dem gegenwärtigen Passy aus festungsartigen Wohnanlagen von banaler Häßlichkeit. »An einem ein wenig düsteren Wintertag mit einem schneidenden Wind unter einem niedrigen Himmel kann man sich keine bessere Szenerie für einen Selbstmord oder eine Hinrichtung vorstellen.«

Der Ausdruck »die schönen Viertel« ist also nicht als Beschreibung der Wirklichkeit einer Stadtlandschaft gemeint, sondern als Chiffre für einen Lebensstil. Ein populärer Schlager der letzten Jahre bringt das deutlicher zum Vorschein als Aragons Buchtitel, in dem noch ein Zusammenhang zwischen sozialer Exzellenz und Schönheit als Behauptung mitschwingt, der sich im gegrölten Refrain des Schlagers verloren hat: »Auteuil-Neuilly-Passy, das ist kein leichtes Leben/ Auteuil-Neuilly-Passy, das ist unser Ghetto/wir haben es satt: Fauchon, Hédiard, Lachs und Kaviar ...« Der Schlager wurde mit seiner Verwechslung von Ausgrenzung (Ghetto) und Abgrenzung, von schwerem Leben und schwerem Magen nicht nur bei der »jeunesse dorée« so populär, daß er zum neuen Namensgeber einer sozialen Schicht werden konnte: »NAP« heißen seither im Volksmund die Bewohner von Neuilly, Auteuil und Passy. Nicht alle natürlich, nicht diejenigen, die den Kaviar servieren, sondern diejenigen, die ihn essen.

Auteuil, Passy und Neuilly liegen am Rand des Bois de Boulogne, ein paar Autominuten von den Champs-Elysées und dennoch im Grünen. Auteuil und Passy sind Teil des XVI. Arrondissement, Neuilly liegt außerhalb der traditionellen Stadtgrenzen. Die Quadratmeterpreise für den Wohnraum gleichen sich, aber dennoch gibt es natürlich vielfältige Unterschiede im sozialen Selbstbild der Bewohner. Für die angestammten Bewohner des XVI. Arrondissement ist Neuilly zu neu, auf seine wohlhäbigen Bewohner fällt noch ein wenig der Schatten der alten hofaristokratischen Verachtung des Ländlichen. Und in Neuilly wiederum wohnen die vornehmen Familien im Zentrum um Kirche und Rathaus, während das Milliardärsviertel, das pikanterweise »Bagatelle« heißt, manchen zu neu ist, um als ganz fein zu gelten. Entscheidend für die soziale Wertigkeit ist nicht die Höhe des Reichtums allein, sondern sein Alter. Jungem Reichtum sieht man die zweifelhafte Herkunft noch an. Er muß sich veredeln, kultivieren, um die Spuren der Herkunft zu verwischen und unangefochtene soziale Geltung zu erlangen. Je entwickelter und starrer die Kultur, desto langwieriger die Prozedur der Nobilitierung des Geldes. Wir sind nicht in den USA, sondern in Frankreich.

Ich habe einen Spaziergang durch Neuilly gewählt, um die Beaux

Quartiers in Augenschein zu nehmen. Neuilly kannte ich nicht, deshalb.

Man kommt mit der Métro hin, vom Etoile in Richtung La Défense. Aber eigentlich tut man das nicht. Eine zweiundzwanzigjährige Wirtschaftsstudentin, die hier aufwuchs, hat mir erzählt, sie sei nie mit der Métro gefahren. Nicht daß die Familie einen Chauffeur gehabt hätte. Als Kind wurde sie vom Au-pair-Mädchen zur nahen katholischen Privatschule gebracht. Auch das Gymnasium war später nah. Der Tennisplatz des Racing-Club im »Bois« konnte mit dem Rad erreicht werden, der Reitplatz auch. Die Klavierlehrerin kam ins Haus. »Alles, was ich brauchte, war in Reichweite. Neuilly ist wie ein Dorf.« Höchstens einmal im Monat fuhr man »in die Stadt«, meist zum Einkaufen. Da nahm man Mutters Mini. Von abendlichen Einladungen wurde sie abgeholt. Und mit achtzehn bekam sie dann einen eigenen Wagen. Sie hatte keine Angst vor Entführung. Es gab kein explizites Verbot, die Métro zu benutzen. Sie lehnt auch nicht aus Prinzip die Métro ab. Sie hat nur das Prinzip ihrer sozialen Gruppe verinnerlicht: sich um keinen Preis gemein machen.

Métro-Station »Sablons« an einem regnerischen Aprilnachmittag. Im Westen sieht man die Schatten der »Arche« im Hochhausviertel »La Défense«. Dichter Autoverkehr auf der Avenue »Charles de Gaulle«, aber den Weg zum »Jardin d'Acclimatisation« nehmen mit mir nur zwei Rucksacktouristen. Ein paar Schritte, rechts abgebogen, und ich stehe auf dem »Boulevard Maurice Barrès«, wo Neuilly an den Bois de Boulogne grenzt, der Traum jedes Immobilienmaklers.

Der Boulevard ist breit und dennoch wenig befahren. Die Verkehrsströme fließen anderswo vorbei. Man würde leicht einen Parkplatz bekommen. Überhaupt: Man hat Platz hier. Unter den Autos, die am Straßenrand geparkt stehen, sind Luxusmodelle selten. Die sieht man ab und zu hinter den Gittern eines Innenhofs. Auf der Straße aber Durchschnittsautos, Stadtwagen. Auffällig auf den zweiten Blick, daß man kaum Beulen und deformierte Stoßstangen an ihnen sieht, so, als sei man in einer schwäbischen Kleinstadt und nicht in Paris. Man hält hier erfolgreich auf Abstand.

Seltsam, daß man auch als Fußgänger zuerst auf den Verkehr achtet. Stadtwahrnehmung ist gerade in Paris zuallererst eine Wahrnehmung nach den Gesetzen der Verkehrsmittel, der Ampeln, der Staus, der Parkmöglichkeiten. Ampeln gibt es hier ebensowenig wie Staus. Aber Fußgänger sind auch nicht vorgesehen. Ein paar Schritte weiter schon, im parkartigen Bois de Boulogne, aber hier noch nicht. Ich begegne ein paar kleinen Schulmädchen mit großen Ranzen über blauen Lodenmänteln. Alle tragen Kleider, keine Jeans, überhaupt keine Hosen. Junge Damen im zarten Alter von sechs Jahren. Man hält auf klare Grenzen, auch zwischen den Geschlechtern. Außerdem sehe ich auf den zwei schnurgeraden Kilometern dieser Straße noch sechs Frauen, alle mit Hunden. Offenbar Dienstpersonal, denn die Hunde bestimmen den Weg. Sie benehmen sich, als seien sie hier zu Hause, das Personal sieht so aus, als sei es in Portugal zu Hause. Französische Dienstboten sind gern in Portugal zu Hause.

Dann noch ein Mann im besten Alter in Stiefeln, Reithosen und einer grünen Freizeitjacke englischer Inspiration, der aus einem Geländewagen aussteigt. Die französische Oberklasse hat sich kulturell gern an England orientiert. Noch die auffällige Betonung des Vokals »a« im Akzent der feinen Leute geht auf die alte Anglomanie zurück, die heute häufig von einer Bewunderung der USA überlagert ist. Außerdem auf der Straße noch zwei Polizisten vor dem Jordanischen Konsulat, der eine vor dem Tor, der andere im grauen Mannschaftswagen, beide mit mißtrauischen Blicken auf einen spazierenden Eindringling mit unklarem Begehren. Man muß zugeben, das sind wenig Leute für einen Pariser Boulevard, selbst, wenn man den leichten Nieselregen in Rechnung stellt.

Aber was sollten sie hier auch tun? Es gibt hier keine Kneipe, kein Café, keine Boutique, kein Kino. Es gibt links des Boulevards die Bäume des Bois de Boulogne, davor einen Bürgersteig ohne Bürger, darüber eine regelmäßige Reihe von Kastanienbäumen. Auf der anderen Straßenseite eine nur selten von schmalen Durchlässen unterbrochene Reihe von mächtigen fünfstöckigen Häusern, teils im verspielten Stil der Jahrhundertwende, wie man ihn etwa auch an den

Uferpromenaden von Cannes, Nizza oder Deauville findet, teils neueren Datums im Stil gehobener Hotelketten.

Die Häuser stehen etwa zehn Meter von der Straße entfernt und machen Front. Die Grundstücksgrenze wird zum Bürgersteig hin durch einen mächtigen Zaun bewacht: ein mannshohes Gitter aus schwarzen Lanzen, die oben spitz auslaufen, verziert durch eine Art eiserner Lilie. Das Gitter zieht sich unverändert und überall sorgfältig schwarz gestrichen mehrere Kilometer an der Straße entlang. Auch die Lilien machen Front. Was die Gitter angeht, herrscht hier eine erstaunliche Einigkeit im Geschmack. Die Gittertore sind durch Codeanlagen, manchmal auch durch Videokameras gesichert. Freilich gibt es meist zwei solcher Tore, ein schmales und ein breites. Über dem schmalen steht »Service«. Es muß schwierig gewesen sein, in diesen Häusern, vor allem in den modernen, einen Dienstboteneingang unterzubringen, der, funktional gesehen, so überflüssig ist wie ein Kropf. Am Ende des 19. Jahrhunderts, als es in Paris noch circa eine Million Hausangestellte gab, da war der Dienstboteneingang in adeligen und großbürgerlichen Häusern üblich. Er führte über eigene Treppenhäuser zu den Dienstbotenzimmern unter dem Dach oder in die Wirtschaftsräume, die zumeist im Keller untergebracht waren. Heute zählt man noch ca. 200 000 Hausangestellte, die großen Häuser sind zu Appartements geschrumpft, wo man sich auf der gleichen Ebene begegnet. Was sollen da noch Dienstboteneingänge?

Sie müssen wohl gerade deshalb sein, weil man sich auf der gleichen Ebene begegnet und das zu unerwünschten Verwechslungen oder Anmaßungen führen könnte. Jedenfalls sind sie nicht funktional zu begreifen, sondern als Element sozialer Distinktion. Norbert Elias hat das in seinem Buch über die höfische Gesellschaft am Beispiel der »Antichambre« gezeigt: Gerade die intime Nähe unterschiedlicher sozialer Schichten ruft das Bedürfnis nach rigoroser Grenzziehung hervor, die sich auch symbolisch-räumlich ausdrücken muß. Nichts fürchtet man hier so sehr wie die soziale Promiskuität. Deshalb der Dienstboteneingang, deshalb meidet man öffentliche Verkehrsmittel, deshalb konzentriert man sich in wenigen Vierteln.

Zwischen dem Gitterzaun und den Hauseingängen liegen Vorgärten, ordentliche Vorgärten, triste Vorgärten. Niemand benutzt sie. Man kann dort nicht spielen, man mag sich dort nicht sonnen, denn die Vorgärten sind viel zu nah an der Straße. Diese Gärten sind aber auch keine natürlichen Empfangsräume, keine Natur-Kunstwerke. Sie sind Sicherheitszonen, sonst nichts. Da Gärtnerarbeit viel Geld kostet, haben sich die Miteigentümer darauf verständigt, die Erde mit Marmor zu versiegeln, wo immer sich das machen läßt. Zur Dekoration ein Beet mit Stiefmütterchen, manchmal auch mit Tulpen, die sind pflegeleicht. Überhaupt ist alles sehr sauber, sehr gepflegt, sehr langweilig. Im Hintergrund dann eine Glastür und ein verspiegeltes Vestibül mit Fahrstuhl – früher hat Reichtum besser ausgesehen.

Was diese Straße so seltsam macht, ist aber nicht in erster Linie der banale, kleinmütige Umgang mit einer räumlich wie sozial privilegierten Lage, sondern ihre Leblosigkeit. Stefan Troller, der etwas kennt von Paris, sieht im Drang nach Öffentlichkeit das erste Charakteristikum der Pariser Stadtlandschaft: »Der Pariser hat eine Passion, sich nicht hinter Wänden abschließen zu lassen, sondern die Verbindung zwischen drinnen und draußen herzustellen ... Fast immer ist alles, auch das Mächtigste, auf Kontakt mit der Außenwelt abgestellt.« Fast immer, aber hier nicht. Deshalb wohl wirkt hier alles wie in Paris und doch nicht. »Dans la rue!«, »Auf die Straße!«, riefen die Pariser seit je, wenn sie Brot, Freiheit, einen Weg oder doch zumindest eine Bühne suchten. Davon hallt hier fern etwas nach – als Furcht. Wer hier wohnt, verspricht sich von der Straße nichts Gutes außer vielleicht einen Parkplatz.

Der Boulevard Maurice Barrès mündet in den Boulevard Charcot. Aus den Straßennamen läßt sich viel entnehmen über die Identität der jeweiligen Viertel. Die Charcots haben hier gewohnt, wie eine Tafel anzeigt. Sohn Charcot, der Kommandant, war Kapitän, Vater Charcot Chefarzt in der Salpêtrière, dem größten Pariser Irrenhaus. Freud hat bei ihm studiert und eine erste Ahnung davon bekommen, daß die Hysterie nicht neurologische, sondern psychische Ursachen hat. Charcot soll bei seinen medizinischen Vorlesungen den Patienten mit

Schüttellähmung gern Vogelfedern ins Haar gesteckt haben, damit die Studenten den Effekt besser erkennen konnten.

Auch die Grundschule ist nach Charcot benannt. Sie liegt im Ortskern des südlichen Neuilly. Ortskern, das heißt: eine häßliche Kirche neueren Datums, die Ecole Charcot und Hédiard, der Feinkostladen, der sich so schön auf »Kaviar« reimt. Der »Araber an der Ecke«, überall in Frankreich Synonym für einen kleinen Lebensmittelladen, ist hier ein Emir, der Lebensmittelladen eine Luxusboutique. Im Ortskern also die Dreifaltigkeit von Kirche, Schule und Feinkost, aber sonst nichts. Kein Platz für einen Platz. Platz ist hier nur, wo er privat ist.

Die Ecole Charcot ist eine staatliche Schule, aber trotzdem eine besondere Anstalt. Soziologiestudenten der Universität Paris VIII haben mit den Lehrern gesprochen und ganz ungewöhnliche Schulverhältnisse entdeckt. Das gilt zunächst für die Zusammensetzung der Schülerschaft. 20 % von ihnen sind Kinder von Vätern, die ein eigenes Unternehmen mit mindestens 10 Angestellten haben, weitere 53 % sind Kinder von leitenden Angestellten mit akademischer Ausbildung. Die Lehrer kennen die Familiennamen der Kinder zu einem beträchtlichen Teil schon aus der Zeitung, bevor sie die Klassen übernehmen. Natürlich ist die Ausstattung der Schule hervorragend. Es gibt Computer und Videoanlagen für die Schüler. Sie können im Rahmen der Schule Kurse in Judo, Tennis, Tischtennis, Golf, Ballett, Fechten und Töpfern belegen. Die Elternspende macht's möglich. Und das staatliche Schulamt läßt sich auch nicht lumpen. So lernen zum Beispiel die Schüler ab der ersten Klasse Englisch. Außergewöhnlich aber ist vor allem, daß die Eltern direkten Einfluß auf Schule und Unterricht nehmen. Die Lehrer müssen jederzeit für Gespräche mit den Eltern zur Verfügung stehen. Man erwartet von ihnen, daß sie bei Bedarf Nachhilfestunden geben. Die Eltern nehmen wie selbstverständlich Einfluß darauf, welche Lehrer ihre Kinder bekommen. Sie akzeptieren im allgemeinen nicht, wenn die Kinder eine Klasse wiederholen sollen. Sie greifen in den Unterricht selbst ein. Wenn ein Mitglied der Académie française gegen das Grammatikbuch seiner Tochter Einspruch erhebt, dann wird es eben gewechselt. Oder das Lesebuch, in dem ein Text über »Opa in der Sozialbauwohnung« enthalten war. Dem Baron Foville kam das Thema lebensfremd und die Terminologie etwas ordinär vor. Die Direktorin hatte Verständnis und wechselte das Lesebuch aus. Es kommt darauf an, von Anfang an auf die richtige Lesart zu achten.

Kleine Geschenke erhalten die Freundschaft. Kleine Geschenke für gute Lehrer am Jahresende sind üblich. Natürlich werden die Lehrer auch gelegentlich eingeladen. Schließlich geht es um eine enge Kooperation zwischen Elternhaus und Schule. Und natürlich hilft man auch schon einmal einem Lehrer, wenn der keinen Arbeitsplatz für seine Tochter findet oder sehr lange auf eine medizinische Untersuchung warten muß. Von gewerkschaftlichen Rechten mag unter diesen Umständen kein Lehrer reden. Beim letzten Streik hat sich niemand beteiligt. Auch die Versetzung wird selten beantragt. Es ist angenehm, mit wohlerzogenen, motivierten Schülern zu arbeiten.

Bemerkenswert am Beispiel der Ecole Charcot ist nicht, daß hier die Ungleichheit der Chancen in einem System, das sich egalitär gibt, einmal mehr deutlich zum Vorschein kommt. Bemerkenswert ist vielmehr, daß es hier einer Elternschaft gelingt, die in Frankreich besonders strikt respektierte Trennung zwischen Elternhaus und Schule, zwischen Familie und staatlichem Bereich souverän zu ignorieren. Die Elternschaft des Saint-James-Viertels in Neuilly hat es wie selbstverständlich geschafft, den öffentlichen Raum der Schule unter private Kontrolle zu nehmen, so, wie hier alles unter Kontrolle ist. Das heißt nicht unbedingt, daß das schlecht ist, sei's für die Schüler, sei's für die Lehrer. Manches an der (sehr ungleichgewichtigen) Kooperation zwischen Eltern und Lehrern mag sogar vorbildlich sein in einem Schulsystem, das sich gegenüber der Mitbestimmung der Eltern und der Schüler viel zu sehr abgeschottet hat. Aber jedenfalls ist es ein seltenes Privileg. Und es erklärt, weshalb sich die Eliten in solchen Vierteln konzentrieren. Hier, nur hier, haben sie ganz die Kontrolle über den sozialen Lebensraum.

Die Kirche steht nicht nur aus Tradition neben der Schule und dem

Feinkostladen. Die Kirchen werden gut besucht in Neuilly. Aber hier kommen zum Gottesdienst nicht diejenigen, die mühselig und beladen sind. Hier sind es nicht Menschen an den Rändern des Lebens, die bei der Kirche Hilfe suchen. Hier ist die soziologische Regel außer Kraft gesetzt, daß beruflich erfolgreiche Menschen, insbesondere beruflich erfolgreiche erwachsene Männer, der Kirche den Rücken zuwenden. Hier ist es umgekehrt: In Neuilly, wo der Anteil von Unternehmern und leitenden Angestellten an der Bevölkerung außergewöhnlich hoch ist, sind gerade diese unter den Gottesdienstbesuchern der Gemeinde noch einmal deutlich überrepräsentiert. Mit 90% der männlichen Besucher bleiben sie beinahe unter sich. Keine Wirtschaftsmesse ist so homogen wie die Messen in den Kirchen von Neuilly. Natürlich bestimmen die »Cadres« auf diese Weise nicht nur das Gemeindeleben, sondern selbst die Themen der Predigten, wo schon einmal die Gewissensbisse bei Massenentlassungen vorkommen dürfen, aber gewiß nicht die Thesen der Theologie der Befreiung. Am liebsten hätte man die Messe ohnehin auf lateinisch.

Die radikale Modernisierung der französischen Gesellschaft läßt leicht vergessen, wie tiefgehend der Katholizismus Frankreich geprägt hat. Notre-Dame oder die Sainte-Chapelle werden ja zum Beispiel nicht mehr als katholische Gemeindekirchen wahrgenommen, sondern als Ausdruck gotischer Baukunst, also als nationales beziehungsweise europäisches Erbe. Nur beim Streit um das katholische Privatschulwesen lebt ab und zu der jahrhundertealte, die innere Fraktionierung Frankreichs lange determinierende Gegensatz zwischen Katholizismus und Konservatismus einerseits, Republikanismus und Laizismus andererseits wieder auf. In Neuilly aber sieht man, was Michel Pinçon und Monique Pinçon-Charlot verallgemeinernd so formulieren: »Die Oberklassen stehen ohne Zweifel der Kirche näher als andere soziale Gruppen, und sie unterhalten zu ihr Beziehungen, die unvergleichlich enger sind als zu anderen Institutionen.«

Und was machen die Hausangestellten von Neuilly, wenn sie darum beten möchten, auch einmal den Himmel auf Erden zu bekommen?

Für die gibt es Messen auf spanisch und portugiesisch. Die für die Portugiesen ist spät am Abend, um 21 Uhr, damit die Hausangestellten im Nebenjob noch die Großbüros von La Défense reinigen können. Dann ist übrigens die Haupttür von Saint-Jean-Baptiste schon geschlossen. Man tritt durch einen Nebeneingang in die Kirche. Aber das kennt man ja von den Dienstboteneingängen her.

Neuilly hat mehrere Kirchen. Das Rathaus kann nur neben einer von ihnen stehen. Deshalb wird es im Saint-James-Viertel durch den Feinkostladen ersetzt. Im alten Zentrum von Neuilly an der Avenue du Roule stimmt dann alles: Rathaus, Kirche und gegenüber die katholische Schule. Daß man in Neuilly eher konservativ wählt, wird nicht erstaunen. Erstaunlich ist aber doch auch hier wieder die Homogenität. Bei den letzten Präsidentschaftswahlen im Mai 1988 haben dort im zweiten Wahlgang ganze 18,37 % der Bevölkerung für Mitterrand gestimmt, während sich 81,62 % für Chirac aussprachen. Die Abweichung vom nationalen Durchschnitt ist enorm. Im nationalen Maßstab stimmten 54,02 % für Mitterrand und 45,97 % für Chirac. Die Differenz ist hier auch noch markanter als im XVI. Arrondissement, wo 21,19 % für Mitterrand stimmten, oder im VII. Arrondissement, wo es 27,63 % waren. Vermischung findet in den Beaux Quartiers nicht statt, auch nicht die des Wählerpotentials.

Rechter Populismus freilich findet wenig Anklang in Neuilly. Im ersten Wahlgang lag auch der Stimmenanteil für Le Pen unter dem nationalen Durchschnitt (11,78 % statt 14,41 %), allerdings nur unwesentlich, während der des kommunistischen Kandidaten sich nur auf ein Zehntel des nationalen Durchschnitts belief (0,68 statt 6,78 %). Geld oder Medienmacht allein genügen nicht, um in Neuilly als Politiker Erfolg zu haben. Die Stadträtin Florence d'Harcourt (UDF) aus altem Adelsgeschlecht, die in Neuilly gegen den Medienkönig Robert Hersant (RPR) antrat und gewählt wurde, über die Gründe ihres Erfolgs: »Das ›von‹ hilft. Ich mußte in Neuilly gegen Hersant antreten. D'Harcourt zu heißen, einen großen französischen Namen zu tragen, das hat mir geholfen, ihn zu schlagen. Das ist nicht so, als ob man Dupont hieße.«

Aufregend ist es nicht, durch die Viertel zu flanieren, wo man nicht Dupont heißen darf. Flanieren ist überhaupt der falsche Ausdruck, denn hier ist keine Großstadt. Einsam fühlen kann man sich schon, aber nicht einsam in der Menge. Viele Leute sagen hier, wenn sie über Neuilly sprechen, der Ort sei »ein Dorf«. Das ist ein bißchen kokett, aber durchaus ernstgemeint. Man kennt sich hier untereinander. Nicht von Straßenfesten, sondern weil man zusammen zur Schule gegangen ist, weil die Kinder zusammen zur Schule gehen, weil man im selben Club ist, an der selben Stellen den selben Sport betreibt, in den selben Geschäften einkauft, man kennt sich aus dem Elternverein, aus der Kirchengemeinde.

2. Von Haus aus in Ordnung: Zwei Portraits im Goldrahmen

Jean-Paul war gern bereit, mir etwas über seine Jugend in Neuilly zu erzählen. Vielleicht, weil wir uns schon länger kennen. Vielleicht auch, weil er ein klein wenig randständig ist in seinem Dorf. Er hat französische Literatur studiert. Das ist hier eher eine ungewöhnliche Wahl. Literatur verträgt Abschließung nicht so gut. Aber seinen Namen mag auch er nicht gedruckt sehen. »Nicht daß die Gefahr groß wäre, daß hier jemand deutsche Bücher läse. Aber es macht so leicht Mißverständnisse, wenn es sich herumspricht.« Jean-Paul beherrscht die Nuancen der Ironie. »Notare müssen von Berufs wegen verschwiegen sein. Ich werde doch Vaters Geschäft nicht schädigen. Das mindert mein Erbe. Und Sie wissen ja, daß man von Literatur nicht leben kann.« Jean-Paul beherrscht auch die Nuancen der Selbstironie.

Jean-Paul ist 25, sieht aber eher jünger aus, schlank, sportlich-gepflegt gekleidet. Englische Schuhe, ein deutsches Auto, eine Schweizer Uhr. »Wem würde es nützen, wenn ich so dumm wäre, deutsche Schuhe zu tragen und einen englischen Wagen zu fahren?« Doch, er kennt sich gut aus im Spiel der Markenzeichen. »Ich glaube nicht, daß das wirklich wichtig für mich ist. Ich interessiere mich zum Beispiel eigentlich nicht für Kleidung. Wenn ich das täte, würde ich wahrscheinlich bei Gaultier kaufen. Ich mache mir das Leben einfacher, indem ich mich an die Kleiderordnung halte. So wie mein Vater. Der kauft, seit ich denken kann, im selben Geschäft und hat immer schlechte Laune, wenn er wieder einen neuen Anzug braucht.«

»Ich weiß nicht, was ich Ihnen über Neuilly erzählen soll. Es gibt hier nichts Aufregendes. Kennen Sie den Film ›Das Leben ist ein langer, stiller Fluß‹? So ist das Leben hier. Der Film ist übrigens künstlerisch nicht herausragend, aber gut gemacht. So wie das Leben hier eben: künstlerisch nicht wertvoll, aber schon ganz gut.« Jean-Paul beherrscht das Spiel zwischen Identifikation und Distanzierung. Jean-Paul ist das, was man früher auf deutsch geistreich nannte, bevor das Wort aus der Mode kam. Man hat den Eindruck, er werde nie etwas Unvorsichtiges, Unbedachtes sagen. Jean-Paul ist von abgeklärter Höflichkeit. Früher war mir das nie besonders aufgefallen. Aber jetzt, hier auf seinem eigenen Terrain, ist es unübersehbar. Es gibt noch andere Mittel als Gitter und Türcodes, wenn man das Innere vor unerwünschtem Einblick schützen möchte.

Leichthin erzählt Jean-Paul sein Leben: »Ich wurde hier geboren, im Hause meines Großvaters. Beide Eltern stammen aus Neuilly. Vater hat in seinen wilden Zeiten mal im sechsten Arrondissement gewohnt. Aber wohl nicht lange. Es wohnt sich angenehm in Neuilly.« Wieder ein selbstironisches Lächeln. »Ich bin gar nicht erst ausgebrochen. Nur in der Literatur. Aber es liest sich auch gut hier.« »Meine Eltern sind nicht ›catho‹, aber sie haben mich trotzdem auf eine katholische Privatschule geschickt.« ›Catho‹ nennt man umgangssprachlich überzeugte, praktizierende Katholiken. Jean-Paul spricht ein sehr korrektes Französisch, in das er wie zur Dekoration ab und zu Vulgäres einfließen läßt. »Mein Name hat nichts mit dem Papst zu tun. Aber er ist ganz praktisch, ziemlich unempfindlich gegenüber politischen Konjunkturschwankungen.« Später dann das Lycée Pasteur. »Ich war kein schlechter Schüler, aber auch nicht besonders ehrgeizig. Korrekt eben.« Korrekt ist eines der Lieblingswörter von Jean-Paul. »Vielleicht hat es damit zu tun, daß ich es eben leicht hatte. Ich bin kein

Julien Sorel.« Literarische Anspielungen eignen sich gut, um etwas über sich selbst zu sagen, ohne allzusehr in die erste Person Singular zu fallen. »Aber natürlich wäre es lächerlich, meine Eltern dafür zu verklagen, daß ich es leicht hatte. Ich lebe gerne. Die Vorbereitung auf eine Grande Ecole wäre mir zu anstrengend gewesen.« »Welches Leben? Ach, das ergibt sich fast von selbst. Viel Sport, Tennis vor allem, die Wochenenden meist in der Normandie, Ski in Courchevel. Vater ist im Automobile-Club und zahlt dafür schrecklich viel Geld, ohne hinzugehen. Diese Clubs sind ein bißchen komisch, aber ganz praktisch, wenn man Sport betreiben will.«

Der Automobile-Club, von dem Jean-Paul redet, ist etwas sehr anderes als eine französische Ausgabe des ADAC, wie wir noch sehen werden. »Ein paar Monate habe ich bei einer Rallye mitgemacht, aber das fand ich damals furchtbar lächerlich. Damals war ich im Trotzalter und habe dort nicht einmal tanzen gelernt.« Die Rallye, von der er spricht, hat nichts mit dem Automobilsport zu tun, sondern mit dem gesellschaftlichen Parcours der Beaux Quartiers. Auch auf sie wird zurückzukommen sein.

»Vor dem Militärdienst hätte ich mich durch Beziehungen drücken können. Aber das wollte ich nicht. Nicht daß ich Militarist wäre. Meine Familie hat auch keine militärische Tradition, wie viele hier in Neuilly. Ich wollte einmal so sein wie die anderen, wo sich kostenlos die Chance dazu bot. Ich habe viel gelernt dabei.«

»Beim Studium natürlich auch. Ich hatte keinerlei Schwierigkeiten mit Kommilitonen aus anderen Milieus. Aber auf meinen privaten Freundeskreis hat sich das Studium wenig ausgewirkt. Es ist furchtbar anstrengend, verschiedene Lebensweisen zu überbrücken, für beide Seiten. So etwas macht man nur um einer Liebe willen. Und da geht es dann meist schief.«

»Nach dem Literaturstudium habe ich eine private Wirtschaftshochschule besucht. Lehrer wollte ich wirklich nicht werden. Meinen Job bei einem Zeitschriftenverlag habe ich mir selbst gesucht. Mit dem Studium hat es wenig zu tun, mehr mit Finanzen und Verwaltung. Man entkommt seinem Familienschicksal eben nicht.«

Ob er sich privilegiert fühle? »Aber natürlich, das kann man doch gar nicht bestreiten, daß ich privilegiert bin. Es ist nicht nur das Geld. Es ist ein ganzer, gut funktionierender Mechanismus von Privilegien.« Schlechtes Gewissen? »Warum? Es ist doch wie mit den englischen Schuhen, dem deutschen Auto und der Schweizer Uhr. Wem würde es nützen, wenn ich verzichten würde? Die Erfahrung, daß es nichts nützt, wenn Bürgerkinder Flugblätter vor Werkstoren verteilen, hat die Generation vor uns gemacht. Es wäre nicht einmal originell, sie zu wiederholen. Aber ein schlechtes Gewissen habe ich manchmal schon. Aber das haben hier viele. Das werde ich dann wohl später mal mit Wohltätigkeit abgelten, wie viele hier.«

Die geistreiche, beherrschte Abgeklärtheit dieses uralten jungen Mannes beginnt, mich zu provozieren. Aber das sagt man nicht, das wäre unhöflich. Ich sage: »Julien Sorel sind Sie nicht. Aber manchmal kommt es mir vor, als seien Sie ein bißchen so wie die jungen Männer aus guter Pariser Gesellschaft, die Stendhal in ›Rot und Schwarz‹ beschreibt. Wie der geistreiche Graf Chalvet zum Beispiel, von dem Stendhal sagt, seine Art von Witz brauche viel Raum. Oder wie die Verehrer von Mathilde, die keinerlei Gefühl zeigen, weil das nicht schicklich ist.«

Das Lächeln braucht diesmal etwas länger, bis es die Mundwinkel gefunden hat, ungefähr ebensolange wie der Kopf, um ein anderes Zitat aus dem gleichen Buch zu finden: »›Es gibt keine wahrhaften Leidenschaften mehr im neunzehnten Jahrhundert. Darum langweilt man sich in Frankreich so schrecklich ...‹ Was schon für das neunzehnte Jahrhundert galt, gilt für das Ende des zwanzigsten erst recht. Übrigens bin ich für Höflichkeit und dafür, seine Gefühle im Zaum zu halten. Nicht für die eingelernte Höflichkeit, gelernt, um sich zu unterscheiden, sondern für die wirkliche, die Distanz und geordnete Umgangsformen zwischen den Menschen schafft. Wenn die Menschen ihre Leidenschaften leben, gibt es Mord und Totschlag. Aber Höflichkeit ist immer ein bißchen langweilig und ein bißchen unehrlich. Das ist der Preis. Ich glaube, wir Franzosen sind von den Deutschen deshalb zugleich fasziniert und abgestoßen, weil wir sie immer im Verdacht haben, sie könnten jederzeit die Höflichkeit vergessen und die Leidenschaften leben.«

Ich wende ein, im Moment sei doch die deutsche Politik ziemlich langweilig, kontrolliert und höflich. »Ja, ja, deswegen sind wir ja auch ihr gegenüber entweder mißtrauisch oder enttäuscht. Aber lassen wir die Völkerpsychologie. Das ist ein unseliges Gebiet.«

»Nochmals zur Höflichkeit. Ich rede meine Eltern mit Sie an. Das wird Ihnen seltsam vorkommen. Aber ich habe ein glänzendes Verhältnis zu meinen Eltern. Sie sind offen, tolerant, haben mich nie auf einen Weg zu drängen versucht, den ich nicht wollte. Sie haben mir auch das ›Sie‹ nicht vorgeschrieben. Das ging von mir aus. Meine jüngere Schwester duzt die Eltern. Vielleicht ist das überhaupt das größte Privileg meines Lebens: Ich gehöre zu einer funktionierenden, weit verzweigten Familie. Die Toleranz meiner Eltern ist sicher außergewöhnlich für Neuilly, aber der Familiensinn nicht. Während er sich in der Gesellschaft verliert, ist er hier sehr lebendig.« Und dann wieder das Lächeln: »Das zumindest haben sie gemeinsam, die Leute von hier und die afrikanischen Einwanderer. Wir sind keine Singles.«

Wann er aus dem Elterhaus ausziehe? »Wenn ich heirate.« Ob er sich vorstellen könne, eine Frau zu heiraten, die seine Eltern nicht akzeptieren? »Vorstellen kann ich mir das schon. Aber es wird nicht vorkommen, denn wir haben doch soviel gemein, meine Eltern und ich.«

»Unser Lebensstil? Kennen Sie den Film ›Das Leben ist ein langer, stiller Fluß‹? Da ist er ganz gut getroffen. Wir haben uns in vielem wiedererkannt, die Einrichtung, die Ordnung der Familie, die langen, weiten Hauskleider der Mädchen mit den großen Schottenkaros – wir haben uns sehr amüsiert in diesem Film.« Marie-France B. sagt nicht, daß es künstlerisch ein mittelmäßiger Film sei. Ohnehin neigt sie nicht zur Ironie. Ob sie auch die Filme Buñuels kenne. Nein, die Filme Buñuels kenne sie nicht. Außer »Belle de Jour«. Aber der habe ihr nicht gefallen, trotz Catherine Deneuve. Das sei doch alles sehr überzeichnet. Nein, Marie-France B. neigt nicht zur Ironie und nicht zur Kunst.

»Einen einheitlichen Lebensstil wie früher gibt es in den Beaux

Quartiers jedenfalls nicht mehr. Da wohnen jetzt viele Leute, die schnell viel Geld verdient haben und nicht wissen, daß Geld nicht nur durch Geschäfte verdient werden muß, sondern auch durch eine Moral, durch ethische Werte, durch Tradition, durch Verantwortung.« Den Schlager über »Neuilly-Auteuil-Passy« kennt sie nicht. »Wir achten darauf, welche Musik die Kinder hören. Und der Fernseher läuft bei uns sehr, sehr selten.«

Marie-France B. ist eine strenge Frau. Sie kommt gerade in das Alter, in dem Schlankheit beginnen kann, hager auszusehen. Sie stammt aus einer adeligen Familie, ihr Mann ist Ministerialbeamter. Wie übrigens schon ihr Schwiegervater. Sie bewohnt ein Appartement von 220 Quadratmeter im XVI. Arrondissement, Rue de Passy. »Früher hieß sie mal Rue Marat.« Marie-France B. hat Jura studiert, war aber nie berufstätig, sondern hat nach dem Examen geheiratet. Vier Kinder, zwei Jungen im Alter von 11 und 13 Jahren, zwei Mädchen im Alter von 9 und 6 Jahren. Eine ausgeglichene Bilanz auch hier. Die Kinder sagen »Du« zu den Eltern, alle anderen Erwachsenen müssen sie aber mit dem Nachnamen anreden. »Man muß die Generationsordnung respektieren.«

Marie-France trägt einen Faltenrock, der bis zum Knie reicht, eine weiße Bluse, um den Hals eine kleine Goldkette, und sie hat sich eine feine grüne Strickjacke über die Schultern geworfen. Keine Kaschmirwolle, vermute ich, eher haltbare schottische Lambswool. Marie-France findet nicht, daß man das Weiche und Bequeme wählen sollte. Der Tee ist dünn. Sie kann nicht schlafen, wenn sie am Nachmittag starken Tee trinkt. Die Teekanne von Christrofle. Die Tassen von Wedgwood.

Ein französisches und ein deutsches Wohnzimmer kann man auf Anhieb unterscheiden. Dies hier ist ein französisches Wohnzimmer wie aus einem Filmdekor für eine Vorabendserie über eine gehobene französische Familie. Alles edel, geschmackvoll und trotzdem als Ganzes schrecklich. »Plüschig« wäre vielleicht ein Wort dafür, auch wenn nirgendwo Plüsch ist. Schon der Flur: Da hängt ein Spiegel, dessen Fläche doppelt so groß ist wie die Eingangstür, reich verziert mit vergoldeten Appliken und Arabesken, die in eine Sonne münden. Ein Traum von einem Spiegel. Wenn 220 Quadratmeter auch sehr groß sind für eine Pariser Stadtwohnung, so ist dieser Spiegel doch auf viel mehr Raum berechnet, auf ein Schloß zum Beispiel. Er macht die Wohnung klein und die Menschen, die eintreten. So auch das Wohnzimmer, die Louis-Seize-Stühle, auf denen man sich gerade halten muß, der Marmorkamin, der zu nichts dient, die Directoire-Kommode mit ihren reich vergoldeten Beschlägen. Alles wirkt zu voll, so wie häufig die Zimmer wohlhäbiger älterer Menschen im Seniorenheim, die sich von den Möbeln, die sie früher einmal hatten, nicht trennen können und so von ihnen fast erdrückt werden. So ist es hier wohl auch gewesen. Hier stehen Erbstücke, die auf eine kleinere Zeit gestoßen sind. Sie stehen hier nicht wie Zitate, eingefügt in eine neue Zeit, sondern sie bestehen starrsinnig darauf, daß die heutige Zeit noch die ihre sei, auch wenn man zusammenrücken mußte.

Im Inneren des französischen Heims ist die Moderne noch nicht angebrochen. Man ist die Privilegien des Adels schneller losgeworden als den Geschmack am Adel. Die Liege von Le Corbusier verkauft sich in Deutschland, in der Schweiz, in Italien weit besser als in Frankreich. Frankreich ist das Land der Antiquitäten. Es gibt ja auch so viele davon, und so schöne. Wer keine geerbt hat, der greift auf Kopien zurück. Die sind ebensogroß, nur häßlicher. Die Wohnungen derer, die nicht geerbt haben, sind aber kleiner. Das ergibt dann kleinbürgerliche Wohnungen vollgestellt mit falschen Nobelmöbeln.

Bei Marie-France ist natürlich alles echt. Dicke Perserteppiche auf Parkettböden, mauvefarbene Stofftapeten, eingelegt in Kassetten aus Tropenholz an den Wänden. An den großen Fenstern farblich abgestimmte schwere Gardinen, die den Eintritt der Lichtstrahlen streng kontrollieren. Alles ist hier gedämpft, nichts darf schreien, auch nicht die Farben. Es darf aber auch nichts weiß bleiben. Weiß wirkt nackt, als ob da noch etwas offen wäre. Als Dekoration ein bekannter Ahne in Öl von einem unbekannten Meister, eine sanfte Flußlandschaft und viele Stiche mit Pferdemotiven. »Ja, ich reite. Das liegt bei uns im Blut.« Sie reitet übrigens in St.Cyr auf dem Gelände der Militärhochschule. Das darf man, wenn man Verwandte dort hat. Außerdem ist es preisgünstig.

Die Küche, eigentlich nicht für Blicke des Besuchers bestimmt, wirkt gemessen an deutschen Häusern der gleichen Einkommensklasse eher veraltet und vernachlässigt. Kein High-Tech, keine Stahl-Marmor-Zeile für die moderne Hausfrau. Auch das ist wohl eine Tradition. Die Küche war fürs Personal und mußte keineswegs aufwendig ausgestattet sein. Marie-France hat viermal in der Woche vormittags eine Zugehfrau. »Personal, das ein Leben lang bleibt, gibt es nicht mehr. Manchmal, wenn wir gerade niemanden haben, bleibt die Arbeit ganz an mir hängen. Aber ich mache es gerne. Ich hab gern mein Haus in Ordnung.« »Ich weiß, daß immer mehr Frauen aus meinem Milieu arbeiten. Aber es ist nicht gut für die Kinder. Sie sind zu sehr sich selbst überlassen, haben keine Ordnung. Mein Leben ist ausgefüllt mit meinen Pflichten. Wenn die Kinder mich später einmal weniger brauchen werden und mir Zeit bleibt, gibt es soviel soziale Aufgaben in unserer Gemeinde, die ich wahrnehmen kann.«

Marie-France ist »catho«, praktizierend. »Das Christentum ist doch die Grundlage unserer Kultur. Ohne Christentum zerfiele sie. Schauen sie doch die Ehen an, die nur auf Leidenschaft gegründet sind. Das kann doch nicht halten. Es wird alles zu leicht gemacht. Die Ehe, die Scheidung, die Abtreibung.« Sie lacht. »Sie müssen mich für erzkonservativ halten. Bin ich aber überhaupt nicht. Ich bin für die Mitte. Frankreich braucht den Konsens. Religion und Toleranz schließen sich nicht aus. Hier in Passy gibt es viele Juden und auch eine aktive evangelische Gemeinde, die viel Gutes tun. Aber man sollte nicht mischen. Wenn man die Kulturen und die Milieus mischt, dann kommt man aus den Schwierigkeiten nicht mehr heraus. Ich interessiere mich sehr dafür, was andere denken. Aber die Familie und die Freunde, die müssen die gleiche Lebenskonzeption haben. Natürlich spielt da auch das Geld eine Rolle. Aber nicht die entscheidende.«

Die Kinder gehen auf katholische Privatschulen. Wie sie selbst, wie ihr Mann. »Es ist nicht einfach, dort einen Platz zu bekommen. Der Vorteil ist, daß die Kinder sehr streng erzogen werden. Sie erhalten genaue Anleitungen und wissen, was sie zu tun haben. Das ist am Anfang das Wichtigste. Ich habe nichts gegen öffentliche Schulen. Aber sie erfordern einen starken Charakter. Die Kinder müssen gefestigt sein, um dort ihren Weg zu machen, weil die Lehrer sich dort nur um den Stoff kümmern, nicht um den Charakter. Vielleicht wird mein zweitältester Sohn auf ein öffentliches Gymnasium gehen. Janson de Sailly hier in Passy ist eine sehr gute Schule.«

Die Erziehung der Kinder ist das Lieblingsthema von Marie-France. »Sie brauchen einen Rahmen. Und sie brauchen Anreize. Müßiggang verdirbt. Sport ist wichtig, gerade in der Pubertät. Meine Mädchen sind gute Reiterinnen. Alle vier Kinder können skifahren. Alle spielen ein Instrument. Jean singt im Chor. Chöre sind etwas sehr Schönes. Man lernt, sich in eine Gemeinschaft zu fügen. Am Wochenende unternehmen wir immer etwas gemeinsam. Manchmal nur ein Ausflug mit dem Rad im Bois de Boulogne, manchmal Museen, häufig historische Stätten. Am letzten Wochenende waren wir zum Beispiel in Saint-Denis.« Da wurden früher die französischen Könige gekrönt. Freilich ist da auch die Geschichte mit dem Heiligen passiert, der seinen Kopf unter dem Arm trug.

»In den Ferien fahren wir, solange ich denken kann, immer in den gleichen kleinen Badeort in der Bretagne. Ein kleiner, stiller Ort. Nichts für Leute, die ein Publikum brauchen und das Geld leicht ausgeben. Im August ist auch Mutter da und meine Geschwister mit ihren Kindern. Es ist ein wunderbares, großes Familientreffen. Natürlich treffen wir uns auch hier. Mutter wohnt nicht weit von hier, die Wohnung meiner Schwester kann man zu Fuß erreichen. Aber hier hat man im Alltag doch wenig Zeit. Für die Kinder sind die Ferien der Höhepunkt des Jahres. Sie sind unter ihresgleichen, frei und doch unter Kontrolle. Ein bißchen arbeiten müssen sie auch in den Ferien. Die Lehrer geben ihnen auf Wunsch der Eltern Aufgaben mit. Sonst kommen sie ganz raus. Es verdirbt, wenn man den ganzen Tag über nur am Strand liegt.« Der Ehemann? »Der kann sich nur für zwei Wochen freimachen. Aber er kommt sehr gerne und hat auch alte Bindungen an den Ort. Übrigens haben wir uns dort kennengelernt.«

3. Unter sich. Elemente des Lebensstils der feinen Leute

Jean-Paul und Marie-France kennen sich nicht. Sie würden sich nicht leiden können. Allerdings würden sie in jeder Situation sofort riechen, daß sie aus demselben Stall kommen. Nichts berechtigt, sie als typisch zu erklären. Trotzdem konvergiert ihr Blick auf die Lebensweise der dominierenden Schichten Frankreichs an vielen Punkten. Beide berichten aus einer Welt, die sich durch vielfältige Mechanismen flexibel, aber effektiv abgeschottet hat, viel flexibler, aber auch viel effektiver als die dominierende Schicht der ehemaligen DDR in ihren schwer bewachten Prominentensiedlungen. Das wichtigste Mittel der Abschottung ist die Konzentration. Ein großbürgerliches oder nobles Leben ist in Paris nur in den Beaux Quartiers möglich. In allen anderen Gegenden ist das Lebensumfeld feindlich, denn entweder muß man sich dort völlig abschotten (zum Beispiel Hauslehrer anstellen und so weiter), oder man wird kulturell von anderen Schichten assimiliert. Schöne Parks und schöne Häuser gibt es an vielen Stellen in Paris, viel billiger als im XVI. Arrondissement. Trotzdem konzentrieren sich Großbürgertum und Adel an wenigen Stellen.

Zum System der Abschottung gehört natürlich zuallererst Geld, die gesellschaftliche Macht, die man in der Tasche trägt. Aus diesem Grund wird zuallerletzt darüber geredet. Dazu gehört auch Tradition. Man kann nicht verhindern, daß Parvenues »hochkommen« und damit auch die gesellschaftlichen Spielregeln verändern, aber die Tradition kann ihr Eindringen verlangsamen und ihre Adaptation erzwingen. Dazu gehört der Ausschluß der Öffentlichkeit. Dazu gehört viel Raum für Sicherheitszonen. Dazu gehört die Distanz, die von der Höflichkeit, von einem differenzierten sozialen Code geschaffen wird. Der Stil der Kleidung oder der Einrichtung sind nur die am leichtesten greifbaren Zeichen dieses Codes. Dazu gehören scharfe Grenzziehungen zwischen den Geschlechtern, zwischen Herrschaft und Dienerschaft, zwischen den Religionsgemeinschaften. Dazu gehören Tugenden, die man traditionell mit protestantischer Ethik in

Zusammenhang zu bringen gewöhnt ist: Ordnungssinn, Pflichtbewußtsein, Pünktlichkeit, das Lob der Tätigkeit (»An mir sehen Sie: Das läßt nach« sagt Jean-Paul). Dazu gehört Kontrolle. Kontrolle seiner selbst, Kontrolle der Gefühle, Kontrolle der Zeit, Kontrolle der öffentlichen Institutionen von der Schule bis zum Gemeinderat, also Kontrolle der wichtigsten Institutionen, wo die eigene geschlossene Gesellschaft qua Gesetz offen ist für die Einwirkung von außen. Dazu gehört der Segen von oben, die ethische Legitimierung der eigenen Lebensweise durch die Kirche. Dazu gehört vor allem die Familie, die hier der Knotenpunkt der sozialen Reproduktion geblieben ist.

»Die Beaux Quartiers? Was gibt es schon Gemeinsames zwischen den dünkelhaften Gräfinnen, den libanesischen Millionären im Exil, den golfspielenden Zahnärzten und den leitenden Angestellten hoch zu Roß? Allenfalls die Verteidigung der katholischen Privatschule und die Aversion gegen die Vermögenssteuer. Beim Kaviar hört es schon auf, denn der alte Adel ist bekanntlich geizig.« So ein Pariser Freund, der damit eine Überzeugung aussprach, die unter den französischen Intellektuellen weit verbreitet ist. Eine ferne Welt mit viel Geld und vielen Spleens – so erscheint die Welt der Beaux Quartiers auch den Franzosen, die nichts über sie wissen.

Übrigens wußte auch die französische Soziologie wenig Gesichertes über den Lebensstil der Eliteviertel. Das Buch von Michel Pinçon und Monique Pinçon-Charlot über die »Beaux Quartiers« hat das insofern geändert, als es die erste systematische Untersuchung des sozialen Raums der Eliten versucht, wenn es auch in wichtigen Punkten angewiesen bleibt auf anonyme Zeugen. Das Buch bietet reichlich Belege für das, was bei mir nur Eindrücke waren. Vor allem aber macht es deutlich, daß die Lebensformen von »Neuilly-Auteuil-Passy« gründlich mißverstanden werden, wenn man sie nur als Summe von Spleens reicher Leute begreift. Pinçon und Pinçon-Charlot betrachten ihren Gegenstand nicht folkloristisch, sondern sie ent-decken den sozialen Sinn hinter den Lebensformen. Der soziale Sinn ist die Segregation, die möglichst weitgehende Vermeidung der sozialen Promiskuität, um die eigene gesellschaftliche Dominanz nicht zu gefährden und ihre möglichst ungebrochene Kontinuität zu sichern. »Diese soziale Homogenität ihrer Lebensräume ... ist die Bedingung der Weitergabe des Erbes aller Art, von der ihre soziale Reproduktion abhängt. Das ökonomische Erbe, das Erbe sozialen Kapitals, kulturelles Erbe und das Erbe der Voraussetzungen hervorragender sozialer Stellung verläuft durch dieses unabdingbare Unter-sich-Bleiben hin zum Schutz und zur Aufrechterhaltung der erreichten Positionen.« Spiel nicht mit den Schmuddelkindern ...

Nun ist es selbstverständlich, daß alle gesellschaftlich dominierenden Gruppen Vorkehrungen zu treffen versuchen, daß sie auch weiterhin dominieren. Mir scheint jedoch, daß das in Frankreich umfassender, effektiver und ungebrochener funktioniert als in vergleichbar entwickelten Gesellschaften. Während das Schauspiel der Gesellschaft generell immer vielfältiger, schneller, bunter wird bis hin zur Auflösung aller Struktur, halten Adel und Großbügertum an der geschlossenen Form fest. Corneille und Beckett auf der gleichen Bühne machen die Comédie Française aus. Aber es dominiert Corneille. Ort, Zeit und Handlung werden auf die klassische Weise bestimmt.

Wie geschlossen die Strategien des Unter-sich-Bleibens und wie offensichtlich ihre Ziele sind, läßt sich besonders an zwei Institutionen studieren. Jean-Paul hatte sie beiläufig erwähnt. Ihre Existenz ist auch in Frankreich keineswegs allgemein bekannt, auch wenn sie bisweilen in den Gesellschaftsnachrichten des »Figaro-Madame« vorkommen: die »Rallys« und die »Clubs«, die wir im allgemeinen mit England in Verbindung bringen, aber nicht mit Frankreich. Beide sind Antworten auf die Tatsache, daß die Beaux Quartiers ja keineswegs hermetisch geschlossene Räume sind. Trotz eines subtil gestaffelten Systems der Abwehr sind sie ja nicht ganz undurchdringlich. Trotz Ganztagsschule, Hausaufgaben, Katechismusunterricht, Kirchgang, Sport, Klavierunterricht, Museumsbesuch und Familienferien bleiben da kleine gefährliche Lücken im Tageslauf. Trotz der Preise ist man auch in einem teuren Restaurant, in der Oper oder in einer schicken Diskothek nicht ganz unter sich. Das ist besonders unangenehm, wo es um besonders viel geht. Es geht um besonders viel, wenn die Kinder allmählich zu Erwachsenen werden und lernen müssen, sich der freiwilligen Selbstkontrolle zu überantworten, was vorher durch äußere Vorkehrungen zu kontrollieren war. In dieser Zeit pflegt sich auch störend einzustellen, was mindestens für kurze Zeit manchmal alle gesellschaftliche Ordnung zu sprengen imstande ist: die Liebe, die Leidenschaft. Eine Mésalliance ist der fürchterlichste Anschlag auf die Zukunft der Familie, der Super-Gau im sorgfältig ausgeklügelten Sicherheitssystem. Da muß vorsichtig, aber effektiv eingegriffen werden. Diesem Zweck dient die Institution der Rallys. Es ist auch besonders gefährlich, wenn die machttragenden Männer zu Geschäfts- und anderen Freizeitangelegenheiten unter sich bleiben möchten und dafür keinen Ort finden. Dem abzuhelfen, sind die Clubs erfunden worden.

Zunächst zu den Rallys. Eine Rally ist eine Art Tanzstunde, eine Institution, die es sonst in Frankreich nicht gibt. Sie besteht aus einer mehrjährigen Abfolge von Treffen junger Leute beiderlei Geschlechts aus »guten Familien«, die zu dem Zweck bestimmt sind, dem Nachwuchs unter Aufsicht der Mütter auf übersichtlichem Terrain gute Manieren beizubringen, die Zusammensetzung des Freundeskreises zu steuern und die ersten (manchmal auch die letzten) Herzensdinge zu kontrollieren.

Der Ausdruck kommt aus dem Englischen und bezeichnet dort ursprünglich eine feste Gruppe von Jägern bei einer (adeligen) Hetzjagd, die unter der Aufsicht eines Gruppenleiters in einem präzis bestimmten Sektor des Waldes jagen dürfen. Wenn es natürlich auch schon früher in Frankreich Tanzkurse und Bälle für die Debütanten der Oberschicht gab, so ist doch die Rally eine recht neue Institution, die nach dem Zweiten Weltkrieg entstand. Man geht wohl nicht fehl in der Annahme, wenn man sie als flexible Antwort auf eine gesellschaftlich erzwungene relative Öffnung der Familien interpretiert, die ihr schon durch die Schule durchlöchertes Monopol auf die Erziehung der Kinder weiterer Gefahr ausgesetzt sahen.

Eine Rally organisiert man so: Es schließen sich mehrere Mütter zusammen, machen eine Liste von ein paar Dutzend Kindern, mit denen ihre Kinder spielen sollen, und laden dieselben formvollendet ein, sich einzuschreiben. Die Zusammensetzung variiert natürlich je nach dem gesellschaftlichen Kreis der Einladenden. Es gibt adelige und großbürgerliche Rallys, katholische und protestantische, Rallys bei Teilnehmern aus dem Milieu der Industrie und Rallys, auf denen die Kinder der Ministerialbeamten dominieren. Die einladenden Mütter stehen mit ihrem guten Namen dafür, daß alles schön ordentlich zugeht, und sie setzen diesen guten Namen dann auch unter die Schecks, die im Laufe der Rally so unterschrieben werden müssen. Überhaupt hängt viel vom Namen ab. Auch die Rally braucht einen Namen. Günstig ist ein adeliger Name, vielleicht sogar mehrere, die gemeinsam Pate stehen können und durch ihre Verschmelzung den letzten Zweck der Veranstaltung symbolisch vorwegnehmen. Also zum Beispiel die Rally Bourbon-Busset, die Jurien de la Gravière, die Bailly-Costa (die Familien Bailly und Costa de Beauregard) und so weiter. Wenn es an klingenden Namen fehlt und man ohnehin etwas moderner ist, sucht man sich neutralere Namen, entweder nach dem Stadtviertel (le Bagatelle), nach einem Thema (les Sixties) oder gar nach einer literarischen Gestalt (le Grand Meaulnes).

Eine Rally dauert im allgemeinen vier Jahre, in deren Verlauf jede Familie mindestens einmal empfangen muß. Am Anfang, wenn die Kinder etwa dreizehn Jahre alt sind, macht man gemeinsam das, was Marie-France am Wochenende im Familienkreis macht: Es werden Museen und historische Baudenkmäler besichtigt, vorzugsweise diejenigen, in deren Traditionslinie sich die Rally-Debütanten sehen sollen und sehen mögen. Da wird das kulturelle Kapital in kleiner Münze weitergegeben. Im Jahr darauf lernt man, Bridge zu spielen und die ersten Schritte auf glattem Parkett, natürlich am Nachmittag oder am frühen Abend. Bridge muß es sein. Schach geht nicht. Da kann man den König mattsetzen, und außerdem ist das französische Wort für Schach das gleiche wie das für »Niederlage«. Der Tanzkurs ist nicht sportlich gemeint, sondern mondän. Man lernt die guten Manieren. Man lernt sie so gründlich, daß sie allmählich zum selbstverständlichen Bestandteil des Verhaltens werden. Man lernt, wie man sich zu kleiden hat. Man lernt, daß man möglichst nicht schwitzen sollte, die Anzugsjacke nicht ablegt und den obersten Kragenknopf unter der Krawatte nicht öffnet, wenn es doch passiert. Man lernt, daß man keinen Schreiber in die Brusttasche des Anzugs steckt und sei dieser auch von Montblanc, man lernt, daß Brieftaschen nicht auftragen dürfen. Man lernt den »Knigge«, wie es früher bei uns in Verkennung der aufklärerischen Intentionen des Buches des Freiherrn von Knigge hieß. Ganz nebenbei lernt man, wie man sich möblieren sollte, denn die Treffen finden ja in Privatwohnungen statt. Daß die nicht die Abmessungen von Sozialbauwohnungen haben dürfen, versteht sich von selbst. Im dritten Jahr dann die ersten wirklichen Tanzabende, noch ohne Alkohol und allenfalls bis Mitternacht. Dazu schon einmal ein Buffet von Lenôtre und ein schulterfreies Cocktailkleid aus einer entsprechenden Boutique.

Im letzten Jahr geht es dann richtig los. Es wird einer der Prachtsäle angemietet, an denen Paris so reich ist, deren symbolische Wertigkeit aber natürlich auch einer strengen Rangfolge unterliegt. So sind die Repräsentationsräume eines exklusiven Clubs oder ein Saal mit historischer Aura natürlich günstiger als die Anmietung einer Diskothek oder eines Seine-Schiffes. Dann darf richtig bis zum Morgengrauen gefeiert werden, der Champagner in Strömen fließen, dann darf die Musik auch mal dröhnen. Wenn die Gefühle zuverlässig modelliert sind, dann dürfen sie auch mal am vorgesehenen Platz ausgelebt werden. Zweihundert Personen müssen es schon sein auf dem Schlußball einer Rally. Es dürfen aber auch 2000 sein, wie auf dem Ball, den die Gräfin Marco d'Alberti della Briga, Madame Edouard Bunford und die Gräfin Jean Tillette de Clermont-Tonnerre für ihre Kinder Claudia, Amélie und Alexandra am sechsten Dezember letzten Jahres gaben. Da sind die Summen auf den Schecks der Mütter dann allemal sechsstellig.

Natürlich werden die Rallys bespöttelt, nicht zuletzt von den jungen Leuten, die daran teilnehmen. Das heißt jedoch nicht, daß die Rallys ihren sozialen Zweck verfehlten, und dieser Zweck ist, Einfluß auf den Freundeskreis, auf den Kreis möglicher Partner zu nehmen.

Und das funktioniert, auch wenn sich die jungen NAPs beim Bridge langweilen oder gelegentlich ihrer Partnerin beim Tanz auf den Fuß treten: Selbst für den Spott über die Rallys braucht man seinesgleichen, denn die anderen wissen ja nicht, wovon die Rede ist.

Freilich ist erstaunlich, daß die Jugendlichen in einem Alter, in dem die Lebenskonzepte der Eltern im allgemeinen heftig in Frage gestellt werden, so willig bei Veranstaltungen mitwirken, die so offenbar von den Intentionen der Mütter geprägt sind. Pinçon und Pinçon-Charlot sehen das im größeren Zusammenhang eines spezifischen Verhältnisses zwischen den Generationen in den französischen Oberklassen: »Vielleicht sieht man da eine soziale Eigentümlichkeit der Aristokratie und der alten Großbourgeoisie: die relative Abwesenheit von Generationskonflikten. Die Jugendlichen müssen sich im allgemeinen keine andere Identität schaffen als die ihrer Eltern ... In Familien geboren, die die herausragenden Positionen der Gesellschaft einnehmen, können die Jugendlichen keinen höheren Ehrgeiz haben als den, diese beizubehalten, zu reproduzieren.«

In den Abschlußball einer Rally kann sich mit etwas Geschick auch ein Ungeweihter einschleichen. In den zweiten, ausschließlich den Mitgliedern vorbehaltenen Stock des Jockey-Clubs in der Rue de Rabelais kann sich niemand einschleichen, kein Journalist, kein Staatspräsident und nicht einmal die Königin von England, denn die ist eine Frau, und Frauen können dort nun einmal nicht Mitglied werden. Der Jockey-Club (ja, der, den Sie von Proust her kennen) ist der exklusivste der französischen Clubs, einer winzigen Elite reserviert. Die Clubs potenzieren das Prinzip, das die Beaux Quartiers überhaupt bestimmt, das der sozialen Exklusivität. Es gibt rund hundert davon in Frankreich, also auch in der Provinz. In den großen, traditionsreichen Provinzstädten funktionieren im Prinzip die gleichen Mechanismen der Elitebildung wie in Paris. Aber die einfluß- und prestigereichsten Clubs sind natürlich in Paris: nach dem Jockey-Club etwa der Cercle du Bois de Boulogne, der Automobile-Club, der Polo-Club, der Cercle de l'Union interalliée, der Racing-Club. Sie haben zwischen rund tausend und dreitausend Mitgliedern mit Ausnahme des eher wegen seiner Sportanlagen als wegen seiner Exklusivität geschätzten Racing-Club. Gemeinsam ist ihnen, daß sie sich möglichst weitgehend gegenüber der Öffentlichkeit abschirmen und nach dem strengen Prinzip der Kooptation konstituieren. Sie liegen in der Nähe der Champs Elysées und im Bois de Boulogne. Dort nehmen sie auf öffentlichem Grund – der Bois de Boulogne gehört der Stadt Paris – erhebliche Flächen für sich in Anspruch, ungefähr 25 Hektar im exklusivsten Stadtwald von Paris für Clubs, die sich ursprünglich dem Galoppreitsport, dem Polo oder dem Tontaubenschießen annahmen. 25 Hektar, zugänglich nur nach dem Prinzip sozialer Exzellenz.

Der Jockey-Club, ursprünglich gegründet zur Verbesserung der französischen Pferderassen, ist der Club des alten Adels, eine Welt für sich, in die ein paar Bürger gnädig aufgenommen wurden, wenn ihr Geld alt genug war, also Großindustrielle des 19. Jahrhunderts, ein paar Bankiers, ein Cognacbaron wie Hennessy. Geld allein reicht nicht. Verdienst auch nicht. Als Paul Bourget auf der Höhe seines Ruhms die Aufnahme in den Club betrieb und schließlich in geheimer Wahl abgelehnt wurde, soll der damalige Präsident des Clubs gesagt haben: »Glücklicherweise gibt es in Frankreich noch Leute, für die persönlicher Verdienst nicht zählt.« Man hat Nobelpreisträger abgelehnt und Valéry Giscard d'Estaing, der gleichfalls seine Aufnahme betrieb, zu verstehen gegeben, daß er ohne Aussicht sei, gewählt zu werden. Ob das daran lag, daß der Staatspräsident sich zuviel Verdienste erworben hatte, oder daran, daß sein Adelstitel jung und dubios war, ist nicht bekannt. Jedenfalls ist es leichter, zum französischen Präsidenten gewählt zu werden, als die nötige Zahl weißer Kugeln bei der Wahl im Jockey-Club zu bekommen.

Ein bißchen weniger nobel, aber auch von der Aristokratie dominiert ist der Cercle de l'Union interalliée. Auch er liegt in der Stadt und hat kein Clubgelände im Bois de Boulogne. Die Herren (beide Clubs sind Männern vorbehalten) brauchen keine Sportanlagen. Sie lassen Sport treiben. Vornehmlich Pferdesport. Auf den Galopprennbahnen von Longchamps und Chantilly haben sie clubeigene Tribünen, übrigens sorgfältig geschieden in Mitglieder- und Damentribünen für die

Gattinnen. Anders der Polo-Club und der Cercle du Bois de Boulogne, die im »Bois« liegen und hauptsächlich unter den einflußreichen Großbürgern rekrutieren. Auch hier wird auf extreme Selektivität geachtet, auch hier gibt es »Paten«, auch hier können wenige Gegenstimmen die Aufnahme verhindern, aber die Selektionskriterien sind ein wenig anders. Es geht hier unter anderem auch nach Verdienst, in des Wortes weitester Bedeutung. Aus diesem Grund gibt es auch eine Art Examen im Stil der Concours für die Grandes Ecoles. Hier kennt man die Namen der Mitglieder aus der Zeitung oder vom Kühlergrill der Autos, nicht aus dem Geschichtsbuch: Berliet, Citroën, Dassault, Peugeot, Schlumberger, Hachette, Rothschild gehören dem »Polo« an. Und viele Politiker. Valéry Giscard d'Estaing zum Beispiel hat hier die Aufnahmeprüfung endlich bestanden. Dem »Cercle« gehört Edouard Balladur an, der allmächtige Wirtschafts- und Finanzminister der Regierung Chirac, aber auch André Bettencourt, ebenfalls ein ehemaliger Minister, dessen Frau das größte französische Vermögen besitzen soll. Wie man ein Schema der Verflechtungen der Firmen und Gesellschaften auf dem Gebiet der Ökonomie aufstellen kann, so könnte man auch ein Schema mondän-gesellschaftlicher Verflechtungen zwischen den großen Familien über die Rallys und Clubs aufstellen. Die französische Oberschicht ist im Vergleich zur deutschen hoch organisiert, während der Organisationsgrad der abhängig Beschäftigten weit unter dem deutschen liegt. Aber das ist ein anderes Thema.

Daß es in Frankreich eine hohe Vermögenskonzentration gibt, ist bekannt. Ein Prozent der Bevölkerung besitzt ein Fünftel des nationalen Reichtums, zehn Prozent verfügt über die Hälfte. Daran hat sich in der Ära Mitterrand nichts geändert. Daß es in Frankreich eine gut eingespielte Osmose zwischen den Eliten in Politik, den Spitzen der Verwaltung und der großen Industrie gibt, ist nicht neu in einem Land der verwalteten Wirtschaft, die immer noch eher colbertistisch als klassisch-kapitalistisch ist. Nur weiß man unterdes mehr über die symbolischen Formen und Lebensstile, in denen sich das (auch) vollzieht. Neu ist aber am Ende der achtziger und am Beginn der neunziger Jahre, daß der Lebensstil der französischen Eliten, ihr Wertekanon, ihre Ideologie nicht mehr von der großen Mehrheit der Nation abgelehnt, sondern widerstrebend bewundert werden. Diese Feststellung kann sich nicht auf die Hauspresse des Adels und des Großbürgertums vom »Figaro« bis zum »Eventail« und zum »Bottin mondain« berufen. Da war das nie anders. Aber auch und gerade aus der eher auf das Projekt Mitterrands orientierten Presse kann man in den letzten Jahren eine zunehmende Anziehungskraft bürgerlicher und adeliger Lebensmodelle herauslesen. Der Adel interessiert wieder, seine Privilegien und seine Lebensformen. Das hat gewiß auch mit folkloristischem Interesse zu tun. Adel verkauft sich immer gut.

Aber die Bourgeoisie verkauft sich nicht so gut, gerade in Frankreich. Kunstfeindlich und mitleidlos hat Flaubert sie genannt. 1992 hat der »Express« ein Heft mit der Titelgeschichte »Die Bourgoisie heute. Ihre Erfolge, ihre Werte, ihre Sitten, ihre Codes« herausgebracht, das die These von der neuen bürgerlichen Hegemonie eher verlängert als analysiert. Das Ereignis selbst ist aber bemerkenswert. »Das Bürgertum heute« wäre keine Titelgeschichte für den »Spiegel«, weil eine eindeutig abgrenzbare bürgerliche Schicht, Lebensweise und Werteordnung in Deutschland schwerlich auszumachen wäre. In Frankreich wohl, wenn sich auch dort Wandlungen des Bürgertums vollzogen haben, bedingt nicht zuletzt durch die zunehmende Berufstätigkeit der Frauen aus dem klassisch-bürgerlichen Milieu. Vor allem aber hat sich das anti-bürgerliche Lager verändert. Es ist kaum ein Jahrzehnt her, daß Mitterrands erster Ministerpräsident Pierre Mauroy »den politischen, ökonomischen, sozialen und kulturellen Bruch mit dem Kapitalismus« proklamierte. Daraus ist bekanntlich nichts geworden. Im Gegenteil. Selbst der keynsianisch-sozialdemokratische Kurs, den Mauroy praktisch steuerte, ist nach kaum zwei Jahren gescheitert. Die autonome Arbeiterkultur hat sich zersetzt, der Einfluß der Kommunistischen Partei und der kommunistisch bestimmten Gewerkschaft ist zurückgegangen. Der schmähliche Untergang der staatssozialistischen Systeme hat ein Mißtrauen bestätigt, das schon vorher weit verbreitet war in Frankreich. Das bäuerliche Frankreich stirbt einen langsamen Tod am Tropf der EG. Zugleich sehen sich breite Schichten in ihrer Sicherheit, ja in ihrer Identität bedroht durch den technischen Fortschritt und durch die ausländischen Arbeiter, die dieser Fortschritt anzieht.

In dieser Situation gewinnen Gesellschaftsmodelle von Schichten an Attraktivität, deren Ende seit zweihundert Jahren prognostiziert und tatkräftig ins Werk gesetzt wurde, die aber glänzend überlebt haben. Die Familie, das »cocooning«, wie es auf gut französisch heißt, das kleine Eigentum, ein Minimum an Ordnung und Autorität – das alles sind bürgerliche Orientierungsmarken, auf die man sich richtet, wenn die anderen Orientierungspunkte der großen gesellschaftlichen Rally sich als unzuverlässig erwiesen haben. Nur sollte man sich hüten, aus der zweifellos gewachsenen Akzeptanz des bürgerlichen Lebensstils umstandslos auf seine wachsende Verbreitung zu schließen. Daß sich der öffentliche Diskurs über Familie oder Eigentum in den achtziger Jahren gewandelt hat, bedeutet nicht, daß die Tendenz zum Ein-Personen-Haushalt sich umgekehrt hätte oder die Verteilung des nationalen Reichtums verändert wäre. Die Praxis bürgerlichen Lebensstils ist an Voraussetzungen gebunden, die mit der Akzeptanz oder gar der Bewunderung keineswegs schon gegeben sind. Er ist an Voraussetzungen gebunden, die sich eben nicht einfach verallgemeinern lassen.

III.
Wo das Leben hin ist: Aubervilliers, die Vorstadt

1. Suchbewegungen nach dem Anfang

Alles hängt davon ab, wie man anfängt, wenn man über die Banlieue schreibt. Man könnte zum Beispiel anfangen mit dem Satz, den seine gutbürgerliche Tante zum Abbé Lecœur sagte, als er nach Aubervilliers versetzt wurde: »Mein armer Junge, was hast Du getan ...?« Die Angst, die das 19. Jahrhundert vor der Stadt hatte, hat das 20. vor den Vorstädten. Die Vorstädte sind die Orte der Sünde, der Verdammnis. Die Argumente ähneln sich: Unordnung, Krankheit, ungesunde Umwelt (den Begriff gab es im 19. Jahrhundert so noch nicht, sehr wohl aber das Diskursmuster, das die gesunde Landluft der verpesteten Stadtluft entgegensetzte), moralischer Verfall, Prostitution, Alkoholismus, Vermassung, Rassenmischung. Jedenfalls hatte die gute Tante des Abbé Lecœur noch ein Gefühl dafür, daß die Banlieue eben der Ort der Verbannten und Verdammten ist. Der Abbé Lecœur ist noch immer Priester in Aubervilliers.

Man könnte den Anfang auch eher auf das Ökonomische denn auf das Metaphysische ausrichten. Zum Beispiel auf die Niederlassung der bekannten »Caviar-Caspia«-Gesellschaft, die im November 1991 in der Rue des Quatre-Chemins von Aubervilliers eröffnet wurde. Diese Gesellschaft kennen wir schon von »Neuilly, Auteil, Passy«, von »Lachs und Kaviar«. In Aubervilliers wird der Kaviar aber nicht verkauft. Die Geschäfte der Gesellschaft sind an der Madeleine und in Auteuil. In Aubervilliers wird der Kaviar von Frauen in weißen Kitteln, die Duschhauben über den Haaren haben, in 30-Gramm-Dosen gefüllt. Trotzdem freut man sich in Aubervilliers sehr über die neue

Niederlassung der Firma, denn dadurch kamen zwanzig neue Arbeitsplätze in die Gemeinde. Man freut sich so sehr, daß sogar der Bürgermeister und sein Referent für ökonomische Entwicklung zur Einweihung erschienen. Ein solcher Anfang, das muß man zugeben, wäre eine hübsche Überleitung vom letzten Kapitel zum folgenden. Aber zu glatt.

Man könnte auch von der Literatur her kommen und sich auf diese Weise erst einmal einen Standpunkt suchen. Die Texte von Didier Daeninckx würden sich eignen, denn er wohnt in Aubervilliers, und er hat oft über den Ort geschrieben. Das zum Beispiel: »Ich mache eine Pause bei Quatre-Chemins, bestelle ein Bier in der *Bar du Triomphe* und trinke, während meine Augen auf den Schriftzug ›Alles ist gut‹ auf der anderen Seite der Avenue geheftet sind und ich mir sage, daß seit sieben Monaten der Polizist, der Abdel erschossen hat, jeden Abend friedlich in seinem Bett einschläft.« Aber ob eine Bar des Triumphs der ideale Ausgangspunkt wäre, ist doch fraglich.

Besser wäre es, vom Film auszugehen, von einem Film, der zugleich Dokument, Poesie und Musik ist. Von Elie Lotars klassischem Dokumentarfilm »Die Kinder von Aubervilliers«, 1945 gedreht. Text, Musik, Stimme von Jacques Prévert. Der Film schafft es, in seinen verblichenen Schwarzweiß-Bildern drückendes Elend einer Arbeitervorstadt und zugleich Momente des Glücks seiner Bewohner zu zeigen, ohne davon viel Worte zu machen. Die Bilder sind langsam. Sie haften: Am Anfang ein Lastkahn auf dem Kanal von Saint-Denis, der Aubervilliers durchzieht. Schleusen, schwere Tore. Kinder, die im schmutzigen Kanal baden. Eine große Chemiefabrik, verbrannte Hände. Lepröse Häuser, klein, schwarz, mit zerschlagenen Fenstern. Bidonvilles, flinke Ratten. Das Wasser wird aus Wasserstellen auf der Straße geholt. Karren rollen über Pflastersteine, unter denen kein Strand ist. Alte, hinkende Frauen, ein Schuster. Man sieht die Obstplantagen, an denen der Ort einmal reich war, Leiterwagen, mit denen die Ernte zum Markt gefahren wird. Rauchende Kinder mit kurzen Haaren, liebenswerte Kinder, arme Kinder, rebellische Kinder. Kleine Hunde vor leerem Futternapf. Männer mit Arbeitermützen. Strickstrümpfe auf der Leine. Ein Hühnerstall. Meine Erinnerung hat willkürlich ausgewählt, hat die Ordnung der Bilder durcheinandergewirbelt. Vielleicht gibt es aber auch keine Ordnung – Elend schert sich wenig um Ordnung –, nur die von den beiden Liedern Préverts gestiftete, besonders vom »Lied der Kinder«: »Liebenswerte Kinder von Aubervilliers/Ihr taucht, den Kopf voraus/in die fetten Wasser des Elends/wo alte Stücke von Eiche schwimmen/mit armen, alten verreckten Katzen/Aber eure Jugend schützt euch/Und ihr seid die Privilegierten/einer feindlichen, erbarmungslosen Welt/Wo eure Väter und Mütter/immer gearbeitet haben/um dem Elend zu entkommen/dem Elend der ganzen Welt//Liebenswerte Kinder von Aubervilliers/Liebenswerte Proletarierkinder/Liebenswerte Kinder des Elends/Liebenswerte Kinder der ganzen Welt/Liebenswerte Kinder von Aubervilliers ...« Dazu ein Akkordeon, die Stimme von Prévert – Elend kann nicht französischer sein, nicht zärtlicher zum Vorschein gebracht werden. Elend wie von Carné, von Doisneau. Freilich muß man zugeben, daß sich »misère« heute nicht mehr so einfach auf »prolétaire« reimt. Die Poesie des Elends hat den Reim geändert. Auch der Rhythmus ist anders. Mehr Rap, kaum mehr Akkordeon.

Man könnte natürlich auch von der Geschichte her kommen. Zum Beispiel zurückgehen in die Zeit von König Dagobert, der einen Marktflecken namens Hautbervilliers förderte, um die Pilger auf dem Weg nach Compostella zu schröpfen. Das wäre weit hergeholt. Man könnte aber auch einen Zeitsprung machen bis in das 19. Jahrhundert, zu den 1860 Einwohnern des Gemüsebauerndorfes, die man im Jahre 1841 zählte. Dies nur um des Kontrastes willen, des Kontrastes zu den 31 000 Bewohnern im Jahre 1900, die ihr Geld – wenn überhaupt – in stinkenden Fabriken verdienen, die die Pariser nicht mehr in ihren Mauern haben wollen, in Gerbereien, lederverarbeitenden Betrieben, in Chemieunternehmen, in der Schwerindustrie.

Man könnte aber auch den Blick auf die jüngere Geschichte heften, von mir aus sogar auf ihre großen Männer. Dann müßte zum Beispiel von Pierre Laval die Rede sein, einem der vielen Zugewanderten in Aubervilliers, der 1923 Bürgermeister wurde und von dort aus eine steile Karriere machte bis hin zum Premierminister, zum Premierminister unter Pétain, zum Premierminister der Kollaboration, zum Premierminister der Juden, die in die deutschen Konzentrationslager geschickt wurden. Pierre Laval, der 1945 als Kollaborateur hingerichtet wurde. Charles Tillon, Führer der Résistance, Minister in den ersten Kabinetten der Vierten Republik, wurde sein Nachfolger. Tillon war Kommunist. Er blieb nicht lange Bürgermeister. 1952, als es wieder einmal ans Säubern ging in der kommunistischen Welt, wurde auch Aubervilliers nicht vergessen. Aubervilliers zwischen Vichy und Moskau. Dann kam André Karman. Er stammte aus einer Familie, die 1871 aus Elsaß-Lothringen einwanderte in einen Stadtteil, den man heute immer noch »Klein-Preussen« nennt. Karman war auch Kommunist. Wie sein Schwager, den man 1944 am Mont Valérien hinrichtete, wie seine Schwester, die man nach Ravensbrück brachte, wie sein Onkel, den man auf die Ile de Ré deportierte. Karman kam in den Zug nach Dachau. Von den 2581 Passagieren, die hineingetrieben wurden, kamen 984 an und noch weniger zurück. Aubervilliers zwischen Vichy, Moskau, Berlin und Dachau.

Man könnte auch die eher klassische Perspektive von Saint-Denis her wählen, wo die Könige begraben sind und wo die Kinder von Marie-France sonntags in die französische Tradition eingeführt werden. Saint-Denis liegt nah bei Aubervilliers. Ein Spaziergang von einer guten Stunde am Kanal entlang und man sieht schon die Türme von Saint-Denis. Die Heiligen dort konnten auch mit dem Kopf unter dem Arm weiterschreiten. Drancy liegt allerdings auch nebenan, Drancy, das Deportationslager, der französische Transitbahnhof in Richtung Auschwitz. Drancy, wo Max Jacob gestorben ist. Wenigstens einer muß genannt werden. Von Drancy her zu kommen, hätte den Vorzug, daß man von hier aus umstandslos auf das Problem der Sozialbauwohnungen hinleiten könnte, das so zentral ist für die Banlieue. Man mußte nur ein bißchen Stacheldraht um die für ihre Zeit vorbildlichen Sozialbauwohnungen von Drancy ziehen – und fertig war das Lager. Heute ist der Stacheldraht weg. Die Sozialbauwohnungen sind wieder Sozialbauwohnungen. Natürlich gibt es Schilder als Denkmal an die Zeit, als hier Wohnraumzweckentfremdung stattfand.

Man könnte auch optimistisch von der Zukunft her kommen. Zum Beispiel von den Bildern her, mit denen uns die französische Ausgabe von »GEO« Lust macht auf die Zukunft von Groß-Paris: Die Arche vom Etoile her im Sonnenuntergang gesehen; die Hochhäuser von La Défense von oben im Dunst; ein Badesee mit vielen glücklichen Windsurfern vor den Hochhäusern von Créteil; Lektüre in der Métro; ein Tempel unter Blutbuchen im Park von Versailles; Tausende von Einkaufswagen vor einer Backsteinwand, vor Kränen, Hochhäusern und dramatischen Wolken – ein schmuckes Environnement, geschönt mit dem Pol-Filter; saubere neue Hochhäuser mit einem älteren Einfamilienhaus im Grünen; ein futuristisches Einkaufszentrum von Saint-Quentin-en-Yvelines am Wasser, auch beim Sonnenuntergang; neue Bäume um neue Häuser im Weitwinkel; ein schwarzer Schwan spiegelt sich im Wasser vor dem alten Kurhaus von Enghien-les-Bains; der Boulevard Périphérique bei Nacht aus der Hubschrauberperspektive, viele bunte Lichter in Videofarben, durchzogen von den gelben Streifen, die die Autoscheinwerfer bei längeren Belichtungszeiten machen; ein bildschönes Photo von dreispurig wartenden Autos auf dem Périphérique aus der Nähe; die riesige moderne Bahnhofsuhr von Cergy-Pontoise; der Palacio d'Abraxas von Bofill; saubere neue Klärwerke, wunderbar rot, blau und weiß gestrichen; weiße futuristische Müllwagen vor futuristischer Müllverbrennungsanlage – ganz ohne Menschen; ein weißes Modell der nächsten Ausbaustufe des Flughafens von Roissy; eine Hochzeit von Schwarzen aus Sartrouville, einer »Zone« – auch ganz in Weiß; Boxer in Sartrouville, gar nicht weiß, aber dafür sehr dynamisch; schließlich die gigantischen Lichtspiele, die an den Défense-Hochhäusern von Jean-Michel Jarre inszeniert wurden; ein paar Künstler weiß und grün oder weiß und blau. Nur einmal dringt Wirklichkeit in diese cleane Photogalerie, zweimal gebrochene Wirklichkeit, aber wirklicher als die Photos, die die Wirklichkeit abzubilden vorgeben: ein Szenenphoto der Aufführung von »Kampf der Neger mit den Hunden« in der Regie von Chéreau auf der Bühne des »Théâtre des Amandiers« von Nanterre. Da ist das Licht schmutzig und diffus, da drückt das Gewicht des Betonrings der Autobahnbrücke direkt auf die Menschen, da sieht man den Sand des Niemandslands darunter wie Wüste.

Alle diese Anfänge ließen sich behaupten: der metaphysisch ausgrenzende; der ökonomische, wo die Vorstadt ein logistisches Feld für die Luxuskonsumtion des Zentrums ist; der von den Konflikten zwischen Polizei und Einwanderern her; der von der früheren Misere her; der von der Tradition her; der von der großen Politik her; der vom politischen Mord her; der von den Phantasien der Zukunftsplaner her.

Mein ursprünglicher Ausgangspunkt freilich war nur eine Erfahrung gewesen, die Erfahrung der nördlichen Banlieue mit dem Auto. Ich wollte einfach einmal hineinfahren in das, wo ich immer nur durchgefahren war auf dem Weg vom Flughafen in die Stadt. Wenn man die Autobahn verläßt, wird es anstrengend, wird es schrecklich. Man kommt in einen Raum, in dem die Orientierung rasch unmöglich ist, wenn man nicht den Richtfunk einer gewohnten Strecke im Kopf hat. Die Kreisel, die die französischen Straßenplaner so lieben, bringen die Windrose der Orientierung in heftige, unberechenbare, ruckweise Bewegung. Man taucht aus einem Tunnel auf, und die Sonne hat die Richtung gewechselt; man fährt in eine Schleife ein, und sie macht erneut einen Sprung auf die andere Seite des Himmels. Die Erhöhungen, auf die man fährt, haben nichts zu tun damit, daß der Zielort erhöht läge wie bei den Serpentinenkurven im Gebirge. Die Straße muß nur hoch hinaus, um nicht zu kollidieren mit einer anderen, die weiter unten geführt wird. Achterbahnen, die nirgendwo aufhören. Mehrere Achterbahnen, ineinander verschlungen. Manchmal scheinen die Fluchtpunkte aufeinander zuzulaufen, um dann noch durch einen Betonpfeiler den Schwung zu bekommen, der die Kollision vermeidet. Alle Verkehrsmittel miteinander, gegeneinander. Züge, Autos, Vorortbahnen, alles auf grauen Stelzen. Man schneidet sich, mündet ineinander, man trennt sich, man überholt sich, man meidet sich, man staut sich.

Die Landschaft taugt nicht zur Orientierung. In der Landschaft stehen regellos Ansammlungen von Türmen herum, manchmal auch nur Felder von Einfamilienhäusern, manchmal gigantische Einkaufszentren mit Parkplätzen, auf denen hunderttausend Menschen Platz fänden. Hier ein paar Kuben, dort eine Pyramide, hier ein Kegel, dort eine Kugel, hier eine Serie von Puppenhäuschen, dort ein Legostein quer – aber quer wozu? Kein richtiger Raum, aber dennoch so eine Art Raum. Nicht einleuchtend gegliedert, aber dennoch irgendwie strukturiert. Nicht städtisch gefüllt, aber dennoch alles benutzt, alle Natur angebrochen, wie um dann weggeworfen zu werden. Und weil man es nicht verstehen kann, versuchen überall Zeichen etwas zu erklären, Markenzeichen, Firmenzeichen, Verkehrszeichen. Es sieht aus, als hätte hier ein Riesenkind damit begonnen, eine Stadt zu bauen und dann die Lust verloren; als kämen bald seine Rieseneltern mit dem Vorschlag, diese Bausteine wegzuräumen, zu sortieren, zu reparieren und dann morgen schön, konzentriert und planvoll neu zu konstruieren.

Das Unangemessene des Versuchs, hier mit dem Auto gleichsam zu flanieren, wird beim ersten Versuch klar. Dieser Raum ist gebaut, um schnell durchquert zu werden. Deshalb läßt er auf den Hauptachsen keine Fußgänger mehr zu. Sie sind nicht zu beschleunigen. Paul Virilio, nicht nur Philosoph, sondern zuallererst Architekt, hat dieser Art Raum die Wahrheit auf den Kopf zugesagt: Seine einzige Logik ist die der Geschwindigkeit. Alles wird weggeräumt, begradigt, versiegelt, um Geschwindigkeit zu ermöglichen. »Le vite« (die Schnelligkeit) und »le vide« (die Leere) gehören zusammen. Der Golfkrieg war wie die Probe auf seine Theorie. Der Golfkrieg war der absolute Sieg der Hochgeschwindigkeitswaffen über die Langsamkeit des Landkriegs. Er konnte nur in der Wüste so absolut gelingen. Er war in Vietnam nicht möglich und würde in Jugoslawien nicht möglich sein. Die Banlieue ist nicht leer, sondern voller Menschen. Zugleich ist sie aber transitorischer Ort für Waren und für Arbeitskraft, die möglichst schnell umgeschlagen werden müssen. Sie ist also voll und leer zugleich, sie ist voller Leere, voller Wüste. Sand ist nicht Sand. »Unter dem Pflaster der Strand« konnte nur im Quartier Latin formuliert werden. »Unter der Autobahnpiste die Wüste« müßte es hier heißen. Aber das würde keiner sagen. Es wäre keine Entdeckung, daß untendrunter das gleiche ist wie obendrüber. Und längst keine revolutionäre Parole. »Vielleicht eine Generation noch, und wir werden Megalopolis haben – darum herum verlassene Landstriche. Ländliche Gebiete werden zu Banlieues, zu vergammelten, heruntergekommenen Gegenden.«

Das freilich ist noch nicht ganz ausgemacht, denn die Wüste lebt. Das Überzeugende an Virilios Theorie ist, daß sie eine Theorie für das Ganze anbietet, das Ganze, das man sieht, wenn man die Landstriche um die Stadt durchfährt. Sie entwirft von dem einzigen Punkt her, von dem aus das Ganze auf die Schnelle noch zu konzeptualisieren ist. Sie geht dabei von der Ohnmacht der klassischen Politik wie des sozialen Verhaltens der Menschen aus. Auch das ist überzeugend, denn es entspricht dem Augenschein. Aber vielleicht ist es dennoch ein alter Fehler, eine alte Versuchung, das Ganze denken zu wollen – und dann noch auf die Schnelle. Auch Deleuze und Guattari denken von den Rändern her, aber so, daß die Menschen als Handelnde noch vorkommen können.

Vielleicht liegt wirklich alles daran, ob man im Auto sitzt, in der Vorortbahn, im TGV, wenn man die Banlieue wahrzunehmen und zu denken versucht, oder ob man zu Fuß geht. Das hat François Maspéro getan für eines der interessantesten französischen Buchvorhaben der letzten Jahre. Sein (nicht übersetztes) Buch heißt: »Die Passagiere des Roissy-Express«. Es ist der Bericht von einer Reise durch die Banlieue. Maspéro ist Pariser. Die Idee zu seinem Reisebericht kam ihm bei einer China-Reise: »...und er hatte sich gesagt, ›Dummer Kerl, du willst anderen etwas über die Welt der anderen erzählen, während du es nicht einmal fertig bringst, dir selbst deine eigene Welt zu erzählen, du kannst immer mit professionellem und sachverständigem Gestus erklären, daß es in Shanghai zwei Quadratmeter Wohnraum pro Einwohner gibt, aber weißt du, wie man eine halbe Stunde von den Türmen von Notre Dame entfernt lebt?‹« Alle Reiseberichte sind geschrieben, nur nicht die der nahen Ferne.

Maspéro brach mit der Photographin Anaïk Frantz zu einer einmonatigen Expedition ins Innere der Banlieue auf. Die Reise ging entlang der 38 Bahnhöfe der Vorortbahn (RER), deren Linie B von Roissy im Nordosten von Paris durch das Zentrum in den Südwesten nach Saint-Rémy-les-Chevreuses führt, eine Strecke von etwa sechzig Kilometern. Jeden Tag stiegen sie aus und taten das, was die Reisenden immer taten: Sie suchten sich Unterkunft, suchten Kontakt mit den Eingeborenen und beobachteten deren seltsames Leben und Treiben. »Paris war ein großes Kaufhaus und ein Disneyland der Kultur geworden. Wohin war das Leben entschwunden? In die Banlieue. Das ›Drumherum‹ konnte also kein unbestimmtes, sondern ein volles Land sein: voller Menschen und voller Leben. Die wirklichen Menschen und das wirkliche Leben ... Und wenn das Zentrum leer wäre, wenn es nur noch ein scheinbares wäre, würde das nicht heißen, daß das wahre Zentrum nun im ›Drumherum‹ läge? Also: Es wäre Zeit nachzusehen, wo das wirkliche Zentrum ist. Das war es wahrscheinlich, was sie im Kopf hatten.« Und wenn sie beide recht hätten? Virilio und Maspéro? Wenn es voll wäre und leer? Oder wenn es um einen Kampf ginge zwischen voll und leer?

Im zweiten Versuch also wollte ich nicht aufs Ganze gehen. Wenn man aufs Ganze geht, kommt immer das gleiche heraus. Also Aubervilliers. Wenn der Ort einen Namen hat, zu dem man will, ist schon vieles anders. Und ich wollte diesmal nicht mit dem Auto fahren. Also mit der Métro bis zur Station Quatre-Chemins. Man hätte auch die RER nehmen können. Ich mag die Métro lieber. Aber das ist eben auch die »Métropolitain«, die RER eine Vorortbahn. Außerdem riecht sie besser, warm und süßlich. Anschluß an die Métro und die RER ist entscheidend für die Banlieue. Sonst keine Niederlassung von Industrieunternehmen, sonst kein Ventil nach außen. Gare de l'Est, Stalingrad – die Métro leert sich. Aber am Morgen um zehn Uhr ist auch keine Stoßzeit. Etwa die Hälfte der Passagiere sind farbig. Quatre-Chemins ist ein Zentrum und doch keines. Es ist eine Kreuzung mit einem Markt, mit Geschäften und Kneipen drumherum.

Bars, Cafés gibt es hier überall. Die Hauptachse bildet die Avenue Jean Jaurès, die alte Straße nach Flandern, Ein- und Ausfallstraße nach Paris seit Jahrhunderten. Aubervilliers ist hier ein Reihendorf, aber wie Stadt. Mein Café heißt nicht Café du Triomphe wie das von Daeninckx. Der Kaffee ist aber gut und kostet vier Francs achtzig. Der im Café des Deux Magots am Abend zuvor hatte 22 Francs gekostet. Ich frage, wie man zum Zentrum von Aubervilliers kommt, und werde gefragt, wo ich herkomme. Hier fragt man gern und antwortet gern. Es ist ganz leicht, ins Gespräch zu kommen. Niemand verlangt hier in der ganzen Zeit je Anonymität. Die hat man schon hinreichend.

Die Avenue de la République soll ich hinaufgehen, da käme ich direkt zum Rathaus. Zwanzig Minuten soll es dauern, aber es fahren auch Busse. Aubervilliers ist eine mittelgroße Stadt, ungefähr 70 000 Einwohner. Ich gehe zu Fuß. Die Straße ist schwer zu beschreiben. Verkehr, ziemlich viel Verkehr. Der Geruch dazu. Sonst aber kommt die Schwierigkeit bei der Beschreibung wohl daher, daß alles vermischt ist, alles durcheinander, alles unfertig. Natürlich gibt es keine Vorgärten. Natürlich gibt es Geschäfte. Viele Geschäfte verkaufen elektronischen Schnickschnack, so wie in Deutschland in den Bahnhofsvierteln für heimreisende ausländische Arbeiter. Drahtlose Telephone, Faxgeräte, Rechner, Videospiele. Aber keine Sex-Shops. Daneben Handwerksbetriebe, Bauhöfe, Lagerplätze. Ziemlich viele Bankniederlassungen, immer sehr sauber, fast immer mit automatischem Schalter. Die Diebstahlsicherungen sind interessant. Man tritt einzeln von der Straße in einen schmalen Zwischenraum aus Panzerglas. Die Eingangstür schließt sich. Jetzt erst kann man durch Knopfdruck die andere Tür öffnen, die zum Innenraum. Nur wenn die Menschen gläsern und vereinzelt sind, sind sie kein Sicherheitsrisiko. Cafés, eine Farbenfabrik, ein Geschäft für Schlösser und Alarmanlagen für den Hausgebrauch, ein Friseur, ein Komplex mit Wohnungen, wieder eine Bank, ein Immobilienmakler, ein Teppichgroßhandel, ein Zentrum für Radiologie ... Es hat keinen Sinn, es aufzuschreiben, es ergibt sich kein System. Arbeit und Leben vermischt, aber auch viele Löcher dazwischen, in die man etwas hineinbauen könnte.

Die Zeitalter wechseln von Haus zu Haus. Es gibt Häuser aus dem 19. Jahrhundert, die einmal herrschaftlich gewesen sein müssen mit ihrer Stukkatur, ihren geschmiedeten Balkons. Aber dann fehlt vielleicht das Nachbarhaus, und man sieht eine hohe, fensterlose Seite aus unverputzten Backsteinen, die ewig hatte verborgen bleiben sollen. Dann wieder dunkle, ziemlich flache Häuser, die nie herrschaftlich waren, sondern immer einfach nur auf billige Art möglichst viel Raum für möglichst viele Bewohner zur Verfügung stellen wollten. Der Blick in die Seitenstraßen glaubt manchmal in eine stille, vom Rhythmus der Menschen geprägte Gasse eines Provinzstädtchens einzudringen.

Das Rathaus mit der großen Trikolore über dem Eingang und der Uhr, die mit rostigen Zeigern korrekt die Zeit anzeigt, könnte durchaus auch in einer französischen Provinzstadt stehen. Daneben eine Kirche Notre-Dame-des-Vertus, die nach Mittelalter, nach Barock und vor allem nach eben beendeter Restauration aussieht. Man kann eintreten und ist dann ziemlich allein und ziemlich weit weg vom Verkehr. Von den Säulenkapitellen schauen Fabeltiere herunter, Drachen, Schlangen, aber auch Tauben. Hohes Mittelalter. Man hätte ein Fernglas und eine Taschenlampe mit sich führen sollen, wie es die Kunstführer den Bildungsreisenden empfehlen. Man kann Bildungsreisen in die Banlieue machen. Aus einer soliden Broschüre kann man alles erfahren über die Geschichte der Kirche, über die Wunder, die hier geschahen, die Pilger, die von weither anreisten, die Erweiterungen, die Umbauten und die Restauration, die in den letzten zwei Jahrzehnten vonstatten gingen. Ein Vorwort ist vom Bürgermeister, das andere vom Priester. Das Vorwort des Bürgermeisters beginnt mit einem Zitat von Charles Péguy, der sich vom Sozialisten zum mythischen Nationalisten und schließlich zum katholischen Christen wandelte. Die geistliche und die weltliche Macht des Ortes scheinen sich zu verstehen. Die Broschüre ist vom Stadtarchiv erstellt. Eine sehr solide Arbeit. Im Anhang Worterklärungen, die auch dem Unkundigen den Zugang zur Architektur der Kirche ermöglichen sollen. In Aubervilliers achtet man darauf, dem Unkundigen Zugang zu eröffnen.

Die Männer, die zu beiden Seiten der Straße vor dem Rathaus sitzen, werden den Zugang zu »Notre-Dame-der-Tugenden« kaum suchen. Sie sitzen einfach dort, wie man eben in Nordafrika auf einem Platz sitzt. Sie haben nichts Bedrohliches. Es sind einfach Männer, blau gekleidet wie früher französische Arbeiter, Männer aus Algerien oder Marokko, die nichts zu tun haben und nichts wollen, außer auf diesem Platz zu sitzen. Jedenfalls sieht es so aus. Sie werden nicht besonders bemerkt. Dies ist keine Stadt, in der man darüber staunt, wenn man Männer aus Afrika auf der Straße sieht.

Aubervilliers ist einer der wenigen Orte des ehemaligen roten Gürtels um Paris, der noch einen kommunistischen Bürgermeister hat, Jack Ralite, ehemals auch Minister im Kabinett Mauroy. Eben waren Regional- und Kantonalwahlen. Die Ergebnisse hängen noch aus. Im zweiten Wahlgang 66 % für die Liste der Kommunisten, Sozialisten und der beiden grünen Gruppierungen. Dagegen stand die Front National, die Liste der extremen Rechten, mit 34 %. Im ersten Wahlgang hatten die Front National und die klassische Rechte (UDF und RPR) zusammen noch 39 %. Das Wählerpotential der liberalen und konservativen Gruppierungen, einschließlich der Gaullisten, liegt also in Aubervilliers unter 20 %, während es in Neuilly über 80 % lag. Dazwischen liegen Welten. Dazwischen liegen 20 Kilometer. In Neuilly erwarten sich auch die Hausangestellten und sonstigen Dienstleister alles davon, daß es der Herrschaft gut gehe und dies vermutlich nicht einmal ohne Grund. In Aubervilliers erscheint diese Hoffnung wie ein schlechter Witz. Die Herrschaft ist zu weit weg für Trinkgelder und Prämien. Hier erhofft man sich etwas von staatlicher Intervention zugunsten der ökonomisch Schwachen, oder man erhofft sich etwas von der Strategie, die Ausländer hinauszuwerfen, damit für die Einheimischen mehr übrig bleibe. Populär oder populistisch – dazwischen ist wenig Platz hier.

Ich kenne die französische politische Klasse nur vom Fernsehen her. Französische Politiker sind für mich wie die höheren Ministerialbeamten: von hoher formaler Intelligenz, brillant, sprachgewandt auch und vor allem im Nichtssagenden, sicher im Auftreten. Musterschüler, aber nicht von der weltfernen Sorte, sondern Musterschüler mit Machtinstinkt und Gefühl für die symbolische Seite der Macht. Die Konzentration in der Hauptstadt, die Herkunft aus einer sozial ziemlich geschlossenen Schicht, die Ausbildung in den Grandes Ecoles sorgen für einen Politik-Stil, der zivilisierter ist als in Deutschland. Nicht daß das unbedingt zu intelligenterer Politik führen würde. Nicht daß die französischen Wähler deshalb von ihren Politikern besonders viel erwarten würden. Sie erwarten wenig von der politischen Klasse. Aber sie erwarten von denen, die regieren dürfen, daß sie wenigstens in der Schule besser waren als diejenigen, die nicht regieren dürfen. Zum Beispiel erwarten sie, daß die Politiker ordentlich Französisch können und dies möglichst ohne Akzent. Politiker wie Georg Leber, wie Norbert Blüm, ja selbst wie Helmut Kohl mit seinem pfälzischen Idiom hätten in Frankreich kaum Chancen gehabt, ganz nach oben zu kommen. Georges Marchais ist nicht nur deshalb eine Lachnummer des französischen Fernsehens, weil seine Partei an Einfluß und er an Glaubwürdigkeit verloren hat, sondern auch deshalb, weil er so redet, wie er redet.

Jack Ralite, ehemaliger Minister, wie auf vielen Schriftstücken in Aubervilliers zu lesen ist, entspricht nicht meinem Vorurteil von einem französischen Politiker. Er ist schon nicht so angezogen. Brauner Anzug, ungeputzte braune Schuhe, beides gewiß in heimischen Läden erworben. Dazu Socken, die auch in einem heimischen Laden gekauft sein dürften, aber in einem anderen. Ein blaugestreiftes Hemd, eine vag herbstliche Krawatte mit auffällig regelmäßigem Knoten. Ein bißchen so, wie früher Gewerkschaftsfunktionäre gekleidet waren, die offizielle Ämter bekleiden. Ein Mann ohne Eitelkeit, ohne Lust am Spiel der Distanzen und Brillanzen. Er entschuldigt sich für sein Arbeitszimmer mit riesigen Papierbergen allüberall, aus denen er mit sicherem Griff ab und zu Blätter hervorzieht, die er benötigt. Er hört mir zu, notiert, was mich interessiert. Er nutzt meine Fragen aber nicht als Trampolin für kunstvolle Ausführungen, sondern entwirft mit freundlicher Bestimmtheit und enormer Effektivität in zehn Minuten ein Studien- und Besuchsprogramm, das genau auf meine Fragen paßt.

Ein umfangreiches Studien- und Besuchsprogramm. Das Stadtarchiv, die Leiterin der Bibliothek »Saint-John Perse«, die Leiterin des Büros für Jugendfragen, ein Besuch in einem Jugendcafé, ein Besuch beim Kulturreferenten, bei Garran, dem langjährigen Leiter des Theaters, bei der gegenwärtigen Theaterintendanz, beim Vorsitzenden des lokalen Geschichtsvereins, bei einem Maler, der sein Atelier in Aubervilliers hat. Jemand vom Planungsbüro, würde Sie das auch interessieren? Der Leiter des Konservatoriums? Ein Übersetzer für die westafrikanischen Einwanderer? Er sucht die Adressen, die Telephonnummern, zeichnet Orte in einen Stadtplan ein. Als er merkt, daß ich zögere, mit Hinweis auf bürgermeisterliche Autorität Leute anzurufen und Termine zu koordinieren, tut er es selbst, effektiv, freundlich und sehr schnell. Zwischendrin fragt er mich aus über die deutsche Literatur nach dem Ende der DDR. Er liest deutsche Gegenwartsliteratur. In Frankreich lesen nicht viele Menschen deutsche Gegenwartsliteratur. So etwas wie Ralite muß sich Gramsci vorgestellt haben, als er davon träumte, die Arbeiter würden organisch ihre eigenen, qualifizierten Intellektuellen von parteiübergreifender Überzeugungskraft hervorbringen.

Ich verlasse das Büro des Chefs, das nicht aussieht wie das Büro eines Chefs, mit einer großen Plastiktüte voller Broschüren: wie der Müll getrennt und wann er abgeholt wird; wie Jugendliche Arbeit suchen können; wohin sich die Vorruheständler und Ruheständler wenden können; weshalb man keine Drogen nehmen sollte und was man tun kann, wenn man erst spät zu dieser Einsicht gekommen ist; was das Theater in der nächsten Saison bringt; eine Petition der Bürger von Aubervilliers aus dem Jahre 1789 im Faksimile; ein Führer für Wohnungssuchende; das Programm der Jugendmusikschule; eine Adreßliste aller Firmen; »Aubervilliers von A bis Z« ... Man wird erstaunlicherweise auch informiert, an wen in der Stadtverwaltung man sich hilfesuchend wenden kann, falls die staatliche Energiegesellschaft den Strom abgestellt hat. Das scheint gebraucht zu werden. Überhaupt scheinen diese vielen Broschüren gebraucht zu werden. Jedenfalls sind es eher Gebrauchsanweisungen, keine Werbeschriften.

2. Von der Straße aus. Ortstermine in Aubervilliers

Ich habe das Angebot angenommen, daß mir Frau Rodriguez vom städtischen Planungsamt die Stadt zeigen könne. Was könnte mich dran hindern, sie hinterher allein zu durchstreifen? Frau Rodriguez kennt die Stadt. Sie ist schon lange hier. »Seit 1952. Wir sind aus Portugal gekommen.« Hier sind alle irgendwann irgendwoher gekommen. Nicht aus Neigung meist, sondern aus Elend. Komm, laß uns nach Paris gehen, etwas Besseres als den Tod werden wir überall finden. Es wurde dann Aubervilliers. 1860 Einwohner waren es im Jahre 1841. Eigentlich ist hier keiner von hier.

Zuerst kamen die Auvergnaten, auf deren steinigen Bergen wenig wächst. Die haben einen komischen Akzent, sagten die Leute. Die Auvergnaten verkauften Cantal-Käse, Laguiole-Messer, sie wurden die typischen Bistrotiers und Tabakládeninhaber, für uns alles urfranzösische Dinge. Dann kamen die Elsässer und die Lothringer. Die wollten keine Beutedeutschen sein. Trotz ihres komisch-germanischen Akzents, wie auch die Auvergnaten fanden. Es kamen die Piemontesen. Die hatten nicht nur einen Akzent, sondern eine eigene Sprache, die man in manchen Vierteln immer noch hören kann. Später kamen Spanier. Es ist nicht schwer, in Aubervilliers ehemalige Spanienkämpfer zu finden. Sie sterben jetzt aus. Kein Glück der späten Geburt. Paco, den Daeninckx im letzten Jahr portraitiert hat, ist jetzt 76. Wo sollten sie hin, wenn nicht in die roten Gürtel der Städte? Dann kamen die Nordafrikaner und übernahmen die immer wieder neu besetzte Rolle der Fremden im städtischen Ensemble. Belaïd Hocine war städtischer Angestellter in Aubervilliers, als er im Februar 1962 bei einer Demonstration gegen den Algerienkrieg von Polizisten getötet wurde. Was er sich damals nicht vorstellen konnte, was sich damals wohl niemand vorstellen konnte, der mit ihm demonstrierte, das war: daß später so viele nachkommen würden, nicht auf der Flucht vor den französischen Kolonialisten, sondern auf der Flucht vor dem ökonomischen Elend, das der Befreiung folgte bis heute. »Misère« reimt sich eigentlich nicht auf Sozialismus, aber die Welt ist ja voller Ungereimtheiten. Immerhin: Madeleine Cathalifaud heißt die eben wiedergewählte Stadträtin von Aubervilliers-Ost.

Jetzt sind die Schwarzafrikaner die Fremden. Die sind ganz besonders nicht von hier. Die gutturale Aussprache eignet sich besonders schlecht für das Französische. Genau wie früher die Aussprache der Leute aus der Auvergne, aus Piemont, aus Lothringen. Die Stadt hat einen westafrikanischen Schriftsteller bestellt, der den Einwanderern helfen soll, wenn sie nicht Französisch schreiben können. Oder vielleicht gar nicht. Er hilft meist bei Sozialhilfeanträgen, seltener bei Steuererklärungen. Um Hilfe bei Privatbriefen ist er noch nie gebeten worden. Die Schwarzafrikaner von Aubervilliers schreiben keine Liebesbriefe an französische Damen. In Préverts Lied über die Kinder von Aubervilliers stehen diese Kinder für das Elend der Kinder der ganzen Welt. Als Metapher, als Stellvertreter. Jetzt sind sie selbst da, die Kinder aus der ganzen Welt. An Transportmitteln für das Elend fehlt es nicht. Die Auvergne liegt heute in Mali.

Paquita Rodriguez erzählt, bald werde es eine Fußgängerzone geben im Zentrum von Aubervilliers. Wenn man aus Deutschland kommt, mag man darin nur schwerlich einen Fortschritt sehen. Ich kann das Landy-Viertel sehen, wo Lotar seinen Film gedreht hat. Es beginnt ein paar Schritte hinter dem Rathaus. Das Landy ist immer noch ein elendes Viertel. Solche Wohnviertel gibt es im Westen Deutschlands wohl nicht mehr, seit das Ruhrgebiet saniert ist. Graue Wände mit schwarzen Löchern. Das Schwarze, das überall auf den Außenwänden liegt, scheint von innen zu kommen, als sei innen alles ausgebrannt, der Raum aufgestiegen und eine blinde Ruine zurückgeblieben. In den Fluren sieht man die Fäulnis in den Wänden aufsteigen, die den Putz abbröckeln läßt und diesen leichten Verwesungsgeruch macht, den man vielerorts wahrnimmt. Alte Elektroinstallationen über dem Putz, zerbeulte Briefkästen, durchgetretene, schmale Treppen, Toiletten auf dem Hof, keine Badezimmer, keine Duschen. An Mietern ist trotzdem kein Mangel. Hier werden die Allerärmsten am allerteuersten untergebracht. 1000 Francs monatlich für ein Zimmer sind nicht selten. Die meist schwarzafrikanischen Mieter haben ihre Wahl getroffen, als sie hierher aufbrachen. Jetzt haben sie einstweilen keine mehr. Unter den Vermietern sind auch Nordafrikaner, die von damals gelernt haben, als sie ankamen. Solche Vermieter wohnen aber längst nicht mehr im Haus.

Seltsamerweise empfinde ich das Viertel dennoch als schön, von außen her, wo ich stehe. Vielleicht das Gefühl des Touristen in einer unterentwickelten Gegend. Vielleicht auch, weil hier Produktion und Leben nebeneinander leben. Viele, meist kleinere Fabriken und Lagerhallen, teils stillgelegt, teils noch genutzt. Die Industriearchitektur der ersten Generation. Backsteine, Eisen, Glas, strenge Funktionalität. Man sieht, was falsch war. Zuviel Arbeit, zu harte Arbeit, zu ungesunde Arbeit, zu niedriger Lohn. Aber man sieht auch, was richtig war. Produktion, Achtstundentag, Zusammenschluß, gegenseitige Hilfe, der Gemüsegarten neben dem Hofpflaster. In den neueren Vierteln sieht man nicht mehr, was richtig war und was falsch. Ich sage: »Es war doch ein Irrtum, das Wohnen und das Arbeiten zu trennen.« Paquita Rodriguez schaut mich an, wie man jemanden anschaut, der eine Unbedachtsamkeit formuliert hat, es aber nicht besser versteht. »Ja, schon, aber stellen Sie sich vor, wieviel Lärm diese Fabriken gemacht, wieviel Schmutz sie abgelassen haben. Hier waren die dreckigsten Fabriken. Wissen Sie, wie es neben einer Gerberei riecht? Wir wollen hier wieder Produktion ansiedeln, aber es muß moderne Produktion sein, saubere Produktion.« Ich fühle mich ertappt bei dem alten Laster, alles von einem Punkt her erklären zu wollen. An die radikalen Lösungen, die daraus folgen, glaubt man hier nicht mehr, glaubt man heute nicht mehr. Statt der Hoffnung auf Totaloperationen eher Besserung durch homöopathische Mittel. Die kann man bei unerwünschten Nebeneffekten ohne großen Schaden wieder absetzen.

Wir treten in einen gepflasterten Hof. Links ein schlichtes, zweistöckiges Haus, aufrechterhalten nur noch vom wilden Wein, der an allen Seiten emporrankt, vielleicht ein ehemaliger bescheidener Bauernhof. Davor eine große einachsige Karre, die früher dazu gedient hat, Obst und Gemüse auf den Markt zu fahren. Man kann ein Pferd davorspannen, kann sie aber auch selbst ziehen. So etwas wird später einmal in einem Museum stehen oder als Wohnzimmerschmuck dienen. Es ist aber noch nicht später. Es gibt in den nördlichen Vorstädten von Paris eben gerade zwei Museen. Der Karren muß hier stehen bleiben und auf sein Museum warten. Auf der anderen Seite des Hofes steht ein Container. Ich sage, dieser Container sei sehr häßlich an diesem Platz. Frau Rodriguez sagt, die Stadtverwaltung habe ihn aufgestellt. Es seien Duschen darin für die Bewohner des umliegenden Häuserblocks. Vor allem die Frauen würden ihn häufig nutzen.

Ein paar Straßen weiter eine große Baustelle. Eine ganze alte Häuserzeile wurde gründlich modernisiert, ohne die Fassaden zu verändern. Der Komplex heißt jetzt »Rosa Luxembourg«. Ich sage, der Name sei in Deutschland nicht gerade gefragt für Patenschaften, auch im Osten nicht mehr. »Ach, wissen Sie, das Problem mit den Taufpaten für Straßennamen kennen die meisten Gemeinden des roten Gürtels auch. Die stehen jetzt betreten da mit ihren Waldeck-Rochet-Straßen und Jacques-Duclos-Avenuen. Besonders die osteuropäischen Paten haben sich als unzuverlässig erwiesen. Wir haben da in Aubervilliers wenig gesündigt. Wir haben ein Stadion nach Karman benannt, dem vorigen Bürgermeister. Ich persönlich halte auch das für einen Fehler, aber es ist üblich. Aber sonst? Selbst Namensgebern unter den Künstlern haben wir kein Parteibuch abverlangt. Hier heißt keine Straße nach Picasso und keine nach Aragon. Davon gibt es genug in anderen Gemeinden. Bei uns kommt Jarry vor, Rimbaud, Baudelaire, Verlaine. Und jetzt eben Rosa Luxemburg. Was kann ausgerechnet sie dafür, wenn die Sowjetunion zusammenbricht?« Mir gefällt die Vorstellung, daß in der nicht so fernen Zeit, wenn deutsche Gründlichkeit mit den Honecker-Ikonen und den Sowjet-Denkmalen auch die Luxemburg-Straßen abgeschafft haben wird, so daß der Name

Luxemburg nur noch für quellensteuerfreie Anlagefonds steht, hier in den Pariser Vorstädten eine nach Rosa Luxemburg benannte Wohnzeile überlebt. »Luxembourg« mit »ou« statt nur mit »u«, aber immerhin. »Où« heißt auf Französisch »wo«. Um genau zu sein: 110 Wohnungen insgesamt, 70 davon Zwei- und Dreizimmerwohnungen, 33 Vier- und Fünfzimmerwohnungen. Dazu Parterre 8 Wohnungen für kinderreiche Familien. Natürlich werden die Bewohner nicht wissen, wer Rosa Luxemburg war, die vom Erdgeschoß zuallerletzt. Aber gewiß wird das Stadtarchiv eine Broschüre dagegensetzen.

Das Einweihungsfest vom 28. September 1991 im »Mutter-Kind-Zentrum« des Landy allein hat gewiß nicht gereicht, um den fremden Namen populär zu machen. Aber immerhin war die Stadtprominenz da, es gab ein großes Essen und anschließend Tanz mit Akkordeon. Das Essen war für 150 Personen. Es wurde von Madame Koulibaly und ihren Freundinnen zubereitet. Es gab zwei afrikanische Gerichte, »mafé« und »tieb«. Lokale Spezialitäten sozusagen. Hinterher spielte Marc Peronne. Er spielt Akkordeon, als würde Edith Piaf noch leben. Ich kannte ihn von Gastspielen in deutschen »Instituts Français«. Dort wird seine Musik von den Besuchern als sehr französisch empfunden, nicht nur von den deutschen. Was gibt es Französischeres als einen Musette-Walzer? Musette entstand am Anfang des 20. Jahrhunderts in den Kneipen des Faubourg Saint-Antoine aus dem Zusammentreffen von Einwanderern aus der Auvergne und aus Italien. Die einen brachten die Volkslieder ein, die anderen das Akkordeon. Musettewalzer sind wirklich sehr französisch.

»Das Problem ist nicht der Rassismus, jedenfalls hier nicht. Den hat es immer gegeben. Einwanderer hat es auch immer gegeben. Das Problem ist, daß es so viele sind. Und sie kommen von allen Seiten. Jedes Jahr verliert Paris 20000 Einwohner, die die Mieten nicht mehr bezahlen können. Das macht in fünf Jahren die Bevölkerung von Orléans. Die drücken von innen. Von außen kommen sie aus der ganzen Welt. Die Banlieues müssen alle aufnehmen, die von außen und die von innen. In Aubervilliers werden jedes Jahr 100 Sozialwohnungen gebaut. Es müßten aber 300 sein, um die augenblickliche Nachfrage abzudecken. Wären es 300, so würden sich 900 Interessenten melden.«

Ganz nah an der nach Rosa Luxemburg benannten Häuserzeile zieht der Kanal vorbei, der Canal Saint-Denis. Immer zieht ein Kanal vorbei. Dieser durchzieht den Norden von Paris, er war Voraussetzung der Industrieansiedlung hier. Die Kinder, von denen Prévert sang, badeten darin. Hier, wo wir ihn überqueren, wenden ihm selbst die verkommenen Fabrikgebäude den Rücken zu, hier dienen seine Ufer als Schuttabladeplatz, als letzter Parkplatz für rostende Autos ohne Räder. Aber nur ein paar Kilometer weiter zieht er durch stille Wälder, sitzen an seinen Ufern geduldige Angler in weißen Unterhemden und halten die langen Bambusruten ins Wasser, die man noch vor ein paar Jahren am Seineufer in Paris sah. Provinzbeschaulichkeit. Es gibt viele Provinzen um die Metropole.

Am Ufer des Kanals standen die letzten Bidonvilles von Aubervilliers, Bidonvilles wie heute um die Großstädte Südamerikas. Sie wurden erbaut aus allem, was sich auf den Straßen fand, Sperrmüllstädte. Müll gab es hier genug. Aubervilliers war ein Ort der Lumpensammler. 1974 hat man die letzten Bidonvilles planiert. Die Einwohner bekamen andere Unterkünfte, Sozialbauwohnungen. Bessere Wohnungen. Bessere? Der Bürgermeister antwortete damals so auf diese Frage, wie alle antworteten: »Ich kann nicht über Architektur reden. Ich kann nur das sagen, was diejenigen, die in diesen Elendsquartieren ohne fließendes Wasser, ohne Heizung gelebt haben, sagten, als sie in Wohnungen kamen, wo es dieses Minimum an Komfort gab: Ja, das ist besser.« So sind zwischen 1958 und 1968 die großen Wohnblöcke entstanden, die heute als die Wurzel allen Übels in den Vorstädten gelten. Da waren keine Zyniker am Werk, sondern die besten Absichten. Die Wohnungsnot sollte behoben werden, jeder sollte seinen Wasserhahn, sein Badezimmer, seine Heizung haben, Menschen verschiedener Berufe und verschiedener Herkunft sollten friedlich unter dem gleichen Dach zusammenleben, der sozialen Segregation sollte entgegengewirkt werden. Außerdem dachte man sich die großen Wohnstädte als Übergangslösung zum Wohneigentum ...

Östlich des Kanals liegt das wichtigste Industriegebiet von Aubervilliers. Es geht über in die Ebene von Saint-Denis, wo an der größten Industriezone Europas gebaut wird. Jedenfalls sagen das hier alle: die größte Industriezone Europas. 800 Unternehmen, 33 000 Beschäftigte, 4 Forschungszentren. 7 400 neue Wohnungen geistern da durch die Planung. Drei Gemeinden sind beteiligt, der Staat, die Banken. Ich weiß nicht, ob die Pläne realistisch sind. Ich weiß auch nicht, wer wirklich die Macht hat in diesem Geflecht von Ministerien, Rathäusern, Bank- und Unternehmensinteressen. Man könnte es aber herausbekommen, wenn man ein paar Wochen darauf verwenden würde. Die Gemeinden versuchen, die Planungen öffentlich zu machen, werben für Bürgerversammlungen, für Expertenanhörungen. Aber ich wette, Madame Koulibaly war nicht da. Madame Koulibaly hat keine Zeit, sich darum zu kümmern. Und wenn sie Zeit hätte, was könnte sie schon bewirken? Wer ist dran schuld, daß sie nicht an den Planungen beteiligt ist?

Ist überhaupt planbar, was da geplant wird? War denn das geplant, was aus den großen Wohnstädten wurde? War das geplant, was in den letzten zwei Jahrzehnten mit den Industriebetrieben passierte? 4600 Stellen in der Industrie gingen der Gemeinde zwischen 1976 und 1988 verloren. »Desindustrialisierung« nennen das die Soziologen. Die metallverarbeitende Industrie geht noch weiter zurück. Ebenso die Chemieindustrie. Geschlossen oder modernisiert die Arbeitsplätze aus Hitze, Schweiß, Muskeln, Lärm und Gestank. Alle Räder stehen still, auch wenn kein starker Arm es will. Im Gegenteil. Eine Welt ist verschwunden und die Gegenwelt auch. Die Gewerkschafter hatten plötzlich nichts mehr zu verweigern, außer der Zustimmung zu den Sozialplänen. Heute gibt es auch in Aubervilliers mehr Arbeitsplätze auf dem Dienstleistungssektor und im Handel als in der Industrie. Dabei blieb die Zahl der Arbeitsplätze insgesamt ungefähr gleich. Die 5000 Arbeitslosen gibt es, weil eben mehr Menschen Arbeit suchen als früher und weil die Arbeitsuchenden nicht auf die Stellen passen, die es jetzt gibt.

Frau Rodriguez ist stolz auf die neuangesiedelten Firmen, so stolz wie auf die in Rosa Luxemburgs Namen renovierten Wohnungen. Die Computerfirma Olivetti zum Beispiel. Sie stehen stolz und neu neben den alten Schuppen aus alten Industriezeitaltern. Der Sprung in der Technologieentwicklung ist hier noch im Straßenbild sichtbar. Die alten Namen, die für Chemieindustrie standen wie zum Beispiel Saint-Gobain oder Rhône-Poulenc, sind jetzt nicht mehr mit Produktionsstätten vertreten, sondern mit Forschungslaboratorien. Dort findet nur der Arbeit, der auch dafür ausgebildet ist. Manche der Kinder aus Eli Lotars Film sind jetzt um die 55 Jahre alt. Wie sollen die noch lernen, wie ein Computer funktioniert?

Die Schlachter von La Villette haben auch begreifen müssen, daß es nicht mehr viel wert ist, stark zu sein und hart arbeiten zu können. Der Schlachthof, der für ganz Paris die Tiere tötete, existiert nicht mehr. Auch die Abdeckereien nicht, die Seifenfabriken, die dazu gehörten. An der Porte de la Vilette stößt Aubervilliers auf den Périphérique, also auf Paris. Eine Firma, die im Hochhaus direkt am Stadtring angesiedelt ist, hat einen neuen Eingang nach Paris hin brechen lassen und dann »Paris« auf den Briefkopf gesetzt. »Paris« macht sich als Adresse besser als »Aubervilliers«, selbst wenn es das »falsche« Arrondissement ist. Aber der Bürgermeister ist eingeschritten. Man hat seinen Stolz in Aubervilliers.

Frau Rodriguez fährt mich zum Fort von Aubervilliers. Paris ist umgeben von einer Kette von stark befestigten Forts, die die Stadt schützen sollten vor ihren Feinden. Ab und zu kamen die Feinde von weit her. Da hat der Schutz nicht immer gut funktioniert. Sonst aber ging die Bedrohung der Stadt doch eher von der Vorstadt aus, und entsprechend waren die Kanonen der Forts ausgerichtet. Auf dem Gelände des Forts hat sich der Pferdezirkus »Zingaro« fest angesiedelt. »Zingaro« ist ein Geheimtip der Pariser Intelligenz, die schon alles gesehen hat, wegen »Zingaro« fährt man notfalls auch mal in die Banlieue wie für das Theater von Chéreau in Nanterre oder das der Mnouchkine in Vincennes. Sonst gibt es am Fort noch Arbeitergärten zu sehen. Im Prinzip wie die Schrebergärten im Ruhrgebiet, aber die Rabatten nicht ganz so gerade und ohne Taubenschläge. Das ist schon eine

Sehenswürdigkeit hier auf dem Boden der Vorstädte: Man hat ein Stück Land, man sät, man pflegt, man schaut zu, wie es wächst, man erntet, und was man erntet, das kann man sogar essen. Es ist wie früher. Wie ganz früher auf den Photos, für die die Menschen noch stillhalten mußten, als hier Obst und Gemüse wuchsen und nicht Hochhäuser; wie ein bißchen früher, nach dem letzten Krieg zum Beispiel, als so ein Garten den Unterschied zum Hunger ausmachte. Übrigens gehört dieses Gartengelände offenbar zu den wenigen ziemlich weißen Teilen von Aubervilliers. Was man hier anbaut, ist nicht für Couscous oder gar für Mafé und Tieb gedacht.

Weiter oben auf dem Fort sind keine Kleingärten mehr, sondern Schrotthändler, die modernen Nachfahren der Lumpensammler. Hier werden alte Autos ausgeschlachtet und handlich zusammengepreßt. Manchmal auch nicht. Dann stehen sie einfach rostig herum und warten darauf, daß sie von der Natur überwuchert werden. Wenn sie lange genug warten, haben sie meist Glück. Die Ratten, die hier herumlaufen, sind sehr dick. Die Leute hier behaupten, die Ratten seien aus Paris gekommen, mit der Métro. Wahrscheinlich stimmt es nicht, wahrscheinlich sagt man es nur, weil man daran gewöhnt ist, daß alles Schlechte aus Paris kommt. Man fühlt sich hier nicht als Pariser. Man ist aus »Auber«. Die Stadtverwaltung mag die Schrottplätze nicht besonders. Sie sind eine Altlast. Sie sind Wildwuchs. Die Schrotthändler heißen »Casseurs«, das ist das gleiche Wort, auf das auch die Plünderer hören, die während der Vorstadtrevolten die Supermärkte berauben. Das Fort wartet auf die Sanierung. Man kann nicht alles zur gleichen Zeit machen. Aber Pläne gibt es schon. Es soll ein großes Zentrum für audiovisuelle Kunst entstehen.

Ein paar Schritte vom Fort entfernt liegt die Maladrerie, ein Viertel, das die Restauration schon hinter sich hat. Hier mußte viel abgerissen werden. Alles zu retten, weil es historisch ist, kann hier keine Wohnungsbaupolitik sein wie in manchen Städten Westdeutschlands, wo es kaum mehr Altes gibt, weil vorher Kahlschlag war. Aber es wird hier behutsam modernisiert, keine Kahlschläge eben. So mischt sich alles, sieht vieles unfertig aus. Die neuen Wohnkomplexe der Maladrerie sind zwei- bis dreistöckige, untereinander verbundene Bauten mit unregelmäßigem Grundriß. »Bienenwaben« kann dem Betrachter dabei einfallen. Oder auch »Modem«, aber nicht »Legobaustein«. Die Bauten entstanden in den siebziger Jahren und sind eine Art Kompromiß zwischen der klassischen Moderne, dem grünen Vitalismus und der (damals) neuen Ideologie der Differenz. Die tragenden Betonelemente werden nicht versteckt, aber maßvoll gehalten, der rechte Winkel ist verpönt, auch innerhalb der Wohnungen. Es gibt Gärten und Dachterrassen, die weitgehend dem Einblick der Nachbarn entzogen sind.

Hier wohnt Frau Rodriguez. Man merkt, daß sie gerne hier wohnt. Man merkt auch, daß sie möchte, daß es mir hier gefällt. Man weiß ja nie, was Ausländern gefällt. Mir hatte ja schon die Idee mit der Fußgängerzone nicht so gut gefallen, ebensowenig wie die, das wilde Parken in der Innenstadt durch Poller und schwere Blumenkübel einzudämmen, obgleich das doch Räume für die Kinderwagen schafft und zugleich das Stadtbild verschönt. Frau Rodriguez ist so identifiziert mit ihrem Viertel, daß sie sich über die »Tags« und »Grafs« ärgert, die auf den Sichtbeton gesprüht sind. Offenbar bedeutet das in der Semantik ihrer sozialen Sprache soviel wie »öffentliche Verwahrlosung«, keineswegs aber »Kunst am Bau«. Ich mag zum Glück die Maladrerie. Ich könnte mir vorstellen, hier zu wohnen. Hier oder in einer umgebauten kleinen Fabriketage drüben am Kanal. Übrigens sind die Mieten in der Maladrerie ziemlich niedrig, Sozialbaumieten. In meinem Kopf ballt sich die Frage, wer denn darüber entscheidet, wer hier eine Wohnung bekommt und nach welchen Kriterien. Ich schaue den Menschen ins Gesicht, ob sie alle so aussehen wie städtische Angestellte. Schließlich gab es auch in der DDR schöne, billige Wohnungen, deren Vergabe in ein unübersichtliches, unendlich kompliziertes System von politischer Anpassung und sozialistischer Vetternwirtschaft eingebunden war. Gut und teuer? Klar. Gut und billig? Gibt es auch. Aber gut und billig und gerecht verteilt? Der Glaube hat sich erschöpft, daß es das geben könnte.

Ich frage nicht direkt, ich frage, ob diese Wohnungen hier besonders begehrt seien. »Schon, aber nicht besonders. Gute, billige Wohnungen sind überhaupt begehrt. Aber was das Sozialprestige anbelangt, stehen sie weit unter den Pavillons.« Pavillons sind Einfamilienhäuser. Pavillons sind Privateigentum. Wir hatten beim Durchfahren ein paar Straßen mit Pavillons gesehen. Alle sehr klein, alle niedrig, alle gleich ausgerichtet, alle mit Vorgarten, alle mit Zaun aus Eisengittern, viele mit Hund. Wie muß die Wirklichkeit sein, die das als Traum hervorbringt und gelten läßt? Bourdieu hat einmal formuliert: »Die Bürger sind Proletarier, die sich klein gemacht haben, um bürgerlich zu werden.« Er bezog sich dabei auf die Tatsache, daß die Zahl der Kinder in Frankreich früher zurückging als in vergleichbaren Ländern, damit die »Güter der Familie« zusammengehalten wurden und ein bescheidener Wohlstand angehäuft werden konnte. Aber in den bürgerlichen, den kleinbürgerlichen Straßen von Aubervilliers paßt Bourdieus Satz unmittelbar auf die Wohnverhältnisse: Um an privates Wohneigentum zu gelangen, beschränken sich die Pavillonäre auf kleinem Raum. Das Sparen und das Häuslebauen sind keine spezifisch deutschen oder gar spezifisch schwäbischen Tugenden, sondern sehr lebendige französische Kleinbürgertugenden. »Le Patrimoine«, das Wort für das Erbe und das Vermögen zugleich, bringt das Konzept gut zum Vorschein: Vaterland steckt darin (la patrie), der Vater als Erblasser natürlich ohnehin, das »moi«, das Wort für »ich« und »mein«, schließlich auch noch der Mönch (le moine) mit seiner Sparsamkeit.

Zurück zur Maladrerie. Was dieses Stadtviertel über Aubervilliers hinaus bekannt gemacht hat, sind mehrere Dutzend Ateliers für bildende Künstler, die die Stadt von vornherein vorgesehen und den Architekten aufgegeben hat. Nicht am Montmartre mit seinen albernen Schnellportraitisten, mit den alltäglichen Ölkatastrophen findet man heute die Künstler, sondern in der Banlieue. In Aubervilliers zum Beispiel. Gerade in der letzten Woche war das Fernsehen dort gewesen. FR 3 natürlich, der Kulturkanal. Aber immerhin.

Es ist heute nicht mehr auf Anhieb herauszufinden, welche Hoffnungen sich mit der Planung dieser Ateliers ursprünglich verbanden.

Keiner will heute mehr die großen Hoffnungen gehabt haben. Ein gutes Atelier mit günstiger Miete, zehn Minuten zu Fuß plus dreißig Minuten mit der Métro vom Zentrum von Paris entfernt. Basta. Ich glaube dennoch, in der Planung dieser Ateliers hallte noch etwas nach von der surrealistischen Idee der Überführung der Kunst in Lebenspraxis und etwas von der sozialistischen Idee, die Kunst könne den Sprachlosen, den Ausgebeuteten eine Sprache leihen. Natürlich ist es das nicht geworden. Wie auch. Beide Konzepte waren ebenso wunderbar wie falsch. Wunderbar falsch. Oder vielleicht früher für einen Moment richtig. Richtig falsch. Aber es ist etwas übriggeblieben von dem, was einmal höheren Flügen eine Basis sein sollte. Es gibt Künstler, die praktische und bezahlbare Ateliers haben. Es gibt Nicht-Künstler, die praktische und bezahlbare Wohnungen haben. Da der Mangel an bezahlbarem und nutzbarem Raum im Moment nicht ihr Problem ist, haben sie kaum ein gemeinsames Problem. Und dennoch lernen sie etwas voneinander. Sie lernen mit anderen zu leben. Mit anderen, mit den anderen und mit anderem. Und das ist schließlich das Grundproblem von Aubervilliers. Und da reimt sich »Aubervilliers« wieder wie im Lied von Prévert auf »monde entier«, auf die ganze Welt.

Jedenfalls gibt es Kultur in Aubervilliers. 1959 gab es nur eine kleine Stadtbibliothek, das war alles. Elend reimt sich nicht auf Kultur. Trotzdem kann beides zusammen einen Text geben, wenn sich Autoren finden. Aubervilliers war einer der ersten Orte in der Banlieue, wo kommunale Kulturpolitik betrieben wurde. »Kommunale Kulturpolitik« ist wohl das falsche Wort. Es gab eine lokale freie Theatertruppe unter Leitung von Gabriel Garran. Es gab eine rote Arbeitervorstadt. Es gab Frankreich, ein Land im blutigen Kolonialkrieg. Es gab de Gaulle, in dem viele damals einen künftigen Diktator sahen. Also machte man Theater, Lehrtheater, Agitationstheater, Vorstadttheater. Zuerst einige Festivals. Garran inszenierte »Der Stern wird rot« von O'Casey, ein Stück aus der Perspektive eines militanten irischen Arbeiters. Garran bezog das Stück auf den Algerienkrieg, auf Cuba, er inszenierte es im Stil Piscators. Das Publikum kam, sah seine Sache verhandelt, rief dazwischen, skandierte minutenlang seine

Parolen. Arbeiterpublikum, hier gab es kein anderes. Ein Jahr später Strindbergs »Karl X« als Allegorie auf de Gaulle. Die Schauspieler gingen in die Fabriken und spielten. Die Arbeiter saßen an ihren Kantinentischen und hörten zu, eigneten sich mit großem Ernst an, was ihnen vorenthalten worden war. Autoren wie Armand Gatti lasen öffentlich in den Sozialbauwohnungen. Was Brecht immer wollte und nie gehabt hat als Theaterpublikum, hier kam es, hier war es. Was Weiss wollte und doch nur im Kopf entwerfen und im Imperfekt rekonstruieren konnte, eine Ästhetik des Widerstands, hier war sie Gegenwart. Für Stunden zumindest, vielleicht für Jahre. Das ist aus dem Abstand schlecht herauszubekommen. Natürlich wurde Brecht aufgeführt, Brecht und Weiss und Frisch und Shakespeare und Miller und Tschechow und Pirandello. Mnouchkine inszenierte und Chéreau. Was damals in Aubervilliers passierte, war für die Theatergeschichte weit wichtiger als das, was zum Beispiel die Comédie Française hochsubventioniert im Zentrum machte. Ab 1965 gab es ein festes Theater, das Théâtre de la Commune von Aubervilliers, unter großen Mühen von der Gemeinde mitfinanziert, mühselig dem damaligen Kultusminister Malraux abgetrotzt.

Das Theater gibt es noch. »Aber die heroischen Zeiten sind natürlich vorbei«, sollte mir später der Kulturreferent in seinem weißen, wohleingerichteten Büro sagen. »Niemand muß, niemand will sich mehr das Recht auf Kultur erkämpfen. Die frühere Arbeiterkultur gibt es so nicht mehr. Jeder hat seinen Fernseher. Und so haben wir natürlich mit dem Theater auch die üblichen Auslastungsprobleme. Der letzte Intendant, Arias, hat viel Anerkennung bei der Kritik erhalten. Die Pariser kamen zu seinen Aufführungen. Für die Leute hier war es schwierig. Es war mehr eine Sache für Pariser geworden. Seit diesem Jahr haben wir eine neue Leitung. Mal sehen, was daraus wird.« Eine Theaterbearbeitung von Jonathan Swifts »Bescheidener Vorschlag die Kinder der armen Klassen betreffend« steht auf dem Spielplan. Das Problem hat sich gehalten. Aber kann es hier vom Theater noch erreicht werden? Im Theatersaal werden jetzt auch Filme gezeigt. Nein, kein Filmclub für Avantgardefilme. Kulturfilme schon, aber auch Filme für das große Publikum. »Das müssen wir machen, schließlich gibt es in der ganzen Stadt kein Kino mehr.«

Das übliche Lied also. Man kennt den Text. Atomisierung, Individualismus, Zerfall der kollektiven Formen, Zerstreuungskultur. Die liebenswerten Kinder von Aubervilliers aus dem Jahre 1945, militantes Theaterpublikum in den sechziger Jahren, die sitzen nun als Frührentner in ihrer Zwei-Zimmer-Sozialbauwohnung und drücken mit der Fernbedienung die Kultur aus dem Fernseher? »Kultur in Aubervilliers? Aber das ist doch zwanzig Jahre vorbei. Das war, als wir noch jedes Jahr zum Pressefest der ›Humanité‹ gingen.« So meine Pariser Freunde, als ich ihnen von meinen Unternehmungen berichte. Weil es das nicht wurde, was es werden wollte, werden sollte, ist es nun gar nichts mehr. Gar nichts? Eine große Stadtbibliothek mit beeindrukkenden Ausleihquoten, Ableger davon in jedem Stadtteil. Gar nichts? Ein Konservatorium mit 80 Lehrkräften, das über eine Art Jugendmusikschule mit der Stadt verbunden ist, in die Schüler hineinwirkt und jedes Jahr mehr als tausend Schüler ausbildet. Gar nichts? Und, warum nicht, das kommunale Kino? Das Kinderfilmfestival? Gar nichts? Das Zentrum für bildende Kunst in der Maladrerie. Gar nichts? Die kleinen Foren und das Aufnahmestudio für Rockgruppen? Gar nichts? Die Akkordeonmusik von Marc Perrone auf dem Fest im Landy. Gar nichts? Ein Eileen-Gray-Sofa im sachlich-lichten Flur des Kulturamtes. Gar nichts? Es gab noch nie so viel Kultur in Aubervilliers. Aber das meinten meine Pariser Freunde auch nicht. Sie meinten etwas ganz anderes. Das ganz andere. Das, in der Tat, ist es nicht. Aber: War es denn zu haben?

Weil ich den Kulturreferenten sehen wollte, hatte ich mich rasch von Madame Rodriguez verabschieden müssen. »Ich hoffe, Sie haben einen Eindruck gewonnen.« O ja, ich hatte. Es hängt alles davon ab, wie man anfängt, fast alles. Das Stadtarchiv ist gleich beim Kulturamt. Im Lesesaal zwei freundliche Archivare und ein paar Benutzer, offenbar Schüler auf der Suche nach lokalgeschichtlichem Material. Ich frage nach Publikationen über Aubervilliers und rufe Verlegenheit hervor. Ich erkläre mich. Die Archivare erklären ihre Verlegenheit. Ich möge doch vielleicht mein Interesse etwas spezifizieren, denn es gäbe eine Menge Publikationen über Aubervilliers. Sie bringen eine neuerstellte Bibliographie mit Publikationen über Aubervilliers. 265 Seiten nur mit Titelangaben. Ein paar Tausend Titel also, zig-tausend Seiten über Aubervilliers. Es gibt auch ein Verzeichnis der Dokumente. Es gibt ein Archiv von Filmen über Aubervilliers, auf Videokassetten überspielt und sofort anzusehen. Die Menge des Materials verstört mich. Darf man über einen Ort schreiben, von dem man so wenig weiß und so viel wissen könnte? Die Vorstadt, so heißt es, sei ohne Geschichte.

Ich gehe wieder mit zwei Plastiktüten voller Informationsmaterial auf mein Zimmer, Bücher, Broschüren, dreißig Hefte eines monatlich erscheinenden Stadtmagazins. Es ist nicht schlecht, gar nicht schlecht. Im Schwerpunkt Berichte über den Zustand der Stadtviertel, Erläuterung von Renovierungsvorhaben, Berichte über Bürgerversammlungen. Portraits einzelner Bürger, Pfarrer, Gewerkschaftsfunktionäre, Künstler, aber auch Schuster, Fleischer, Kneipiers. Ich kreuze interessante Namen an. Eine Rubrik, die das frühere Leben einzelner Straßen rekonstruiert. Ich freue mich, daß ich manche wiedererkenne. Institutionen werden vorgestellt, die Leute dazu. Die Ergebnisse der letzten Volkszählung, intelligent präsentiert von einem lokalen Schriftsteller. Vereine, Hunderte von Vereinen. Sogar ein großer Schachclub. Nur kein Bridgeclub. Kein Bridgeclub in Aubervilliers. Ich notiere Adressen. Sportereignisse, Sportgrößen. Die Entwicklung auf dem lokalen Arbeitsmarkt. Interviews mit Neubürgern. Das Netz meiner Kenntnisse über Aubervilliers wird mit jedem Artikel ein bißchen dichter. Ich mag gar nicht aufhören, wie ganz früher bei der abendlichen Lektüre von Karl-May-Büchern. Eine kleine, unverhoffte Sucht. Es ist faszinierend, in jeder Minute ein bißchen mehr zu erfahren über einen Ort, über den man vor zwei Tagen noch gar nichts wußte. Es ist so angenehm, daß man in Aubervilliers alles erfahren kann, wenn man nur will, wenn man nur fragt, wenn man nur liest. Wie schwierig war es gewesen, etwas über die Beaux Quartiers zu erfahren. Ich notiere noch ein paar Fragen für den nächsten Morgen, für Madame Single vom städtischen Jugendamt.

Madame Single bleibt keine Antwort schuldig. Sie ist eine gute Besetzung für ihre Stelle. Sie ist beinahe zu jung, um bei der Verwaltung etwas zu gelten und beinahe zu alt, um noch einen Zugang zu Jugendlichen finden zu können. Eine sehr weiße Bluse, eine sehr weite Hose, ein sehr großes Seidentuch – das ist weder der Stil des Rathauses noch der Stil der Jugendlichen, die sie zu verwalten hat –, aber man gewinnt den Eindruck, daß sie damit durchkommt. Jedenfalls kennt sie sich aus. Die dezentralen Aktivitäten in den »Satelliten«, den Stadtteilzentren, seien besonders wichtig. Am besten sei es, das zu unterstützen, was von den Jugendlichen selbst komme. Aber manchmal komme eben auch nichts. Die Animateure vor Ort müßten jedenfalls jung sein und möglichst aus Aubervilliers. Möglichst aus dem Stadtteil. Das sei kein Dauerjob. Länger als fünf Jahre könne man das kaum durchhalten. Viele seien Studenten in Saint-Denis und nebenamtlich hier in Aubervilliers. Ob auch Ausländer beschäftigt würden? Aber natürlich. Aber was heiße schon »Ausländer«? Wie lange sei man Ausländer, auch wenn man die französische Staatsbürgerschaft erworben habe? Jedenfalls setze sich die Mehrheit der Mitarbeiter aus Schwarzen und vor allem aus »beurs«, also Arabern der zweiten Generation zusammen. Aber es gebe zum Beispiel auch eine Deutsche, die hier seit Jahren als Streetworkerin arbeite.

Madame Single nimmt mich mit in das »Café ohne Alkohol«, das gerade sein fünfjähriges Bestehen gefeiert hat. Es ist Café, Restaurant, Treffpunkt, hat Platz für Diskussionen und kleine Aufführungen. Das Essen ist gut, das Alkoholverbot ernstgemeint, die Atmosphäre entspannt. Wir essen an einem großen Tisch. Ständig kommen Leute dazu, begrüßen, fragen, wollen etwas. Eine junge Frau verbreitet fröhliche Hektik, indem sie alle einzuspannen versucht in das Eröffnungsfest eines Stadtteiljugendclubs, für den sie verantwortlich ist. Ein Architekt mit Pferdeschwanzfrisur kommt und bespricht schnell mal, womit bei der anstehenden Renovierung die Wände belegt werden sollen. Auch er wird geduzt. Fatima fragt ihn, woher er stamme, er habe so einen drolligen Akzent. Er sagt amüsiert, er lebe seit seiner Geburt in Paris. Die meisten Umsitzenden, die meisten Besucher des

Cafés leben nicht seit ihrer Geburt in Paris, jedenfalls ihre Eltern nicht. Aber die Frage des Akzents ist eben auch eine Frage der Mehrheit.

Madame Single und die deutsche Streetworkerin kennen die Biographien der meisten Jugendlichen hier. Arbeitslosigkeit, Schulprobleme, schwierige Familienverhältnisse sind Leitmotive darin. Viele hier leben von kleinen Gelegenheitsjobs, schlecht bezahlt und selten durchgehalten. Dazwischen ein wenig Arbeitslosenunterstützung, ein bißchen Schwarzarbeit, ein bißchen Unterstützung von den Eltern, die auch unterstützt werden müssen. 43 % der Haushalte, so hatte ich am Vorabend herausgeschrieben, liegen mit ihrem Einkommen unterhalb der Steuergrenze. Die Zahl der Anträge beim Sozialamt hat sich in den letzten sechs Jahren verdoppelt. Das hatte ich auch herausgeschrieben. Zahlen sehen so anders aus, wenn sie Gesichter haben. Schulerfolg wäre eine Möglichkeit herauszukommen. 22 Nationen sind auf der Schule vertreten, die nach Jean Moulin benannt ist. Schüler aus 22 Nationen, fast alle auf der Flucht hier angekommen, alle mit verschiedenen Lerntraditionen, die werden jetzt einem einheitlichen Lehrplan unterworfen und konkurrieren mit den Kindern aus Neuilly. Von gleich zu gleich. Manche schaffen es dennoch, ein Abitur zu bekommen, vielleicht sogar ein Universitätsexamen. Aber das garantiert auch noch keine Stelle. Die Stellen haben immer die anderen. »Du kannst froh sein, daß Du uns hast«, sagen sie zu Frau Single, »sonst hättest Du auch keinen Job.« Dumm sind diese neuen Kinder von Aubervilliers nicht, nur dumm dran. Jede Integration bedeutet auch Ausgrenzung, würden sie auf der Universität lernen. Aber das wissen sie ja schon.

Der junge Mann, der das Café im Moment leitet, kommt an den Tisch und erinnert daran, daß für ihn ein Nachfolger gefunden werden müsse. Ein Job ist zu besetzen, eine Chance. Der Nachfolger muß ein bißchen kochen können, aber das ist nicht so wichtig. Er muß einen Draht zu den Besuchern haben, muß sich aber auch durchsetzen und abgrenzen können. Er muß zuverlässig sein, durchhalten können. Er? »Nein, es kann auch eine Frau sein.« Viele kennen hier viele, die eine Stelle brauchen, aber die Namen kommen nur zögernd. Das ist eben das Problem: Wie soll man gelernt haben, sich abzugrenzen, wenn die Momente in der Clique die einzigen sind, wo man die Ausgrenzung einmal nicht spürt? Wo soll man gelernt haben, sich durchzusetzen? Wie soll man Stetigkeit aus einem unsteten Leben schöpfen?

Und die Lösung? Die Lösung gibt es nicht. Nicht im Singular jedenfalls. Sie heißt auch nicht einfach: mehr Geld. Die deutsche Streetworkerin, von Tätigkeit und Aussehen nicht eben der Anfälligkeit für konservative Diskurse verdächtig, ist sich da ganz sicher: »Den Jugendlichen, mit denen ich es zu tun habe, fehlt das Gefühl für Verantwortung. Die haben sich nie selbst ernähren können. Man hat ihren Vorgängern nicht die Möglichkeit dazu gegeben, als es vielleicht noch Zeit war. Jetzt aber wollen sie es auch nicht mehr. Für den Mindestlohn ein Leben lang Einkaufswagen auf den Parkplätzen zusammenschieben? Daß das kein Leben ergibt, haben sie bei ihren Eltern gesehen. Diese Jugendlichen sind nie erwachsen geworden. Die werden noch als Greise wie trotzige kleine Kinder sein, die schreien in der Hoffnung, daß ihnen ein Bonbon in den Mund geschoben wird, damit Ruhe herrscht. Die Sozialpolitik des schlechten Gewissens in der Ära Mitterrand hat wider Willen dazu beigetragen, daß sich diese Haltung weiter verbreitete. Nein, mit weiteren Gratisbonbons ist es nicht getan. Das sehe ich heute anders als am Anfang.« Verlorene Illusionen einer Sozialarbeiterin. Ich bin sicher, daß sie recht hat. Ich bin deshalb sicher, weil man merkt, daß sie sie trotzdem mag, ihre Leute von der Straße. Aber es hört sich an diesem Ort, aus diesem Mund schon seltsam an, dieses Bekenntnis zur Verantwortungsethik Max Webers.

Meine Tischgenossinnen können sich Gesichter vorstellen zu dem, was sie von der Straße berichten. Gesichter, Haltungen, Orte. Ich kann mir nichts dazu vorstellen. Schwarze Gesichter vielleicht, darüber Baseballkappen, Schild nach hinten, Bomberjacken, Jogginghosen, hohe Turnschuhe, die Schuhbänder offen, damit man leichter hineinkommt. Und ein Messer, eine Schreckschußpistole. Aber das ist keine Vorstellung von Menschen, sondern von einer Kleiderordnung. Und Schwarz ist bekanntlich keine Farbe.

Ich habe plötzlich das Gefühl, alles hier falsch angefangen zu haben. Vom Einfachsten her, von der Ordnung her. Ich denke an einen Satz, den ich mir am Vorabend auch herausgeschrieben hatte aus der Monatszeitschrift der Stadtverwaltung. Er stammte aus einem Interview mit einer Neubürgerin: »Ich habe das Gefühl, daß die große Mehrheit der Bürger ein bißchen ohne Zusammenhang mit den existierenden Aktivitäten, den kulturellen oder sportlichen Einrichtungen lebt. Ein bißchen so, als gäbe es zwei Leben nebeneinander.«

Ich sage meinen Termin bei Garran ab. Der sollte mir noch mehr über das Theater erzählen. Ich streife durch die Stadt. Diesmal ziellos, habe ich mir vorgenommen. Aber was heißt das, ziellos? Geht das überhaupt in den Vorstädten. Geht das nicht nur in Paris? Jedenfalls verschwinden die Planquadrate, die sich gebildet haben, nicht aus meinem Kopf. Man kann Erfahrungen nicht einfach noch einmal von vorn beginnen. Die Zeichen verschwinden nicht. Die Erinnerung ist kein Bildschirm und hat keine »Backspace«-Taste. Also bewillige ich mir ein Ziel: die 4000 von La Courneuve.

»4000«, weil Anfang der sechziger Jahre aus dem Stand viertausend Wohnungen gebaut wurden. Zwanzigtausend Menschen von einem Tag auf den anderen zusammenzementiert. Die 4000 von La Courneuve haben einen richtig schlechten Ruf. Sie stehen häufig in den Zeitungen. Sie sind fast schon ein Symbol für verfehlte Vorstadtpolitik. Ich hatte schon mit Madame Rodriguez hinfahren wollen, aber sie hatte gesagt: »Das gehört nicht zu Aubervilliers.« Eine andere Gemeinde. Gemeinde? Wann ist eine Gemeinde eine Gemeinde?

Ich wußte von La Courneuve, daß hier das bedeutendste Abbauvorhaben der Ära Mitterrand stattgefunden hatte. Abbauvorhaben, jawohl. Vor laufenden Fernsehkameras, vor viel Prominenz, vor vielen Vorstadtpolitikern wurde hier der riesige, auf den Namen von Debussy getaufte Wohnblock gesprengt. Einfach so, um Luft zu schaffen. Symbolisch, um eine verfehlte Wohnungspolitik aufzubrechen. Vielleicht auch stellvertretend, damit es nicht aus anderen Gründen explodiert. »Wohnblock« ist übrigens ein verharmlosender Ausdruck. Die Franzosen nennen diese Dinger, die ein paar Hundert Meter lang werden können, eine »barre«. Barre heißt eigentlich »Stange«, aber es gibt, wie mein Wörterbuch weiß, noch viele andere Bedeutungen. »C'est le coup de barre«, heißt zum Beispiel, »da wird man ganz schön ausgenommen.« »Donner un coup de barre« heißt hingegen, »das Ruder herumwerfen.« Eine »barre« im Magen zu haben, bedeutet: »Magendrücken«. Nur daß das Wort »Wohnblock« heißt, davon weiß mein Lexikon noch nichts.

Natürlich hat es nichts geändert, daß die Barre Debussy gesprengt wurde. Es gibt ja noch die anderen. Die Barre Balzac zum Beispiel. Und man kann ja nicht 20 000 Wohnungen in die Luft sprengen. Das heißt: man könnte schon. Aber was würde aus den Bewohnern? Von den Explosionen, die von der Regierung geplant werden, können sie sich wenig erhoffen.

Wer in den »4000« von La Courneuve wohnt, kann wohl ohnehin wenig hoffen. Wer hier einzieht, der lasse alle Hoffnung fahren. Wie soll man es beschreiben? Als trostlos? Trostlos ist es sicherlich, aber das ist keine Beschreibung. Verwahrlost? Das ist es auch, selbst dort, wo kürzlich renoviert wurde. Niemand liebt diese Wohnblöcke, die Politiker nicht und die Bewohner schon längst nicht. Verwahrlost, das setzt aber voraus, daß hier mal ein Wahres war, das verlorengegangen wäre. Hier war nie Wahres, dieses war immer schon falsch. Vielleicht ist es auch nur deshalb so schlimm, weil es so groß ist. Die »800« von Aubervilliers, das ist auch ein schlimmes Viertel. Aber es sind eben nur 800 Wohnungen, keine viertausend. Man sollte maßhalten bei den Irrtümern. Langsam, das wäre endlich ein beschreibendes Wort, kein Werturteil. An diesem Nachmittag bewegen sich alle hier langsam. Junge Männer aus Afrika sitzen bewegungslos im Gras, während ich vorbeigehe. Alte, die noch gar nicht so alt sind, schauen bewegungslos aus dem Fenster. Ein Mann, den man Clochard nennen würde, wenn es hier richtige Brücken gäbe, hinkt vorüber, auf einen Einkaufswagen gestützt. Die Gruppe Jugendlicher, die mich verfolgt, seit ich hier in La Courneuve bin, zieht ebenso langsam wie ich. Viel zu langsam also, unnatürlich langsam. Zeit zu haben bedeutet in dieser Gesellschaft nichts Gutes. Die Kinder aus den Beaux Quartiers haben nie Zeit. Und die Kinder von La Courneuve haben etwas begriffen, wenn sie am Samstagabend Autorodeos veranstalten. Einmal die geforderte Geschwindigkeit erreichen. Einmal in der Woche. Manchmal heißt das: nur einmal im Leben. Für mich ist gut, daß nicht Samstag abend ist.

Wieder in Aubervilliers habe ich ein Gefühl wie Heimkehr. So schnell geht das. So trügerisch ist das. Natürlich schäme ich mich jetzt meiner Angst. Warum bin ich nicht auf die Jugendlichen zugegangen, die mich verfolgten? Vielleicht waren sie nur neugierig auf mich, wie ich neugierig auf sie war? Auf die Kinder aus Eli Lotars Film wäre ich zugegangen, bilde ich mir ein. Was heißt das? Ist auf die Ordnung heute weniger Verlaß? Oder war es meine Angst vorm schwarzen Mann? Undwennerkommtdannlaufenwir.

Aber die leeren Blicke, die langsame Hoffnungslosigkeit, die Kriminalität, die Jugendbanden, die Dealer gibt es nicht nur bei den »4000« von La Courneuve. Es ist leicht, eine Bar zu finden, die in Aubervilliers als Drogenplatz gilt. Das Publikum meist sehr jung, überwiegend »beurs«, Nordafrikaner der zweiten Generation. Jedenfalls gehöre ich da nicht so recht hin. Das finden alle hier. Es wird gedealt, recht offen. Jedenfalls sind das hier nicht die Leute, die sich für die Aktivitäten der Stadtverwaltung interessieren. Das andere Aubervilliers. Aber doch nicht ganz anders. Ziemlich laut begrüßt mich jemand, den ich am Morgen im »Café ohne Alkohol« gesehen habe. Da hätte ich das Gespräch mit ihm nicht gesucht, hier bin ich froh, eine winzige Zugehörigkeit gefunden zu haben. Alle suchen immer Zugehörigkeiten. Man muß nehmen, was sich bietet. Das weiß man hier sehr genau. Die Blicke kommen mir sofort nicht mehr so feindlich vor. Ich erzähle meinem unverhofften Gesprächspartner, daß ich in der Cité der »4000« von La Courneuve war. »Bei den Zulous?« (Ich weiß nicht, wie man es schreibt). Ja, bei den Zolous, wie immer man sie schreibt. »Bei den Mamadous?«. Genau, bei den Mamadous. Rassismus hat viele Farben.

Mein Gesprächspartner ist stolz darauf, daß er mir auch etwas zeigen kann, wie Madame Single. Die Menschen in der Banlieue sind freundlich. Er zeigt mir Erfolge, natürlich, das tun alle. Er zeigt mir junge Männer und ordnet ihnen Autos zu, ziemlich teure Autos. Der Dealer ist in dieser Welt der strahlende Held des Erfolgs, der an einem Tag mehr verdient, als die Eltern in einem ganzen Monat. Der Drogenhandel, so ein Bericht der Sozialkommission der Nationalversammlung über jugendliche Gewalttäter in den Vorstädten, ist ein »gut eingefahrener Berufszweig«. Endlich einmal ein Berufszweig, der allen Erfolg verspricht. Dieser Bericht ist übrigens so dumm nicht und kommt zu ähnlichen Schlüssen wie die Streetworkerin, mit der ich gesprochen hatte: Die Jugendlichen, die sich verachtet, ausgegrenzt und verlassen fühlen, gewinnen durch den Drogenhandel einen Platz im Netz einer erfolgreichen »Solidaritätsgemeinschaft«. Wolle man die Bildung stabiler mafiaähnlicher Strukturen verhindern, so müsse man andere Formen von Gemeinschaft entwikkeln und stärken. Aber es müßten eben selbstentwickelte Formen sein. »Die Leute, die von außen kommen, können das Klima in den Wohnstädten nicht verändern, sondern die Jugendlichen müssen ihre Lösungen selbst finden. Sie müssen Verantwortungsgefühl entwikkeln.« Aber wie? Es ist immer das gleiche Dilemma: Es muß etwas da sein, damit sich etwas entwickeln kann. Und wenn nichts mehr da ist, außer der Droge? Dann gilt ein anderer Satz aus dem Sozialbericht: »Der soziale Zerfall in zwei parallele Welten hat längst begonnen.«

Die Leere, die Langsamkeit, die Vereinzelung, die Nicht-Identität – die bleiben nicht lange unorganisiert und nicht auf immer passiv, jedenfalls nicht bei Jugendlichen. In den USA haben sie sich zu Banden verfestigt, die sich auf ethnischer Basis konstituieren und mit ihrer Hierarchie, ihren Zeichen, ihren Moden, ihrer Musik eigene Mikro-Kulturen der Aggression, des Diebstahls, des Drogenhandels bilden. In Los Angeles schätzt man die Zahl der Mitglieder solcher Banden auf 80 000. Mehr als tausend Tote kosten die Bandenkriege in jedem Jahr. In Paris hat es erst angefangen. Paris ist größer als Los Angeles. Alles hängt davon ab, wo man anfängt. Aber wenn man dann weitermacht, dann berühren diese Anfänge doch alle eine Linie, die bewegliche Linie zwischen Integration und Ausgrenzung.

IV.
Die schönen Viertel und die anderen

Ob Paris sich zu einem europäischen Los Angeles entwickelt, das wird nicht in den Beaux Quartiers entschieden, sondern in der Banlieue, nicht in Neuilly, sondern in Aubervilliers. Obgleich die Macht in Neuilly zu Hause ist und die Ohnmacht meist in der Banlieue.

Was in den Beaux Quartiers gelebt wird, das ist gute französische Gesellschaft, aber es bietet der französischen Gesellschaft keine Perspektive. Was angeboten wird, das sind die alten Worte: Nation, Familie, Vaterland, Tradition. Der Begriff der Nation aber, der seit Valmy zweihundert Jahre politischer Geschichte prägen konnte, zersetzt sich von zwei Seiten her, durch die Einwanderer und durch die europäische Vereinigung. Gegen die europäische Integration kann man nichts machen, weil es die ökonomischen Grundlagen des modernen Frankreich untergraben würde, gegen die Einwanderung kann man nichts machen, weil das heißen würde, eine große Mauer um das Hexagon zu bauen. Die Religion spielt in den französischen Oberklassen noch eine gewichtige Rolle, aber sie hat ihre Bindekraft für die Gesellschaft insgesamt verloren. Das hängt mit der Verstädterung zusammen, aber auch damit, daß es in Frankreich vielfältiger als je zuvor eine Vielzahl von Religionsgemeinschaften bis hin zum islamischen Fundamentalismus gibt, die ihre eigene Identität behaupten. Besonders in bezug auf die große Gruppe nordafrikanischer Einwanderer ist die Integrationskraft der Kirche gering. Die Familie? In den Vorstädten gibt es nur wenige Familien, deren Traditionen über Generationen zurückreichen und einen funktionierenden Verband bilden. Die Großfamilie ist unwiederbringlich dahin, die normale Kleinfamilie kann mit dem Familienkonzept der Beaux Quartiers wenig anfangen. Die Sprache spricht es aus: »être de famille«, also »von Familie sein«, sagt man in Frankreich, wenn man das meint, was auf deutsch eine »gute« Familie heißt. Wenn man nicht von Familie ist, dann kann man wenig anfangen mit der Familie, die sich auf Religion, Nation und Vaterland reimt. Und auf Erbe natürlich. Natürlich hat sich auch das französische Großbürgertum in den letzten Jahren geöffnet, aber es war doch eher eine vorsichtige Öffnung zum Liberalismus hin, und der Liberalismus ist nun einmal kein Konzept gegen Ausgrenzung und Elend.

Die dominierenden Klassen haben Macht, Reichtum, soziale Exzellenz, aber keine im nationalen Maßstab bindende Gesellschaftskonzeption. Deshalb ist Segregation, Abgrenzung, symbolische wie höchst reale Besetzung eigener Räume, in denen man ganz unter sich ist, die einzige Lösung. Diese Abschottung, die wir beobachtet haben, kommt deutschen Besuchern oft anachronistisch vor, ein Rückstand, den die gesellschaftliche Modernisierung bald abgeschliffen haben wird. Es ist anachronistisch, aber zugleich greift es voraus, voraus auf eine Zeit, in der alle Konzepte sozialer Integration begraben sind und die Mauer die ultima ratio wird. Es ist nicht einfach ein Spleen, sondern eine Angst, eine Angst vor dem Chaos und der Auflösung, von denen man sich umgeben glaubt. Zur Angst gehört immer die Verachtung, der »mépris«, der die Wut in den Vorstädten heftiger noch anfacht als die langsamen Mechanismen der Ausschließung.

Um es in einer Anekdote zu verdichten, die der Graf d'Estèbe Michel Pinçon und Monique Pinçon-Charlot erzählt hat: Die Gräfin X befindet sich, breitrandig behütet, auf der überdachten Damentribüne des Jockey-Clubs bei einem Galopprennen in Longchamps, als ein plötzlicher Regenguß ordinäre Besucher unter der Tribüne Schutz suchen läßt. Die Gräfin ist außer sich über diesen Einbruch in ihren Privatbereich und macht, bevor der Ordnungsdienst eintrifft, ihrer Empörung mit dem Satz Luft: »Und was würden Sie von mir sagen, wenn ich einfach bei Ihnen zum Tee käme, ohne mich vorher anzumelden?« Farid, ein Jugendlicher aus dem Mas du Taureau, einer Vorstadt, wo es gewalttätige Jugendrevolten gegeben hat, kannte die

Anekdote gewiß nicht, kannte keine Gräfin, war noch nie in Longchamps, sondern kannte nur die Polizei, die die Ordnung der Gräfin behütet, als er für die Zeitschrift »Les Temps Modernes« seinen Bericht über eine solche Revolte schrieb. Sein Titel war: »Deshalb der Haß«. Die Extreme sind extremer in Frankreich als in Deutschland. Und es gibt traditionell weniger Mittel des langsamen Wandels, wie sie in der deutschen Tradition schon der preußische Beamtenstaat in seiner revolutionsfürchtigen Reformweitsicht entwickelte. Das ist bis heute in Frankreich so geblieben. Nur die Probleme sind gewachsen. »Zwischen Routine und Revolution gibt es wenig Zwischenstufen der Gestaltung in der Gesellschaft«, schreibt Richard Münch in seiner Studie über die Kultur der Moderne in Frankreich.

Weil das so ist, weil Nation und Familie und Religion und Tradition aber als Konzepte solche »Zwischenstufen der Gestaltung« weniger denn je versprechen, obgleich sie mehr denn je gebraucht werden, richtet sich in den letzten Jahren die Hoffnung der französischen Gesellschaftstheoretiker immer heftiger auf die Stadt. Nicht auf die Stadt als Festung, als Versorgungsring um die adelige Burg, sondern auf die Stadt der Stadtbürger. Die Gesellschaftstheoretiker folgen darin – einmal mehr – nur den Revolten auf den Straßen, den Revolten der Jahre 1991 und 1992, den Revolten in den Vorstädten, nicht im Quartier Latin. »Die zentrale Forderung war nicht die nach besserer Ausstattung oder spezifischen Hilfsprogrammen, sondern explizite Anerkennung und Zugang zu den Entscheidungen, kurz, die Forderung nach Teilhabe an der örtlichen Demokratie.« »Citoyenneté et urbanité« heißt ein neuer Sammelband mit Referaten französischer Gesellschaftsdenker von Baudrillard über Lipovetsky bis Touraine. Die neu zu begründende Staatsbürgerschaft ist programmatisch verknüpft mit Urbanität. Alain Touraine träumt von einer neuen Art von Sozialdemokratie, diesmal aber nicht einer der sozialen Klassen, sondern der sozialen Räume. Das Ausgrenzungsproblem hat das Ausbeutungsproblem überlagert.

Ob die Vorstädte – und vor allem die sind gemeint – die Hoffnung verkraften können, die da auf sie gesetzt wird? Schließlich, das Beispiel von Aubervilliers zeigt es deutlich, haben gerade die stabilsten, traditionsreichsten dieser Vorstädte ihrerseits in den letzten zwanzig Jahren ihr Jahrhundertprojekt begraben müssen, die große Utopie, die große Hoffnung auf den Kommunismus. Mit Nation, Familie, Vaterland, Tradition, Religion kann man niemanden mehr hinter der Zentralheizung hervorlocken – aber etwa mit Kommunismus? Die Bürgermeister von Aubervilliers werden nicht mehr von Moskau aus »gesäubert« wie Tillon, wahrscheinlich nicht einmal mehr von Paris aus, aber sie können auch nicht mehr mit Sinn darauf hoffen, die Revolution werde die Misere der Kinder von Aubervilliers beheben, die der Kinder der Proletarier, die der Kinder der ganzen Welt. Adieu Prévert. Kommunismus heißt jetzt nicht mehr Sowjetunion, nicht mehr Weltrevolution, nicht mehr revolutionäre *Commune*, sondern heißt Kommune oder gar nichts mehr außer Geschichte. Der Bedeutungsverlust der Arbeiterorganisationen, der Linksparteien und der Gewerkschaften, ohnehin in Frankreich schwächer organisiert als in Deutschland, der verbreitete Rückzug ins Privatleben, das alles hat wichtige Instrumente der Gemeinschaft außer Funktion gesetzt. Die Krise des Fordismus, die »Desindustrialisierung« hat von der ökonomischen Seite her gerade die Vorstädte besonders getroffen, während Paris der Gewinner war. Daß der Wohlfahrtsstaat auch keine Lösung wäre, hat sich herumgesprochen, nicht zuletzt bei den Sozialisten.

Die Vorstädte haben ohnehin die Folgekosten des Fortschritts wie der Irrtümer in besonderer Weise zu tragen gehabt. Wenn es auch nicht so aussieht, war es ein Fortschritt, daß in den sechziger und siebziger Jahren der Wohnungsbau explodierte, so daß man zwischen 1972 und 1975 ebenso viele Wohnungen baute wie in der gesamten Zwischenkriegszeit. Die Folgen dieses Fortschritts freilich werden die Vorstädte noch lange zu tragen haben. Wenn in Paris Bauwerke mißlingen, dann sieht das so aus wie die neue Bastille-Oper, also allemal noch ziemlich imposant. In der Banlieue sieht das so aus wie »Debussy«, der gesprengte Wohnblock. Überhaupt wird aller Fortschritt in den Vorstädten leicht problematisch. Der Rückgang autoritärer Strukturen in Familie und Erziehungswesen – wer wollte ihn beklagen? In den Beaux Quartiers macht dieser Rückgang den Lehrern und den Schülern das Leben leichter. In den Schulen der Vorstädte löst er eine Struktur auf, ohne daß eine andere sie ersetzen würde. Der Hedonismus, die Lust am Körper und am Konsum, ist bei den Jugendlichen in Aubervilliers nicht weniger verbreitet als bei denen in Neuilly. Die eine Lust läßt die Umsätze steigen, die andere die Kriminalitätskurve.

Und dennoch liegt die Chance für die französische Gesellschaft eher in Aubervilliers als in Neuilly, denn hier ist sie offen, dort ist sie geschlossen. Freilich hängt alles davon ab, ob man sie offen gestalten oder die Brücken hochziehen will. Die Gemeinden der Banlieue haben nicht viel Handlungsspielraum, aber sie haben ihn immerhin. Man kann, wie der Bürgermeister von Sartrouville, die Nelson-Mandela-Straße in Félix-Eboué-Straße umbenennen – Félix Eboué war ein Kolonialbeamter. Man kann das staatliche Preisgeld für sozialen Frieden, das, wie üblich, nach Sartrouville floß, als es hier zu gewalttätigen, tödlichen Auseinandersetzungen zwischen Polizei und Jugendlichen kam, für zusätzliche Polizisten ausgeben, aber auch für die Stützung von Selbsthilfe. In Sartrouville waren es Polizisten. Die Modernisierung ist nicht aufzuhalten, aber zu steuern: In Aubervilliers steht im Schatten der Wohntürme von La Villette neben einem tristen Bolzplatz ein kleines, abbruchreifes Haus, schwarzgefärbt von Jahrzehnten des Elends. Das einzig Bemerkenswerte an diesem Haus ist eine leuchtendrote Zimmerblume vor einem der Fenster. Der Abbruch des Hauses sei lange überfällig, hatte mir Frau Rodriguez gesagt. Der alte Mann, der allein darin wohne, zahle auch keine Miete mehr. Aber man warte noch ab. Man könne dem alten Mann nicht einfach die Bagger schicken.

Aber es geht um mehr, als Modernisierungsfolgen human abzufedern. Es geht auch um mehr, als Explosionen zu verhindern. Es geht auch nicht nur um Integration. Als ob das, was da integrieren soll, funktionieren würde. Es geht tatsächlich um den Neuentwurf einer Bürgerschaft, einer Kommune. Aber wie, aber womit? Genau weiß das keiner. Aber ich denke, »Unsere-Frau-der-Tugend« mit den restaurierten Drachen um die Kapitelle müßte darin vorkommen, die Pläne des Rathauses, die alten und die neuen Kinder des Landy, die Erinnerung überhaupt, das Fest mit dem Essen von Madame Koulibaly und der Musik von Marc Perrone, die neuen Stellen im Industrieviertel – die vor allem –, die Bürgerversammlungen um die neue Wirtschaftsregion in der Plaine Saint-Denis, die Kleingärtner vom Fort, die »Tags« auf der Leinwand und anderswo, der »Bescheidene Vorschlag die Kinder der armen Klassen betreffend« auf der Bühne des Theaters und auch sonst, die Jugendlichen vom »Café ohne Alkohol«, diejenigen eingeschlossen, die man auch gelegentlich in anderen Cafés trifft, die Wut natürlich und die Neugier.

Aber das ist nur das, worauf ich gestoßen bin. Es könnte auch etwas anderes sein von dem, was das Blatt der Gemeinde ankündigt oder worüber es berichtet in diesem Monat: die Fangemeinde des Said Bennajem, französischer Boxmeister aus Aubervilliers; die Gruppe von Schülern, die gegen die allerneueste Schulreform protestiert; das Programm der Musikschule, das Konzert des Libération-Musikorchesters mit einem Chor des Konservatoriums etwa; die Konzerte mit den Liedern von Sapho; das Rockkonzert mit den Pen Fleps, das Rap-Programm von Amicalement vôtre; der Akkordeonclub, der gerade zwanzig Jahre alt geworden ist, der einzige im Raum Paris; der Pétanque-Wettbewerb auf dem Stalingrad-Platz, das Rentnerpicknick, die Fußballspiele im Stadion, das Treffen der Selbsthilfegruppen für Versehrte, der Verein der von der Alzheimer-Krankheit Betroffenen, die Versammlung vor dem Kriegerdenkmal am 8. Mai. Vielleicht ist es Tanzen lernen, photographieren, Graffitti sprühen, Schlagzeug spielen. Vielleicht ist es ein Film, der »Liebhaber« vielleicht, Louis Malles »Auf Wiedersehen, Kinder« über das jüdische Kind, das 1944 schließlich verhaftet wird, oder »Der Mann mit den Bäumen« nach Jean Gionos Text über Elzéar Bouffier, der in der steinigen Gebirgswüste der Haute Provence, wo seit Jahrzehnten nichts mehr wuchs, einen Wald pflanzte ... Ein Heim für junge Arbeiter könnte es auch sein oder die »Association Hogar Extremeno«, in der sich seit zwanzig Jahren die eingewanderten Spanier organisiert haben, die reformierte Kirche des Pastors Herrenschmidt. Vielleicht ist es auch das, was OPAH mit

ANAH und Pact Arim macht – ich weiß es nicht, weil ich die Abkürzungen nicht entschlüsseln kann, ich weiß auch nicht, ob jemand weiß, was sich hinter den Hunderten von anderen Abkürzungen verbirgt, die irgend etwas anbieten. Ich weiß aber, daß OMJA schon wieder umgezogen ist, daß erwogen wird, auf dem verlassenen Gelände der Firma Progiven ein provisorisches Spielgelände einzurichten; ich weiß, daß ein Festival »Stimme der Frau« angesagt ist, daß es vor zehntausend Jahren hier schon Menschen gab, denn das beweist ein Skelett, das man in der Rue Hémet 38 fand. Ich könnte hundert andere Elemente herausklauben aus dem Puzzle. Aber es wäre egal. Ich weiß ja ohnehin nicht, was dahintersteckt, ob überhaupt jemand kommt, ob es immer wieder die gleichen sind, ob es Selbstvergesellschaftung bedeutet oder Vergesellschaftung von oben. Aber ich weiß, daß es ohne solche Elemente einer multikulturellen, multidimensionalen, wildwüchsigen Stadtkultur keine neue Bürgerschaft geben wird. Es ist nichts Großes und nichts Ganzes, worauf da eine große Hoffnung ruhen müßte. Im Editorial des Heftes, aus dem ich eben vorgelesen habe, wird ein Satz von Benjamin zitiert: »Auf den Feuern der Geschichte glänzt ein kleiner Schimmer von Sinn, ein Schimmer von Freiheit.« Der Satz ist hier rückübersetzt aus dem Französischen, denn man hat zwar den Autor angegeben, aber nicht die Quelle. Aber die Quelle ist ja auch nicht so wichtig in diesem Falle.

ZITATNACHWEISE

Vorwort

S. 13 … *die ihm fehlen: Leistung, Schnelligkeit, Status, Luxus, Aggressivität.* Der Spiegel. Nr. 26/1990, S. 197.

S. 13 *Bericht über Euro-Werbung.* Frankfurter Rundschau, 12. 11. 1991.

S. 13 *Anekdote zur Senkung der Arbeitsmoral.* Heinrich Böll: Werke. Hrsg. v. Bernd Balzer. Romane und Erzählungen 4. Köln 1977, S. 267–269.

S. 14 … *in Serie hergestellt.* Friedrich Sieburg: Gott in Frankreich? Frankfurt 1927 und 1978, S. 17 und 59ff.

S. 15 … *Wie ist der Franzose?* Kurt Tucholsky: Der Ruf auf der Straße. In: Ders.: Gesammelte Werke in zehn Bänden. Hrsg. v. Mary Gerold-Tucholsky und Fritz J. Raddatz. Bd. 6. Reinbek 1975, S. 166.

S. 17 … *und schmilzt zu einem Begriff ein* … Robert Musil: Der Mann ohne Eigenschaften. In: Ders.: Gesammelte Werke. Hrsg. v. Adolf Frisé. Bd. 1. Reinbek 1978, S. 250.

S. 17 Louis Dumont: *L'idéologie allemande.* Paris 1991.

S. 19 *Affaire – jemanden betreffende, zu erledigende Angelegenheit oder Sache.* Sachs-Villatte: Großwörterbuch Französisch-Deutsch. Berlin/München [4]1985, S. 17.

Augenscheinlich

S. 29 … *Salz auf dem Tische des Reichen.* Georg Büchner: Der Hessische Landbote. In: Ders.: Werke und Briefe. Mit einem Nachwort von Fritz Bergemann. München [2]1967, S. 133.

S. 34 … *unsterblichen Ruhm erlangt hat.* Henri Beyle Stendhal: Rot und Schwarz. Chronik aus dem Jahre 1830. Stuttgart/Zürich 1974, S. 477.

S. 35 … *konnten meine gepreßte Brust erleichtern.* Ludwig Börne: Briefe aus Paris. In: Ders.: Sämtliche Schriften. Hrsg. v. Inge und Peter Rippmann. Bd. 3. Dreieich 1977, S. 5.

S. 35 … *keineswegs aber erkennen und erklären konnte.* Johann Wolfgang von Goethe: Von deutscher Baukunst. In: Ders.: Kunsttheoretische Schriften und Übersetzungen. Berliner Ausgabe. Bd. 19. Berlin 1973, S. 33.

Schulordnung

S. 59 *Schlucken statt mucken.* Semestertip. Zeitschrift des Deutschen Studentenwerks. Winter 1991, S. 4–6.

S. 90 … *ohne ihren Rahmen zu überschreiten.* A. Chassang und Ch. Senninger: La Dissertation littéraire générale. Paris 1972, S. 7.

S. 91 … *und zerbricht die Einheit des Aufsatzes.* Chassang und Senninger: a. a. O., S. 15.

S. 91 … *die das Ungenügende der anderen Meinungen bewiesen hat* … Ebd., S. 19.

S. 92 … *der Sprache Gewalt anzutun.* Chassang und Senninger: a. a. O., S. 26.

S. 93 … *Kunst des Wortspiels, das an die Stelle des Denkens tritt* … Zit. n.: Chassang und Senninger: a. a. O., S. 29.

S. 94 … *wenn man die Leistungsfähigkeit und die analytische Kraft eines Verstandes* … Chassang und Senninger: a. a. O., S. 6.

S. 95 … *zu einem anderen Standpunkt führt.* Chassang und Senninger: a. a. O., S. 30.

S. 95 … *die man hinter ihr errät.* Ebd., S. 10.

S. 105 … *Das hämmert sie ihnen jeden Morgen ein.* Zit. n.: Michel Pinçon und Monique Pinçon-Charlot: Dans les beaux quartiers. Paris 1989. S. 104.

S. 105 … *also reift man nicht usw.* Libération, 11. 6. 1991, S. 21

S. 109 … *und den berufsbildenden Gymnasien.* François Dubet: Les Lycées. Paris 1991.

S. 110 … *tritt diese selektive Funktion in den Mittelpunkt der Schulerfahrung.* Dubet: a. a. O., S. 157.

S. 110 … *Das ist ein Konkurrenz-Milieu.* Ebd., S. 52.

S. 111 … *Das wirkliche Leben ist immer woanders.* Dubet: a. a. O., S. 67, 182, 184.

S. 115 … *schwebte allein und schattenlos die Majestät des Geistes.* Zit. n.: Alain Peyrefitte: Rue d'Ulm. Chronique de la vie normalienne. Paris 1963, S. 25.

S. 119 … *weniger vom Zeitdruck geprägt, weniger schwindelerregend.* Emile Durkheim: L'évolution pédagogique en France. Bd. 2. Paris 1938, S. 107–108.

S. 120 … *um sich frei zu kultivieren.* Zit. n.: Pierre Bourdieu: La noblesse d'Etat. Grandes Ecoles et esprit de corps. Paris 1989, S. 130.

S. 120 … *Ich präsentiere ihnen vorgekaute Sachen.* Ebd., S. 131.

S. 123 … *der aus einer Anstalt der Stadt Poitiers kam?* Nach: Didier Eribon: Michel Foucault. Eine Biographie. Frankfurt am Main 1991, S. 39.

S. 124 … *das könnte meine schulischen Leistungen beeinträchtigen.* Libération, 11. 6. 1991, S. 21.

S. 125 *Ich erwartete eine ›Weihestätte‹* … Simone de Beauvoir: Memoiren einer Tochter aus gutem Hause. Reinbek 1968, S. 235.

S. 126 … *die keine Frauen gehabt haben.* Zit. n.: Peyrefitte: a. a. O., S. 348.

S. 131 … *bereiten heute diejenigen, die Ehrgeiz haben, die ENA vor.* Bourdieu: a. a. O., S. 301.

S. 134 … *Das war wirklich nicht meine Sache.* Libération, 11. 6. 1991, S. 21.

S. 136 … *die absolute Sicherheit ihrer Legitimation zu geben.* Bourdieu: a. a. O., S. 481.

S. 139 … *Starke Menschen sind sehr schnell.* Cahiers de l'Education Nationale. Mai 1983, S. 22.

S. 140 … *den Straßen- und Brückenbau.* Le Monde, 3. 10. 1987, S. 24.

Tafelordnung

S. 147 … *die beste Küche der Welt hervorgebracht wird.* Jean-Robert Pitte: Gastronomie française. Histoire et géographie d'une passion. Paris 1991, S. 15.

S. 149 … *Küche aus dem Stegreif.* Eine Bibel der Küche. In: Der große Pellaprat. Die moderne französische und internationale Kochkunst. Lugano [o. J.], S. 10.

S. 149 … *abgespeist werden.* Françoise Paul-Lévy: La table et ses aveux. In: Revue Societé. Nr. 6, 1985, S. 29.

S. 151 … *wir geben ihnen etwas von unserem Licht.* Jean-Paul Sartre: Die Wörter. Reinbek 1968, S. 24.

S. 151 … *darin ihre Widersprüche zu entschleiern.* Claude Lévi-Strauss: L'Origine des manières de table. Paris 1968, S. 411.

S. 153 … *in der Wohnküche der Winzer- und Bauernfamilie Maugey.* Zeitmagazin, 28. 1. 1983, S. 44–52.

S. 155 … *die da verschwinden würde.* Gault&Millau Magazine, Nr. 11, 1989, S. 33–44.

S. 157 … *kommt aber noch vor der Entenbrust.* Paul Moreira: De la poule au pot au tandoori. In: Nourritures. Plaisirs et angoisses de la fourchette. Paris 1989, S. 107 [= Autrement, Nr. 108, September 1989].

S. 178 *1988 waren es schon 4000.* Moreira: a. a. O., S. 108.

S. 179 ... *Seismograph der historischen Entwicklung.* Zit. n.: Detlev Claussen: Kleine Frankfurter Schule des Essens und Trinkens. Bremen 1987, S. 5.

S. 189 ... *und den gegenwärtigen Eßpraxen.* Claude Fischler: Alimentation, cuisine et identité. L'identification des aliments et l'identité du mangeur. In: Recherches et traveaux de l'Institut d'Ethnologie, Nr. 6, Neuchâtel 1985, S. 171–191.

S. 195 ... *man bete zum Dämon der entzündeten Leber.* Wolfgang Koeppen: Reisen nach Frankreich. Frankfurt am Main 1979, S. 40.

Raumordnung

S. 223 ... *durch neue Bauwerke bereicherte Stadt sehen.* François Chaslin: Les Paris de François Mitterrand: Histoire des grands projets. Paris 1985.

S. 224 ... *Aber es wird mehr und mehr zu einem Geheimtip.* Susan Sontag: Noch eine Elegie. In: Dies.: Ein Traum von Europa. Hrsg. v. Hans Christoph Buch. Reinbek 1988 [= Literaturmagazin 22], S. 135.

S. 232 ... *Herausforderung, vor der die französische Gesellschaft gegenwärtig steht.* Libération, 5. 4. 1991, S. 32.

S. 232 ... *durch überforderte Ordnungshüter provoziert worden sein.* Libération, 12. 6. 1991, S. 5.

S. 233 ... *damit sie ein wenig am Landleben teilnehmen.* Libération, 11. 6. 1991, S. 35.

S. 233 *Am Problem der Stadt hängen alle anderen ...* Libération, 4. 12. 1990, S. 6.

S. 234 ... *von Strategien gegen Ausgrenzung und Rassismus.* Vgl. u. a. die Zeitschrift »Les Temps Modernes«, die das Heft vom Dezember 1991/Januar 1992 dem Problem der »Banlieues« gewidmet hat.

S. 234 ... *beinahe ohne Äquivalent auf der Welt.* Alain Touraine: Face à l'exclusion. In: Citoyenneté et urbanité. Mit Beiträgen von Jean Baudrillard, Gilles Lipovetsky u. a., Paris 1991, S. 166, 172–173.

S. 234 ... *Neun Millionen von ihnen leben dort schlecht.* Libération, 4. 12. 1990, S. 6.

S. 240 ... *ist die Hauptstadt von Paris.* Zit. n.: Günter Liehr: Paris, Reinbek 1982, S. 98.

S. 245 ... *Vorstädte sind ihnen faktisch untersagt.* Pinçon und Pinçon-Charlot: a. a. O., S. 29. Aus gleicher Quelle auch die vorstehenden statistischen Angaben.

S. 246 ... *oder eine Hinrichtung vorstellen.* Julien Green: Paris. Paris 1983, S. 24.

S. 253 ... *Kontrolle über den sozialen Lebensraum.* Die Angaben über die Ecole Charcot in Neuilly nach: Pinçon: a. a. O., S. 99–108.

S. 254 ... *enger sind als zu anderen Institutionen.* Pinçon: a. a. O., S. 111.

S. 255 ... *als ob man Dupont hieße.* Zit. n.: L'Evénement du Jeudi, 9. 7. 1987, S. 62.

S. 259 *Darum langweilt man sich in Frankreich so schrecklich.* Stendhal: a. a. O., S. 314 und 359.

S. 267 ... *und zur Aufrechterhaltung der erreichten Positionen.* Pinçon: a. a. O., S. 255.

S. 271 ... *diese beizubehalten, zu reproduzieren.* Pinçon: a. a. O., S. 179.

S. 272 ... *für die persönlicher Verdienst nicht zählt.* Pinçon: a. a. O., S. 201.

S. 274 ... *seine Privilegien und seine Lebensformen.* Vgl. z. B. das Dossier »Les nobles deux siècles après«. In: L'Evénement du Jeudi, 9. 7. 1987 sowie: »Noblesse oblige«, Nr. 89 der Zeitschrift »Autrement«, April 1987.

S. 274 ... *eher verlängert als analysiert.* L'Express, 23. 4. 1992, S. 56–69.

S. 276 ... *was hast Du getan ...?* In: Aubervilliers mensuel. Nr. 34, Januar 1990, S. 30.

S. 276 ... *in 30-Gramm-Dosen gefüllt.* Ebd. Neue Folge Nr. 8, Januar 1992, S. 35.

S. 277 ... *jeden Abend friedlich in seinem Bett einschläft.* Didier Daeninckx: Non lieu. Paris 1989, S. 35.

S. 278 ... *Kinder von Aubervilliers.* Zit. n.: Aubervilliers. Citoyens de demain. Aubervilliers [o. J.], S. 16.

S. 280 ... *Lust macht auf die Zukunft von Groß-Paris.* Geo. Französische Ausgabe. Nr. 153, November 1991.

S. 283 ... *zu vergammelten, heruntergekommenen Gegenden.* »Der Mensch verschwindet wie eine Spur im Monitor«. Ein Gespräch mit Paul Virilio über die Herrschaft der Bilder und die Diktatur der Geschwindigkeit. Von Klaus Kreimeier. In: Frankfurter Rundschau, 8. 8. 1992.

S. 283 ... *von Notre Dame entfernt lebt?* François Maspéro: Les passagers du Roissy-Express. Paris 1990, S. 12 und 25.

S. 295 ... *Ja, das ist besser.* Une ville est un livre où l'on écrit sa vie. André Karman. Aubervilliers [o. J.], S. 69.

S. 300 ... *die sich klein gemacht haben, um bürgerlich zu werden.* Zit. n.: L'Evénement du Jeudi, 18. 8. 1988, S. 32.

S. 302 ... *mühselig dem damaligen Kultusminister Malraux abgetrotzt.*

Vgl. Micheline B. Servin: Une aventure … le Théâtre de la Commune d'Aubervilliers. Paris 1980.

S. 304 … *zig-tausend Seiten über Aubervilliers.* Que lire sur Aubervilliers? Aubervilliers 1992.

S. 308 … *als gäbe es zwei Leben nebeneinander.* Aubervilliers mensuel. Neue Folge, Nr. 10, März 1992.

S. 311 … *in zwei parallele Welten hat längst begonnen.* Libération, 3.7.1992, S. 25.

S. 314 … *ohne mich vorher anzumelden.* Pinçon: a. a. O., S. 84.

S. 315 *Deshalb der Haß.* Farid: Voilà pourquoi la haine! In: Les Temps Modernes. Nr. 545/546, Dezember 1991/Januar 1992, S. 100–107.

S. 315 … *wenig Zwischenstufen der Gestaltung in der Gesellschaft.* Richard Münch: Die Kultur der Moderne. Bd. 2: Ihre Entwicklung in Frankreich und Deutschland. Frankfurt am Main 1986, S. 533.

S. 315 … *Teilhabe an der örtlichen Demokratie.* Didier Lapeyronnie: L'exclusion et le mépris. In: Les Temps Modernes. Nr. 545/546, Dezember 1991/Januar 1992, S. 17.

Louis Aragon

Die Abenteuer des Telemach
Erzählung
Aus dem Französischen von Lydia Babilas
Band 5879

Aurélien
Roman
Aus dem Französischen von Lydia Babilas
Band 9227

Die Glocken von Basel
Roman
Aus dem Französischen von Alfred Kurrella
Band 5903

Die Viertel der Reichen
Roman
Aus dem Französischen von Stephan Hermlin
Band 5904

Das Wahr-Lügen
Erzählungen
Aus dem Französischen von Lydia Babilas
Band 5831

Fischer Taschenbuch Verlag

fi 495 / 5

Emmanuel Bove

Ein Junggeselle
Roman
Aus dem Französischen von Georges Hausemer
Band 10621

Die letzte Nacht
Roman
Aus dem Französischen von Thomas Laux
Band 9278

Die Liebe des Pierre Neuhart
Roman
Aus dem Französischen von Thomas Laux
Band 10400

Menschen und Masken
Roman
Aus dem Französischen von Uli Aumüller
Band 10790

Der Mord an Suzy Pommier
Roman
Aus dem Französischen von Barbara Heber-Schärer
Band 11658

Fischer Taschenbuch Verlag

fi 1156 / 6

Philippe Soupault

Ein großer Mann
Roman
Aus dem Französischen von Ré Soupault
Band 11606

Die letzten Nächte von Paris
Roman
Aus dem Französischen von Ré Soupault
Band 11604

Das letzte Spiel
Roman
Aus dem Französischen von Ré Soupault
Band 11607

Der Neger
Roman
Aus dem Französischen von Ré Soupault
Band 11605

Der schöne Heilige
Roman
Aus dem Französischen von Hans Thill
Band 11608

Fischer Taschenbuch Verlag

fi 1306 / 6

Edmonde Charles-Roux

Coco Chanel

Ein Leben

Aus dem Französischen
von Erika Tophoven-Schöningh

Band 5692

Sie hat die Grundlinie der Mode im 20. Jahrhundert geprägt. Sie kürzte den Rock, schuf das Badekostüm der Frau, den Modeschmuck und »das kleine Schwarze«, das ein Grundbestandteil der modernen Damengarderobe ist. Sie brachte das erste Parfum auf den Markt, das nicht nach einer Blume roch. Durch sie wurde Paris das Modezentrum der Welt: Coco Chanel. Ihre Biographie ist das Spiegelbild einer ganzen Epoche, vor allem aber die Geschichte einer Frau, die sich trotz zahlreicher Liebhaber und berühmter Freunde – Diaghilev, Cocteau, Strawinsky, Picasso, Misia Sert und Colette – bis zuletzt auf sich alleingestellt sah. Edmonde Charles-Roux zeichnet ein fesselndes Porträt dieser ungewöhnlichen Frau, die 1883 als Tochter eines Hausierers in den Cevennen geboren wurde, 1913 mit Hilfe eines reichen Liebhabers ihr erstes Geschäft eröffnete, jahrzehntelang die Mode beherrschte und 1971 vereinsamt starb.

Fischer Taschenbuch Verlag

fi 1901 / 2

Frankreich erzählt

23 Erzählungen

Herausgegeben von Stefana Sabin

Band 9286

23 Erzählungen von 23 Autoren, die Zeugnis geben von jener unverwechselbar französischen Art, Wirklichkeit in Literatur zu verwandeln. Stilistisch wie thematisch ist diese Auswahl repräsentativ für die französische Literatur der letzten fünfzig Jahre: Realisten wie *Pierre Gascar, Jean Giono, Roger Grenier, Raymond Jean und Françoise Sagan*, Surrealisten wie *Louis Aragon oder Benjamin Péret*, Phantasten wie *Boris Vian* oder *Marcel Aymé*, Vertreter des Nouveau Roman wie *Alain Robbe-Grillet* oder *Marguerite Duras*, Existentialisten wie *Albert Camus* oder *Antoine de Saint-Exupéry*, Psychologisten wie *Alain Nadaud, Henri Thomas* und *Henri Troyat* erzählen vom Leben in Paris und in der Provinz, von Kleinbürgern und Lebenskünstlern, von Familienvätern und Liebhabern. Jeder Autor hat einen unverwechselbaren Stil, den die ausgewählte Geschichte typisch vertritt – 23 verschiedene Facetten der französischen Wirklichkeit, die zu Literatur wurde.

Fischer Taschenbuch Verlag

fi 775 / 3